40 AÑOS DE REVOLUCIÓN

El legado de Castro

COLECCIÓN CUBA Y SUS JUECES

EDICIONES UNIVERSAL, Miami, Florida, 1999

EFRÉN CÓRDOVA, Ed.

40 AÑOS DE REVOLUCIÓN

El legado de Castro

EDICIONES UNIVERSAL

EDICIONES UNIVERSAL
P.O. Box 450353 (Shenandoah Station)
Miami, FL 33245-0353. USA
Tel: (305) 642-3234   Fax: (305) 642-7978
e-mail: ediciones@kampung.net
http://www.ediciones.com

Library of Congress Catalog Card No.: 99-62944
I.S.B.N.: 0-89729-901-9

Composición de textos: María C. Salvat Olson
Diseño de la cubierta: Virginia Bru

ÍNDICE DE MATERIAS

¿Cuarenta años de revolución cubana?- La otra oscura revolución, fallida o en curso.- La ideología marxista-leninista.- El antiamericanismo visceral.- Dictadura del proletariado y autocracia.- El uso intensivo de la propaganda.

El desarrollo de la agricultura en los primeros decenios de la república.- Una década fecunda: la gestión del BANFAIC.- El fin del BANFAIC y el comienzo de la crisis.- Distribución de la superficie bajo cultivo en Cuba.- Forma en que estaba distribuida la propiedad agraria en los años 1989-1998.- Organización de la agricultura.- Agricultura cañera.- Industria azucarera.- Agricultura no cañera.- La producción citrícola. La producción de cereales.- Arroz.- Maíz.- Tabaco.- Café.- Viandas y hortalizas.- Ganadería, avicultura y sus derivados.- Conclusiones.

Introducción.- El problema de las estadísticas y la información no cuantitativa.- La industria cubana en 1959.- El proceso de industrialización.- La etapa de Ernesto «Che» Guevara (1960-1963).- La demolición azucarera.- Las compras de plantas completas.- El regreso al azúcar y la etapa confusa (1964-1968).- La etapa agro-industrial(1969-1989).- La debacle (1990-1998).- La inversión extranjera.- Algunas conclusiones.

Introducción.- El sector externo en la víspera de la revolución.- La transición al socialismo.- Incorporación plena al bloque socialista.- El derrumbe del bloque socialista: la crisis de los 90.- A manera de conclusiones.

Divisas.- Petróleo.- Turismo.- Energía eléctrica.- Central Nuclear de Juraguá.- Telecomunicaciones.- Transporte.- Acueductos y alcantarillados.- Biotecnología.- Electrónica.- Minería.- Tecnologías de producción y servicios.- Inversiones.- Nivel de vida.- Conclusiones.

Papel de la clase obrera en la marcha hacia el comunismo.- Destrucción del sindicalismo libre.- Las grandes líneas del régimen laboral castrista.- Aprovechamiento de la fuerza laboral por medio del plus trabajo.- El trabajo voluntario.- Aprovechamiento de la fuerza de trabajo con respecto a la plusvalía relativa y la captación de parte del salario.- Militarización e internacionalización del trabajo.- Réquiem por un pseudo sindicalismo.- Crisis del régimen laboral castrista.

Introducción.- El sistema de racionamiento y sus implicaciones.- El mercado negro y la economía clandestina.- El mercado paralelo.- La dolarización de la economía.- Los mercados campesinos, el artesanal y los cuentapropistas.- Condiciones habitacionales.- La crisis del transporte.- Conclusión: ¿Pan o libertad?

Introducción.- Percepción de la existencia de privilegios.- Tipos de privilegios y su evolución.- Desarrollo del privilegio.- Relatividad e inestabilidad del privilegio.- Funcionamiento del privilegio.- Las «casas de Fidel» y las «casas de visitas».- Privilegios de los «hijos de papá».- Un servicio de salud especial.- Otras áreas de privilegio.- Recreación sin fronteras.- El transporte nacional e internacional.- La «especial» compañía femenina.- Navidades para los «pinchos».- Conclusiones.

PREFACIO

Cuba ha sido durante estos últimos 40 años noticia de perenne actualidad. Ecos del derrocamiento de Batista y de la conmoción sociopolítica acaecida en 1959 llegaron hasta los más apartados confines de la Tierra. La revolución cubana ha estado después en los labios de intelectuales, izquierdistas y revolucionarios del mundo entero. Profesores, investigadores y periodistas de diferentes orígenes y proyecciones que nunca habían visitado la isla descendieron sobre ella a partir de 1959.

La bibliografía sobre la revolución fue particularmente rica en los dos primeros decenios cuando muchos autores se esforzaban por envolver ese acontecimiento y sus personajes en un aura romántica. No ha habido la misma preocupación por estudiar los últimos años y mucho menos por establecer un balance de sus resultados. Buena parte de aquellos profesores que libreta en mano anotaban cuanto les decían los rebeldes de los primeros tiempos brillan ahora por su ausencia. Que Cuba dependiera antes del financiamiento que suministraban los países socialistas y que se sostenga ahora gracias a las inversiones de los capitalistas extranjeros y las remeses de los cubanos del exterior, no parece suscitar particular interés.

Aunque el trauma y aturdimiento de la vorágine revolucionaria demoró algo la aparición de estudios de autores cubanos, su posterior proliferación fue en verdad impresionante. Cubanos de fuera y dentro de la isla terciaron con ardor en el debate; curiosamente más los primeros que los segundos. En la Cuba revolucionaria se han publicado buen número de obras de investigación histórica dirigidas a encontrar datos y antecedentes que permitan darle justificación a la decisión de Castro de imponer un régimen comunista. Se ha escrito mucho menos sobre el proceso mismo de la revolución. En realidad, la literatura al respecto disponible se debate entre la censura oficial y la propaganda, entre el silencio y la hipérbole. Nadie dentro de Cuba se atreve, por ejemplo, a tocar el largo episodio de las guerras de África a pesar de lo que ellas significaron en luto y dolor para incontables familias cubanas. Tampoco son muchos los que se aventuran a escribir sobre la magnitud de la crisis actual ni a hacer un estudio comparativo con los parámetros de la Cuba de antes. Virtualmente prohibido está el tema de los balseros, no obstante el hecho de ser ya muchos los años en que se ha venido produciendo el flujo de miles de cubanos que se lanzan al mar en frágiles embarcaciones. ¿Cuántos son, por último, los que en Cuba se atreven a abordar el tema de la violación de los derechos humanos o a esbozar la menor crítica al gran impulsor de todo lo ocurrido?

Si hay así grandes vacíos en la literatura revolucionaria, habría que reconocer, por otra parte, que el Gobierno de Castro ha logrado diseminar en Cuba y fuera de ella una propaganda sectaria que supo mezclar un cierto fervor nacionalista con el odio clasista y tocar en lo más hondo de muchos pueblos del Tercer Mundo.

La abundancia de publicaciones tendenciosas contribuyó a difundir una imagen de la revolución que no corresponde en muchos aspectos a la realidad. Se crearon mitos, se fabricaron héroes y se patentizaron logros que o bien habían sido exagerados o bien respondían a factores ajenos a la revolución.

¿Qué duda cabe en vista de lo anterior del peligro de desinformación que se cierne sobre el pueblo actual y futuro de Cuba y aún más sobre el juicio de la opinión pública mundial? Si la historia de la revolución y de Cuba fuera a quedar en las manos de esos autores extranjeros y cubanos que hicieron la apología de la revolución, quedaría para siempre adulterado y deformado el relato de lo ocurrido en nuestra patria.

Este libro es pues un esfuerzo por evitar esas consecuencias y contrarrestar la imagen deformada de la Cuba de antes y la revolución. El 40 aniversario de la revolución es también una ocasión propicia para efectuar un balance de sus realizaciones y llevar a cabo un inventario de lo que pudiéramos llamar el legado de Castro. Tiene asimismo el propósito de llenar lagunas y presentar en sus justos términos la razón de ser, el curso a veces sinuoso y el sentido último de la revolución. Y sobre todo dilucidar si ha habido o no ese pregonado desarrollo.

El enfoque seguido procura hacer una disección de los aspectos principales de la vida de un país, en este caso la vida cubana de estos 40 años. Comenzando con una discusión de las grandes líneas del sistema político, se procede enseguida a dedicar cuatro capítulos a los antecedentes, estructura y estado actual de la economía (agricultura, industria, sector externo de la economía e infraestructura y energéticos), se pasa luego a considerar al pueblo cubano como clase trabajadora y como sociedad consumidora, tocándose en detalle el tema de la igualdad y el privilegio. A continuación se examinan los llamados grandes logros de la revolución (la atención a la salud y la educación), se analiza el costado de represión e intolerancia que tipifica al castrismo y se consagra especial atención a la cuestión religiosa y la administración de justicia. Un capítulo especial ofrece un bosquejo biográfico de quien personifica el proceso revolucionario cubano, y otro final, se dedica a los últimos alabarderos del castrismo. Aunque se ha tratado de cubrir el mayor campo posible, el libro no pretende ser una historia completa de la revolución. La historia definitiva, ya se ha dicho, sólo será escrita después de la caída de Castro.

La multiplicidad de aspectos antes esbozados requiere un esfuerzo singular de síntesis y también una riqueza de especializaciones que está fuera del alcance de una sola persona. Es por eso que se ha preferido confiar esta obra al trabajo colectivo de quienes se hallan en condiciones de escribir con cierta autoridad sobre cada uno de los diversos temas y sobre Cuba. Se ha hecho también un esfuerzo por incluir referencias a la Cuba de antes, conjuntamente con el análisis documentado de los 40 años de revolución. Ello ha impuesto la necesidad de condensar ambos aspectos aunque procurando siempre cubrir lo fundamental. Apenas resulta necesario aclarar que cada uno de los autores es responsable sólo del contenido del capítulo o capítulos a su cargo.

Quienes hemos escrito este libro somos todos cubanos del destierro, cubanos que conocimos la Cuba de ayer y la de la revolución. Nuestra condición de exiliados no nos descalifica para escribir sobre Cuba. Si así fuera ni José Martí, ni Félix Varela, ni José María Heredia, hubieran podido escribir sus mejores textos. No somos de una misma ideología y algunos hemos incluso mantenido puntos de vista distintos sobre la estrategia y las tácticas a seguir en el problema de Cuba. Todos compartimos, sin embargo, un mismo amor por la patria y un mismo afán por hacer que resplandezca la verdad sobre Cuba. Casi todos somos, o hemos sido, profesores universitarios u ocupado cargos técnicos dentro y fuera de Cuba y tenemos un compromiso con la verdad. Ni las brumas del tiempo transcurrido, ni la distancia física, ni el turbión de lo acontecido ha podido entorpecer nuestro juicio ni hacernos olvidar nuestro deber de cubanos.

E. C.

40 AÑOS DE REVOLUCIÓN

I

Las grandes líneas del sistema político

por

Efrén Córdova

¿CUARENTA AÑOS DE REVOLUCIÓN?

Hablar de 40 años de revolución parece a primera vista una incongruencia. Un suceso revolucionario es por definición un fenómeno violento y brusco que echa por tierra las estructuras preexistentes e instituye un nuevo orden de cosas. En su sentido temporal las revoluciones se llevan a cabo en lapsos relativamente cortos. Crane Brinton en su estudio clásico sobre las revoluciones las asimila a una crisis febril de la sociedad que se nutre al comienzo de grandes esperanzas, conduce a una época de exacerbación y terror y culmina generalmente en una dictadura.[1] Para Brinton la revolución cubana era ya en 1964 cosa del pasado («history») si bien reconocía que algunas revoluciones, incluyendo la rusa de 1917, generaban secuelas más o menos importantes[2].

Ninguna revolución contemporánea ha durado más de unos pocos años. Ni la francesa que desemboca en el bonapartismo, ni la rusa que, aparte sus secuelas, se diluye en el stalinismo, ni en la América Latina la mexicana que concluye en rigor con la Constitución de Querétaro de 1917. ¿Cómo explicar entonces que la revolución cubana cumpla este año su 40 aniversario? ¿Será un fenómeno único en la historia? ¿Será que Cuba alumbró al fin la revolución permanente de la que hablara Trotski,[3] o la revolución en la revolución anunciada por Regis Debray en los años 60, o una nueva revolución cultural de largo alcance a lo Mao Tse Tung? ¿O será que la revolución cubana terminó hace ya algún tiempo y que lo que hoy existe es una movilización tenaz, una apariencia de revolución artificialmente mantenida para justificar el régimen dictatorial de los hermanos Castro?

Es indudable que en Cuba tuvo lugar en 1959 una revolución de ocurrencia y efectos fulminantes. La revolución produjo un cambio político profundo y originó grandes mutaciones económicas, sociales y hasta geopolíticas. Se alteraron incluso el ritmo de vida, las costumbres y tradiciones del pueblo cubano. Cuba vivió durante los primeros años de la revolución a un compás frenético; se sucedían las grandes concentraciones, los desfiles, los ejercicios militares, los discursos y arengas, las consignas y la constante difusión de una espesa retórica revolucionaria. Hasta cierto punto se produjo una ruptura existencial con ciertas normas de la vida pasada. No era sólo la desaparición de la propiedad privada, el cambio en el régimen de tenencia de la tierra, la sustitución de una economía de mercado por otra centralmente planificada y la transformación del ordenamiento laboral. Se iba por el contrario al fondo de la cultura cristiana y el modo de vida de las democracias occidentales, eliminándose la invocación de Dios del preámbulo de la Constitución, fomentándose una educación atea, suprimiéndose las celebraciones religiosas, alterándose las efemérides patrióticas y los textos de historia y echándose a un lado el pluripartidismo y la democracia representativa. Claramente, el movimiento revolucionario se proyectaba más allá de una simple colectivización de bienes para adentrarse en un proceso dirigido a extirpar creencias, tradiciones y valores.

Si no cabían dudas del sentido radical de la revolución, tampoco las había sobre los métodos expeditivos y a menudo draconianos que empleaba. Desde temprano, el régimen de Castro decidió no tolerar divisiones ni disidencias y fueron frecuentes las purgas. A los inconformes se les llamaba gusanos y a muchos se les encarcelaba o se llegaba a su ejecución. Sobre todo en los años 60 la vida del país quedó marcada por una fuerte impronta revolucionaria.

Inevitablemente, sin embargo, se fue mitigando el impulso dirigido a la progresión del extremismo. Hacia 1968 ya el Estado se había incautado de todo lo que era incautable y se habían ido esfumando las áreas ajenas al control oficial. Siguió manejándose una retórica revolucionaria pero no fue posible efectuar nuevos cambios en el ámbito nacional. ¿Qué viejas estructuras era aún necesario derribar y qué nuevas establecer en estos últimos decenios? Los únicos cambios importantes que han tenido lugar recientemente son el abandono de la colectivización a ultranza, la renuncia al monopolio estatal de la inversión y el empleo, el retorno parcial a un capitalismo que tiene incluso rasgos neoliberales, la dolarización de la economía y la discriminación de los cubanos frente a inversionistas y turistas extranjeros.

Que en su condición de revolucionarios profesionales, Castro y sus colegas invoquen de modo casi constante el concepto de revolución parece más bien un reflejo de características de vieja data unido a un esfuerzo obstinado por insuflar aires de rebeldía e insurgencia a lo que en el plano nacional ya agotó su ciclo vital. Algunos ensayos recientes sostienen que el culto a la revolución (entendido ese concepto en su sentido más amplio y no como revolución socialista o comunista), lo que pudiéramos llamar el revolucionismo, ha sido una constante ideológica, una creencia eficaz que moduló la vida cubana durante más de un siglo.[4]

Es importante advertir, sin embargo, que a lo largo de estos 40 años la revolución cubana ha ido cambiando su faz externa en consonancia con la gradual consecución de los objetivos de sus líderes y las circunstancias del entorno internacional. Castro la calificó primero de revolución humanista o de liberación nacional; en 1961, sin embargo, se proclamó su carácter socialista y en ese mismo año su Máximo Líder confesaba que había sido marxista leninista desde el comienzo; se institucionalizó después ese carácter en la Constitución de 1976 y en el decenio siguiente se pasó por el período de rectificación de errores y tendencias negativas para desembocar ahora en el período especial en tiempo de paz que traduce en la práctica un retorno parcial al capitalismo y una apertura a las inversiones extranjeras. Hoy se sabe, empero, que la inicial apelación humanista y nacionalista no fue más que una estratagema para consolidarse en el poder y que su actual asociación con capitalistas extranjeros no es otra cosa que una medida de emergencia que el régimen se ha visto forzado a tomar para evitar su colapso tras el cese de los subsidios soviéticos. Todo lo cual significa que hay todavía margen para discutir cuáles son las etapas reales por las que ha atravesado el régimen de Castro y cuál es su estado actual. O tal vez para concluir que no ha habido más que una etapa, la etapa de la iniciación, consolidación y salvación *in extremis* del sistema comunista aunada desde el comienzo a una forma de cesarismo en la que Castro y sus colaboradores han asumido y ejercido a plenitud los poderes públicos. En 40 años el régimen ha experimentado repliegues y virajes de la misma manera que la revolución bolchevique pasó por los períodos del comunismo de guerra, la NEP, los planes quinquenales y la centralización antes de desaparecer en 1991. Mas su naturaleza propia y sus objetivos fueron siempre los mismos e idéntico ha sido su sistema de gobierno.

La revolución cubana nació con el germen del cesarismo en su propio seno. El cesarismo hizo posible la revolución y ésta se subsumió después en esa forma de gobierno. Antes de que asumiera sus títulos oficiales ya Castro era proclamado Comandante en Jefe y Máximo Líder de la revolución. Sus poderes omnímodos, nacidos al calor del vacío político causado por la huida de Batista, se han mantenido intactos a lo largo de estos cuatro decenios y aun fueron revistiéndose de los atributos propios de un régimen totalitario.

Agotado el proceso revolucionario propiamente dicho, lo que subsiste es el sistema establecido alrededor de Castro, sistema que auna los elementos de una doctrina que pretendía instaurar una nueva era en la historia de la humanidad con la vocación por el mando absoluto de quien figura como su máximo dirigente. Castro llegó al poder con una agenda oculta cuya prioridad número uno era perpetuarse en el poder político y detentarlo en forma personalísima y sin sujeción a límite alguno. Sólo esa realización podía satisfacer su ambición y ésta incluso iba más allá de las fronteras insulares.

LA OTRA OSCURA REVOLUCIÓN, FALLIDA O EN CURSO

Los cambios ocurridos entre 1959 y 1976 colmaban los objetivos que hubiera podido tener una revolución nacionalista por ultraradical que fuere. Mas esos cambios pertenecían al orden interno siendo así que disfrazada dentro del escenario insular había otra dimensión no enteramente oculta de la revolución: la dimensión internacional. Es esa otra dimensión la que permite interpretar de otra manera la revolución cubana y explicar su larga duración.

Según esta otra óptica se trata en realidad de un intento aparentemente irracional por convertir esa revolución en el foco inicial de una más amplia revolución a escala hemisférica o aun mundial. No es ésta una suposición absurda ni una fantasía sin base real. Que el Máximo Líder de la revolución mire a lo ocurrido en Cuba como un primer paso hacia un empeño de más vasta proyección es fácil de documentar. Ya antes de 1959 dejó constancia por escrito de su verdadera vocación al revelar que la causa a la que pensaba dedicar su vida, era la lucha contra los E.U.[5] Luego, desde los primeros tiempos de la revolución, Castro, su hermano Raúl y Guevara comenzaron sus acciones dirigidas a exportar la revolución. Fueron al comienzo pequeñas expediciones armadas a países vecinos (República Dominicana y Panamá), más tarde la financiación y fomento de las guerrillas en otros países de América Latina, principalmente Colombia, Guatemala, El Salvador, Nicaragua y Venezuela. Sus objetivos fueron además proclamados en documentos de amplia circulación, como la Primera y Segunda Declaración de La Habana. El primero de esos documentos aprobado en septiembre de 1960 exhortaba a los trabajadores de América a rebelarse contra «la inicua explotación de que eran víctimas por parte de los monopolios imperialistas».[6] El segundo que data de 1962 proclamaba el deber de todo revolucionario de luchar contra las oligarquías y los consorcios yanquis. Referidas principalmente a la América Latina estos documentos representan un llamado a la insurrección armada y una promesa de convertir a los Andes en una nueva Sierra Maestra.

En 1966 los hermanos Castro dieron un paso más hacia la internacionalización de su revolución al promover la adopción por la Conferencia Tricontinental de La Habana de una declaración en la que se abogaba abiertamente por la revolución mundial. No fue una declaración retórica ni una jactancia hueca pues en su rastro Castro invadió a Angola para salvar al régimen comunista de Agostinho Neto y luego influyó en la orientación socialista del actual Congo y Namibia. Fue en ese mismo decenio de 1960 que Guevara lanzaba sus acciones guerrilleras en Bolivia y Zayre; tropas cubanas participaron en las guerras de

Etiopía, Somalia, Siria, Vietnam, Yemen y Zanzíbar. Ya en 1980, con ocasión de la celebración del 26 de Julio, Castro se vanagloriaba de haber sido ya tres países (Cuba, Granada y Nicaragua) los que bajo su inspiración «se habían sacudido el yugo imperialista en las puertas mismas de los E.U.» Y así ha seguido abogando y accionando en pro de la revolución mundial e interviniendo en los asuntos internos de otros países, como sin el menor recato reconoció en 1998 (de cuya declaración sólo el Gobierno de Uruguay tuvo a bien protestar).

¿Quiere decir lo anterior que en su promoción de la revolución tercermundista la revolución cubana sea asimilable o guarde cierta analogía con el trotskismo? Hasta ahora la mayor parte de los observadores coincidían en afirmar que el régimen de Castro era de corte stalinista y ciertamente que su rígida estructura interna, la subordinación del país al partido y de éste al Comandante en Jefe, lo asemejan al sistema que Lenin esbozó y Stalin estableció en la Unión Soviética. En uno y otro país la nación se subsumió en el partido y éste se sometió al líder.

Mas el stalinismo significa también la dedicación prioritaria del régimen socialista al desarrollo económico del país y la consiguiente supeditación (transitoria) del propósito de promover la revolución mundial. Stalin sumergió al país en un esfuerzo denodado de industrialización acelerada, impulsó la modernización y atenuó hasta cierto punto la prédica trotskista de subversión mundial. Castro en cambio echó a un lado en 1964 el programa de diversificación económica e industrialización, hizo retornar el país al monocultivo, atrasó en más de medio siglo el desarrollo y dedicó una buena parte de los subsidios soviéticos y las ganancias del azúcar a financiar guerrillas, enfrascarse en las guerras de África y fabricarse a toda costa una estatura mundial. Stalin instauró una horrible tiranía pero convirtió a su país en una potencia mundial. Castro ha sido también un dictador implacable pero desatendió al propio tiempo el ansia de progreso del pueblo y sumió al país en una profunda miseria. El dictador soviético movilizó a la población para defender al suelo patrio frente a la invasión alemana. Castro puso en pie de guerra al pueblo cubano para librar batallas en tierras de África e inmiscuirse en los asuntos internos de otros países.

La clasificación del castrismo como manifestación típica del stalinismo requiere pues de algunas matizaciones. Mientras Stalin persiguió objetivos que convenían a su condición de comunista georgiano y soviético, Castro procura ante todo adelantar los fines de su propio engrandecimiento aprovechando para ello el potencial que le brindaba la doctrina marxista y la extensión alcanzada por el comunismo internacional. El sistema político ha tenido pues que atender dos revoluciones, la nacional y la internacional, y es esa dualidad de intereses la que, junto al cese de los subsidios soviéticos, explica el gran deterioro de la economía. Ha habido una difusión de prioridades que en definitiva funcionó en perjuicio del pueblo cubano.

Claro que el quid de la cuestión radica en discernir la verdadera índole original de la revolución, lo que algunos llaman su identificación preliminar. Se toca aquí un punto que invita a ser planteado con una tesis provocativa: no hay, no hubo nunca una genuina revolución cubana. Esa revolución es en realidad la revolución de Fidel Castro (y hasta cierto punto de su hermano Raúl). Draper atisbó ésto con singular lucidez en 1962 al poner de relieve la elevada cuota de mito que había en el reclamo de la revolución.[7] El pueblo cubano ha desempeñado un papel secundario, unas veces pasivo cuando acogió con beneplácito las promesas e incitaciones de Castro; otras más activo cuando una parte de la sociedad se mostró susceptible a la prédica de odio y se convirtió en auxiliar de la empresa castrista. Sólo conociendo el perfil psicológico de Castro, su elevado cociente intelectual, su afán de poder y su desmedida confianza en sus propias aptitudes, sería posible concluir que el régimen revolucionario es *su* régimen y que el mismo participa de elementos stalinistas y trotskistas a los que sería justo añadir sus propios componentes.

Estos componentes han consistido principalmente en su liderazgo carismático y en la psicosis de guerra que Castro ha sabido infundir en el pueblo cubano. Agitando el fantasma de una inminente invasión de los E.U., invocando los perjuicios del supuesto bloqueo y manteniendo al pueblo en estado de perenne movilización, Castro ha logrado imprimirle a su gobierno el aire de un *Comité de Salut Public* parecido al que Robespierre organizó en la Revolución Francesa. Y al calor de ese espíritu belicista ha inducido a los cubanos a integrar milicias u ofrecerse para formar parte de la policía política, les ha movido a cavar docenas de kilómetros de túneles, ha esparcido por doquier sentimientos de odio y diseminado más allá de las fronteras una campaña sistemática de aversión a los E.U.

A pesar de su notoriedad, es curioso que este aspecto crucial de la revolución castrista haya sido sólo someramente tratado por la mayor parte de los cubanólogos. A ellos, así como en general a la prensa de todo el mundo, les ha interesado más el tema de la revolución cubana en sentido estricto. Que Castro se inmiscuya en los asuntos internos de otros países, fomente subversiones y aspire a situarse en la cúspide del Tercer Mundo, es algo hasta cierto punto inconveniente o incómodo ya que desvirtúa la impresión que antes se tenía de la revolución cubana como fenómeno autóctono e insular cuyas causas, circunstancias y finalidades se referían al escenario cubano.

Aun profesores de indudable prestigio incurrían es serios errores de apreciación al juzgar o soslayar este aspecto de la revolución. En 1970 Richard Fagen sostenía que la revolución castrista era una revolución sólo para el consumo interno[8] y tres años después Irving Louis Horowitz afirmaba que el gobierno de Castro había abandonado sus veleidades internacionalistas y concentraba su atención sólo en los problemas internos de Cuba.[9] Sin embargo, casi a raíz de estas afirmaciones Castro enviaba una fuerza expedicionaria a Angola iniciando así su antes mencionado periplo africano y poco después intensificaba su acción subversiva en América Latina. Otro profesor norteamericano, William Leogrande, sostenía por esos mismos años que en Cuba se estaba produciendo un proceso de desmilitarización;[10] fue poco después, sin embargo, que Castro comenzaba el envío de 300,000 soldados a África y algo más tarde su hermano Raúl Castro se vanagloriaba en la revista *Bohemia* del extraordinario poderío militar que Cuba había alcanzado con la ayuda de la U.R.S.S.[11]

Es también esta doble dimensión de la revolución la que explica el cambio sutil de actitud de la izquierda hacia la revolución: en tanto que fueron los social demócratas y los socialistas ingenuos los que primero se destacaron en su apoyo al castrismo, son ahora los de la izquierda revolucionaria de la más dura base marxista los que con más energía siguen defendiendo a la revolución. Varían de esa manera los apoyos externos pero el sistema político ha sido siempre el mismo. Castro quiso desde el comienzo llevar a cabo todo lo que ha estado haciendo dentro y fuera de Cuba; sólo esa comprensión permitiría descubrir las claves íntimas de la revolución e inscribirla en un contexto de cierta lógica; sólo esa percepción ayudaría a calibrar hasta qué punto el pueblo cubano lejos de ser protagonista de su famosa revolución ha sido en realidad un simple peón en el tablero internacional que movían Castro y la Unión Soviética.

LA IDEOLOGÍA MARXISTA-LENINISTA

Entre las dos revoluciones —entre la realizada en Cuba y la proyectada para otros países— hay varios elementos comunes, varios nexos indisolubles. El primero de esos nexos es sin duda la ideología marxista-leninista que aún sigue haciendo de Cuba uno de los últimos bastiones del comunismo. Es precisamente esa doctrina la que imprime proyección transnacional a la revolución y la que impulsó las ambiciones de sus líderes tanto de los hermanos Castro como de Ernesto Guevara muerto como se sabe en Bolivia en procura de esos objetivos. El marxismo, concebido como una doctrina de proyección universal que pretendía además explicar toda la historia de la humanidad, se halla presente en ambas revoluciones en forma de conceptualización del sistema sociopolítico a establecer y como fuerza y motivación de la lucha a librar. Opera en primer lugar como factor intelectual que explica la nacionalización de los medios de producción, la planificación de la economía, el establecimiento de la dictadura del proletariado y la interpretación materialista de la historia. Es al propio tiempo el agente emocional que agita y conmueve a los que se entregan a su causa, a los que desean subvertir el orden social.

Es probablemente esta segunda acepción la que más influencia tuvo en la inicial conversión al comunismo de los hermanos Castro. Nacidos ilegítimos, seguramente sufrieron el estigma social que hace 60 o 70 años acompañaba a los bastardos. Subyacente en esa condición se halla el componente de hostilidad y desprecio que es dable detectar desde el comienzo en sus discursos y acciones. La idea de la lucha de clases, la tarea de expropiar bienes y la necesidad de tener siempre un enemigo, son empeños que encajan bien en la personalidad y temperamento de Castro.

El Máximo Líder ocultó sólo al comienzo su filiación marxista y ello lo hizo por razones de conveniencia política; mas, sus acciones fueron siempre consistentes con lo enseñado por Lenin sobre la captura del poder político. Poco importa que su identificación con el socialismo revolucionario respondiera más a las motivaciones emocionales que a las intelectuales. Lo cierto es que ha sido siempre consecuente con ambas vertientes y mostrado ser un defensor apasionado de los principios de esa doctrina. Es cierto que se ha visto obligado a hacer *in extremis* varias concesiones pero lo ha hecho sin abjurar de sus convicciones y como remedio provisional. En realidad el apoyo que inicialmente obtuvo de una gran parte del pueblo se debió tanto a su carisma personal y a sus disposiciones populistas como al atractivo que el comunismo tiene para los estratos más bajos de la sociedad.

En 40 años todo ello se ha reflejado en la vida institucional y cotidiana de Cuba. La Constitución en vigor (y su antecedente de 1976) no sólo afirma que «Cuba es un Estado socialista de trabajadores»[12] y se dice continuadora de los que en Cuba y otros países difundieron las ideas socialistas y fundaron los primeros movimientos marxistas, sino que rinde homenaje en el preámbulo a las ideas de Marx, Engels y Lenin. El código penal ratifica a su vez el propósito de preservar a toda costa el sistema en vigor al prescribir penas severas contra los que «inciten contra el orden social, la solidaridad internacional o el Estado socialista mediante la propaganda oral o escrita o en cualquier otra forma».[13] En realidad, toda la estructura implantada desde la organización del Estado hasta el sistema educacional y la forma de retribuir el trabajo responde al ideario marxista. La vida entera túvo así que conformarse a esa filosofía extraña a las tradiciones cubanas pero impuesta con firmeza desde arriba y difundida después por todos los medios posibles.

Lo más difícil fue desde luego la etapa crucial de implantación del comunismo en la que se hizo necesario utilizar una gran habilidad y mucho doblez. Castro recibió aquí la ayuda inesperada de muchos intelectuales americanos y europeos. El desfile lo inician Herbert Mathews (1959)[14] y C. Wright Mills («el gobierno cubano, a mediados de 1960, no es comunista en ninguno de los sentidos que cabe dar legítimamente a esta palabra»[15]); les siguen Waldo Frank, Leo Huberman, Jean Paul Sartre, Paul Sweeny, Maurice Zeitlin, James O'Connor, Dudley Seers, James Petra, K.S. Karol, Claude Julien, Alfredo Palacios, Rene Dumont, William Appleman, Ward M. Morton y Maurice Halperin, quienes afirmaban en términos más o menos categóricos que Castro no era comunista o que si lo era no estaba al servicio de la Unión Soviética y no representaba peligro alguno para los E.U. Junto a ellos cerraron filas también algunos cubanólogos nacidos en la isla que en una forma u otra mostraron simpatía o benevolencia hacia el líder marxista cubano.

Algunos de estos autores pensaban que el marxismo de Castro no era creíble porque él mismo había reconocido haber leído sólo 347 páginas de *El Capital*. Sin embargo, aparte de que otras referencias prueban que Castro conocía bien otros libros de Marx, cabría preguntar cuántas son las personas que se hicieron comunistas por haber leído el *Das Kapital* de Marx, o el *Anti-Duhring* de Engels o el *Estado y Revolución* de Lenin. En la mayoría de los casos fueron más bien frustraciones personales o resentimientos sociales o simpatía por las tácticas de enfrentamiento del comunismo las que mueven a una persona a afiliarse a ese partido. Otros sostenían que Castro se había declarado marxista en 1961 para obtener el apoyo de la Unión Soviética, pero olvidan que la ayuda soviética representada por el primer convenio comercial data de febrero de 1960 y que el marxismo de Castro sobrevive a la desintegración del campo socialista.

La historia no ha sido en todo caso gentil con estos intelectuales. Si se fueran a seguir sus diagnósticos iniciales toda la armazón comunista montada por Castro, toda la propaganda ferozmente sectaria, toda la prédica marxista, todas las operaciones dirigidas a exportar la revolución, todo el rigor ideológico aplicado en la isla, todo eso sería producto de una eventualidad, el resultado de una simple torpeza cometida por el Departamento de Estado de los E.U. La revolución en suma sería algo así como un «accident de parcours», una improvisación hecha sobre la marcha, un hecho de azar que ninguno de los protagonistas había antes deseado o concebido.

No es esa desde luego la realidad histórica cubana. Los que hicieron la revolución querían implantar el marxismo y lo lograron a pesar de que los comunistas eran sólo una minoría antes de 1959 y que la aplicación del marxismo ha sido a veces errática a fuerza de ser impetuosa. En cierta ocasión llegó a pensarse en la supresión del dinero y en un Consejo de Ministros se planteó la posibilidad de prescindir del presupuesto de la nación. El marxismo tenía que convivir con un cesarismo rico en decisiones inconsultas. Sin embargo, hasta los años 90 no se produjeron desviaciones en el sentido general de sus principios y los remedios que Castro prescribía a sus propios fallos provenían de la propia cantera marxista.

Lo que en todo caso importa ahora a 40 años del inicio de la revolución es evaluar cuál ha sido el resultado de la implantación en Cuba de la doctrina marxista-leninista. Es evidente que quienes formularon las ideas del socialismo científico o revolucionario pensaban que ellas no sólo estaban determinadas por las condiciones materiales de la producción sino que iban a aportar un gran beneficio a la mayoría de la población. Marx, Engels y el propio Lenin estaban convencidos de la bondad intrínseca del comunismo. Aunque llamaron científico a su versión de la doctrina, no pudieron reprimir una cierta dosis de utopismo en sus predicciones de lo que habría de significar la instauración de su sistema.

Marx, que fue más bien parco en sus referencias a lo que sería la sociedad comunista, ofreció no obstante un cuadro risueño de ella en su *Crítica del Programa de Gotha* en cuya obra habló de la abolición de las clases, previó la distinción entre la primera fase de la sociedad comunista en la que aún habría defectos y la fase superior en la que «correrían a chorro lleno los manantiales de la riqueza colectiva" y aseguró que al abolirse las clases se daría a cada cual según sus necesidades y desaparecerían las desigualdades sociales y políticas.[16] Engels al hablar de la organización planificada y consciente de la producción, pronosticó el «triunfo seguro" de la producción socialista y afirmó que se alcanzarían éxitos que «eclipsarán todo lo conseguido hasta entonces».[17] En un prólogo escrito en 1891 vaticinó que mediante el aprovechamiento y el desarrollo armónico y proporcional de las inmensas fuerzas productivas ya existentes, con el deber general de trabajar se dispondría por igual para todos, en proporciones cada vez mayores de los medios necesarios para vivir, para disfrutar de la vida y para educar y ejercer todas las facultades físicas y espirituales.[18] Lenin profetizaba por su parte con la mayor convicción que «la expropiación de los capitalistas originaría inevitablemente un desarrollo gigantesco de las fuerzas productivas de la sociedad humana».[19]

¿Se han cumplido esas predicciones en Cuba? ¿Cuál ha sido el resultado real de la implantación del socialismo? ¿Desaparecieron las diferencias de clase? ¿Acaso se ha producido el chorro de riqueza que Marx y Lenin vaticinaban? ¿Se ha desarrollado la economía al ritmo del 15 por ciento de crecimiento anual como Castro y Guevara pronosticaron? ¿Se ha hecho realidad en Cuba el «reino milenario" con el que soñaban los teóricos del marxismo? ¿Se ha elevado el nivel de vida de los cubanos hasta equipararse al de los países más prósperos del mundo como Castro prometió en 1959?[20] Responder a esas interrogantes y establecer un inventario verídico de lo que pudiera llamarse el legado de Castro o el saldo del comunismo en Cuba es precisamente el objeto primordial de este libro.

EL ANTIAMERICANISMO VISCERAL

Estrechamente ligada a la anterior característica, está desde luego la actitud hostil del Gobierno Revolucionario hacia los E.U., actitud que impregna no sólo la política exterior sino también la relativa a la gobernación toda del país. Tan fuerte e íntima es esta postura anti E.U. que ella precede incluso a la revolución y se hace presente en el primer acto que Castro lleva a cabo unas horas después del triunfo de las guerrillas —el discurso que pronunció en Santiago de Cuba el 1° de enero de 1959. En ese discurso, cargado de pasión, Castro acusó a los E.U. de haber frustrado las otras revoluciones cubanas y señaló que «esta vez no será como en el 95 que vinieron los americanos y se hicieron dueños del país».[21] Luego, en el propio mes de enero, demandó la partida inmediata de la misión militar americana y olvidándose de la abrogación de la Enmienda Platt en 1934 afirmó que los embajadores de los E.U. habían estado rigiendo al país.[22]

Esos primeros ataques de la revolución continuaron a través de sus diversas etapas. Casi las mismas palabras del 1° de enero se repiten en el preámbulo de las Constituciones de 1976 y 1992; otras similares enardecen sus discursos y resuenan en los foros de las Naciones Unidas y esa política no ha experimentado después alteración alguna.

No es difícil rastrear las motivaciones ideológicas de esa postura. El antiamericanismo, como de modo más general el antiimperialismo, figuran en las primeras líneas del ideario marxista y en particular del leninista. A pesar de que los E.U. no eran todavía en vida de Lenin la primera gran potencia del mundo, ya eran desde entonces blanco de los ataques del líder bolchevique. Fue Lenin en efecto el que con mayor vigor formuló la tesis del imperialismo como fase superior del capitalismo y el que en cierta ocasión calificó al que a su juicio

22

era representado por los E.U. como «el más lozano, el más fuerte, el último que se ha incorporado a la matanza mundial de pueblos organizada para la repartición de los beneficios entre los capitalistas».[23]

Castro recoge ese legado y lo potencia hasta hacer del antiimperialismo un principio constitucional con especial referencia al «imperialismo yanqui». En realidad, todo ese ambiente de movilización y esa psicosis de guerra que antes se mencionan giran alrededor de la incesante propaganda de odio a los E.U. que la revolución supo difundir. La animadversión de los hermanos Castro es tan profunda y sostenida que uno se pregunta si no se origina ella en una aversión de origen genético, en una antipatía que el padre les inculcó. Tal como se explica en otro capítulo de este libro Angel Castro y Argiz fue un soldado del ejército español que peleó contra la libertad de Cuba[24] y que al igual que otros muchos españoles de entonces (y de ahora) sintió la amargura de la humillante derrota que España sufrió en la guerra de 1898. No sería impropio pensar que el militar español trasmitiera a sus hijos sus propios resentimientos.

Es indudable en todo caso que Castro y su hermano experimentaban sentimientos hacia el país del norte que no eran comunes en los cubanos de su generación. Ni siquiera los líderes históricos del P.S.P. compartieron en todo momento ese furor antiyanqui. Ellos se ajustaron a ese respecto a la línea que la Unión Soviética trazaba en sus relaciones con los E.U.; Castro en cambio fue consistente en su contraposición a los E.U. Al único Embajador de ese país que tuvo que tratar en 1959-60, Philip Bonsal, le hizo objeto de desaires y menosprecio. Poco después, el 1º de enero de 1961, tras acusar a sus opositores de ser instrumento de los monopolios imperialistas dio a los E.U. un término de 48 horas para que los E.U. redujera el personal de su embajada en La Habana a once personas, a lo que respondió el Presidente Eisenhower rompiendo las relaciones diplomáticas. El Gobierno de Cuba disolvió también por esa época el Instituto Cultural Cubano-Americano y arreció su propaganda contraria a los E.U. La forma como el entonces Primer Ministro se refiere a los E.U. quedó bien ejemplificada en las siguientes palabras del discurso que algunos años más tarde pronunciaría en el 1er. Congreso del PCC:

«El capitalismo yanqui trajo a Cuba todos sus vicios que se sumaron a los ya heredados de la colonia y con éstos sus hábitos de pensar, su egoísmo desenfrenado, sus costumbres y diversiones, su propaganda, su modo de vida y lo que es peor su ideología política reaccionaria. Dueño y señor de los medios de difusión masiva, los empleó a fondo para mixtificar y aplastar nuestra cultura nacional, liquidar el sentimiento patriótico, conformar el pensamiento político y exaltar el culto a los E.U. A los niños se les enseñaba en las escuelas que ese país era el generoso libertador de nuestra patria. A la época heroica sucedió la humillación y la ignominia».[25]

Esta cita textual es un ejemplo de los extremos a que Castro puede llegar en su afán de promover el antiamericanismo. No es cierto que los medios de difusión fueran propiedad de intereses norteamericanos.[26] Tampoco es verdad que en las escuelas se enseñaba que los E.U. era el generoso libertador de Cuba. En las escuelas y en los textos de historia se decía siempre que fueron los mambises los que nos dieron la independencia. Es asimismo inexacto que el capitalismo yanqui interviniera en la política fomentando una ideología reaccionaria. Los capitalistas extranjeros se limitaban a manejar sus negocios sin inmiscuirse en la política cubana. Que Castro esgrima esas falacias y que sobre ellas estampe las palabras de «humillación e ignominia" pone de relieve el grado de vehemencia personal que el Máximo Líder siempre ha puesto en sus referencias a este aspecto de su política.

La oposición sistemática a los E.U. se trasladó también al campo de la política exterior. En cuantos foros fueron haciendo aparición los diplomáticos de Castro de inmediato se hacían señalar por sus objeciones a los puntos de vista norteamericanos. No importaba la índole del punto sometido a discusión, ellos siempre encontraban el medio de criticar o denostar la política de los E.U. Apelaban a menudo a la solidaridad de los países del Tercer Mundo para recabar apoyos y su insistencia tenía muchas veces éxito. En la propia Asamblea General de las Naciones Unidas, el Gobierno Revolucionario llegó a obtener la aprobación de resoluciones condenatorias de los E.U. También contraatacaban con ardor en la Comisión de Derechos Humanos en la que con la ayuda indirecta del Papa lograron evitar en 1998 las resoluciones que en los siete años anteriores sancionaban a Cuba por violación de esos derechos. No conozco de instancia alguna en la que Cuba haya actuado de acuerdo con los E.U. en la solución de los problemas internacionales. Votaron disciplinadamente al lado de la Unión Soviética mientras ésta existió y luego siguieron pronunciándose en contra de Washington en los años 90. En esas y otras votaciones contaron frecuentemente con el respaldo de otros países latinoamericanos, no obstante haber sido calificados por Castro de representantes de «feroces oligarquías» que actuaban «en bochornosa complicidad con el imperialismo».[27] Con referencia a la OEA, cuyo Secretario General Cesar Gaviria se esfuerza ahora por propiciar el retorno a ella de Cuba, Castro se cansó de llamarla Ministerio de las Colonias de los E.U. y en una ocasión habló del «repugnante interés, turbio y podrido de la cínica historia de la OEA con relación a Cuba».[28]

No solamente hubo así una campaña contra los E.U. que se ha librado de modo constante durante 40 años, sino que ella se ha efectuado con particular agresividad. Esa persistencia en el ataque y ese tono exageradamente ofensivo son otras tantas indicaciones del origen psicopatológico del sentimiento antiyanqui de los hermanos Castro.

DICTADURA DEL PROLETARIADO Y AUTOCRACIA

El sistema político se caracteriza, por último, por la existencia de un régimen dictatorial y autocrático. La concentración de todos los poderes en una sola persona cuya voz se convirtió desde el principio en ley suprema de la nación, es probablemente la constante más pronunciada de estos 40 años de revolución. Esta forma autocrática de concebir la organización política del país es también deudora por una parte de la ideología marxista-leninista y se relaciona por otra con el caudillismo típico de la región.

Los padres de la ideología marxista pensaron que en la primera fase del comunismo habría de existir una dictadura del proletariado en la que ese «aparato especial de coacción que se llama Estado" se utilizaría para someter primero y hacer desaparecer después a los capitalistas. Cumplida esa misión el Estado dejará de existir y «podrá hablarse de libertad». En la concepción marxista la dictadura del proletariado es, por consiguiente, un período transitorio en el que el gobierno sobre las personas es sustituido por la administración de las cosas.[29] El Estado proletario está inexorablemente llamado a extinguirse pues su única razón de ser es aplastar la resistencia de los antiguos explotadores; liquidado el antagonismo de clases el Estado se irá adormeciendo hasta su total desvanecimiento. ¿Cuándo se producirá esa extinción? Lenin dice en *El Estado y la Revolución* que lo que el proletariado necesita es un Estado «que comience a extinguirse inmediatamente».[30]

Tales pronósticos no se han cumplido en Cuba. En nuestra patria la expropiación de los medios de producción se llevó a cabo de manera incruenta y por simples decretos. Castro aprovechó el vacío político creado por la caída de Batista así como su enorme popularidad inicial para confiscar bienes e imponer desde lo alto su doctrina. Los capitalistas estaban inermes y no ofrecieron resistencia. La dictadura que de hecho fue incubándose a partir de diciembre de 1959 no tuvo pues que emplear todas las «fuerzas de destrucción" vislumbradas por Marx para aniquilar al Estado burgués. El Estado Socialista

25

advino por orden gubernativa de quienes se suponía iban a restablecer la democracia en Cuba. No fue en modo alguno producto de una violenta explosión social.

La destrucción del orden anterior y la introducción del comunismo no había sido la causa por la que se había luchado contra Batista y ni siquiera figuraba en el programa de los anhelos populares de 1959. Una porción substancial del pueblo incluyendo a la mayoría del movimiento obrero estuvo en contra de esas medidas. Fue entonces que la dictadura del proletariado se utilizó no para combatir burgueses o expropiar capitalistas, sino para subyugar a cuantos cubanos de cualquier extracción se mostraran opuestos al castrocomunismo. El nuevo instrumento de opresión bifurcó así sus propósitos y se utilizó para fines no anticipados. No fue una dictadura del pueblo para liquidar explotadores sino una dictadura de los recién estrenados gobernantes contra quienquiera se opusiera a ellos.

No fue ésta la única desviación que se produjo en la teoría de la dictadura del proletariado. Lejos están en efecto de cumplirse las otras expectativas de los fundadores del marxismo sobre el debilitamiento y posterior ocaso del Estado. En Cuba el Estado es cada vez más fuerte y su acción se dirige cada vez con más intensidad sobre las personas, no sobre las cosas. No hay indicio alguno de que tenga siquiera conciencia de su transitoriedad. Aquel deseo bastante ingenuo o utópico de Lenin de que las funciones del gobierno «se ejecutarán por todos siguiendo un turno"[31] encuentra su opuesto en la realidad actual del sistema político cubano. La perpetuación de Castro en el poder, su aversión a someterse al juicio libre del pueblo cubano, es precisamente lo contrario de lo que postulaban los padres del socialismo[32].

Igualmente significativo es el hecho de que el poder político de esa primera fase del comunismo no está en manos del proletariado, de esa «vanguardia obrera capaz de tomar el poder y de conducir al pueblo al socialismo» sino de un grupo de revolucionarios profesionales de origen burgués encabezados por un líder que se autoproclamó dictador vitalicio.

La dictadura del proletariado se ha ido así diluyendo en una autocracia. Castro utiliza *pro domo sua* los poderes de excepción que la doctrina marxista atribuía al proletariado para consolidar su ejercicio del poder. Su conducción del país se realiza de modo unipersonal y sin sujeción a control alguno. Sólo su hermano Raúl tiene parcelas propias de poder. En todo lo demás y para el resto de la ciudadanía sus decisiones son úcases inapelables. No importa que a menudo sean caprichosas o equivocadas; todas son acatadas sin el menor cuestionamiento.

Es aquí donde el régimen revolucionario entronca con la tradición caudillística de la región. Es verdad que Castro, erigido en nuevo caudillo, supo envolverse en ropajes ideológicos e insertar su dominación política en el tinglado de una dictadura del proletariado, pero no es menos cierto que los rasgos todos de su gobernación lo asemejan también a cualquier otro dictador típico de América Latina. Como otros de su género, Castro gobierna en forma arbitraria y a menudo implacable. Aun cuando sus muchos títulos incluyen los de Presidente del Consejo de Estado y del Consejo de Ministros, el Máximo Líder ignora cuando quiere sus propias estructuras de gobierno y se asesora, obtiene información y prepara sus decisiones y discursos por medio de un Grupo de Apoyo (una especie de *inner circle*) formado por unas 20 personas. Aun cuando los padres del marxismo, enfatizaron la necesidad del «registro, contabilidad, control y transparencia" en las operaciones de gobierno, Castro dispone a su gusto del patrimonio estatal e invierte, transfiere, utiliza o regala fondos públicos según su voluntad. Dos connotados periodistas franceses afirman que Castro dispone de una cuenta especial a su nombre con activos depositados en Suiza, Panamá, México y el Banco Internacional de Cuba.[33]

Otro punto en que Castro se distancia del gobernante prototípico soñado por sus mentores y se emparenta con los dictadores latinoamericanos es la manera como disfruta literalmente del poder. Lenin vislumbraba al gobernante socialista del futuro como un servidor público «que viviera con el salario corriente de un obrero».[34] Castro en cambio es dueño de islas privadas (Cayo Piedras), posee 50 mansiones diseminadas por la isla, tiene uno de los yates más lujosos del mundo (el Tuxpán-Las Coloradas) y viaja con su «entourage» en tres aviones. De esos y otros privilegios se habla también en el capítulo VIII.

Estos son solamente algunos aspectos del culto a la personalidad que el socialismo revolucionario exhibe en Cuba. A Castro se le rinde pleitesía como el hombre fuerte providencial al que no sólo su corte de civiles y militares adulan sin cesar, sino que congresos del partido, asambleas sindicales y reuniones de intelectuales proclaman servilmente el mejor científico, el mejor economista, el mejor navegante, el mejor estratega, el mejor atleta y el mejor estadista. Todos estos calificativos que parecen sacados de la literatura hispanoamericana sobre los tiranos, de *Yo el Supremo*, del *Tirano Banderas*, del *Señor Presidente* o del *Otoño del Patriarca*, pertenecen también a la realidad actual de Cuba.

EL USO INTENSIVO DE LA PROPAGANDA

Para hacer avanzar la doctrina marxista, infundir rencor hacia los E.U. y sostener y tratar de justificar la dictadura, la revolución ha hecho un uso nunca visto de la propaganda. Tan importante ha sido su papel que de instrumento pasó a convertirse en línea directriz del partido y una de las piedras angulares de la revolución.

No se ha empleado para ello la forma común de atraer adeptos sino un tipo omnicomprensivo de propaganda que empieza con el sistema educacional, abarca todos los medios de difusión (prensa, radio, cine, televisión, internet, etc.) y se extiende a todos los aspectos de la vida del pueblo incluyendo festejos (como el del 1° de enero, 1° de mayo y 26 de Julio), consignas (como la mil veces repetida de socialismo o muerte), actos conmemorativos (como los dedicados al Che Guevara o a cualquier otra figura erigida en mártir de la revolución) y la constante glorificación de la figura de Castro. Otra forma especial de propaganda consiste en dejar de publicar documentos oficiales cuyo contenido no conviene al gobierno que se conozca, como ha ocurrido alguna vez con la Gaceta Oficial y desde 1991 con el Anuario Estadístico de Cuba.

No solamente se hizo obligatoria la enseñanza del marxismo en todos los niveles, sino que se aprovecha cualquier manifestación de la vida oficial o de la actividad de las organizaciones de masas para promover «la formación comunista de las nuevas generaciones».[35] El país se vio al propio tiempo inundado por una literatura sectaria e intransigente que llegó al extremo de mutilar algunos libros escritos antes de 1959 los cuales se procedía después a publicar expurgados de cuanto pudiera perjudicar al régimen.[36] Segmentos enteros de la historia fueron eliminados de los libros de texto por estimarse inútiles para la formación del hombre nuevo; se tuvo especial empeño en denigrar la vida republicana anterior a 1959 (neocolonia, pseudo república, etc.) a cuyos gobernantes se les señalaba como mediatizados o extranjerizantes; antiguos próceres de la patria se convirtieron en villanos en tanto que personajes anodinos se revistieron de inusitado heroísmo. Dos generaciones de cubanos han sido así formados bajo un régimen totalitario que suprimió la enseñanza privada y se empeñó desde el comienzo en mixtificar la historia y darle justificación a su propia existencia.

Los periódicos han dejado de ser expresiones de la sociedad civil para convertirse en meros portavoces del pensamiento oficial. Actividades que son sin duda plausibles como el impulso dado a los deportes y la industria cinematográfica responden en el fondo a fines propagandísticos. Por medio de la propaganda se ha intentado asimismo deformar el ideario de Martí presentándolo como autor intelectual del ataque al Cuartel Moncada, fuente ideológica de la revolución y gran precursor de la lucha contra el imperialismo yanqui. Se utilizan frases truncadas del Apóstol y se tergiversan sus opiniones, cuando en realidad Martí «no era socialista, ni materialista dialéctico, ni nunca aprobó la lucha de clases ni la dictadura proletaria"[37] Y en cuanto a discernir cuál era el juicio de Martí sobre los E.U. habría que ir más allá de la gastada referencia a las entrañas del monstruo para leer íntegramente sus *Crónicas Norteamericanas*, sólo que éstas son actualmente lectura restringida en Cuba.

El esfuerzo hecho por la revolución ha dado grandes dividendos. Cuarenta años dedicados a divulgar lo que conviene a la revolución y ocultar cuanto le perjudica han producido vacíos y deformaciones en el conocimiento del pueblo. Se comenzó por describir con tonos épicos la acción guerrillera de la Sierra Maestra presentándola como ejemplo de heroísmo y abnegación en la lucha contra un enemigo poderoso. Disimulaban el hecho de que la victoria de los guerrilleros se debía ante todo al hecho de que tuvieron enfrente a una caricatura de ejército profesional y que el derrumbe de la dictadura de Batista se produjo como consecuencia del repudio casi unánime del pueblo. Dos veces (en 1933 y 1952), Batista decapitó al ejército cubano, privándolo de su oficialidad de carrera; carente además su régimen de legitimidad, el ejército que se opuso a la guerrilla era no sólo incompetente sino también una tropa desmoralizada dirigida por una oficialidad en parte corrompida. Con razón se ha dicho que «nunca un ejército de América Latina ha tenido una oportunidad tan fácil para exterminar de raíz un brote rebelde como la tuvo el de Batista».[38] La Sierra Maestra no es en modo alguno un baluarte natural inexpugnable; sus montañas más altas han sido escaladas por *boy scouts* y pioneros. Los expedicionarios del Granma formaban un grupo pequeño que podía haber sido reprimido sin necesidad de movilizar grandes fuerzas. Lo que ocurrió sin embargo es que las fuerzas armadas del gobierno de Batista simplemente no estaban preparadas para enfrentar otro grupo armado. Salvo unos pocos encuentros reñidos el ejército se acantonó al pie de la Sierra y se rindió casi intacto. He ahí la historia real de la pregonada epopeya de la Sierra Maestra.

En estos últimos años la tarea propagandística culmina también exitosamente con la conversión del embargo comercial de los E.U. en un bloqueo ilegal causante único según el régimen de la actual crisis económica de Cuba. El éxito ha sido aquí tan espectacular que en 1998 la Asamblea General de las Naciones Unidas aprobó por 157 contra 2 (y 12 abstenciones) la condena a los E.U. A esa expresión reprobatoria hay que añadir la del Papa quien inexplicablemente condona así a quien estableció en Cuba un régimen ateo. Sin embargo, como se verá en otros capítulos de este libro, el bloqueo existió sólo por unos días en 1962 y el embargo de los E.U., que es una decisión perfectamente legítima (la de comerciar con quien se tenga a bien), no le impide a Cuba adquirir de otros países cuantos productos estime por conveniente.

Entre una y otra campaña publicitaria, entre la «gesta gloriosa" y el «infame bloqueo», el pueblo de Cuba ha estado inmerso en una incesante propaganda. Unas veces se proclaman hasta el cansancio las grandes conquistas, los extraordinarios logros y realizaciones de la revolución, por ejemplo, la atención a la salud y los progresos en la educación (de los que se hablará también más adelante). Otras veces se adulteran los hechos del pasado elevando, por ejemplo, al doble la tasa de analfetismo o los índices de morbilidad. No faltan las ocasiones en que se pondera el uso de la bicicleta o la yunta de bueyes o se atribuyen a factores externos los fracasos del sistema —a «la tormenta del siglo», a la sequía, a los sabotajes, a los efectos de El Niño, a las plagas, a los problemas de la URSS y el cese de los subsidios. (¿Pero no había dicho Castro en 1961 que en 20 años la Unión Soviética estaría produciendo el doble que todos los países capitalistas juntos[39] y en 1975 que su confianza en ese país era ilimitada?[40]). Jamás se reconoce que la causa del declive generalizado del país se debe al sistema impuesto por Fidel Castro. Nadie se atreve por lo demás a echarle en cara sus monumentales errores.

Así ha ido rindiendo frutos la propaganda, ese manejo hábil de la publicidad a la que Castro llamara en una oportunidad «el espíritu de toda revolución». Como Goebbels en Alemania, Castro ha sabido utilizarla a fondo, sin inhibiciones éticas ni respeto por la verdad o los principios. Es probablemente la actividad que con mayor eficacia realiza la revolución.

NOTAS

[1] Crane Brinton, *The Anatomy of Revolution* (New York: Vintage Books, 1965), pags. 16 y 17.

[2] Ibid, pags. 234 y 269.

[3] El término revolución permanente fue primero utilizado por Marx y Engels en carta que dirigieron en 1850 al Comité Central de la Liga de los Comunistas.

[4] Julián B. Sorel, *Nacionalismo y revolución en Cuba* (Madrid: Fundación Liberal José Martí, 1998), pag. 23 y siguientes.

[5] Véase la carta de Fidel Castro del 15 de abril de 1954 dirigida a Celia Sánchez.

[6] Puede verse el texto de la Declaración en *Diario de la Revolución Cubana* (Barcelona: Ediciones du Seuil y Ruedo Ibérico, 1976).

[7] Theodore Draper, *Castro's Revolution: Myths and Realities*. (New York: Praeger, 1962).

[8] Richard Fagen, «Revolution for Internal Consumption Only" en Irving Horowitz, *Cuban Communism* (New Brunswick: Aldine Publishers Co., 1970).

[9] Irving Louis Horowitz, *El Comunismo cubano, 1959-1979* (Madrid: Editorial Playor, 1978), pag. 60.

10 Citado por Horowitz, op. cit., pags. 86 y 96.

[11] *Bohemia* (La Habana) no. 20, mayo de 1993, pag. B 18.

[12] Artículo 1.

[13] Artículo 108.

[14] Véase *The Cuban Story* (New York: G. Braziller, 1961), passim. Todavía en 1975 Mathews decía que la alianza de Castro con la Unión Soviética era sólo «un acomodamiento temporal». (*Revolution in Cuba*, New York: Charles Scribner and Sons, 1975, pag. 387).

[15] C. Wright Mills, *Escucha yanqui* (Barcelona: Ediciones Grijalbo, S.A., 1960), pag. 281.

[16] Carlos Marx, «Crítica del Programa de Gotha" en C. Marx y F. Engels, *Obras escogidas* (Moscú: Editorial Progreso, 1973), tomo III, pags. 15 y 20.

[17] Federico Engels, «Introducción a la dialéctica de la naturaleza" en *Obras escogidas*, op. cit., tomo II, pag. 53.

[18] Ibid, tomo I, pag. 152.

[19] V.I. Lenin, «El estado y la revolución" en *Obras escogidas* (Moscú: Editorial Progreso, s.f.), pag. 345.

[20] Fidel Castro, *Humanismo revolucionario* (La Habana: Editorial Tierra Nueva, 1959), pag. 101.

[21] El texto de este discurso aparece reproducido en «Informe Central al Primer Congreso del Partido Comunista de Cuba», *Juventud Rebelde* (La Habana), diciembre de 1975, pag. 5.

[22] Véase *Havana Post*, 5 de febrero de 1959, pag. 1.

[23] V.I. Lenin, «Carta a los obreros norteamericanos» en *Obras escogidas* op. cit., pag. 475.

[24] José Duarte Oropesa, *Historiología cubana* (Miami: Ediciones Universal, 1993), volumen IV, pag. 17.

[25] Informe Central al Primer Congreso del PCC, op. cit., pag. 3.

[26] La más grande cadena radial y televisiva, la CMQ, era propiedad de la familia Mestre; otras importantes emisoras eran de Amado Trinidad y Gaspar Pumarejo y las demás pertenecían también a intereses cubanos.

[27] Informe central, op. cit., passim.

[28] Ibid.

[29] F. Engels, Anti-Duhring en *Obras escogidas*, op. cit., tomo III, pag. 301.

[30] Lenin, *El estado y la revolución*, en Obras escogidas, op. cit., pag. 289.

[31] Ibid, pag. 309.

[32] Ibid, pag. 307.

[33] Jean-François Fogel y Bertrand Rosenthal, *Fin de siecle a La Havane* (Paris: Editions du Seuil, 1993), pag. 164.

[34] Lenin, *El estado y la revolución*, op. cit., pag. 304.

[35] Artículo 39, inciso c de la Constitución.

[36] El caso más elocuente, denunciado por Leví Marrero, fue el de la mutilación del libro de historia de Cuba de Fernando Portuondo.

[37] Carlos Ripoll, *Martí: político, estadista, conspirador y revolucionario* (Nueva York: Editorial Dos Ríos, 1977), pag. 143.

[38] Ricardo Adán Silva, *Cuba: raíces del desastre* (Jerez de la Frontera: Gráficas del Exportador, 1971), pag. 175.

[39] *Revolución* (La Habana), 29 de noviembre de 1961, pag. 8.

[40] Informe central al Primer Congreso del PCC, op. cit., pag.7.

40 AÑOS DE REVOLUCIÓN

II

LA AGRICULTURA

por

José R. González
y
Arturo Pino

EL DESARROLLO DE LA AGRICULTURA EN LOS PRIMEROS DECENIOS DE LA REPÚBLICA

A pesar de la destrucción causada durante las guerras de independencia y la excesiva concentración en el cultivo de la caña de azúcar, la agricultura alcanzó durante los primeros decenios de la República un desarrollo apreciable en sentido general y notable en ciertos sectores específicos.

Cuba no fue nunca en realidad un país monocultor; desde el siglo XIX el café y el tabaco tuvieron importancia junto al azúcar como renglones de exportación. Es indudable, sin embargo, que la índole exageradamente extensiva de las plantaciones de caña afectó el cultivo de otros productos necesarios para el consumo de la población, al punto que el país se vio obligado a importar en ocasiones ciertos alimentos. Hay que aclarar, no obstante, que antes de 1959 Cuba no sufrió nunca una crisis tan grave de abastecimientos como ahora.

Cuba fue durante muchos años antes de la revolución el mayor productor y exportador mundial de azúcar. La producción de este artículo constituía la base de su ocupación principal y aunque producía solamente el 12 por ciento de la producción total azucarera del mundo, proveía más del 50 por ciento del azúcar que entraba en el mercado internacional libre (*Report on Cuba*, International Bank por Reconstruction and Development, 1951). El país abastecía aproximadamente el 50 por ciento del consumo total de azúcar en los E.U. hasta 1929 y el 30 por ciento desde aquella fecha hasta 1959. Casi una tercera parte de los trabajadores asalariados encontraba empleo directo en la industria durante la zafra, o sea el período de cosecha y molienda de la caña. Entre un cuarto y un tercio del ingreso nacional provenía de la producción azucarera. (J. Álvarez Díaz et. al., *Cuba: Geopolítica y pensamiento económico*, 1964)

A mediados de los años 20 se inició un programa de diversificación de la agricultura que cobró intensidad durante la crisis azucarera de los años 30 y debido a la propia dinámica del mercado. En ese mismo tercer decenio se promulgó la Ley de Coordinación Azucarera y se dispuso el derecho de permanencia de los cultivadores de caña de azúcar. Esas y otras medidas dieron lugar a que en el sector agrícola de la industria azucarera prosperaran más de 70,000 colonos cubanos y se aumentaran los salarios de los trabajadores, en tanto que del lado industrial se inició un proceso de rescate de los ingenios de fabricar azúcar. Hacia 1958, cerca de los dos tercios de la producción y 121 de los 161 ingenios estaban bajo el control de nacionales.

Durante este período anterior a la revolución, la producción agrícola estaba en manos privadas; el gobierno regulaba esta actividad por medio del Ministerio de la Agricultura y sus dependencias que fueron perfeccionándose con el transcurso de los años. En el libro *Desarrollo Agrícola de Cuba*, editado por el Colegio de Ingenieros Agrónomos de Cuba, publicado en Santo Domingo en 1994 se resume de esta manera la situación anterior a la revolución:

«De la riqueza agrícola correspondía 56.7% a la caña de azúcar, 6.6% al arroz, 5.3% al café, 2.5% al tabaco y 28.8% a otras cosechas, incluyendo entre éstas, piña, cítricos, yuca, malanga, banano, papas, tomates, pepinos, pimientos, quimbombó, y otros vegetales, así como, frijoles, habichuelas, cebollas, ajo, papaya, guayaba, garbanzos, maní, ajonjolí, algodón, kenaf, ramié y millo (Arango, 1953). Cuba tenía una avanzada explotación ganadera que cubría las necesidades del mercado interno e iniciaba la exportación de reproductores, carnes congeladas y otros productos (Álvarez Díaz, 1962). En 1958 Cuba contaba con 6 millones de cabezas de ganado vacuno y tenía la mejor ganadería tropical del mundo, habiendo desplazado a E. U. y a Canadá en la exportación de sementales de Cebú en el mercado de América Latina. Por otra parte, Cuba ocupaba uno de los primeros lugares en la producción de carne (488 millones de libras) y en la producción de leche (785,000 toneladas métricas). El consumo anual per cápita era superior a las 75 libras (Álvarez Díaz, 1962). El consumo de calorías per cápita de Cuba ascendía a 2,692 solamente superado por Argentina y Uruguay en América Latina. Los potreros estaban sembrados de pangola, faraguá, paraná, y otras yerbas».

Otras referencias sobre la producción de cacao, miel, nueces, lentejas, soya, girasol, viandas, hortalizas y flores pueden encontrarse en *A Study on Cuba* (Miami, 1965). Quien desee conocer en forma fechaciente y detallada el desarrollo agrícola anterior a la revolución no tiene más que consultar los Censos de la República de 1943 y 1953, las memorias del censo agrícola nacional, los Resúmenes estadísticos seleccionados publicados por el Ministerio de Hacienda en 1959, el libro de Julián Alienes, *Desarrollo económico de Cuba* y el *Statistical Year Book* de las Naciones Unidas. En esas y otras publicaciones de la época podrá comprobarse que el cuadro agrícola de la Cuba prerevolucionaria era muy distinto del que Castro y sus colaboradores diseminaron después por el mundo.

UNA DÉCADA FECUNDA: LA GESTIÓN DEL BANFAIC

Los esfuerzos dirigidos a desarrollar y diversificar la producción agropecuaria se canalizaron en los años 50 a través del Banco de Fomento Agrícola e Industrial, (BANFAIC) creado por la Ley Nº 5 del 20 de Diciembre de 1950, institución ejemplar en la concesión de créditos agrícolas.

La propia Ley Nº 5 estableció un aporte de $25 millones de capital que se tomaron de la Emisión de Bonos de la Deuda Publica de Cuba 1950- 1980. Los bonos devengaban un interés anual del 4.9%, equivalentes a $1.000.000, suficiente para cubrir los gastos de organización del BANFAIC. Este Banco contaba con dos divisiones principales: la división industrial y la división agrícola, que actuaban en forma bastante independiente; su propio capital inicial así lo indicaba: $12.5 millones correspondía a cada una de las divisiones agrícola e industrial, de estos $12.5 millones, $7.5 millones se dedicaron a actividades bancarias y $5 millones a actividades de fomento, manteniéndose controles separados. Así también existían las facilidades de redescuento en el Banco Nacional y luego se aprobó una línea de crédito de hasta 50 millones para la división agrícola, pudiendo emitir bonos con garantía de su propia cartera.

La Comisión Organizadora del BANFAIC desarrolló un intenso trabajo en la preparación de manuales y reglamentos, implantación del sistema contable y de auditoría, bases para la contratación de personal por estricto concurso-oposición, política de crédito y otras disposiciones permitiendo así que se inaugurara su primera oficina en Contramaestre, Provincia de Oriente, el 10 de septiembre de 1951 y la Oficina Central en la ciudad de La Habana el 9 de octubre del propio año.

En la concesión de los préstamos, fueran éstos concedidos directamente o como se estructuró más tarde a través de las Asociaciones de Crédito Rural (ACR), no había influencia alguna de la política, solamente se requería que se cumplieran las bases de un crédito sano en cuanto a la persona, los propósitos del préstamo, la capacidad de pago, la posición financiera y las garantías. Tampoco importaban la raza, ideología o el credo que profesara el candidato; el principio básico era que el beneficiario fuera agricultor, presentara un buen proyecto y reuniera las condiciones mínimas requeridas. Los plazos de los préstamos variaban de acuerdo con el propósito y la garantia aportada. Las operaciones de corto plazo podían llegar hasta 18 meses, las de mediano plazo a 5 años y las de largo plazo hasta 10 años (en este último caso la ley permitía una extensión de hasta 25 años).

Se financiaban todos los elementos necesarios para el desarrollo agrícola, desde cultivos de corto plazo, tales como: arroz, maíz, tabaco, frijoles, papa, plátanos y malanga, hasta plantaciones permanentes como café, caña de azúcar, cacao y cría y mejora de ganado, construcciones rurales, obras de infraestructura en fincas, adquisición de propiedades rurales y cancelación de hipotecas concedidas en condiciones onerosas.

Dentro de otros rubros a financiar, estaban los gastos de vida del agricultor y su familia y la construcción y mejoramiento de las viviendas rurales. El financiamiento de los gastos de vida era muy importante y se consideraba dentro del plan de inversiones, con el objetivo de que el campesino tuviese cubierto este aspecto básico y no tuviera que acudir a otras fuentes, en donde las condiciones en muchas ocasiones eran leoninas. A su vez el financiamiento de la vivienda rural tenía que estar de acuerdo con los requerimientos mínimos de cada una de las unidades y por montos adecuados, de acuerdo con el tamaño de las empresas y su capacidad de pago. Eran viviendas modestas, con ambientes de acuerdo con el tamaño de la familia, piso de cemento o de lajas, techo de zinc, fibro-cemento, tejas o guano y una verdadera letrina sanitaria. Siempre se consideraban las posibilidades de instalación de agua corriente, mediante el aprovechamiento de manantiales, agua de ríos, o mediante pozos con su bomba y molino.

Se financiaba tanto a los pequeños, como a los medianos y grandes agricultores. Con los pequeños agricultores y dado el bajo tipo de interés cobrado, incluso cuando las recuperaciones fueran buenas, prácticamente se cubrían sólo los gastos o había pérdidas, con los medianos agricultores se cubrían los gastos y quedaba un pequeño margen de utilidad y con los grandes agricultores se producían utilidades que servían para poder atender las necesidades de los pequeños agricultores e incrementar las reservas. Las garantías estaban de acuerdo con la naturaleza de la inversión y plazos de los préstamos.

La ley contemplaba distintas formas de garantía como la prendaria presente y futura en cuanto a las cosechas, la garantía prendaria con desplazamiento o pignoraticia, la garantía refaccionaria y la hipotecaria. La garantía refaccionaria era típica en la legislación cubana (no existe en otros países) y la propia ley definía el préstamo refaccionario, como todo préstamo en dinero a empresas agrarias o industriales garantizado con gravamen sobre un conjunto de bienes que a tales efectos se constituyen en «unidad de producción».

El tipo de interés cobrado por el BANFAIC fué del 8% tanto en operaciones de corto plazo como de mediano y largo plazo, con la excepción de los préstamos de garantía rural en que la tasa llegó a elevarse al 12% dado el costo de las operaciones.

En las operaciones de pignoración de productos de mucho menor riesgo, en los que la prenda dada en garantía estaba en almacenes afianzados, reposeidos o administrados por el Banco, la tasa cobrada era del 6 %, todo sobre saldos insolutos. En los préstamos de desarrollo ganadero, durante el programa especial de mejoramiento de pastos, especialmente «la pangola», se otorgó como aliciente un tipo de interés del 6%. Estos tipos competitivos de interés, resultaban ser más bajos que los cobrados por la banca comercial y mucho más bajos que los cobrados por los prestamistas privados y no digamos por los denominados «garroteros» que eran verdaderamente onerosos para los agricultores, especialmente para los pequeños.

Al 31 de Diciembre de 1959, el monto total de préstamos a cobrar en la Cartera de la División Agrícola ascendía a $36.500.000.00; este monto representaba la cartera total de las ACR descontada en el BANFAIC y los préstamos otorgados por las ACR como agentes del Banco. Además de las Asociaciones que concedían crédito a los agricultores, se creó la Asociación de Crédito Pesquero con sede en La Habana. Su principal actividad era el desarrollo del crédito pesquero, financiando la compra de botes con motor fuera de borda, barcos pesqueros, neveras para refrigerar pescado que se instalaban en los comercios de expendio de carne y pescado. La misma contaba con un barco frigorífico para el servicio de sus asociados; cuando los barcos pesqueros llegaban al puerto y no podían descargar de inmediato el pescado fresco, lo entregaban al barco frigorífico donde se procesaba, congelaba y almacenaba para su distribución posterior. Este tipo de servicio, unido a las neveras ya mencionados, estaba mejorando el sistema de distribución y comercialización de la producción en la capital de la República.

Para atender mejor las necesidades de los miembros de la Asociación, fue creada la Agencia de Distribución y Abasto, Sociedad Cooperativa por Acciones (ADASCA), que tenía un espacio en el principal Mercado de La Habana, denominado Mercado Unico, y un almacén para depositar los productos que se adquirían para sus asociados. Además, esta asociación participaba en la compra al por mayor, con la consiguiente disminución de precios y mejoramiento de su calidad, de fertilizantes, insecticidas, fungicidas, semillas certificadas de arroz, papa, etc. Asimismo vendía por cuenta de sus asociados papa, maíz, plátano, frijoles negros, naranjas y otros frutos menores. Daba completo apoyo a la comercialización de productos y facilitaba que se pagaran mejores precios a los agricultores, eliminando gran parte de los intermediarios.

Se crearon en este período las Administraciones de Compra y Venta de Productos, como un primer paso para la creación de un futuro organismo de estabilización de precios de productos agrícolas, y siendo evidente los desajustes que se presentaban para el pago de un precio justo a los agricultores, el gobierno llegó a acuerdos con el BANFAIC, encomendándole los servicios de estabilización de precios de aquellos productos que mostraban mayores desajustes, como el maíz, el café y el arroz.

Para la operación de la Administración de Estabilización del Maíz, el BANFAIC ya contaba con los servicios de almacenes para el depósito del producto de sus clientes, y la pignoración de los mismos. Fue establecido un precio de garantía para el grano, indicando la humedad adecuada y multas por la impureza de los productos.

Bajo el mismo sistema establecido en el maíz, desarrollaba sus actividades la Administración de Compra y Venta del Café, que operaba principalmente en Oriente. Gran parte del café cáscara, se convirtió en café oro en el molino de café, el más grande de Cuba, propiedad del BANFAIC, en la carretera de Contramaestre a Maffo. Personal debidamente instruido, mediante equipos determinadores de humedad, efectuaba los descuentos correspondientes si ésta excedía del 12%, así como la conversión de café cáscara a limpio en oro. Igualmente y en convenio con los molinos y almacenes de arroz, se estableció un precio de garantía al grano en donde éste se valoraba por su equivalencia de cáscara a limpio, el porcentaje de humedad y granos partidos.

EL FIN DEL BANFAIC Y COMIENZO DE LA CRISIS

Con el ascenso al poder de los actuales dirigentes del régimen «Revolucionario» en enero de 1959, se produjeron importantes cambios en la dirección y funcionamiento del BANFAIC. Primero los rumores de la Reforma Agraria y luego la realidad de la misma, provocaron con justificada razón que las solicitudes de préstamo fueran decayendo y se paralizaron prácticamente las inversiones, siendo cada día mayor la incertidumbre.

A fines de 1959, las acciones del Instituto Nacional de Reforma Agraria (INRA) destinadas a la creacion de las granjas del pueblo y al desarrollo de «Cooperativas», en las que no se cumplían los principios básicos del cooperativismo, fueron socavando la posición del BANFAIC. A través de las denominadas «Zonas de Desarrollo Agrario», el INRA fue desarrollando acciones paralelas crediticias dirigidas a fortalecer económicamente las «Granjas del Pueblo», con desconocimiento total de los principios crediticios, sin la menor organización administrativa y contable y sin determinación de los verdaderos costos de producción y monto de las inversiones necesarias. Al mismo tiempo los recursos eran aportados mediante cheques girados directamente por Fidel Castro con cargo a una cuenta especial abierta al efecto; el control de estos desembolsos se hacía por medio de breves notas que nunca sufrían la menor fiscalización.

Paralelamente, en forma muy secreta, se fue preparando el golpe final a la institución, que había sido respetada por todos los gobiernos anteriores, tanto en su política de crédito, como en cuanto a la permanencia de su personal cuyos funcionarios muy capacitados, estaban imbuidos de un afan de servicio en beneficio de los pequeños industriales y de los agricultores del país. Mediante la Ley No. 766 de 24 de Marzo de 1960, se dispuso la disolucion del BANFAIC y el traspaso de sus activos, pasivos y funciones al INRA, dentro del cual se creó un Departamento de Crédito Agrícola e Industrial (DECAI).

Los créditos que se concedían por el DECAI para las operaciones de las granjas y de las cooperativas, principalmente de caña de azúcar, no obedecían en lo más mínimo a proyectos debidamente elaborados en que se cumplieran, aunque fuera en parte, con los principios básicos para el otorgamiento de créditos sanos. Parte de los financiamientos, en esta etapa se otorgaban por cheques» expedidos directamente por Fidel Castro. En sus bolsillos no sólo estaban los fondos necesarios para estas atenciones, sino también parte de la tesorería del país.

Con el tiempo el INRA desapareció y renació el Ministerio de Agricultura y gran parte de los funcionarios del DECAI se integraron a los Ministerios de la Industria Azucarera y de la Agricultura, la Junta Central de Planificación (JUCEPLAN), la Asociacion Nacional de Agricultores Pequeños (ANAP) y otros a un Departamento Especial dentro del Banco Nacional de Cuba.

DISTRIBUCIÓN DE LA SUPERFICIE BAJO CULTIVO EN CUBA

La superficie agrícola de Cuba abarca 6.8 millones de hectáreas (17 millones de acres), estando actualmente en explotación solamente el 65% de esa área, lo que significa 4.4 millones de hectáreas (11 millones de acres); el 35% restante ha sido considerado reserva estatal y no se ha permitido hasta ahora realizar cultivos en ella.

Esa área bajo cultivo, se distribuye en 3.32 millones de hectáreas dedicadas a diferentes cultivos tropicales, unos permanentes y otros temporales, entre los que se destacan los siguientes debido a su importancia económica:

1) caña de azúcar
2) café y cacao
3) tabaco
4) cítricos

5) arroz
6) frutas tropicales,
7) viandas y vegetales
8) pastos y forrajes.

Las 1.08 millones de hectáreas restantes están dedicadas a otros cultivos que tienen menor importancia económica. El siguiente cuadro brinda más información al respecto.

Distribución de la superficie cultivada del país por cultivo:

CULTIVOS PERMANENTES	TOTAL MILES DE HA	CULTIVOS TEMPORALES	TOTAL MILES DE HA
Caña de Azúcar	1989	Arroz	207
Café	147	Cultivos varios	457
Plátano	114	Tabaco	57
Cítricos	150	Forrajes	20
Frutales	96	Viveros y semilleros	6
Pastos y forrajes	1081		
Cacao y otros	51		

Fuente: Anuario estadístico de Cuba, 1989. Ed. Comité Estatal de Estadísticas.

FORMA EN QUE ESTABA DISTRIBUIDA LA PROPIEDAD AGRARIA EN LOS AÑOS 1989-1998

En 1989 predominaba el Sector estatal que llegaba a controlar directamente casi toda la superficie bajo cultivo y la totalidad de la reserva restante; este sector denominado socialista comprendía las siguientes estructuras estatales:

• Empresas agrícolas: tabacaleras, cafetaleras, citrícolas y las de cultivos varios
• Los Complejos agroindustriales (CAI): azucareros y arroceros

- Empresas silvícolas
- Otras formas empresariales tales como:
  Las empresas municipales agropecuarias
  Las empresas de la Dirección de Arquitectura y Urbanismo

Toda esta compleja red era controlada directamente por el Estado a través del aparato burocrático de los Ministerios a los que pertenecían, y en conjunto comprendía el 78% de la superficie cultivada del país, abarcando un área global de 3.4 millones de ha. Por otra parte, como parte integrante del «sector socialista» existían y aún existen las Cooperativas de Producción Agropecuaria (CPA), que no son más que empresas estatales de nuevo tipo, ya que están controladas también por el Estado a traves de una organización dependiente del Partido Comunista de Cuba.

Según un informe presentado en 1996 durante el denominado Congreso del Partido Comunista de Cuba, la propiedad agrícola en el país sigue estando distribuida entre dos sectores, denominados sector estatal y sector privado.

Al sector estatal pertenecen las Empresas Agrícolas Estatales propiamente dichas y las Cooperativas de Producción Agropecuaria (CPA), una forma «sui generis» de empresa estatal como se ha señalado antes. Al sector considerado privado por el Estado pertenecen las Unidades Básicas de Producción Cooperativa «UBPC» (creadas en 1993), que se encuentran controladas por el Estado aunque teóricamente son privadas y tienen cierta autonomía; se incluyen también en esta clasificación los pequeños propietarios de fincas que son los únicos verdaderamente privados en este complejo panorama. El cuadro siguiente permite tener una mayor precisión al respecto, y muestra las variaciones que se han producido en la tenencia de la tierra en Cuba en los últimos años, diferenciando al sector verdaderamente privado del «cooperativo».

Distribución de la propiedad agrícola en los años señalados

Miles de hectáreas (porcentaje del total)

AÑO	1989	1995	1997
Sector estatal	3,441 (78.0%)	978 (25.7%)	960 (25.5%)
«Cooperativas»	450 (10.0%)	2,235 (58.7%)	2,228 (59.2%)
Sector privado	520 (12.0%)	594 (15.6%)	573 (15.3%)
TOTAL	4,410 (100%)	3,807 (100%)	3,761 (100%)

Fuentes: Informe CEPAL (1997). Independientes.

Durante el período 1991 - 1993 el Ministerio de Agricultura que es el responsable de las empresas estatales acumuló pérdidas del orden de los 811.7 millones de pesos debido a la baja productividad de esas empresas; esto permite suponer que el régimen cubano trató de superar la situación, incrementando el «Cooperativismo» comprometido con el régimen, es decir, usando como pantalla las UBPC.

Sin embargo, muy a su pesar durante el Congreso de las UBPC efectuado en el año 1998, cinco años después de la creación de éstas, el régimen tuvo que reconocer que no eran rentables. Baste señalar que en el período 1994 – 1996 de las 1,576 UBPC establecidas sólo un tercio eran rentables, y las pérdidas anuales en ese período fueron del orden de los 543 millones de pesos, a pesar de que se les habían otorgado créditos bancarios por 745.5 millones de pesos en medios de producción y equipamiento. Evidentemente, este ha sido uno de los más palpables fracasos de la política agrícola del régimen en estos últimos años. Por su parte los campesinos privados, con el 15.3 % de la superficie agrícola bajo explotación en su poder, y sin ninguna clase de apoyo estatal, fueron capaces durante 1997 de cumplir con las entregas que les impuso el Estado, y vender en el Mercado Agropecuario el 73% de todos los productos allí comercializados.

ORGANIZACIÓN DE LA AGRICULTURA

La agricultura en Cuba se encuentra estructuralmente dividida en dos grandes ramas:
➡ Agricultura cañera a cargo del Ministerio de la Industria Azucarera.
➡ Agricultura no cañera, dependiente del Ministerio de Agricultura.
La razón de ésto es la importancia que tiene para la economía cubana la producción y comercialización del azúcar de caña, que tradicionalmente contribuía con más del 80% de las divisas que entraban en el país.

AGRICULTURA CAÑERA

La caña de azúcar es el principal cultivo agrícola de Cuba, debido a que suministra la materia prima para la industria azucarera que es el principal producto de exportación del país. A lo largo de las casi cuatro décadas que median entre 1960 y 1998 se han llevado a cabo diversas estrategias con ese cultivo, destinadas a modificar el papel que juega en la economía nacional. No obstante, sigue siendo la columna vertebral de la economía cubana, y no hay indicios de que ese papel pueda ser modificado a corto plazo. El cuadro que se presenta a continuación muestra un resumen de la producción de caña de azúcar en el período 1989-1995.

Resumen de los principales indicadores de la agricultura cañera:

Indicador	Unidad de medida	1989	1990	1991	1992	1993	1994	1995
Área cosechada	Mm ha.	1.35	1.35	1.43	1.55	1.15	1.10	1.05
Producción	Mm. ton.	81.00	76.23	71.00	58.00	44.00	39.00	36.00
Rendimiento	Ton/ha	59.9	56.4	49.5	37.4	38.2	35.4	34.3

Fuente: Anuario estadístico de la CEPAL (1996).

Como se observa, los rendimientos han decrecido vertiginosamente como una consecuencia de la crisis estructural antes apuntada. Situación ésta, que se ha agravado al cesar los subsidios que recibían del desaparecido campo socialista, lo que ha traído como consecuencia una aguda falta de insumos básicos tales como: fertilizantes, herbicidas, combustible y piezas de repuesto para la maquinaria agrícola. Esto se agudiza con la falta de eficiencia del aparato administrativo oficial y la desorganización que ello acarrea, lo cual genera costosas violaciones de las normas que garantizan la correcta aplicación de la técnica en esta actividad.

INDUSTRIA AZUCARERA

La producción industrial de azúcar de caña depende obviamente en gran medida de la producción de caña de azúcar en la agricultura. Actualmente las empresas agrícolas cubanas están estructuralmente unidas a las fábricas de azúcar, formando los denominados «Complejos Agro-industriales» (CAI).

La gráfica que se presenta a continuación ilustra la producción de azúcar en el período 1991-1996.

44

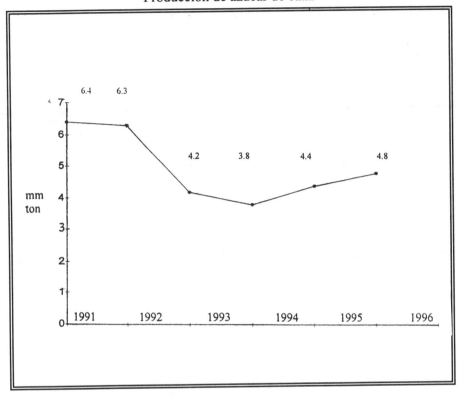

Producción de azúcar de caña

Fuente: Información publicada por la Prensa cubana.

Existe consenso en que la evidente baja en la producción de azúcar se debe fundamentalmente a diversos factores no técnicos sino más bien administrativos que inciden negativamente en la correcta aplicación de la técnica. Entre los más marcados tenemos: a)falta de una política fundamentada en criterios técnicos y coherentes con la realidad en cada momento, b)aguda falta de combustible, c)falta de piezas de repuesto para toda la maquinaria vinculada al proceso, d)bajo índice de implementación de nuevas tecnologías, e)baja calidad de la materia prima llegada del campo, f)debilidad en los controles técnicos y administrativos.

El hecho de que según informes recientes la caña cortada permanece a menudo más de 50 horas en los campos y que por esa razón y por las impurezas que contiene a su entrada en los molinos el rendimiento haya disminuido de modo substancial, denota falta total de organización en la parte administrativa y apatía o desgano del lado de los trabajadores.

En resumen, la industria azucarera un bastión histórico de la economía cubana se encuentra en precarias condiciones. El promedio de producción de las zafras, durante la década de los cincuenta fué de 5.7 millones de toneladas; en 1952 la zafra superó los 7 millones de toneladas; en 1995-98 oscila alrededor de 3.4 millones, lo que significa que en las últimas zafras de la Cuba «revolucionaria» se produce aproximadamente la mitad de lo que se producía en el país en 1952. Cuba que era el primer país exportador de azúcar de caña en el mundo, ha pasado ahora a ocupar el séptimo lugar.

AGRICULTURA NO CAÑERA

La agricultura no cañera pertenece estructuralmente al Ministerio de Agricultura, y tiene la peculiaridad de que es en esta rama donde se concentran los restos de propiedad privada que aún subsisten. En el sector estatal los cultivos predominantes han sido los cítricos, el tabaco y el café, para exportación, y el arroz, el plátano y el banano para el consumo de la población. En el sector privado por su parte los cultivos predominantes han sido los de consumo directo tales como vegetales, tubérculos y raíces.

LA PRODUCCIÓN CITRÍCOLA

Históricamente, la producción de cítricos a escala comercial se inició a principios del presente siglo; sus promotores fueron inversionistas norteamericanos que aprovecharon las condiciones agroclimáticas adecuadas sin inviernos crudos ni heladas, los suelos favorables en diversos lugares del país, la mano de obra barata, y la cercanía del mercado norteamericano. Hubo, por supuesto períodos de auge y otros de depresión, pero la producción se consolidó y en el año 1958 alcanzó la cifra de 60,000 ton, siendo el área total cultivada en esa época de algo más de 12,000 ha.

A partir de 1961 la URSS y los países bajo su esfera de poder empezaron a comprar la producción citrícola cubana, y rápidamente su demanda superó la capacidad productiva de las recién confiscadas instalaciones citrícolas, las que se mostraron incapaces de satisfacer los pedidos. Lógicamente esto dió lugar a que los dirigentes del país dieran atención preferencial a este cultivo y como consecuencia de esto fueron movilizados enormes contingentes de estudiantes, trabajadores e incluso presos para incrementar las área sembradas de cítricos y para construir las instalaciones para su procesamiento industrial.

Entre 1973 y 1977 se plantaron casi 90,000 ha, un área casi siete veces mayor que la que había sido expropiada por el Estado a sus propietarios; la meta era producir 700,000 ton de cítricos en 1975 y doblar esa cantidad en los 10 años siguientes, pero la realidad fue que sólo se cosecharon 180,000 ton en el año 1975, lo que significaba menos del 26 % de la cifra planificada. En los 10 años siguientes las cifras oscilaron entre el 25% y el 50% de lo planificado para cada año. En 1985 se lograron producir unas 647,000 ton, casi la meta inicial propuesta para la década anterior y el 50% de lo planeado para ese propio año.

Las causas de esa situación fueron, por una parte, insuficiencias administrativas, ya que faltaron insumos básicos tales como: plaguicidas, fertilizantes, maquinaria y piezas de repuesto y por otra parte incumplimientos de las normas técnicas al emplearse plantas de baja calidad en la obtención de semillas y altas densidades de plantas por unidad de área. En resumen, descontrol, mala planificación e improvisación, los males endémicos del modelo de economía estatizada que estaba siendo aplicada.

La cifra alcanzada en 1985 fue producto del incremento en la producción que tuvo lugar a partir de 1980, cuando entraron en producción miles de ha. de las nuevas siembras que habían sido hechas en la década anterior, pero las cifras enmascaraban una realidad: los rendimientos por unidad de área en producción apenas alcanzaban las 3 ton/ha. en las principales plantaciones de Pinar del Río, Camagüey y Guantánamo y a finales de la década apenas alcanzaban las 7 ton/ha; por otra parte, la calidad de los frutos era muy baja.

Ambos factores combinados producían costos elevados y bajo valor comercial de la cosecha, lo que se enmascaraba con el apoyo de los países del CAME, ya que tanto la URSS como los otros países socialistas de Europa compraban la producción pagando altos precios por un producto que en realidad no tenía una calidad que los justificara.

La desaparición súbita de la URSS, y la transformación subsecuente que se produjo en los países antes sometidos a su esfera de influencia, significó un rudo golpe, ya que con una producción poco competitiva y con altos costos de producción no era posible salir al mercado internacional. Así el mito que se había creado sobre la base de los subsidios de los países socialistas se desplomó.

La situación caótica que presentaba este importante cultivo que había llegado ya a significar el 2.2% de las utilidades producidas por todas las exportaciones del país, se empezó a resolver a partir de la firma de acuerdos con tres grupos económicos capitalistas, dos chilenos (el Pole y el Ingleco) y uno israelí (el GBM). El primero se hizo cargo del transporte y mercadeo de los cítricos, el segundo tomó a su cargo las instalaciones para la producción de jugos y concentrados y el israelí tomó la dirección de las instalaciones de la empresa citrícola de Jagüey Grande con la finalidad de mejorar la calidad de los frutos; la mencionada empresa cubre un área de 48,800 ha. y abarca casi todo el sur de la provincia de Matanzas; el 62% del área lo constituyen plantaciones de naranjas y 24% de toronjas, y es indudablemente la mayor del país, y una de las mayores del mundo.

Informes recientes demuestran que Cuba en estos momentos es un importante productor y exportador de cítricos lo que debe tenerse en cuenta, y sobre todo que tiene importantes nichos de mercadeo en Europa, Asia, y Medio Oriente.

Principales indicadores de la producción de Naranjas en el período indicado:

Año	Área ha.	Producción Ton.m.	Rendimientos Ton.m /ha.
1989	71,747	473,530	6.6
1994	64,109	256,435	4.0
1995	67,152	295,467	4.4

Fuente: CEPAL, sobre cifras de la ONE

Principales indicadores de la producción de Toronjas en el período indicado:

Año	Área ha.	Producción Ton.m.	Rendimientos Ton.m /ha.
1989	29,524	265,716	9.0
1994	28,654	223,504	7,8
1995	27,514	261,386	9.5

Fuente: CEPAL, sobre cifras de la ONE

Principales indicadores de la producción de Limones en el período indicado:

Año	Área ha.	Producción Ton.m.	Rendimientos Ton.m /ha.
1989	9,822	64,826	6.6
1994	10,108	15,162	1.5
1995	9,745	18,516	1,9

Fuente: CEPAL, sobre cifras de la ONE

A pesar de toda la retórica que emplea la prensa oficialista cubana, las cifras que ella misma deja entrever indican una revitalización de la producción citrícola a partir de la disminución del control estatal y la realidad innegable de que la producción actual está controlada por empresas capitalistas privadas. Una vez más se muestra que la producción agrícola debe estar en manos privadas; el hecho de firmar los acuerdos antes enumerados con empresas privadas y los incrementos productivos que se indican, corroboran esta afirmación.

LA PRODUCCIÓN DE CEREALES

El arroz, y el maíz son alimentos básicos en la dieta de los habitantes de América Central y el Caribe y Cuba no es una excepción. Son cultivos tradicionales, y existe bastante experiencia acumulada por los agricultores para su producción.

Según informaciones publicadas antes de 1959, Cuba había alcanzado niveles de producción verdaderamente importantes que contribuían a que se garantizara el abastecimiento del país en ambos cereales, y esto se había logrado sin descuidar los demás. Baste señalar que en hortalizas y frutales Cuba era un importante exportador, pues ocupaba el primer lugar entre los suministradores de esos rubros al mercado de los EE.UU.

Los cambios políticos, administrativos y sociales que se produjeron en Cuba a partir de 1959 modificaron negativamente esa privilegiada situación. Muchos analistas al evaluar la crisis agroproductiva cubana suelen fijar su atención en la situación actual y buscan las causas de esta crisis en hechos recientes tales como, la desaparición del denominado «campo socialista», y las medidas tomadas por el gobierno de los E.U.

Esta forma de enfocar el asunto lleva a conclusiones inexactas y a desviarse del meollo del problema, ya que en modo alguno puede desdeñarse todo lo ocurrido durante las tres primeras décadas del régimen castrista. Los hechos muestran que lo que está pasando en Cuba durante la década de los noventa no es más que la consecuencia de una franca declinación de la producción agrícola que de año en año siguió una espiral descendente y que las medidas que tomaron los dirigentes de la agricultura estatal cubana, si tomaron alguna, no fueron eficaces y que esto hizo crisis cuando cesaron los subsidios con la desaparición del citado «campo socialista».

Una simple evaluación de las informaciones brindadas por las propias entidades estatales cubanas nos lleva a concluir que si bién es cierto que a partir de 1990 se hizo más evidente la pérdida de la capacidad agroproductiva del país y se incrementaron las dificultades para suministrar los alimentos indispensables en la canasta básica de la población, esto no es más que la consecuencia de una franca caída en la producción agrícola, situación ésta que se manifestaba ya en los años que los defensores del régimen de la Habana trataban de presentar como de bonanza económica del país.

Las estadísticas oficiales de Cuba muestran que si bien se produjo un cierto incremento en algunos indicadores agrícolas del sector estatal durante los primeros años, los mismos no eran proporcionales al incremento de la superficie agrícola bajo explotación. Ante todo hay que tener en cuenta que este sector de la economía cubana llegó a ocupar el 92.3% de la superficie agrícola del país, abarcando un total de 6.28 millones de hectáreas; de este gran total, se explotaban 3.85 millones de hectáreas, y el resto era considerado reserva estatal al finalizar el año 1989.

Lo antes expuesto sirve para ubicarse en la realidad de que la producción que nos ocupa estaba fundamentalmente en manos del Estado en el decenio 1980 a 1989 , anterior a la desaparición del campo socialista y dos décadas después de la toma del poder por parte de los actuales gobernantes.

ARROZ

Como se ha señalado antes, el arroz es el cereal fundamental en la dieta de los cubanos. En los años precedentes a la instauración del denominado «Gobierno revolucionario», Cuba había alcanzado ya una producción per cápita anual de más de 110 libras por habitante.. El cuadro siguiente presenta estimaciones basadas en las cifras de producción arrocera que había en esos años.

Producción de arroz en Cuba
a finales del período anterior al triunfo de la Revolución

Año	Producción (ton. métricas)	Incremento %
1947	38,000	
1950	45,455	62
1952	68,182	50
1954	109,091	65
1955	136,364	24
1956	167,864	20

Fuente: Desarrollo Agrícola de Cuba. Tomo 1 (1991). Ed. Colegio de Ingenieros Agrónomos y Azucareros de Cuba en el exilio.

Las cifras indican claramente un crecimiento sostenido de la producción de arroz, lo que se había logrado mediante la introducción de variedades más productivas y el perfeccionamiento de las técnicas aplicadas en todo el proceso productivo. El ritmo de crecimiento empezó a disminuir al final del período debido a consideraciones de tipo comercial que influyeron en el mismo; no obstante, se esperaba llegar a abastecer el mercado nacional a mediados de la década siguiente. Además de esto se debe considerar que a finales de la década de los cincuenta y más específicamente en los años 1958 y 1959 se produjo en Cuba una cruenta crisis cuya expresión más destacada fue una guerra civil que llevó al poder a los actuales dirigentes de la revolución.

A partir de 1960 se inició el proceso de socialización de la economía cubana, siguiendo el modelo estalinista aplicado en la URSS. El Estado se hizo cargo, mediante expropiación de toda la infraestructura productiva y comercial de la nación, y en el marco de este proceso asumió integralmente la producción arrocera de Cuba e inició una frenética carrera para incrementar las áreas sembradas de arroz en el país.

A modo de comparación es bueno tener en cuenta que el área sembrada de arroz en Cuba en la década en cuestión significaba como promedio un 90% de la suma del total del área sembrada en esos años por los siguientes países:

◘ Guatemala
◘ El Salvador
◘ Honduras
◘ Nicaragua
◘ Costa Rica

La tasa de crecimiento del área sembrada de arroz en la primera mitad del decenio considerado fué 1.04, lo que significó un modesto incremento; en la segunda mitad este fue 0.99.

Los niveles de producción per cápita alcanzados en ese propio período significaron como promedio un 50% (y en algunos años ni eso) de la producción per cápita de Costa Rica, uno de los paises antes considerados. El cuadro siguiente prueba esta aseveración.

Producción per cápita anual de arroz en el período señalado
(libras/año/habitante)

Año	Guatemala	El Salvador	Honduras	Nicaragua	Costa Rica	Cuba
1980	8.74	29.41	28.23	50.25	234.64	100.49
1981	10.72	24.36	30.82	60.24	194.57	95.55
1982	16.19	33.16	33.16	77.96	142.94	107.72
1983	14.57	21.00	40.73	81.53	271.05	104.89
1984	14.57	30.77	35.32	70.94	214.51	110.56
1985	10.61	31.79	26.20	54.86	203.26	100.38
1986	9.36	21.64	31.07	53.31	153.88	102.22
1987	16.27	18.77	27.17	43.42	128.07	85.95
1988	17.59	25.05	21.91	39.39	157.74	89.95
1989	11.05	27.25	29.45	44.00	178.11	97.72

Fuentes:
El Comercio intraregional de granos básicos en centroamérica. IICA. 1991
Anuario estadístico de Cuba. Comité estatal de estadísticas . 1989
Banco Interamericano de Desarrollo, basado en datos del Latin American Demographic Center y de United Nations Population Division.

Para hacer una adecuada comparación de estos datos hay que tener en cuenta ante todo que con la única excepción de Costa Rica y Cuba los países encuestados basan su alimentación en el maíz; por esta razón enfatizaremos la comparación entre estos dos países.

Resulta notable que teniendo Cuba como se ha señalado antes, un área sembrada equivalente al 90% de la de todos ellos sumados, las producciones per cápita cubanas en toda la década significaban casi invariablemente un 50% de las de Costa Rica el único de ellos con el que la comparación sería válida por la razón antes expuesta. Otros aspectos importantes a tener en cuenta son: que Costa Rica es el más pequeño en área de todos los encuestados y que esa década ha sido calificada por los portavoces del régimen de La Habana como la de las más altas producciones arroceras en el período denominado «revolucionario».

Todo lo anterior tiene una explicación. Como resultado de la estatización de la producción de arroz en Cuba se empezaron a manifiestar dos fenómenos aparentemente contradictorios: uno era el incremento rápido de las áreas sembradas con el consiguiente incremento de las obras de infraestructura incluyendo la construcción de presas, canales de irrigación, etc y otro una franca declinación de los rendimientos.

Esto trajo como consecuencia, que los incrementos en el área no se reflejaran en igual medida en la producción. El cuadro siguiente permite comprobar esto; el área cosechada en 1989 fué 5.8 veces mayor que la de 1956 y sin embargo la producción solo se incrementó en 2.7 veces, a pesar de que el 100% del arroz se siembra bajo riego; en los años siguientes a pesar de las dificultades derivadas del cese del financiamiento de la desaparecida URSS las áreas en producción siguen siendo muy superiores a las que había en el período pre-revolucionario.

Área, producción y rendimientos anuales per cápita en Cuba durante los años señalados

Año	Área Ha.	Producción Ton.M	Rendimientos ton/ha.
1956	41,966	167,864	4.00
1989	245,421	453,866	1.85
1995	165,000	234,633	1.42
1996	195,000	341,461	1.75
1997	186.000	291,100	1.57
1998	186,000	291,100	1.57

Fuente: FAO cuadros estadísticos por países (1998)
Estadísticas seleccionadas de Cuba (1996) Ed. ONE
Anuario Estadístico de Cuba (1989) Ed. Comité Estatal de Estadísticas
Desarrollo Agrícola de Cuba Tomo I. (1991) Ed. Colegio de Ingenieros Agrónomos y Azucareros de Cuba.

Lo anterior permite establecer que Cuba tiene las condiciones necesarias para duplicar su producción de arroz con el área que tiene sembrada. Esta afirmación se basa en el hecho de que con sólo alcanzar los rendimientos de la etapa pre-revolucionaria en el área sembrada actualmente, en Cuba se podrían cosechar más de 700,000 toneladas de arroz, lo cual potencialmente permitiría no solo autoabastecer al país sino convertirlo en un exportador de arroz.

Sin embargo, para esto habría que darle solución a una serie de problemas que han estado afectando a las empresas arroceras y que son resumidos a continuación:

1) Control vertical del proceso productivo desde la dirección central del Estado, lo cual genera decisiones unas veces alejadas de la realidad, otras veces tardías y en muchos casos contraproducentes.

2) Falta de coordinación entre los niveles de dirección del proceso productivo a nivel de empresa y entre éstas y los proveedores.

3) Rigidez de los controles burocráticos, situación ésta que entorpece el trabajo.

4) Falta de estimulación material a los factores involucrados en la producción.

5) Irresponsabilidad, ya que en casi cuatro décadas no se han tomado medidas efectivas para remediar una situación que afecta a un cultivo que significa la principal base alimentaria de la población cubana.

MAÍZ

El segundo cereal en orden de importancia en la dieta de la población cubana es el maíz. Históricamente, en las etapas anteriores a la implantación del socialismo marxista, el país se había autoabastecido de este producto a pesar de los altos niveles de consumo de la población. Entre 1980 y 1984 el área global sembrada de maíz en Cuba promedió unas 26,000 has. para una población de unos 10 millones de habitantes; en la segunda mitad del decenio 1980 – 1989 apenas se incrementó el área sembrada a unas 37,000 has. promedio, lo cual evidentemente era insuficiente; a eso se suma que las producciones fueron sumamente bajas.

A partir de 1989 en el marco de un esfuerzo realizado para tratar de incrementar la producción agrícola, como consecuencia de la desaparición del denominado campo socialista y con esto el cese de los subsidios a Cuba por parte de ese grupo económico, se produjeron incrementos en las áreas y por consiguiente en la producción de este importante cereal, pero la ineficiencia crónica del sistema se manifestó inmediatamente. A continuación se presenta un cuadro que permite comprobar las bajas producciones que se obtienen actualmente en Cuba a pesar de los incrementos en áreas que se han producido.

Año	Área Ha.	Producción ton. m.	Rendimientos ton/ha.
1989	77,000	95,000	1.23
1995	74,000	85,000	1.14
1996	74,000	85,000	1.14
1997	75,000	90,000	1.20
1998	75,000	90,000	1.20

Fuente: FAO basado en estadísticas de la ONE

Un fenómeno que salta a la vista es el de los bajos rendimientos y la imposibilidad de incrementar éstos a niveles razonables; con esos rendimientos la producción es evidentemente incosteable.

En Cuba, el maíz puede ser sembrado prácticamente en todo el país y a diferencia del arroz no hay en estos momentos grandes empresas dedicadas a este cultivo; el mismo está concentrado en las denominadas «empresas de viandas y vegetales» que se encuentran distribuidas en las diferentes provincias del país. Los problemas que inciden en sus bajas producciones son los mismos que se confrontan en estas empresas agravados por la falta de priorización que el Estado ha dado a este cultivo de alta demanda en el mercado nacional.

El 60% del maíz que se produce en Cuba sale del minoritario sector privado de la agricultura cubana, el cual no está en condiciones de expandir sus producciones debido a lo reducido de su superficie y a otras diversas causas derivadas de la situación sociopolítica imperante.

TABACO

El tabaco ha significado tradicionalmente uno de los pilares de la economía cubana debido a su calidad. El país dispone asimismo de especialistas de muy alto nivel. A pesar de eso, este cultivo tampoco ha escapado a la declinación debido a la política errónea que se ha llevado a cabo. El cuadro siguiente es una muestra clara del declive que está sufriendo la agricultura tabacalera del país.

Producción de tabaco (ton. métricas)

1958	1960	1989	1995	1996
50,600	45,300	41,600	24,900	32,300

Fuentes: Anuario estadístico de Cuba (1989) Ed. Comité Estatal de Estadísticas
Estadísticas seleccionadas de Cuba (1996) Ed. ONE

La siguiente gráfica ilustra las exportaciones de tabaco que se han producido en los últimos años.

Exportaciones de Tabaco (millones de unidades)

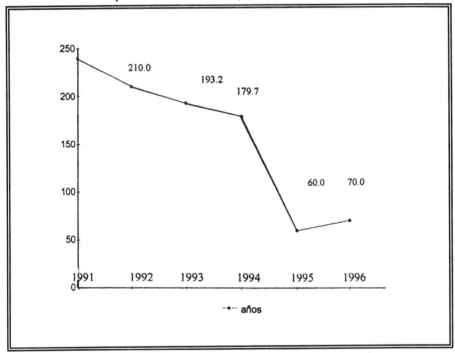

CAFÉ

Cuba no se ha distinguido como un exportador de café aunque sí ha sido un productor de café de alta calidad destinado fundamentalmente al consumo interno. La producción de café durante el año 1989 significó un 66.3% de la de 1958, año previo al inicio de la etapa actual, lo que da una prueba del descenso que ha experimentado este cultivo en Cuba.

La actual producción de este grano puede verse en el siguiente cuadro.

Producción de Café (ton métricas)

1958	1960	1989	1995	1996
43,600	55,200	28,900	.	.

VIANDAS Y HORTALIZAS

Hasta 1960 Cuba era el principal exportador de hortalizas y viandas al mercado norteamericano. Después de la instauración del actual régimen esta situación cambió y la dirigencia cubana eliminó de las prioridades del país estos cultivos y su producción quedó casi exclusivamente en manos del minoritario sector privado del agro cubano.

Al desaparecer la URSS y con ella los cuantiosos subsidios que recibía el país, se iniciaron de nuevo los esfuerzos para tratar de rescatar estos cultivos; el más importante de estos fue el denominado «Plan alimentario» que fracasó estrepitosamente. En conclusión, el sector privado aún ahora es el que produce más del 80% de las viandas y hortalizas que se consumen en el país, a pesar de no tener acceso a los insumos básicos para su producción ni a financiamiento para poder expandir sus agronegocios y suplir las demandas del mercado.

Principales indicadores de la producción de Tubérculos y Raíces
en el período indicado

Año	Área ha.	Producción/ Ton.m.	Rendimientos Ton.m /ha.
1989	115,458	681,200	5.9
1994	130,856	434,537 `	3.7
1995	138,710	624,195	4.5
1996	165,955	746,800	4.5
1997	165,955	746,800	4.5
1998	165,955	746,800	4.5

Fuente: CEPAL, sobre cifras de la ONE

Principales indicadores de la producción de Plátanos vianda
en el período indicado

Año	Área / Ha.	Producción / Ton.m.	Rendimientos Ton/ha.
1989	37,356	291,378	7.8
1994	70,721	360,679	5.1
1995	72,725	399,989	5.5

Principales indicadores de la producción de Hortalizas
en el período indicado

Año	Área / Ha.	Producción / Ton.m.	Rendimientos Ton/ha.
1989	108,971	610,235	5.6
1994	80,541	322,164	4.0
1995	75,902	402,281	5.3

Fuente: CEPAÑ, sobre cigras de ONE

Cuba potencialmente podría volver a ocupar el sitio privilegiado que tuvo, pues para eso tiene condiciones excepcionales en las provincias de La Habana, Matanzas, Villa Clara, Sancti Spiritus y Ciego de Avila, pero para ello se hace necesario un vigoroso impulso al proceso inversionista, la liberación de los agentes económicos vinculados al proceso, y la desaparición de determinados aspectos legales que frenan y en muchos casos prohiben la producción, transporte y comercialización de esos productos por parte del sector privado.

GANADERÍA, AVICULTURA Y SUS DERIVADOS

En los años finales de la década de los cincuenta Cuba tenía uno de los índices de producción ganadera más altos de Latinoamérica, con una masa ganadera vacuna que alcanzaba la notable proporción de más de una res por habitante. A modo de comparación es importante señalar que en 1959 según datos del INRA había exactamente 6 325, 000 cabezas de ganado (*A Study on Cuba* 1965, pag. 526); sin embargo, en 1998 el número de cabezas de ganado es de 4 650,000 (*Encyclopedia Britannica, Book of the year 1998*), cerca de dos millones menos para una población que ahora alcanza cerca de 12 millones de habitantes.

Durante la década de los cincuenta el consumo promedio de carne de res, en términos de per cápita anual en Cuba, estaba por encima de los 60 kg por año considerando globalmente todo el país, y en la capital de la república ese propio indicador llegaba a alcanzar cifras superiores a los 95 kg. A ese per cápita se sumaba la carne de ave especialmente pollo, y la de cerdo y sus derivados que duplicaban ambas cifras anualmente.

En el año 1991 en la red comercial oficial, bajo un estricto racionamiento, se hicieron entregas de ¾ de libra de carne de res o pollo cada diez días; hay que significar que si se adquiría la cuota citada de una de ellas, la otra quedaba excluida; con respecto a la carne de cerdo y sus derivados no se hicieron ventas a la población. La suma de estas entregas de carne de res y pollo, consideradas conjuntamente, alcanzaron un per cápita de 11.4 kg en la Ciudad de la Habana; en el resto del país este per cápita fue notablemente más bajo, y en algunas zonas llegó a ser cero.

A partir de 1992, la carne de res ha sido sustituida por una mezcla de harina de soya y vísceras molidas, que es denominada de distintas maneras según las técnicas, productos y proporciones empleadas en su confección, y la carne de ave ha sido sustituida por pasta de oca mezclada con harina de soya. Los percápitas de entregas según el sistema de racionamiento establecido, han bajado a ¾ de libra por mes, lo que significa 3.75 kg por año. La carne de cerdo y sus derivados han seguido ausentes en la canasta alimenticia de la población cubana.

Hasta 1991, los huevos en la Ciudad de La Habana se vendían libremente, aunque en el resto del país estaban racionados, pero en 1992 fueron racionados también en La Ciudad de La Habana aplicándose una norma de 5 huevos por persona semanalmente; este per cápita empezó a descender vertiginosamente hasta alcanzar la cifra de 6 huevos por persona al mes.

Esta caótica situación ha sido remediada en parte, por el siempre presente y perseguido «Mercado subterráneo» que tiene básicamente dos fuentes de abastecimiento:

1) El minoritario sector privado de la agricultura cubana.
2) Las filtraciones en la red de almacenes, centros de acopio y de transporte estatales.

Las leyes del mercado actúan hasta cierto punto en la primera fuente; con relación a la segunda, es necesario aclarar que los componentes de la red estatal especialmente los destinados al abastecimiento de los hoteles y la infraestructura turística son sistemáticamente saqueados gracias al descontrol existente y a la insostenible situación a que está sometida la población, que ha sido llevada a una situación límite, lo que favorece el surgimiento de actitudes negativas que si bien no son justificables son explicables.

Durante el año 1998 según cifras oficiales se produjeron 57,000 tm de carne de res, 6,000 tm de carne de cerdo, 21,600 tm de carnes en conservas, y 960,000 kg de derivados de la industria láctea lo cual en términos de libras producidas por habitante por año significa:

◉ 10.4 lb de carne de res
◉ 1.1 lb de carne de cerdo
◉ 3.96 lb de carne en conserva
◉ 70.08 lb de un conjunto de derivados lácteos, a saber: helados, quesos, mantequilla y yogurt
◉ En rigor estos derivados lácteos no estan totalmente al alcance de la población, ya que no se venden en el mercado oficial, sino que se ofertan en «tiendas especiales» en las que las transacciones comerciales se ejecutan con dolares americanos y no con moneda nacional.

Estas cifras se explican por sí solas y dan una medida del desastre que se ha producido en este importante componente de la producción de alimentos del país; ellas explican también el deterioro sufrido en la canasta de alimentos que se suministra a la población cubana.

CONCLUSIONES

Una evaluación objetiva y desapasionada de lo antes expuesto, lleva a comprender la enorme frustración que se manifiesta en la conciencia colectiva de los cubanos, cuyo origen es la certeza de la irresponsabilidad con que los dirigentes del autodenominado «Gobierno revolucionario» dispusieron de la enorme riqueza que tomaron en sus manos, detuvieron el ritmo ascendente de desarrollo del país y torcieron el curso de los acontecimientos destruyendo de paso todo lo conseguido tras largos años de esfuerzos y trabajos tesoneros.

Las políticas económicas deben ser diseñadas y aplicadas con la finalidad de dar respuesta a los intereses de la nación y no a principios ideológicos o teóricos. Desdichadamente, el aferramiento a esquemas teóricos sin tener en cuenta las experiencias negativas obtenidas, ha traído como consecuencia la crisis agroproductiva que sufre actualmente el país.

Un análisis del proceso involutivo sufrido por la producción agropecuaria en la isla, el que por lo demás ha alcanzado a las demás ramas de la economía, con excepción de la industria pesquera, permite concluir que las consecuencias de las medidas económicas tomadas por los Estados Unidos de Norteamérica no han sido las determinantes de la pérdida de la capacidad agroproductiva de Cuba. Los hechos demuestran que la caída de la productividad y la producción agrícola, así como la pérdida de la autosuficiencia alimentaria que Cuba estaba alcanzando, han sido una consecuencia directa del aferramiento a esquemas totalmente ineficaces.

Cuatro décadas después de la instauración del actual régimen, las evidencias de la más alucinante corrupción, la abrupta y continúa frustración de las expectativas, el sacrificio cotidiano e incierto que ha sido impuesto al pueblo en estas casi cuatro décadas, se han enlazado hasta formar un nudo sumamente difícil de desatar, un nudo forjado de desconfianza, depresión, arbitrariedad, cinismo y angustia, pero sobre todo de incomprensión.

40 AÑOS DE REVOLUCIÓN

III

La Industria

por

Jorge A. Sanguinetty

INTRODUCCIÓN[1]

El objeto de este capítulo es estudiar la naturaleza y evaluar el papel de la industria en la economía cubana durante el período 1959-1998. A pesar de las enormes restricciones estadísticas impuestas por el gobierno cubano, es preciso hacer un esfuerzo e investigar lo que ha sucedido en el sector industrial, cuyo desarrollo era parte central de un programa que prometió el mejoramiento sustancial de las condiciones de vida de la población.

La industrialización del país fue uno de los estandartes del movimiento político que comenzó en 1959. Esta promesa contribuyó a que una proporción masiva de la ciudadanía depositara su fe en unos gobernantes que no conocía y estuviera dispuesta a sufrir todo tipo de sacrificios: desde ir a la guerra con enemigos foráneos, inventados o reales, hasta limitar sus libertades individuales y sus niveles de consumo. Es por eso que sea necesaria, hoy más que nunca, una evaluación rigurosa para poder dar respuesta lo más precisa posible a la gran pregunta: ¿Valieron la pena los sacrificios impuestos por la revolución al pueblo cubano?

En este punto, muchos lectores se sonreirán y pensarán que no hace falta una investigación para llegar a una respuesta. Muchos ya creen tenerla. Pero aunque esa respuesta sea la correcta, hay otros muchos que tienen dudas, tanto en Cuba como en otros países. Es necesario pues examinar seriamente un proceso que, por su falta de transparencia, impide que se le analice con todo el rigor que merece, para generar las lecciones que sean aplicables al futuro desarrollo de Cuba y al de otros países. La experiencia cubana de estos últimos cuarenta años puede contribuir mucho a comprender más claramente los efectos de las intervenciones estatales en la economía, el impacto negativo de los políticos cuando lo económico se subordina a otros criterios y los límites y posibilidades que tiene un país pequeño para desarrollarse.

Para llegar a una respuesta concluyente sobre si los costos de la revolución se pueden justificar en términos de desarrollo económico es necesario que se planteen algunas cuestiones —no tanto técnicas como precisas— de modo que la verdad surja y no se empantane en la clásica discusión ideológico-política que impide conocer lo que en realidad ha pasado en este proceso. De este modo, decidimos orientar y organizar nuestro trabajo planteándonos preguntas más concretas a las cuales trataremos de responder a pesar de las limitaciones mencionadas.

Algunas de esas preguntas son las siguientes: ¿En qué medida se puede afirmar que Cuba se industrializó en estos cuarenta años? ¿Cómo ha afectado la evolución de la industria al desarrollo económico general? ¿Ha contribuído esa evolución a mejorar las condiciones de empleo y el nivel de vida de los trabajadores cubanos? ¿Qué efectos ha tenido la industria en la diversificación de las exportaciones? ¿Cuál ha sido el papel de la industria azucarera en la industrialización?

EL PROBLEMA DE LAS ESTADÍSTICAS Y DE LA INFORMACIÓN NO-CUANTITATIVA

Para responder a estas interrogantes debiéramos utilizar una buena cantidad de datos, tanto cuantitativos como no-cuantitativos sobre la economía cubana en general y sobre la industria en particular. Desafortunadamente, y como es bien sabido, el gobierno cubano bajo Fidel Castro no se ha caracterizado por la transparencia de su gestión administrativa. Este hecho ha sido reconocido muchas veces por diversas fuentes, entre las más recientes y, de una manera indirecta, en el informe de la Comisión Económica para América Latina y el Caribe de las Naciones Unidas (CEPAL, 1997, ver pags. 8, 29, 103, 131 y 624). Pero desde hace muchos años, Mesa-Lago (1969, 1979), uno de los investigadores más meticulosos en cuanto a las fuentes y la calidad de las estadísticas cubanas, ha venido planteando, de una manera muy sistemática, algunas de las limitaciones que se confrontan en este sentido. Del mismo modo, Pérez-López (1987, pags. 1, 9, 35, 83), que junto a Mesa-Lago es uno de los pocos investigadores que se ha dedicado a la champoleónica tarea de lidiar con las estadísticas cubanas, nos advierte sobre las limitaciones de las mismas. Estas observaciones se aplican especialmente al área de las cuentas nacionales y estadísticas económicas en general.[2]

El aspecto cuantitativo del análisis está severamente limitado por la precaria disponibilidad de estadísticas oficiales o de cualquier otro tipo y por la poca confianza que el autor le tiene a los datos existentes. Con relación a la disponibilidad en sí misma, el gobierno cubano nunca dió muestras fehacientes de preocuparse por el desarrollo de un buen sistema de estadísticas y cuentas nacionales. Por otro lado, el propio sistema de planificación centralizada y su énfasis en los llamados sistemas de balances materiales reducen en gran medida tanto el interés del investigador como la posibilidad de que del mismo se obtengan estadísticas de producción medidas en valores monetarios.[3] La falta de valores monetarios que representan los volúmenes de ventas en determinados sectores, así como los costos de producción, las inversiones, los inventarios y los niveles de precios y sus variaciones correspondientes impiden hacer un análisis económico riguroso dentro de los cánones metodológicos universalmente aceptados en la tradición investigativa más avanzada. Por encima de todo esto, hay que señalar que en 1968, el gobierno cubano cerró las carreras de contabilidad en las universidades cubanas bajo la peregrina noción de que como Cuba ya había emprendido el camino acelerado hacia el comunismo, el dinero no iba a ser falta y, por lo tanto, el estudio de los métodos contables pertenecía al pasado. Este extremismo de la política cubana aceleró el desprecio hacia la contabilidad —lo que ya había comenzado a suceder en muchas empresas en las fases más tempranas de su estatización— y, por lo tanto, las unidades productivas fueron abandonando los controles contables de costos, ventas, ingresos y egresos, inversiones, inventarios, etc. El gobierno perdió de esta manera todo tipo de visibilidad y control de la eficiencia de sus empresas y, por lo tanto, de la eficiencia agregada de la economía que querían, por otro lado, manejar.

Pero, además de estas razones metodológicas o técnicas, hay pruebas de que el gobierno cubano ha distorsionado u ocultado las cifras de comportamiento económico cuando éstas no han mostrado un cuadro favorable a los designios políticos del régimen. Una anécdota de gran valor histórico la refiere el economista cubano René Monserrat cuando en 1960 era un alto funcionario del Banco Nacional de Cuba, a la sazón bajo la presidencia de Ernesto «Che» Guevara. Monserrat le acababa de mostrar a Guevara las cifras del Producto Interno Bruto estimadas para 1959, cuya elaboración y análisis estaban a cargo del Departamento bajo la responsabilidad del primero y las cuales mostraban un crecimiento modesto de la economía cubana durante el primer año de la revolución. Se estableció entonces un diálogo insólito entre Guevara y Monserrat que concluyó con una directiva del primero de que era preferible que dichas cifras no fueran publicadas porque no convenían a la imagen triunfadora de la revolución.

Este tipo de anécdota, confirmada por otros muchos incidentes, no puede omitirse en la investigación. Por eso es imposible aplicar una metodología tradicional de análisis económico a prácticamente ningún aspecto de la economía cubana sin incurrir en el riesgo de presentar un cuadro muy alejado de la realidad. O lo que es peor, sin servir ingenuamente de instrumento de propaganda del gobierno cubano a sus fines políticos de presentar imágenes distorsionadas y muy favorables de sus llamados «logros». En este sentido es necesario ir más allá del método típico de análisis y buscar fuentes no ortodoxas de información, especialmente las observaciones de muchos participantes directos de este proceso de cuarenta años que, en distintos períodos y rincones del sistema, refieren eventos que contradicen en gran medida las declaraciones del gobierno cubano.

Sin duda este enfoque metodológico también conlleva el riesgo de presentar un cuadro deformado, positivo o negativo, de la evolución de la economía cubana en estos últimos cuarenta años. Sin embargo, este es un riesgo que el investigador serio y consciente de estas limitaciones tiene que correr, haciéndose responsable de la metodología adoptada y del resultado final de sus esfuerzos.

Por otro lado, cabe preguntarse ¿por qué el gobierno cubano nunca mostró interés en conocer el comportamiento real de la economía cubana, por lo menos para el consumo interno y confidencial de su burocracia y de sus líderes máximos? Las estadísticas hubieran podido elaborarse aunque no se publicaran. La directiva de Guevara a Monserrat fue no publicarlas, ni siquiera distorsionadas o infladas. ¿Qué razones podrían existir para esta falta de interés por un control interno tan elemental? ¿Cómo es posible que el gobierno que prometía internacionalmente que la economía crecería nada menos que a un 15 por ciento anual careciese de los elementos más elementales de control de su gestión administrativa? ¿Cómo es posible que las autoridades que habían prometido a todo un país montar un sistema de planificación centralizada pudieran llevar a cabo esa planificación sin una base estadística mínima? Abordaremos este tema más adelante y, a pesar de todas estas interrogantes y otras que surgen en el camino, el objeto de este capítulo sigue en pie: determinar si hubo o no un desarrollo de la industria cubana.

Por estas razones, las fuentes de información en las que me baso para escribir este capítulo son las siguientes: a) mi experiencia directa en la administración pública y en el sistema de planificación cubanos, b) las observaciones directas de otros ex-funcionarios y de asesores del gobierno cubano, c) las estadísticas disponibles oficiales y no-oficiales, d) los autores y observadores de la economía cubana y e) mi experiencia como estudiante por cuatro años de la primera promoción del Instituto de Economía Juan F. Noyola de la Universidad de La Habana.

Mi experiencia personal y directa en Cuba transcurre desde el primero de enero de 1959 hasta mi salida del país el seis de marzo de 1967. La misma cubre mi trabajo como analista estadístico y planificador en el Instituto Nacional de la Industria Turística (INIT, 1960-1963); como planificador generalista y metodólogo y especialista de los sectores de la construcción y de investigación científica en la Dirección de Inversiones de la Junta Central de Planificación (JUCEPLAN, 1963-1965); como Jefe del Departamento Global de Inversiones de JUCEPLAN (1965-1966) y como asesor del Vice Ministro de la Industria Azucarera y evaluador de proyectos de inversión, (marzo-junio de 1966). Los elementos pertinentes a este capítulo que surgen de mi experiencia se encuentran vinculados con: a) la calidad de la información estadística; b) el estilo en la toma de decisiones y c) el trasfondo y las causas de la política económica. Dichos elementos saldrán a relucir en el transcurso de este trabajo.

En este capítulo definimos al sector industrial como aquél en el que predominan las actividades manufactureras en general, de cualquier tamaño, modernas o tradicionales, e incluimos a la industria azucarera y sus derivados, la refinación del petróleo, la generación de electricidad y la industria de la construcción. Asimismo hemos excluido las actividades extractivas de minerales y de materiales de construcción. Las actividades de comercio, turismo, gastronomía, transporte, comunicaciones, cinematografía, entretenimiento, deportes y servicios en general quedan igualmente excluidas de este análisis.

LA INDUSTRIA CUBANA EN 1959

El golpe de estado que orquesta Fulgencio Batista el 10 de marzo de 1952 y que pone fin al orden constitucional cubano establecido en 1940, se enfrentó a una economía hasta cierto punto estancada y con una situación de gran incertidumbre sobre el rumbo que tomaría el país. Esto era resultado de la situación de inestabilidad en que vivía el país y a la zafra azucarera de ese año, que había alcanzado un poco más de 7 millones de toneladas métricas. La magnitud de dicha zafra amenazaba con deprimir los precios del azúcar en los mercados internacionales, lo que dió lugar a la creación de la llamada Reserva Estabilizadora del Azúcar. El objetivo de dicha medida era contraer cuanto antes la oferta de azúcar mediante la retirada de una cierta cantidad de ella de los mercados internacionales para que los precios no cayeran a niveles catastróficos en el corto plazo.

Sin embargo, evitar la caída de los precios del azúcar no era suficiente para rescatar a la economía cubana del estancamiento en que había caído, en gran medida como resultado de la incertidumbre en que el país se había sumergido con el golpe de estado. Se fue gestando, por parte de algunos funcionarios del gobierno de Batista, una política de corte Keynesiano que consistía en estimular la demanda agregada mediante un aumento en gran escala de las inversiones privadas y el gasto público.

Para llevar a cabo esta política económica y crear un ambiente de prosperidad que supuestamente aumentaría la popularidad de Batista, su gobierno contaba con las reservas monetarias internacionales de Cuba, que sobrepasaban los quinientos millones de dólares acumulados como resultado de los altos precios del azúcar durante la Segunda Guerra Mundial. Dichas reservas (denominadas en metales preciosos y monedas convertibles) se pueden considerar cuantiosas en términos relativos, pues equivalían a un año del comercio exterior de Cuba. En este punto es importante señalar que tal volumen de reservas servía para mantener la paridad del peso cubano con el dólar de Estados Unidos, lo cual operaba todavía dentro del marco de las doctrinas monetarias internacionales que se mantenían a la sombra de los acuerdos de Bretton Woods tomados en 1944.[4]

Una parte cuantiosa de las reservas cubanas se movilizaron a través del Banco de Desarrollo Económico y Social (BANDES). Dicho banco hizo préstamos a empresarios cubanos y a compañías norteamericanas que estuvieran dispuestos a invertir fondos en Cuba. Además, otra parte de las reservas serían destinadas a financiar obras públicas de gran visibilidad e impacto propagandístico, acentuando la imagen de gran prosperidad del país que Batista deseaba fervientemente, sobre todo, para fortalecer su posición ante las elecciones que se estaban planeando para 1954.

El proceso inversionista que comienza entonces y que alcanza el año 1958 se orientó fundamentalmente a satisfacer la demanda interna, aunque contenía un componente de desarrollo turístico internacional que, irónicamente, serviría para evitar, tres décadas después, una crisis económica posiblemente mortal para el gobierno de Castro al desaparecer la Unión Soviética. En lo concerniente a las inversiones industriales de los años cincuenta, éstas obedecían a una típica política de sustitución de importaciones. O sea, el proceso inversionista no estaba orientado hacia el mejoramiento de la condición exportadora de la economía cubana, aunque el auge turístico en La Habana sí prometía mejorar la capacidad importadora de la economía nacional.

Entre las inversiones industriales se encontraban la planta de fertilizantes Cubanitro y la Rayonera de Matanzas, propiedad de empresarios cubanos y las de empresas norteamericanas como la refinería Belot de la entonces Esso Standard Oil, la fábrica de neumáticos US Rubber, la fábrica de vidrio plano Owens-Illinois, los molinos de trigo de la Burroughs, las ampliaciones de los servicios telefónicos y de generación de electricidad, etc. Además hubo inversiones en la Compañía Cubana de Aviación; en lujosos hoteles con grandes casinos como el Habana Hilton, el Habana Riviera y el Capri. Las fastuosas obras públicas incluyeron los dos túneles bajo el río Almendares y el del puerto de La Habana (contratados a la empresa francesa Grands Travaux de Marseille);

el acueducto de la Cuenca Sur, las carreteras del Circuito Norte, la Vía Blanca, la Vía Mulata y la Autopista del Mediodía entre otras; los hospitales de Topes de Collantes y la Organización Nacional de Rehabilitación de Inválidos; el Palacio de los Deportes; la Plaza Cívica en La Habana, las modernizaciones y ampliaciones de importantes arterias de la capital como fueron la calle Línea y la extensión del Malecón en el Vedado, La Rampa, la Avenida 13 y la de Columbia en Marianao, etc. A todo esto hay que agregar un gran auge en la construcción de viviendas, especialmente en forma de elevados edificios de apartamentos de lujo que fueron redibujando el perfil urbano de la ciudad de La Habana, todo como resultado de los efectos del gasto de las reservas internacionales.

A finales del gobierno de Batista, la reducción de las reservas obligó al Banco Nacional de Cuba a adoptar algunas medidas de control cambiario, restrictivas de los movimientos de capital hacia el exterior. Con el triunfo de la insurrección contra Batista el primero de enero de 1959, el gobierno de Castro hereda unas reservas internacionales dramáticamente disminuidas. Es difícil decir qué hubiera sucedido con la economía cubana después del auge inversionista y constructivo que cesa en 1958 y que en gran medida dependió del gasto público, pero que no era sostenible de ahí en lo adelante con recursos propios. El desarrollo del turismo, sin embargo, parecía no depender de esos estímulos y, aunque con una gran participación de intereses internacionales de dudosa legitimidad, se proyectaba como la nueva gran industria generadora de divisas para Cuba. La caída en las reservas internacionales dió pié para que el Banco Nacional de Cuba, de regreso a las manos de su fundador, el doctor Felipe Pazos, extendiera el control de cambios para evitar la devaluación nominal del peso cubano.[5] Todo esto sirvió para crear una atmósfera de emergencia económica que favorecería los designios políticos de Fidel Castro y que consistían en concentrar la mayor cantidad de poder político y económico en sus manos en el menor tiempo posible. O sea, el cuadro propagandístico que Fidel Castro ya perfilaba era que la República había fracasado, que la corrupción, tolerada y hasta estimulada por el sector privado y los inversionistas extranjeros, estaba destruyendo al país y que se necesitaban remedios rápidos, drásticos y hasta heroicos para la salvación de la República.

A pesar de las industrias establecidas en los años anteriores, Cuba continuaba siendo eminentemente un país especializado en la producción de azúcar. Su industria no-azucarera estaba poco integrada al resto de la economía que dependía en gran medida de muchos insumos importados, incluyendo piezas de repuesto y maquinaria y equipo para poder operar.[6] Casi todos los insumos importados eran de origen norteamericano. Este simple hecho habría de jugar un papel muy importante en la economía cubana. Cuando el gobierno de Fidel Castro emprende el proceso de industrialización, persigue al mismo tiempo una re-orientación dramática de los socios comerciales de Cuba, alejándose de Estados Unidos y acercándose al bloque socialista, especialmente a la Unión Soviética. De hecho, retrospectivamente se puede catalogar aquella política de Castro como lo que hoy se llamaría una "terapia de choque," con consecuencias verdaderamente traumáticas para el país y sus ciudadanos.

EL PROCESO DE INDUSTRIALIZACIÓN

Desde los primeros momentos de 1959, la idea de modernizar y diversificar la economía cubana como estrategia central del desarrollo del país incluía el crecimiento de la industria o «industrialización», como se le nombró. La idea de la industrialización era muy popular pues se le asociaba con más desarrollo y empleos, modernización y, especialmente, un mejor nivel de vida. En la mente de muchos cubanos, el año 1959 fue de grandes promesas sobre el porvenir del país en todos los sentidos, independientemente del grado de realismo que dichas promesas acarreaban y de los verdaderos planes ocultos del gobierno. Fue por eso que la ciudadanía en general pareció dar su respaldo al famoso bono de industrialización del cuatro por ciento y que posteriormente fue «donado voluntariamente" como una contribución no reembolsable al desarrollo del país.[7]

Una vez que la evolución política y económica del país comenzó a seguir una trayectoria socialista y de planificación centralizada, la orientación inicial de la industria comenzó a definirse con un sesgo stalinista, o sea, con un énfasis marcado en la industria pesada aún cuando tal estrategia era muy debatida en algunos círculos del gobierno cubano. Cuba no contaba con una base de recursos humanos o naturales, especialmente energéticos, para desarrollar rápidamente una industria pesada. Tampoco tenía el tamaño de mercado necesario para aprovechar las economías de escala sólo disponibles para volúmenes de producción que cubrían varias veces la demanda interna. Por otra parte, con la política de aislamiento hemisférico, especialmente con Estados Unidos, que perseguía Fidel Castro, no era realista pensar que los excedentes productivos de esa industria pudieran ser exportados económicamente. Peor aún: mientras el país parecía comprometerse en una trayectoria de industrialización acelerada (ya en 1961 Ernesto «Che» Guevara había declarado en la reunión de Punta del Este que la economía cubana crecería a un 15 por ciento anual), la ruptura de relaciones comerciales entre Cuba y Estados Unidos, como resultado de las expropiaciones norteamericanas masivas y de las enormes tensiones entre ambos países, comenzó a tener un fuerte impacto en la industria nacional ya existente.

En la reorientación del comercio exterior (exportaciones e importaciones) hacia la esfera soviética, la industria cubana no encontraría ni las materias primas, ni las piezas de repuesto necesarias para mantenerse operando a plena capacidad o eficientemente. Aun si el gobierno cubano hubiera podido burlar las restricciones impuestas por el embargo norteamericano que comenzó en 1961, esas importaciones habrían resultado mucho más costosas y hubieran tenido que ser pagadas en moneda libremente convertible. Pero esta moneda era cada vez más escasa dada la misma reorientación del comercio hacia el bloque socialista, que no las pagaba en ese tipo de moneda, sino con lo que se denominaba «moneda convenio" que en esencia era un medio primitivo de trueque.

Con la reorientación de sus relaciones económicas internacionales, Cuba no sólo perdió la capacidad de vender sus exportaciones en el mercado norteamericano (una parte del cual consistía en azúcar que Cuba vendía a sobre-precios subsidiados por Estados Unidos) sino el acceso a suministros esenciales. Los países socialistas, incluyendo la Unión Soviética, no tenían la capacidad de exportar lo que Cuba necesitaba en casi ningún renglón y, aunque la tuviesen, las especificaciones de las materias primas para alimentar y reparar la maquinaria norteamericana en la isla no eran las mismas y, por lo tanto, el proceso productivo sufrió grandes pérdidas tanto en cantidad como en calidad.

A pesar de estas contradicciones aparentes y de la ausencia total de estudios de prefactibilidad y de factibilidad, Cuba fue lanzada, bajo de dirección de Ernesto «Ché" Guevara, a una verdadera orgía de compras de plantas industriales completas en el exterior (la mayoría de ellas obsoletas). Esto sucedía mientras el gobierno iniciaba una política de demolición azucarera por medio de la cual se reducían las áreas dedicadas al cultivo de la caña de azúcar para destinarlas a otros cultivos y diversificar así el agro cubano.

Tal política ignoraba que Cuba necesitaba las exportaciones de azúcar para mantener su capacidad de importaciones. El desarrollo de la industria no podía aspirar a desarrollar una capacidad exportadora que reemplazara al azúcar en el corto plazo. El turismo internacional, por otra parte, ya había sido explícitamente excluido como sector prioritario del desarrollo nacional, aunque se le reservaba un modesto papel en el desarrollo del mercado interno, de modo que un cierto volumen de inversiones fue asignado a dicho sector.

LA ETAPA DE ERNESTO «CHE» GUEVARA (1960-1963)

La demolición azucarera

Los procesos de diversificación industrial y agrícola estuvieron acompañados de lo que algunos denominaron una política de demolición azucarera que consistió en desmantelar un número elevado de caballerías sembradas de caña para ser dedicadas a otros cultivos. De acuerdo con Bettleheim (1965, pags. 8 y 9) se llegaron a desmantelar unas 130,000 hectáreas (alrededor de 10,000 caballerías) de caña, el equivalente al 10 por ciento de las tierras cañeras. El impacto sobre la producción de azúcar fue mucho mayor porque, entre otras razones, la demolición azucarera afectó las mejores tierras del país y, por ende, las cañas de mayor rendimiento agrícola e industrial.

De este modo, la producción de azúcar, que alcanzó en 1961 el nivel de 6.8 millones de toneladas métricas, descendió a 4.8 millones en 1962 y a 3.9 millones en 1963. A pesar de que una dosis normal de sentido común hubiera indicado prudencia en abandonar capacidades productivas existentes antes de tener asegurados sus reemplazos, el gobierno se lanzó irresponsablemente hacia una política económica que pronto tendría que abandonar con gran costo para el país. El error fue reconocido por uno de los dirigentes máximos del gobierno, Carlos Rafael Rodríguez (1963, pag. 71).

Estas políticas improvisadas también condujeron a Cuba a generar una dependencia de la ayuda soviética desde el mismo comienzo del socialismo cubano, pues la reducción de las exportaciones y el aumento del gasto público y de las importaciones (especialmente en forma de bienes de capital como se verá en la próxima sección) crearon un desequilibrio que Cuba no podía cubrir con reservas propias. Debe notarse que todo esto sucedía antes de que comenzara el embargo norteamericano sobre la economía dominada por Fidel Castro. Son decisiones, premeditadas o no, en donde se encuentra la causa principal de los problemas económicos que Cuba sufre hoy.

Las compras de plantas completas

Este episodio extraordinario y raro del proceso revolucionario marca el primer gran esfuerzo de industrialización del país y establece un estilo de trabajo improvisado y caprichoso, además de desorganizado, que va a convertirse en la norma del proceso inversionista cubano bajo la planificación centralizada. Sobre esta fase del proceso revolucionario no se ha publicado casi nada. El gobierno cubano tiene un gran interés en olvidar lo que ocurrió en esos años, como lo refleja por omisión Figueras (1994, pag. 98) en la sección de su libro titulada «La primera etapa de la industria en la revolución», a pesar de que él fue Jefe del Departamento de Planificación Perspectiva en el Ministerio de Industrias bajo Ernesto «Che» Guevara en los años sesenta.

La definición de plantas completas se aplicaba a las inversiones cuyos activos físicos se adquirían como un conjunto integrado de maquinaria y equipo. Los mismos iban acompañados por los llamados proyectos tecnológicos que incluían las instrucciones de cómo ensamblar el conjunto, en qué tipo de construcción alojarlo, cómo ponerlo en marcha y cómo operarlo. Todo estaba a cargo de un funcionario del Estado cubano que se denominaba «el inversionista». Su deber era llevar a cabo el proyecto en el punto geográfico establecido hasta su puesta en marcha, en cuyo momento se le entregaría funcionando en condiciones normales al organismo o empresa consolidada correspondiente. El término inversionista se aplicaba indistintamente al organismo (ministerio o empresa) a cargo de la inversión y al individuo designado como tal.

La Dirección de Inversiones de JUCEPLAN tenía la noción de que estas inversiones estaban marchando muy lentamente, lo que demoraba el momento de su puesta en marcha y, como consecuencia, provocaba el aumento descontrolado de los costos de la inversión y el deterioro de cualquiera que hubiese sido la tasa interna de retorno de la inversión. Pero JUCEPLAN, a pesar de que la ley que la creó le daba ciertos poderes como ente rector de la economía, en la práctica no era tomada en serio por los líderes del gobierno, incluyendo a Ernesto "Ché" Guevara y a Fidel Castro. Desde su creación en 1960 hasta mediados de 1964, JUCEPLAN estuvo dirigida por Regino Boti, un economista cubano que había sido miembro de la planta de CEPAL pero carecía de credenciales revolucionarias o políticas.

No obstante, la Dirección de Inversiones de JUCEPLAN, encabezada por el economista chileno Albán Lataste apoyado por el economista cubano Félix Lancís Paz, en ese momento Jefe del Departamento Global de Inversiones, decidió hacer un estudio del estado de las plantas completas. Los objetivos eran relativamente sencillos; la descripción y evaluación de las condiciones en que estaba la ejecución de cada inversión y las causas de sus posibles atrasos.

Tan pronto comencé a trabajar en JUCEPLAN en Marzo de 1963, se me encomendó hacer dicho estudio. El informe resultante, que se produjo con unas doce copias al carbón, era considerado muy confidencial (las copias estaban numeradas y el destino de cada una estaba debidamente identificado). El informe iba a las esferas más altas del gobierno, incluyendo al Presidente, al Primer Ministro, al Presidente del Banco Nacional de Cuba, al Ministro de Economía (a cargo de JUCEPLAN), al Ministro de Industrias y a otros miembros del Consejo de Ministros. Se desconoce si existen copias de este informe fuera de Cuba. El contenido que aquí se relata está basado en mi memoria.

El método de encuesta era muy elemental, pues consistía en entrevistas semi-estructuradas hechas a los inversionistas y a sus asesores técnicos —casi siempre extranjeros y del bloque socialista— cuando estuviesen disponibles. Tanto los inversionistas cubanos como los técnicos extranjeros respondían a las preguntas con gran franqueza y, en numerosas ocasiones, hacían afirmaciones sumamente críticas de la burocracia cubana y de su incapacidad para establecer un cierto grado de orden en el sistema planificado de dirección económica. Los más críticos fueron los técnicos provenientes de la Unión Soviética, que parecían muy confiados y seguros de que sus duras, y a ratos irónicas, críticas no tendrían repercusión alguna sobre sus personas. De hecho, la mayoría parecía estar completando el período —generalmente de uno o dos años— de permanencia en Cuba para ayudar en el montaje de las instalaciones y dar asistencia técnica para la puesta en marcha.

La lista de las plantas completas era extensa y variada, tanto en la naturaleza del producto esperado, como en el tamaño. Dicha lista incluía la producción de: acero y laminados, utensilios domésticos, motores diesel, motores eléctricos, aceite de palmiche, desmotadoras de algodón, palas y picos, candados, moldes y matrices, bicicletas, lápices, vidrio plano, cubiertos de mesa, plantas termoeléctricas, aluminio fundido con arco eléctrico, cemento, fertilizantes, ácido sulfúrico, sinter de níquel, machetes e implementos agrícolas, alambre de púas y clavos.

Prácticamente y sin excepción alguna, ninguna de estas inversiones había sido precedida de estudios de pre-factibilidad o factibilidad. Por lo tanto, no se pudieron evaluar en términos de los análisis tradicionales de costo-beneficio. Como resultado, los problemas que plagaban estas inversiones se fueron descubriendo sobre la marcha; algunos ya se habían determinado en el momento de la encuesta, otros después.

Muy pronto se supo que la tecnología vendida por los burócratas checoslovacos en la fábrica de utensilios domésticos (INPUD) era obsoleta. De hecho, muchos años más tarde, cuando la fábrica que se instaló en Santa Clara finalmente se puso en marcha, producía artículos de muy baja calidad y con una alta incidencia de roturas. La fábrica de picos y palas era capaz de cubrir la demanda nacional en unos pocos días. La fábrica de lápices se había comprado bajo la hipótesis no comprobada de que la madera vendría de los muchos almácigos que poblaban los campos de Cuba, hasta que se supo que dicho árbol, que se usaba para las cercas de los lotes de las fincas no era idóneo para los lápices. La planta de moldes y matrices, para ser eficiente, tenía que importar técnicos extranjeros porque no existían en Cuba los trabajadores calificados con un mínimo de diez años de experiencia necesarios para operar eficientemente la planta y obtener el producto deseado con los estándares de calidad requeridos.

Todas las inversiones se encontraban severamente retrasadas de acuerdo con los cronogramas de trabajo estipulados al principio. Las causas eran múltiples, entre las más comunes estaban los retrasos en el suministro de componentes de obra o construcción que albergaría la maquinaria o también los defectos en la construcción de la obra que se hacía de manera incompatible con otras partes de la planta. Por ejemplo, una historia muy común es la de la nave industrial que se fabricó sin dejar espacio para que entrara la maquinaria y, como consecuencia, hubo que destruir una pared para que pudiese entrar. También era frecuente el relato sobre los cimientos de hormigón armado que no correspondían a las especificaciones de maquinaria pesada que tenía que asentarse sobre esa base. Independientemente de esto, el sistema inversionista industrial estaba endémicamente plagado por demoras del Ministerio de la Construcción que no cumplía con el cronograma de instalación o porque los inversionistas no enviaban a tiempo para incluir en los planes del Ministerio los requisitos de obra de sus proyectos.

No todas las inversiones tenían el componente de obra hecho por el Ministerio de la Construcción, pues algunos inversionistas tenían acceso a la capacidad llamada A con «recursos propios» de construcción del Ministerio de Industria. Pero en este caso, las demoras tenían otro origen, que afectaba igualmente al propio Ministerio de la Construcción. El problema casi permanente era que los materiales de construcción no eran entregados a tiempo a pie de obra. El caso típico consistía en la entrega de cemento, ya tardía generalmente, que no coincidía con la entrega de barras de acero (cabillas) o de la madera para el encofrado de los elementos estructurales de hormigón armado. Cuando éstos llegaban, posiblemente con meses de atraso, el cemento ya se había endurecido o, simplemente, había desaparecido.

La incidencia de este fenómeno endémico del socialismo cubano (y de otros países socialistas) en los costos de las inversiones se desconoce con precisión, pero era de una gran magnitud y uno de los factores contribuyentes a la inflación subyacente que socavó el poder de compra del peso cubano. Esto hace que las cifras que el gobierno daba sobre la ejecución de inversiones públicas sean puramente nominales, ya que no existen índices que permitan ajustarlas para conocer el valor de la formación real de capital. Esto añade una gran cantidad de incertidumbre a estas informaciones estadísticas, pues las mismas cifras nominales son de muy dudosa confiabilidad debido a la falta de disciplina contable ·en donde ocurre el gasto y a la falta de un verdadero sistema de distribución y consolidación de las estadísticas. También, casi sin excepción, se llegó a determinar que la operación de estas plantas era más costosa en moneda convertible que el producto terminado importado; un resultado devastador para cualquier agente económico seriamente preocupado por la factibilidad de la inversión. Cualquier cálculo *ex ante* de costo-beneficio que se hubiese realizado (no hay noticias de ninguno) hubiera mostrado un serio deterioro de la factibilidad del proyecto, en la medida en que los costos previstos iban en aumento con las demoras en la ejecución mientras se dilataba la llegada del producto y se reducía el beneficio esperado. Como nunca se calculaban tasas de retorno a las inversiones, ni siquiera sobre una base *ex post*, nunca se sabía la verdadera contribución de estas inversiones a la economía del país. De hecho, hay razones para sospechar que muchas inversiones pueden haber sido destructoras netas de valor agregado.

EL REGRESO AL AZÚCAR Y LA ETAPA CONFUSA (1964-1968)

El anuncio oficial de que la economía cubana no sólo abandonaba la política de demolición azucarera sino de que el país aumentaría casi al doble sus volúmenes de producción tradicionales tomó a muchos observadores por sorpresa. Incluso hubo manifestaciones muy negativas entre miembros de la Juventud Comunista en la Universidad de La Habana, que mostraron su desilusión criticando el retorno a la típica trilogía: azúcar, café y tabaco. La idea de la industrialización del país había prendido seriamente entre los que todavía le daban su apoyo al gobierno. De todos modos, las inversiones industrializado-ras quedaron en el limbo, aunque ya se habían comprado y la ferretería correspondiente había llegado a sus lugares de destino y la atención del gobierno se volcó entonces sobre un esfuerzo gigantesco: generar en pocos años la capacidad de producir 10 millones de toneladas de azúcar en 1970.

El proyecto del complejo siderúrgico del Norte de Oriente, que era el favorito de Ernesto (Che) Guevara nunca vió la luz, ni tampoco otras muchas de las plantas completas que él adquirió a nombre de Cuba, por ejemplo, la planta de aceite de palmiche, la desmotadora de algodón y la fábrica de lápices instalada en Batabanó, entre otras. Aunque el INPUD acabó montándose con grandes demoras, se llegó a considerar un fracaso por la falta de competitividad de sus productos dentro del campo socialista. O sea, Cuba no consiguió alcanzar siquiera los niveles ya mediocres de eficiencia productiva socialista. Tales inversiones industriales contribuyeron, desde el inicio del proceso revolucionario, al gran endeudamiento externo del país a cambio de nada. La incompetencia del gobierno cubano había convertido al sector industrial del país en el equivalente económico de un agujero negro de una gran cantidad de los recursos del país.

En esta fase, 1964-1968, se comenzó a definir la política inversionista cubana en términos del azúcar y del desarrollo agroindustrial del país. Muchas de estas inversiones no se realizaron hasta después, pero algunas comenzaron a desarrollarse en función de la meta de producir 10 millones de toneladas de azúcar para 1970. Estas inversiones consistieron fundamentalmente en el aumento de la capacidad de molienda de caña de azúcar y de su procesamiento y de producción de maquinaria cortadora, carretas y alzadoras de caña para mejorar la productividad del trabajo en la fase agrícola de la industria.

LA ETAPA AGRO-INDUSTRIAL (1969-1989)

En este período es donde se puede decir que el esfuerzo por la industrialización cubana parece haber sido más serio y sostenido, aunque aún seguía afectado por la improvisación forzada por las decisiones políticas que predominaban sobre las económicas, además de las intervenciones profundamente perturbadoras de Fidel Castro.[8]

Muchas de estas inversiones comenzaban a tener una clara intención exportadora, una diferencia esencial con relación a las inversiones emprendidas en la industria a comienzos de los años sesenta. También hay que decir que los nuevos proyectos parecían estar más de acuerdo con las características generales de la economía cubana y la importancia de su agricultura, ya que se orientaban hacia la industrialización de productos del agro.

Desde el mismo comienzo de la revolución, el gobierno cubano había generado una verdadera adicción a la ayuda extranjera que empequeñecía la dependencia que otros países, tradicionalmente más pobres que Cuba, habían desarrollado con este tipo de recurso. El sistema de subsidios se había racionalizado internamente en Cuba y en la Unión Soviética bajo la falacia de la injusticia que significaba el llamado intercambio desigual. La hipótesis consistía en que el intercambio comercial entre un país desarrollado (por ejemplo, la Unión Soviética) y un país menos desarrollado (por ejemplo, Cuba) era injusto si se hacía a precios de mercado porque el país más desarrollado ganaría mucho más que el menos desarrollado.

Los precios de mercado debían por lo tanto alterarse a favor del segundo. Se ignoraba, en este caso, que los productos del país más desarrollado, siendo típicamente más elaborados que los del otro, cargaban más valor agregado que el del país menos desarrollado, que generalmente se especializaba en productos primarios o de menos elaboración. Cuba no quería pagar por el esfuerzo adicional de producir productos más elaborados. De hecho esgrimía un argumento que en la práctica eliminaba todo incentivo para que los países se desarrollasen, creándose una relación parasitaria entre ambos socios comerciales. Talmente parecía que los gobernantes cubanos, que sabían tan poca economía como sus contrapartes soviéticas, lograron convencer a los segundos de estas falacias y obtuvieron el regalo de miles de millones de pesos, rublos y dólares durante muchos años.

Mientras tanto, las inversiones industriales, que continuaban financiándose con recursos externos en su gran mayoría incluyeron los combinados del níquel en Moa, la Planta Mecánica de Santa Clara, la Fábrica de Combinadas Cañeras de Holguín, la Fábrica de Estructuras Metálicas en Las Tunas, la Hilandera Balance en La Habana, las Textileras de Santiago de Cuba y de Santa Clara, la Refinería de Petróleo de Santiago de Cuba, Fertilizantes de Nuevitas, la Base de Supertanqueros, la fábrica de envases de vidrio en Victoria de Las Tunas, la fábrica de papel de Sancti Spíritus, la termoeléctrica de Matanzas, las fábricas de oxígeno y acetileno, la planta de acumuladores de Manzanillo y la fábrica de sistemas de riego por aspersión también en Manzanillo. Muchas de estas instalaciones no están funcionando por falta de materias primas, repitiendo el ciclo de endeudamiento externo y falta de producción ya experimentado anteriormente. Esto implica que el sistema de dirección económica que rige en Cuba no tiene memoria institucional ni una capacidad de aprendizaje que le permita evitar la repetición de errores tan costosos.

Los datos disponibles para la industria alimenticia permiten apreciar los volúmenes de inversión realizados por Cuba, como lo muestra el cuadro siguiente:

PRINCIPALES INVERSIONES EN LA INDUSTRIA ALIMENTICIA
en millones de dólares de Estados Unidos

INDUSTRIAS LÁCTEAS	141.0
Plantas de helados	10.0
Plantas pasteurizadoras	45.0

Plantas de leche en polvo	8.0
Planta de leche evaporada	12.0
Planta de quesos	16.0
Complejo lácteo de La Habana	40.0
Programa de equipos de frozen	10.0
INDUSTRIA MOLINERA CONFITERA	234.0
Molinos de trigos	60.0
Pastas alimenticias	24.0
Plantas de avena	8.0
Molinos de maíz	6.0
Hojuela de maíz	2.0
Plantas de caramelos	35.0
Plantas de sorbetos	4.0
Fábricas de barquillos	4.0
Panaderías	30.0
Fábricas de galletas	31.0
Planta de glucosa	16.0
Planta procesadora de cocoa	6.0
Fábrica de minidosis	8.0
INDUSTRIA CÁRNICA	109.0
Combinados cárnicos	60.0
Líneas de sacrificio de cerdos	8.0
Programa de empacadoras	19.0
Plantas de tankaje	10.0
Plantas de sacrificio de aves	22.0
INDUSTRIA DE BEBIDAS Y LICORES	169.0
Programa de cervecerías	80.0
Plantas de refrescos	18.0
Fábricas de ron	40.0
Destilerías	19.0
Fábricas de levaduras	12.0
OTROS	222.0
Procesadoras de tomate	8.0
Salsa de soya	6.0

Compotas	4.0
Plantas de aceite	14.0
Combinados de cítricos	50.0
Envasaderos	20.0
Instituto de investigación	40.0
Programa de frigoríficos	80.0
INDUCIDAS	356.0
Equipos de transporte	150.0
Envases de cartón	60.0
Envases metálicos	40.0
Envases de cristal	80.0
Plásticos	16.0
Sacos de algodón	10.0
TOTAL	1,231.0

Otros datos, no correlativos con los anteriores indican el grado de sub-utilización en algunas ramas industriales como lo refleja el siguiente cuadro:

INDUSTRIA LÁCTEA CAPACIDAD INSTALADA% UTILIZACION

(Pasteurizadoras, quesos, helados, yogourt)	4 millones de kgs/día24

INDUSTRIA MOLINERA (Procesamiento de cereales)	800,000 t/año22

INDUSTRIA CÁRNICA

Sacrificio ganado vacuno	300,000/tn 19
Sacrificio ganado porcino	150,000/tn 4
Carnes en conservas	120,000/tn 18
Plantas de tankaje	90,000/tn 0

CONSERVAS DE FRUTAS Y VEGETALES

Vegetales (tomates)	240,000/tn13

Frutas (inc. guayaba)	116,000/tn 4
BEBIDAS Y LICORES	40 (millones de cajas) 13 24 botellas
Cervezas	60 (millones de cajas) 12
Rones y cordiales*	50 (millones de botellas) 41de 750 ml.

* Incluye Importaciones

Fuentes: Informe sobre la Industria Alimenticia. Ministerio de la Economía y Planificación, 1996.

Esta sub-utilización se refiere a aquéllas instalaciones que fueron terminadas y que alcanzaron a ponerse en marcha y operar a un nivel dado de producción. Pero hay otras muchas actividades que nunca se completaron y que representan otra forma de sub-utilización. Me refiero a plantas como la generadora de electricidad en base a energía nuclear que se ha estado instalando en Juraguá y en la que el gobierno cubano ha invertido el equivalente de cientos de millones de dólares (véase el capítulo V).

Entre los pocos éxitos que el gobierno parece poder anotarse en materia de desarrollo industrial se puede señalar, aunque calificadamente y con cautela, el auge de la industria tabacalera y el de la industria pesquera, ambas con un énfasis marcado en la exportación y casi ningún interés en el mercado interno. La industria azucarera, por otro lado, presenta síntomas crónicos de ineficiencia y, especialmente, de una incapacidad secular de producción de caña para satisfacer la capacidad instalada de los centrales azucareros, independientemente de los costos de producción y de su capacidad de generar divisas para el país. La crisis permanente en la producción cañera parece deberse a la pobreza extrema de los trabajadores agrícolas y la incapacidad del gobierno de crear un mínimo de incentivos para que los mismos permanezcan en el campo en lugar de emigrar a las áreas urbanas en busca de mejores condiciones de vida.

LA DEBACLE (1990-1998)

Desde antes de la caída del muro de Berlín y como resultado de*perestroi-ka*, el gobierno cubano comienza a sentir las presiones de Moscú en torno a la reducción del nivel de los subsidios y la pérdida de los socios comerciales del Concejo de Ayuda Mutua (CAME). Aunque el comercio con este bloque era muy ineficiente, pues se efectuaba en función de precios distorsionados, su desaparición comienza a crear problemas en Cuba, los cuales se van a agravar durante 1991 y 1992. Véase en Mesa-Lago (1996) y Pérez-López (1997) sus sendos análisis de los datos disponibles para esos años.

Pero aun antes de la desaparición del sistema, Fidel Castro recibió indicaciones de Mikhail Gorbachev que la Unión Soviética no podía continuar con el nivel de subsidios mantenido hasta ese entonces y que la economía cubana debía hacer un gran esfuerzo para hacerse más eficiente y reducir su dependencia de la ayuda externa. Así es que comienza la verdadera crisis de la economía cubana; no porque Cuba perdiera sus socios comerciales en el exterior, sino porque los subsidios no continuarían ocultando la incapacidad productiva de la isla y su gobierno. A pesar de todos los esfuerzos inversionistas de los treinta años anteriores, de los préstamos que han endeudado a Cuba en extremo y de los subsidios, Cuba no tiene una capacidad productiva propia y eficaz, lo cual se pone de manifiesto rápidamente y de una manera muy dramática. Una de las manifestaciones de esa crisis es la depauperación del nivel de vida del trabajador cubano que pierde, desde 1959, un orden de magnitud muy superior al cincuenta por ciento de su salario real. Esto es, aún tomando en cuenta la imputación de ingresos que corresponde a los servicios gratuitos o de bajo costo en materia de educación y de servicios de salud y vivienda. También se refleja en la devaluación de facto del peso cubano. Cuando el peso cubano se pudo comparar libremente con el dólar norteamericano, (el gobierno permitió en 1992 que el mismo circulara en Cuba) el mismo llegó a cotizarse a 120 por dólar.

Hoy puede decirse que el 75 por ciento de la industria ligera de manufactura se encuentra paralizada, ya sea por falta de materia prima, carencia de combustible o rotura de equipos y maquinaria.

LA INVERSIÓN EXTRANJERA

Desde los comienzos de la década del ochenta, el gobierno cubano intentó atraer inversionistas extranjeros al país. Sin embargo, no es hasta que comienza el Período Especial, decretado por Castro al desaparecer la Unión Soviética y que aún continúa, que ese esfuerzo se hizo más intenso. Hasta el momento, sin embargo, la inversión extranjera en la industria no parece tener un mayor impacto en Cuba, si se excluyen las inversiones de la firma canadiense Sherrit International en la extracción de níquel y otras en prospección y extracción de petróleo. Cualquiera que sea el nivel de la inversión extranjera en Cuba, ésta se ha concentrado en actividades turísticas y los servicios de apoyo a las mismas.

Todo parece indicar que Fidel Castro está involucrado personalmente en las decisiones sobre quién invierte en Cuba y en qué actividad y que prefiere inversiones de empresas que generen divisas extranjeras y tengan un mínimo grado de integración con el resto de la economía del país y con sus trabajadores. Es posible que sea esa la causa de que las inversiones extranjeras se hayan concentrado más en actividades turísticas y mineras, que tienden a ser actividades de enclave. De todas maneras, hay que incluir algunas pequeñas inversiones hechas en fabricación de zapatos y ropa y en la manufactura de alimentos. Hasta ahora, sin embargo, tales inversiones no representan una proporción importante en la actividad económica nacional.

La política del gobierno cubano, frente el fracaso de la industrialización y de la rama azucarera y de otros esfuerzos de desarrollo socialista, ha sido asegurar la solvencia económica del gobierno central y de su aparato de seguridad mediante el montaje de una economía privada paralela, de corte capitalista, pero no de mercado, más bien monopolista y rentista. Esta economía privada opera, *de facto* y aplicando la terminología técnica del análisis microeconómico, mediante la *explotación monopsonística* del trabajador cubano, empleado por empresas extranjeras o empresas mixtas de extranjeros con entidades que se anuncian como del Estado cubano. El mecanismo que el gobierno le impone a los empleadores extranjeros consiste en que los salarios de los trabajadores sean pagados al gobierno cubano en divisas extranjeras a un nivel muy por encima de los salarios predominantes en Cuba. El gobierno, a su vez, le paga a los trabajadores en pesos a tasas de cambio enormemente desfavorables, de manera que éste se apropia o parece apropiarse, de una proporción enorme de ese salario. Cuando el gobierno o sus representantes actúan como co-propietarios de esas inversiones extranjeras, la suma que perciben por parte de los salarios de los trabajadores se le añade a las ganancias de las empresas correspondientes.

Por otro lado, el gobierno ha establecido una red de tiendas que vende a la población toda suerte de artículos importados pero que deben ser pagados con dólares de Estados Unidos. Dichos dólares provienen de las remesas de cubanos residentes en el extranjero y de los proporcionalmente pocos dólares que se filtran a la población a partir del turismo y la prostitución. El desarrollo de esta nueva economía no parece tener impacto alguno de tipo positivo sobre la industria ya establecida. De hecho, puede que el impacto sea negativo en la medida que el gobierno no parece tener interés en su reactivación y los propios trabajadores intentan moverse hacia otras actividades.

ALGUNAS CONCLUSIONES

Hemos ordenado las conclusiones de este capítulo de acuerdo a las preguntas planteadas en la introducción. La primera pregunta fue: ¿En qué medida se puede afirmar que Cuba se industrializó en estos cuarenta años? En rigor, la respuesta habría que darla basándonos en los datos de las cuentas nacionales, específicamente, en la tasa de crecimiento de la parte del PIB que se genera en el sector industrial y en el aumento de su proporción dentro del PIB agregado. Como estos datos no existen, tenemos que utilizar métodos indirectos que, aunque son menos precisos, pueden indicar órdenes de magnitud, en el mejor de los casos, o signos positivos o negativos de crecimiento en un caso extremo. Todo parece indicar que la respuesta a la pregunta es que Cuba no ha experimentado una industrialización importante. Una industria que sufre un alto grado de sub-utilización no puede generar los mismos niveles de ingresos externos que producen el turismo o las remesas.

La segunda pregunta: ¿Cómo ha afectado la evolución de la industria al desarrollo económico en general? El cuadro sobre el grado de utilización de diversas industrias que vimos anteriormente sugiere que la contribución de la industria al desarrollo general del país es posiblemente negativa. Parte del deterioro de los niveles agregados de producción se debió en gran medida a la falta de actividad industrial, mientras muchos trabajadores siguieron cobrando salarios aunque estaban de hecho sin trabajo. Esto significa además que los recursos desperdiciados masivamente en la industria se sustrajeron de otras actividades económicas.

¿Ha contribuido esa evolución a mejorar las condiciones de empleo y el nivel de vida de los trabajadores cubanos? La cuestión se examina en el capítulo VI pero desde el punto de vista económico no es posible dar una respuesta afirmativa tampoco, ya que la sub-utilización significa falta de producción y de empleo. En realidad, el despilfarro masivo de recursos en el sector industrial redujo las posibilidades de inversión y de desarrollo de las que el país al menos hubiese podido beneficiarse si se hubiera adoptado una forma menos irresponsable de socialismo o, aún mucho mejor, si la economía cubana hubiese estado manejada por el interés de los productores mismos.

¿Qué efectos ha tenido la industria en la diversificación de las exportaciones al reducir la dependencia en el monocultivo azucarero? La diversificación de las exportaciones que se puede estar logrando en Cuba en los últimos años se debe más al desarrollo turístico que a cualquier otra actividad de tipo industrial. Aunque el desarrollo de las industrias pesquera y tabacalera en el sector exportador ha contribuído a una cierta diversificación, la negligencia con que se ha tratado a la industria azucarera cubana ha aumentado esa diversificación por omisión.

¿Qué podemos esperar sobre el futuro de la industria cubana? En gran medida, los fracasos de la industria cubana, especialmente en aquellas empresas que nunca fueron completadas, han dejado una acumulación de chatarra que en los años sesenta se previó en la metodología del plan de inversiones y que se llegó a denominar como «amontonamiento de hierros». Tal terminología extrema se llegó a adoptar por la Dirección de Inversiones de JUCEPLAN con el objeto de dramatizar y así llamar la atención del gobierno sobre la grave situación que se cernía sobre Cuba. Pero ni siquiera esa táctica hizo adoptar al gobierno una política verdadera y un estilo de trabajo que fueran compatibles con las políticas oficiales. Así, la economía cubana no ha sido capaz de alcanzar siquiera los niveles de mediocridad productiva de alguno de los países ex-socialistas. La razón puede que sea que Castro nunca estuvo realmente comprometido con el desarrollo económico del país, si no en utilizarlo como medio para perseguir agendas más ambiciosas, como la de ser una gran figura en los escenarios internacionales de la guerra fría y del llamado Tercer Mundo, como se explica en el capítulo I.

Que la industria tenga un futuro en Cuba dependerá de transformaciones radicales en las estructuras actuales, especialmente en lo que se refiere a regímenes de propiedad y formas de gobierno de las empresas cubanas. En otras palabras, el futuro de la industria cubana parece depender más que nunca de que el régimen actual sea reemplazado por uno más comprometido con el bienestar nacional y liberado de los atavismos ideológicos del marxismo.

Mientras se escriben estas páginas, la industria cubana en su conjunto parece estar sufriendo la crisis más profunda de su historia. Viajeros que han visitado y recorrido la isla refieren que tanto muchos de los centrales azucareros como otras plantas industriales muestran una condición de abandono y descuido que resaltan a simple vista. En las industrias no azucareras—los centrales paran al final de la zafra en mayo— se observa una falta extrema de actividad; por ejemplo, pocos trabajadores en las plantas. No hay declaraciones oficiales ni reportajes periodísticos que indiquen que el gobierno esté considerando preparar un plan para enfrentar esta situación.

Del mismo modo que el gobierno ha recabado y permitido el influjo de inversionistas, empresarios y operadores extranjeros para mantener a flote una parte de la economía cubana, ¿por qué no ha hecho lo mismo con la industria? Las razones pueden ser varias. Primeramente, la industria no azucarera carece de interés para el gobierno porque no es generalmente exportadora. La pregunta hay que dirigirla entonces hacia el sector azucarero. Una de las razones para dejar la producción de azúcar fuera del alcance de las inversiones extranjeras puede estar en la ley Helms-Burton misma y sus sanciones contra los que usufructen o indirectamente se beneficien ·de las inversiones norteamericanas confiscadas y por las que el gobierno no pagó compensación alguna.

Otra razón es que la rentabilidad del sector azucarero en su conjunto depende de la combinación de la eficiencia del sector cañero, del transporte y del sector industrial propiamente dicho. Es muy posible que el gobierno, en presencia de precios del azúcar crónicamente bajos y de las grandes dificultades en lograr costos de producción lo suficientemente bajos, se haya dado por vencido en el esfuerzo de producir eficientemente azúcar para la exportación. Si el reciente nombramiento del General Ulises del Toro fue hecho con fines primordialmente económicos, se puede esperar que el sector azucarero sufra una gran reducción de su capacidad instalada mediante el cierre de los centrales más pequeños e ineficientes, en búsqueda de volúmenes de producción más bajos pero más rentables.

Tal vez la conclusión más importante de este análisis sea que el fracaso de la política de desarrollo económico socialista, que se hace evidente en el fracaso de la industria cubana, sea enfrentado por parte del gobierno con un desarrollo capitalista que sólo favorece a Fidel Castro, a su aparato de seguridad y a una minoría políticamente privilegiada. O sea, la errática evolución de la economía socialista cubana bajo la administración de Fidel Castro ha segmentado, *de facto,* la economía cubana de manera que ahora observamos dos economías en lugar de una sola. Por un lado, un sistema de empresa privada con participación de operadores e inversionistas extranjeros en sociedad con miembros del gobierno cubano. Por otro lado, la combinación de un sistema socialista semi-paralizado, arruinado y endeudado con una economía informal de los cuales depende la mayoría de la población del país. Esta segunda economía, con pocas posibilidades de desarrollo y oportunidades para el cubano que está fuera de los círculos más privilegiados del gobierno, está además afectada por la corrupción, el robo a las empresas estatales y un volumen creciente de crimen que parece derivarse de la crisis económica. Este estado de cosas ya se ha comenzado a identificar como de un verdadero *apartheid* económico por parte de la población y es de esperar que tenga repercusiones muy negativas para el futuro desarrollo del país. Resulta paradójico que Castro se refugie en una forma monopolística de capitalismo personal para protegerse de su propio fracaso como gobernante socialista.

NOTAS

[1] El autor reconoce la valiosa asistencia de Jesús Marzo Fernández en la obtención de información inédita para preparar este capítulo, los comentarios de René Monserrat y el excelente trabajo editorial y comentarios de Mercy Sanguinetty. El contenido de este capítulo es responsabilidad exclusiva del autor.

[2] Las cuentas nacionales son el sistema por medio del cual se observa y se mide la actividad económica de una nación. De este modo se puede saber si una economía prospera o retrocede a través de indicadores como el Producto Interno Bruto (PIB), el ingreso nacional, el ingreso disponible, las inversiones, el consumo privado, el ahorro, los ingresos y los gastos del gobierno, las exportaciones e importaciones, etc. Otras estadísticas económicas incluyen el nivel de empleo, la oferta monetaria, el nivel de precios, los niveles de producción por sectores (agricultura, industria, construcción, etc.) y los salarios.

[3] El sistema de balance material constituyó el instrumento planificador que intentó reemplazar al mercado como mecanismo de equilibrio entre la oferta y la demanda por cada uno de los bienes seleccionados. Era una simple hoja de papel donde en el lado izquierdo se colocaban las disponibilidades físicas de un bien dado y, del otro, los pedidos reconocidos o aprobados. O sea, era una forma burda de representar la oferta y la demanda agregadas de ciertos bienes. Como dichos balances no podían hacerse para los miles de bienes que existen en una economía, se limitaban a productos que se agrupaban en dos grandes categorías: productos básicos, muchos de ellos de importación, en total unos 340 (por ejemplo, el cemento, el petróleo, la madera, algunos productos alimenticios, equipos, etc.) y productos centralizados (sal, clavos, especias, alambre, envases en general, etc.).

[4] Dichos acuerdos incluían la atractiva, pero ilusoria intención de mantener al mundo en un régimen de tasas de cambio relativamente estable. A esos efectos se creó el Fondo Monetario Internacional, como la institución que asistiría con préstamos de corto plazo a aquellos países que llegaran a tener dificultades en mantener las tasas de cambio pre-establecidas dentro de un estrecho margen.

[5] Posiblemente sea la primera medida intervencionista y anti-mercado tomada mucho antes de la instalación del socialismo en Cuba. A pesar de la burocracia que se crea para implementar el control de cambios, no se consigue evitar la fuga de dólares hacia Estados Unidos. Los mismos se habían atesorado previamente o se obtenían clandestinamente y salían en manos de personeros del régimen de Batista y de personas que desde el primer momento desconfiaron de los revolucionarios. Este proceso sirvió para acelerar la temprana sobrevaluación del peso.

⁶ Un buen ejemplo lo encontramos en las fábricas de neumáticos para vehículos, que necesitan más de 200 materias primas diferentes, casi todas importadas para poder operar.

⁷ El bono, instituido en 1959, fue creado como una forma de ahorro-inversión privada para todos los ciudadanos con el pretexto de que serviría para financiar la industrialización. Posteriormente, se convirtió en un impuesto proporcional sobre los salarios cuando el gobierno «propuso» que dejara de ser una inversión privada del trabajador.

⁸ Un factor ineludible en cualquier análisis de la revolución cubana desde el primer día es la presencia ubicua de Castro, tomando decisiones en áreas que no eran de su competencia, ignorando el consejo de los expertos y llegando a comprometer volúmenes de recursos mayores de los que hubiesen sido razonables a nivel experimental. El costo de los errores cometidos por esta vía es inmensurable y un posible tema de estudio futuro para aquellos interesados en evaluar el proceso.

REFERENCIAS

Bettleheim, Charles, «Cuba en 1965: Resultados y Perspectivas Económicas», *Nuestra Industria,* No. 18, La Habana, 1966.

Comisión Económica para América Latina y el Caribe (CEPAL), *La Economía Cubana: Reformas estructurales y desempeño en los noventa,* Fondo de Cultura Económica, México, 1997.

Figueras, Miguel Alejandro, *Aspectos Estructurales de la Economía Cubana,* Editorial de Ciencias Sociales, La Habana, 1994.

Mesa-Lago, Carmelo, Availability and Reliability of Statistics in Socialist Cuba, in *Latin American Research Review,* first part, 4:1, Spring 1969.

——«Cuban Statistics Revisited», en *Cuban Studies/Estudios Cubanos,* 9:2, Julio 1979.

——«The State of the Cuban Economy: 1995-1996" en *Cuba in Transition Vol. 6,* Papers and Proceedings of the Sixth Annual Meeting of the Association for the Study of the Cuban Economy (ASCE), Miami, Florida, 1996.

Pérez-López, Jorge F., *Measuring Cuban Economic Performance,* University of Texas Press, Austin, 1987.

——«The Cuban Economy in the Mid-1997" en *Cuba in Transition Vol. 7,* Papers and Proceedings of the Sixth Annual Meeting of the Association for the Study of the Cuban Economy (ASCE), Miami, Florida, 1997.

Rodríguez, Carlos Rafael, «El Nuevo Camino de la Agricultura Cubana», en *Cuba Socialista,* No. 27, La Habana, 1963.

40 AÑOS DE REVOLUCIÓN

IV

EL SECTOR EXTERNO DE LA ECONOMÍA

por

Jorge F. Pérez-López

INTRODUCCIÓN

La economía cubana ha estado sujeta siempre a la influencia de factores internacionales. La significación del comercio exterior aumentó durante el Siglo XIX y se tornó decisiva en el XX, pudiéndose decir que «el comercio internacional moldeó la estructura productiva total de Cuba».[1] Dicho comercio fue el principal impulsor del desarrollo económico de la isla durante la colonia y el período republicano. Asimismo, los desbalances en el sector externo han figurado entre los factores principales de la crisis económica de los años 1990.

La proximidad geográfica de los Estados Unidos y la demanda en el mercado de éste para los productos agropecuarios cubanos —principalmente el azúcar y el tabaco— llevaron a que se establecieran fuertes vínculos comerciales recíprocos. Hacia la mitad del Siglo XIX, las relaciones comerciales entre Cuba y los Estados Unidos eran ya superiores a las existentes entre Cuba y España. Los Estados Unidos continuaron como el principal socio económico de Cuba hasta alrededor de 1961, cuando la antigua Unión Soviética y sus aliados asumieron ese papel como resultado del giro del gobierno cubano hacia el socialismo y la decisión de los Estados Unidos de no comerciar con la isla. Después de tres décadas de estrechas relaciones, los vínculos económicos con la Unión Soviética y los países socialistas de Europa Oriental sufrieron un fuerte revés en 1989-90 como resultado de los cambios políticos que llevaron a la eliminación del socialismo en Europa Oriental y a la desaparición de la Unión Soviética.

El objeto de este capítulo es resumir el desenvolvimiento del sector externo de la economía cubana durante 40 años de revolución, o sea durante el período 1959-98. A fin de puntualizar, por el sector externo de la economía entendemos aquellos aspectos y renglones que determinan la capacidad del país de obtener recursos en el exterior: comercio internacional de mercancías y servicios, flujo de capitales y asistencia externa.

Como se ha apuntado en otros capítulos de este libro, la información estadística económica disponible para Cuba durante el período revolucionario deja mucho que desear en términos de su disponibilidad, confiabilidad y comparabilidad con otros países. Hemos hecho uso de ella juiciosamente para cumplir el objetivo de este capítulo.

Entre los muchos problemas técnicos que dificultan el análisis del sector externo de la economía cubana durante la revolución están la falta de estadísticas sobre la balanza de pagos y la incertidumbre sobre la tasa de cambio a utilizar para convertir pesos cubanos en divisas internacionales o moneda convertible (entiéndase dólares estadounidenses). En lo que sigue, pragmaticamente hemos utilizado la tasa oficial de cambio para operaciones comerciales de 1 peso cubano equivalente a 1 dólar estadounidense a pesar de que es obvio que esta tasa de cambio no representa la realidad en el contexto de la economía real de la isla.

EL SECTOR EXTERNO EN LA VÍSPERA DE LA REVOLUCIÓN

En la década de 1950, la economía cubana comenzaba un período de crecimiento económico positivo después de los reveses causados por la quiebra de la industria azucarera y el sector financiero que siguió a la «Danza de los Millones» (1920) y la Gran Crisis económica mundial (1929).

El Tratado de Reciprocidad de 1902 con los Estados Unidos le concedió ventajas arancelarias de un 20 por ciento al azúcar, al tabaco y otras exportaciones cubanas en el mercado estadounidense al mismo tiempo que redujo los aranceles cubanos a productos de ese país. El acceso preferencial al mercado estadounidense y la afectación de la industria azucarera europea originada por la Primera Guerra Mundial estimularon la expansión de la industria azucarera cubana en las dos primeras décadas del Siglo XX. En gran parte la expansión azucarera fue financiada con capital extranjero, principalmente de los Estados Unidos. El período de prosperidad llamado la «Danza de los Millones» terminó abruptamente en 1920, cuando el precio del azúcar en el mercado internacional cayó muy por debajo de los costos de producción, llevando a la quiebra a muchas de las compañías azucareras e instituciones financieras, las cuales se vieron obligadas a ceder sus propiedades a acreedores. La Gran Crisis económica de 1929 y la falta de estabilidad política complicaron la situación económica de la isla, resultando en un prolongado estancamiento que se comenzó a superar a mediados de la década de 1940.

La Constitución de 1940 proporcionó al país la base institucional para la democracia y la estabilidad política. En 1948 comenzaron a establecerse instituciones financieras comerciales y de crédito, primera entre ellas el Banco Nacional de Cuba (BNC), creado en 1948, y luego el Banco de Fomento Agrícola e Industrial de Cuba (BANFAIC) (1950), la Financiera Nacional de Cuba (1953), la división de Fomento de Hipotecas Aseguradas (FHA) del BANFAIC (1953), el Banco Cubano del Comercio Exterior (BANCEX) (1954) y el Banco de Desarrollo Económico y Social (BANDES) (1954). Por otra parte, Cuba fue una de las 23 naciones signatarias del Acuerdo General sobre Aranceles y Comercio (AGAC, mejor conocido por el GATT, sus iniciales en inglés) suscrito en Ginebra en 1947 con el objetivo de impulsar el comercio internacional. Cuba participó en negociaciones multilaterales llevadas a cabo en la década de 1950 en el seno del AGAC para reducir aranceles y otras restriciones al comercio internacional.

La Segunda Guerra Mundial paralizó la producción azucarera en áreas de Europa y estimuló la demanda por el dulce cubano. Desde 1926 Cuba había tomado medidas unilaterales para restringir su producción y exportación de azúcar con el fin de «estabilizar» el mercado internacional y promover el alza de precios. Cuba participó en los convenios y arreglos internacionales negociados desde 1931 (el Plan Chadbourne y los Convenios Internacionales del Azúcar de 1937 y de 1953) para estabilizar los precios del dulce y aceptó restricciones significativas en sus niveles de producción y de exportación al mercado mundial.[2]

En 1934, las exportaciones de azúcar cubano a los Estados Unidos comenzaron a ser regidas por un sistema de límites cuantitativos (cuotas de importación) y a recibir un precio que generalmente excedía el del mercado mundial. En el período de la post-guerra, la producción de azúcar y las exportaciones a los Estados Unidos aumentaron sensiblemente, sobrepasando 5 millones y 2.5 millones de toneladas por año, respectivamente. La «re-cubanización» de la industria azucarera también avanzó significativamente durante este período. De 56 centrales propiedad de cubanos que producían el 22 por ciento de la producción azucarera en 1939, se llegó a 113 centrales con 55 por ciento de la producción total en 1952 y a 121 centrales con el 62 por ciento en 1958.[3]

La Segunda Guerra Mundial también resultó en interrupciones en los flujos de importación de productos agrícolas e industriales. La producción nacional de artículos agropecuarios e industriales—carne y productos de la ganadería, arroz, textiles, cigarros, cervezas, jabones— avanzó significativamente para llenar el vacío creado por la falta de importaciones. Se establecieron también numerosas empresas en industrias nuevas en parte estimuladas por el Decreto Ley de Estimulación Industrial de 1953, el que ofrecía incentivos fiscales y arancelarios a las nuevas industrias que se establecieran en el país. El proceso de diversifica-ción económica que ocurrió durante la década de 1950 es evidente cuando se examina la participación de la industria azucarera en el ingreso nacional. Dicha participación era el 32.7 por ciento en 1951, comparada con el 21.8 por ciento en 1956, 26.6 por ciento en 1957 y 23.0 por ciento en 1958.[4]

Durante el período 1940-58, la balanza comercial (valor de las exportacio-nes menos valor de las importaciones) tuvo un saldo positivo en cada año con excepción de 1958 (véase el cuadro Nº 1). Esto quiere decir que el valor de las exportaciones de mercancías del país era más que suficiente para financiar las importaciones de mercancías, contribuyendo también al financiamiento de servicios importados (fletes, comunicaciones), área en la cual Cuba generalmente incurría en un saldo negativo, y en algunos años permitiendo la acumulación de reservas monetarias internacionales (divisas), aunque no así en el período 1954 a 1958 cuando las reservas monetarias internacionales se redujeron sensiblemente en parte por la fuga de capitales asociada con la inestabilidad política.

También contribuyó positivamente a la balanza de pagos de Cuba durante este período el flujo de capital extranjero, mayormente en la forma de inversión directa de los Estados Unidos. Según las estadísticas del Departamento de Comercio de los Estados Unidos, la inversión directa de ciudadanos estadounidenses en Cuba ascendía a $553 millones en 1946, $642 millones en 1950, $686 millones en 1953, $713 millones en 1954, y aproximadamente $956 millones en 1959.[5] La deuda externa de la nación en 1951 ascendía a $68 millones y en 1958 a $48 millones.[6]

LA TRANSICIÓN AL SOCIALISMO

Desde 1959 el gobierno revolucionario comenzó a controlar las importaciones de determinados productos a través del Ministerio de Comercio ya que la escasez de divisas exigía el racionamiento de algunas importaciones. En abril de 1960, al recién creado Banco Cubano para el Comercio Exterior (BANCEC) se le atribuyó la facultad de servir de exportador e importador único cuando esto fuere necesario «por razones de conveniencia nacional».[7] En octubre de 1960, el BANCEC fue convertido en el exportador e importador único, dándole así al Estado el control absoluto sobre el comercio exterior del país.

A mediados de febrero de 1960, el gobierno revolucionario cubano y la Unión Soviética suscribieron un convenio comercial y de pagos, así como un acuerdo de crédito comercial. Hasta estos momentos, las relaciones económicas entre la Unión Soviética y Cuba habían sido unilaterales: las exportaciones cubanas se habían limitado a ventas de azúcar que durante el período 1951-1958 llegaron a unos $108 millones, mientras que las importaciones cubanas de ese país fueron solamente de $3,175. Es evidente que históricamente no existía una relación comercial entre los dos países.

Por el convenio comercial y de pagos de febrero de 1960, la Unión Soviética se obligó a comprar 425,000 toneladas de azúcar cubano en el año 1960 (además de las 575,000 toneladas que ya había comprado en ese mismo año para llegar a un total de un millón de toneladas). La Unión Soviética también se comprometió a comprar un millón de toneladas en cada uno de los años 1961-64 y a dedicar dichas importaciones al consumo interno (o sea, a no re-exportar el azúcar cubano[8]). El 20 por ciento de las compras de azúcar cubano en 1961-64 serían pagados en divisas libremente convertibles y el resto en productos soviéticos, entre ellos petróleo, trigo, madera en bruto, papel para periódicos, laminados de acero, productos químicos, maquinaria, etc. El otro acuerdo concedía al gobierno de Cuba un crédito de hasta $100 millones al 2.5 por ciento anual para la compra de productos soviéticos, que sería amortizado mediante entregas de azúcar y otros productos cubanos en un período de 12 años. En los meses siguientes, Cuba suscribió convenios comerciales y de pagos y acuerdos de crédito con los países socialistas de Europa Oriental y con la República Popular China (China Comunista).

Mientras tanto, las relaciones diplomáticas con los Estados Unidos empeoraban a pasos agigantados. En julio de 1960, el presidente Eisenhower redujo a 40,000 toneladas la cuota de importación de azúcar cubano durante la segunda mitad de 1960, una pérdida de exportación de 700,000 toneladas. El gobierno cubano respondió a la reducción de la cuota azucarera ordenando la nacionalización de las inversiones extranjeras (mayormente estadounidenses) en la isla. La decisión de nacionalizar las inversiones extranjeras sin compensación inmediata y efectiva no solamente tuvo un impacto negativo en las relaciones diplomáticas con los países afectados, quienes protestaron enérgicamente por dichas acciones, sino que también cerró para Cuba la opción de recibir capital extranjero por la vía de la inversión. Dada la importancia que ha asumido la inversión extranjera directa como vehículo para la transferencia internacional de capital a largo plazo, no cabe duda que la decisión del gobierno revolucionario cubano de nacionalizar las inversiones extranjeras fue de gran trascendencia.

Los países socialistas, con la Unión Soviética a la cabeza, se ofrecieron para absorber las 700,000 toneladas de azúcar que los Estados Unidos habían rechazado. En diciembre, el ejecutivo estadounidense fijó en cero la cuota de importación del azúcar cubano para el primer trimestre de 1961, de hecho terminando la relación comercial entre los dos países. El 3 de enero de 1961, los Estados Unidos decretaron la ruptura de relaciones diplomáticas y consulares con Cuba; la ruptura de relaciones comerciales se formalizó el 3 de febrero de 1962 cuando el Presidente Kennedy prohibió el comercio con la isla.

Los cambios en las relaciones comerciales de Cuba con los Estados Unidos y con la Unión Soviética y los países socialistas ocurrieron con gran celeridad. En 1958, los Estados Unidos compraron el 66 por ciento de las exportaciones de Cuba y proporcionaron el 70 por ciento de las importaciones del país. Ya en 1961 la Unión Soviética y los países socialistas absorbieron el 73 por ciento de las exportaciones cubanas y proporcionaron el 70 por ciento de las importaciones, mientras que los Estados Unidos compraron solamente 4.8 por ciento de las exportaciones cubanas y proveyeron 3.7 por ciento de las importaciones.

Las relaciones económicas entre Cuba y los países socialistas durante la década de 1960 se enmarcaron en numerosos acuerdos bilaterales sobre comercio de mercancías, pagos, créditos, y asistencia técnica en campos tales como la agricultura, la pesca, la exploración geológica, la electroenergética, y la capacitación profesional. En el período 1960-69, Cuba suscribió más de 400 acuerdos con los países socialistas, la mayoría de los cuales tocaban algún aspecto de la relación económica.[9] Para coordinar las crecientes relaciones económicas y científico-técnicas con los países socialistas, el gobierno cubano se organizó siguiendo los patrones de estos países (e.g., creando ministerios para administrar industrias que habían sido nacionalizadas) y creó varias comisiones intergubernamentales, por ejemplo con Alemania Oriental (1964), Bulgaria y Checoslovaquia (1965), Hungría (1966), Rumanía (1967), Corea del Norte (1968), Polonia (1969) y la Unión Soviética (1970). Entre otras, estas comisiones intergubernamentales tenían la función de identificar las mercancías que iban a ser intercambiadas anualmente y durante períodos de 5 años de listas preparadas por los dos países, así como cantidades, «precios»[10] y el calendario de suministros.

Desde 1961 en adelante, la Unión Soviética asumió el papel de principal socio económico cubano: primer comprador de azúcar cubano, proveedor de petróleo y fuente de créditos para el desarrollo económico y para cubrir los saldos negativos del comercio cubano.

Las primeras compras de azúcar de la Unión Soviética al gobierno revolucionario cubano al parecer se llevaron a cabo a precios muy cercanos a los del mercado mundial. La política de industrialización acelerada que el gobierno revolucionario siguió aproximadamente durante el período 1960-63 desatendió a la industria azucarera, con resultados muy desfavorables para la producción y exportación del dulce. La producción de azúcar bajó de 6.8 millones de toneladas en 1961 a 4.8 millones de toneladas en 1962 (caída de 29 por ciento) y a 3.8 millones de toneladas en 1963 (caída adicional de 21 por ciento); las exportaciones decayeron de 6.5 millones de toneladas en 1961 a 5.1 millones en 1962 y a 3.5 millones en 1963.

Ya en 1964 el gobierno revolucionario abandonó la política de industrialización rápida y tomó a la industria azucarera como foco central de la estrategia de desarrollo económico. El cambio de estrategia se justificó en el hecho de que la producción y exportación de azúcar eran las actividades económicas que podían generar el nivel más alto de divisas; las divisas generadas por la industria azucarera se utilizarían para financiar la importación de bienes de capital que permitirían la diversificación de la economía. El gobierno revolucionario diseñó un plan azucarero para el período 1964-70 que culminaría con una zafra de 10 millones de toneladas en 1970, producción a este mismo nivel anual durante 1971-75, y posteriormente producción al nivel anual de 12 millones de toneladas. Con respecto a exportaciones, Cuba y la Unión Soviética suscribieron un nuevo acuerdo de suministro de azúcar en enero de 1964 por el cual los soviéticos se comprometían a adquirir 24.1 millones de toneladas de azúcar cubano durante el período 1965-70 a un precio de alrededor de 6 centavos por libra. Como los precios en el mercado mundial oscilaron alrededor de 2-3 centavos por libra durante este período, el precio negociado con la Unión Soviética fue beneficioso para Cuba.

Como es bien sabido, el plan azucarero fue un fracaso colosal, no sólo porque no se llegaron a cumplir las metas de producción y de exportación sino porque la concentración de recursos en el cumplimiento de la meta política de 10 millones de toneladas en 1970 desatendió a otros sectores, causando un cierto caos en el resto de la economía.[11] Cuba no cumplió con su parte del mencionado convenio de suministros de azúcar a la Unión Soviética suscrito en 1964, el cual preveía que Cuba exportaría 2.1 millones de toneladas en 1965, 3 millones de toneladas en 1966, 4 millones de toneladas en 1967, y 5 millones de toneladas cada año en 1968-70. De hecho, las exportaciones fueron: 2.5 millones de toneladas en 1965 (119 por ciento del plan), 1.8 millones en 1966 (60 por ciento), 2.5 millones en 1967 (63 por ciento), 1.8 millones en 1968 (35 por ciento), 1.4 millones en 1969 (28 por ciento) y 3.1 millones en 1970 (62 por ciento). O sea, mientras que el convenio preveía la exportación de 24.1 millones de toneladas, Cuba sólo exportó 13.1 millones de toneladas (54 por ciento del plan).

Como indican las estadísticas reproducidas en el cuadro Nº 1, el saldo comercial de mercancías fue negativo en cada uno de los años de la década de 1960 con excepción de 1961. La mayor parte de estos saldos negativos ocurrieron en el comercio bilateral entre la Unión Soviética y Cuba y fueron financiados por los soviéticos por medio de créditos. También vale notar que la magnitud del déficit comercial fue altamente significativa en muchos de estos años. Por ejemplo, el déficit comercial en 1968 (451 millones de pesos) representó el 69 por ciento del valor de las exportaciones en ese año, o sea que el valor de las importaciones excedió el valor de aquellas que se podían financiar con las exportaciones por un 69 por ciento. Las estadísticas de exportación en el cuadro Nº 1 están calculadas en base al precio al que Cuba vendió azúcar a la Unión Soviética, y por ende ya incluyen el subsidio que la Unión Soviética le proporcionaba a Cuba por comprar azúcar cubano a precios por arriba de los del mercado internacional. A pesar de este subsidio, como se ha apuntado anteriormente, la brecha entre el valor de las exportaciones e importaciones fue considerable.

Carmelo Mesa-Lago ha estimado que durante la década de 1960, la Unión Soviética le otorgó a Cuba ayuda económica equivalente a 3,558 millones de dólares U.S. (cuadro Nº 2). Más de dos terceras partes de esta ayuda (2,427 millones de dólares U.S. o 68 por ciento) tomó la forma de préstamos para financiar los déficits en el comercio bilateral entre los dos países (2,083 millones de dólares o 59 por ciento) y el resto de préstamos para financiar proyectos de desarrollo económico (344 millones de dólares o 9 por ciento). Un poco menos de la tercera parte de la ayuda económica soviética (1,131 millones de dólares o 32 por ciento) tomó la forma de subvenciones a los precios en las relaciones comerciales bilaterales.

INCORPORACIÓN PLENA AL BLOQUE SOCIALISTA

Las relaciones económicas cubanas con los países socialistas se profundizaron a partir de 1972 cuando Cuba fue aceptada como miembro del Consejo de Ayuda Mutua Económica (CAME), la organización que administraba el comercio y las relaciones económicas entre los países socialistas. Desde entonces, Cuba comenzó a participar activamente en las actividades del CAME, incluyendo en una gama amplia de comisiones sectoriales, proyectos de asistencia científico-técnica e inversiones conjuntas. La década de 1970 también marcó un cambio importante en la estrategia económica cubana en virtud del cual el gobierno revolucionario adoptó el modelo de desarrollo soviético, dejando a un lado los modelos utópicos que se habían utilizado en la década anterior. El modelo soviético se reflejaba en el Sistema de Dirección y Planificación de la Economía (SDPE), que comenzó a implementarse alrededor de 1976.

En diciembre de 1972, Cuba y la Unión Soviética negociaron un nuevo convenio de suministro de azúcar el cual establecía el precio de 11 centavos por libra, un precio superior al del mercado mundial.[12] Durante 1973, el precio del azúcar en el mercado mundial estuvo en alza, superando en diciembre de 1973 los 11 centavos por libra fijados en el convenio con la Unión Soviética suscrito en diciembre de 1972 y estableciendo el récord de 65 centavos por libra en noviembre de 1974. Aunque el precio de exportación a la Unión Soviética fue renegociado en 1974 y aumentado a 19.6 centavos por libra, éste se quedó muy por debajo del precio medio del mercado mundial en ese año que fue de casi 30 centavos por libra.

El embargo sobre las exportaciones de petróleo impuesto en octubre de 1973 por los países árabes miembros de la Organización de los Países Productores de Petróleo (OPEP) y el incremento en los precios de referencia decretados por estos países resultó en que el precio del petróleo en el mercado internacional se cuadruplicara entre 1972 y 1974 (de aproximadamente $2.46 a $11.58 por barril). El incremento en el precio del petróleo fue devastador para los países importadores, especialmente para los países en vías de desarrollo. Sin embargo, Cuba, así como los otros países socialistas importadores de petróleo soviético, no fueron afectados ya que estos países obtenían sus suministros en base a contratos a largo plazo con precios fijos. No cabe duda que el hecho de que Cuba obtenía prácticamente todas sus importaciones de petróleo de la Unión Soviética resultó ser un gran beneficio para la economía cubana.

En enero de 1975, el Comité Ejecutivo del CAME se reunió en Moscú para discutir «la estabilización de los precios en los contratos comerciales entre los miembros para el quinquenio 1976-80".[13] Los delegados, presionados por la Unión Soviética, decidieron que los precios en el comercio entre los países socialistas se ajustarían anualmente, en vez de cada cinco años como era la costumbre, y que dichos ajustes comenzarían a aplicarse a partir de 1975. La metodología para determinar el precio para cada año de cada producto se basaría en el precio medio en el mercado mundial durante los cinco años anteriores. También en 1975, la Unión Soviética y Cuba renegociaron un nuevo convenio de suministros de azúcar estableciendo un precio mínimo de 30.4 centavos por libra, que sería ajustado (elevado) en base a incrementos en los precios de una canasta de importaciones cubanas provenientes de la Unión Soviética.[14]

Durante la segunda mitad de los 70, la Cuba revolucionaria tuvo su primera —y única— oportunidad de acudir a los mercados internacionales para conseguir financiamiento por la vía de préstamos. Varias circunstancios lo hicieron posible: 1) los altos precios del azúcar en el mercado internacional, los cuales aumentaron las divisas internacionales del país; 2) la relativa mejoría de la economía después de la desastrosa zafra de los 10 millones; y 3) la agresividad de los bancos internacionales en «reciclar» los abundantes petro-dólares que los países exportadores de petróleo habían acumulado. La disponibilidad de divisas convertibles percibidas en virtud de los préstamos llevó a que Cuba aumentara significativamente sus importaciones de los países de economía de mercado. Por ejemplo, las importaciones de los países miembros de la Organización para la Cooperación Económica y el Desarrollo (OCDE) más que se duplicó, de $415 millones en 1973 a $896 millones en 1974, evidencia clara de la preferencia de

Cuba por comprar productos de las economías de mercado sobre las socialistas cuando la situación económica lo permitía.

El alto precio del azúcar[15] y el (relativamente) bajo precio del petróleo en el comercio bilateral Cuba-Unión Soviética resultaron en un sensible aumento en la subvención de este país a Cuba por la vía de los precios. Carmelo Mesa-Lago ha estimado (cuadro N° 2) que dicha subvención aumentó de 1,143 millones de dólares U.S. durante 1971-1975 a 11,228 millones de dólares U.S. durante 1976-1980. Aun con este altísimo nivel de subvención de precios, el saldo comercial de Cuba continuó en déficit con tendencia ascendente, llegando a un nuevo récord de 660 millones de pesos en 1980 (cuadro N° 1). La mayor parte del déficit comercial fue financiado por préstamos otorgados por la Unión Soviética, que ascendieron a cerca de 2,765 millones de dólares U.S. en la década de 1970. También significativa fue la ayuda de la Unión Soviética en la forma de préstamos para el financiamiento del desarrollo económico, los cuales excedieron los 2,620 millones de dólares U.S.

A pesar del aumento de la ayuda económica soviética y el precio relativamente alto del azúcar en el mercado internacional, el sector externo de la economía cubana se mantuvo en una crisis permanente en la década de 1980. De hecho, las relaciones económicas de Cuba durante la revolución han estado segmentadas. La mayor parte de las relaciones ha sido con los países socialistas y se ha basado en intercambios restringidos (trueque) usando rublos transferibles u otras monedas que no son convertibles en los mercados internacionales. La otra parte, de menor cuantía pero de gran importancia estratégica, ha sido con los países con economía de mercado, con los cuales las relaciones se han basado en términos de intercambio puramente comerciales usando monedas convertibles. Estos dos segmentos son independientes uno del otro y los superávits en uno no pueden ser aplicados al otro.

En agosto de 1982 el Banco Nacional de Cuba anunció que el país encaraba dificultades en pagar sus deudas en moneda convertible y había solicitado a sus acreedores en las economías de mercado (o sea, aquellas instituciones privadas o públicas en economías de mercado que habían hecho préstamos a Cuba en moneda convertible) la renegociación de dicha deuda.[16] En marzo de 1983, Alemania Occidental, Austria, Bélgica, Canadá, Inglaterra, Suecia y Suiza acordaron renegociar los pagos del principal pagable en 1982 y 1983 por 5 años con un período de gracia de 3 y medio años. Al mes siguiente, los acreedores privados hicieron lo mismo. En otras rondas de negociación, Cuba también pudo renegociar la deuda pagable en 1984 y 1985. En 1986 las instituciones extranjeras no aceptaron una nueva renegociación y Cuba dejó de pagar su deuda externa. Desde entonces Cuba no ha tenido acceso a los mercados de crédito internacionales. La deuda en moneda convertible, la cual era de aproximadamente $5,000 millones en 1986, ha seguido creciendo por la acumulación de intereses.[17]

En febrero de 1982, el Consejo de Estado de Cuba aprobó una ley que autorizaba inversiones extranjeras (bajo la forma de asociaciones económicas con entidades cubanas) en la Cuba revolucionaria. Es significativo que esta ley, que por primera vez trataba de atraer capital extranjero después de la nacionalización de las industrias extranjeras en 1960 y la cuasi total eliminación de la propiedad privada en esa misma década, fuera aprobada en 1982, unos meses antes de que Cuba intentara renegociar su deuda con instituciones del mundo capitalista. Aunque simbólicamente el hecho de autorizar la inversión extranjera en Cuba podía interpretarse como una apertura política y económica, en realidad no era así, ya que no fue acompañada de ningún otro cambio significativo. Cabe apuntar que los inversionistas extranjeros no tragaron el anzuelo ofrecido por Cuba; la primera asociación con capital extranjero no ocurre hasta 1988 y la inversión extranjera es inconsecuente en el desenvolvimiento del sector externo y de la economía en general durante los 80.[18]

En la segunda mitad de la década de 1970 comenzó un extrañísimo episodio en las relaciones externas de la Cuba revolucionaria que duró hasta la segunda mitad de los 80. Vale la pena describirlo con algunos detalles ya que demuestra lo ilógico de las relaciones comerciales entre los países socialistas. De buenas a primeras, Cuba se convirtió en país exportador de petróleo, y este producto desplazó al azúcar como el primer renglón generador de divisas internacionales.[19]

Como es bien sabido, históricamente Cuba ha sido un país importador de petróleo. En la década de los 70, la producción nacional de crudo satisfacía apenas el 2.5 por ciento del consumo aparente nacional.[20] Ya desde mediados de los 70 Cuba había exportado al mercado mundial pequeñas cantidades de derivados del petróleo (particularmente nafta y lubricantes) excedentes del proceso de refinación, recibiendo pago en divisas internacionales. Sin embargo, de 1977 en adelante, Cuba comenzó a exportar petróleo crudo en cantidades que excedían la producción nacional.[21] Es evidente que el petróleo crudo exportado por Cuba no era de producción doméstica, y de hecho era petróleo crudo de procedencia soviética el cual Cuba re-exportaba —con el visto bueno de la Unión Soviética— como vía para generar divisas internacionales.

La re-exportación cubana de petróleo soviético llegó a unas 3 millones de toneladas anuales durante 1983-87, con un valor por arriba del valor de las exportaciones de azúcar en divisas internacionales en cada uno de esos años.[22] Estas re-exportaciones de petróleo soviético eran ventajosas para Cuba ya que el petróleo soviético era adquirido a precios subvencionados (precios por debajo del mercado mundial), pagados con azúcar vendida a los soviéticos también a precios subvencionados (precios por arriba del mercado mundial). Las re-exportaciones de crudo generaban divisas internacionales que Cuba necesitaba para hacer compras fuera del bloque socialista. Tan ventajosos para Cuba eran el trueque de azúcar por petróleo con la Unión Soviética y las re-exportaciones de crudo que el Banco Nacional de Cuba, en un informe publicado en 1985,[23] señaló que en ese año Cuba había comprado azúcar en el mercado internacional que luego revendió a la Unión Soviética a precios subvencionados para así obtener petróleo que re-exportó al mercado mundial para generar divisas internacionales.

Los déficits en el comercio exterior de Cuba crecieron enormemente en la segunda mitad de los 80 a pesar de los cambios que se perfilaban en la Unión Soviética con la elevación de Mikhail Gorbachev a Primer Ministro en marzo de 1985 y su política de *perestroika*. Aunque fue bajo Gorbachev que la Union Soviética comenzó a reducir las subvenciones a los países socialistas, las tensiones comerciales entre la Unión Soviética y sus aliados se remontaban a mucho antes. Por muchos años, la Unión Soviética se había quejado de que mientras ella proporcionaba a sus aliados petróleo, trigo, acero y otros productos preciados en el mercado internacional, éstos no cumplían sus compromisos de suministro y enviaban a la Unión Soviética artículos de baja calidad, reserván-dose los de alta calidad para la venta a los países capitalistas por moneda convertible. En octubre de 1984, durante una reunión del CAME a nivel ministerial celebrada en La Habana, el delegado soviético acusó a Cuba de no cumplir sus promesas de suministros de azúcar, crítica que Fidel Castro aceptó haciendo la promesa de que Cuba mejoraría su desempeño en el futuro.[24]

En 1987, con *perestroika* y la política de apertura (*glasnost*) a toda marcha, la prensa soviética comenzó a publicar artículos críticos de la administración de la economía cubana y del mal uso que se le daba a la ayuda económica de la Unión Soviética. La información disponible parece indicar que la Unión Soviética congeló y luego redujo el precio de importación del azúcar cubano para la segunda mitad de los 80. Por otra parte, aunque el precio del petróleo en el mercado mundial bajó sensiblemente a mediados de los 80, el precio del crudo soviético importado por Cuba se mantuvo por arriba del precio del mercado mundial ya que la fórmula para establecer el precio, que se basaba en el desenvolvimiento de los precios durante los cinco años anteriores, compren-día los precios más altos de los primeros años de los 80.[25]

Los déficits de la balanza comercial se dispararon durante los 80, ascendiendo a 1,751 millones de pesos en 1984 (157 por ciento por arriba del déficit de 687 millones de pesos de 1983), 2,274 millones de pesos en 1986 y al récord de 2,732 millones de pesos en 1989.

La ayuda económica de la Unión Soviética a Cuba durante los 80 fue muy superior a los 60 y 70. Las transferencias por subvenciones de precios han sido estimadas por Carmelo Mesa-Lago en unos 25,900 millones de dólares U.S., mientras que los préstamos para financiar déficits en la balanza comercial llegaron a unos 12,250 millones de dólares U.S., y los préstamos para financiar el desarrollo económico a unos 5,670 millones de dólares U.S. (cuadro Nº 2).

La deuda externa en moneda convertible en 1990 ascendía a unos $6,165 millones. El monto de la deuda con la Unión Soviética y los países socialistas se ha mantenido entre los secretos económicos mejor guardados por Cuba revolucionaria. Sin embargo, información procedente de Rusia y de los antiguos países socialistas permite estimar que dicha deuda (denominada en rublos) era de unos 18,420 millones de rublos, equivalentes a unos 26,750 a 30,030 millones de dólares U.S., dependiendo de la tasa de cambio que se use para convertir rublos a dólares U.S.[26]

EL DERRUMBE DEL BLOQUE SOCIALISTA: LA CRISIS DE LOS 90

En la segunda mitad de la década de 1980, mientras la Unión Soviética bajo Gorbachev y los países socialistas de Europa oriental reformaban sus economías y sus sistemas de relaciones económicas internacionales para dar mayor peso a los mecanismos de mercado, Cuba estaba enfrascada en una campaña anti-reformista llamada «proceso de rectificación de errores y tendencias negativas», por la cual se centralizaron aún más los mecanismos de toma de decisiones y se eliminaron las pocas instancias que existían de mecanismos inspirados por el mercado (e.g., los mercados libres campesinos).

Aún después del colapso del regimen comunista en Polonia y su remplazo por Solidaridad, la desaparición de la antigua República Democrática Alemana (Alemania Oriental), absorbida por Alemania Occidental, y la caída del Muro de Berlín, el gobierno de Cuba pretendía mantener las relaciones económicas con los países socialistas como alguna vez existieron dentro del marco del CAME. Durante la reunión ministerial del CAME que se llevó a cabo en enero de 1990, la Unión Soviética propuso que a partir del 1 de enero de 1990, las relaciones comerciales entre los miembros se llevaran a cabo en base a precios del mercado mundial y en términos de monedas convertibles. El delegado cubano, el entonces Vice Presidente Carlos Rafael Rodríguez, protestó enérgicamente en contra de la propuesta, instando a que se mantuvieran las relaciones preferenciales a los países en vías de desarrollo dentro del CAME (Cuba, Mongolia y Vietnam).[27] No sólo se ignoraron las protestas de Cuba, sino que unos meses más tarde el CAME mismo fue disuelto por sus miembros ya que una vez que se decidió eliminar el comercio planificado, el CAME no tenía razón de existir.

La reacción del gobierno cubano a la crisis económica que se avecinaba fue pasiva e insuficiente. En agosto de 1990, ante la falta de petróleo y de una gama amplísima de productos importados de la Unión Soviética, Cuba promulgó varias medidas de austeridad: reducciones drásticas en el consumo de productos energéticos, redistribución de recursos hacia la agricultura, y adaptaciones en la agricultura para darle mayor énfasis al uso de bueyes y fuerza animal. En septiembre, Fidel Castro anunció que el país había entrado en un «período especial en tiempo de paz» y que sería necesario tomar medidas de emergencia para que la revolución pudiera sobrevivir. La severidad de la crisis se puede ilustrar con el desenvolvimiento del producto nacional bruto (PNB). Entre 1989 y 1993 este indicador se redujo por lo menos en una tercera parte, con apenas un 30 por ciento recuperado desde entonces.[28]

El Banco Nacional de Cuba y otras entidades gubernamentales han ofrecido estadísticas de la balanza de pagos de Cuba que por primera vez permiten examinar sistemáticamente el desenvolvimiento del sector externo de la economía. En períodos anteriores, el Banco Nacional había publicado estadísticas de esa balanza en moneda convertible; estas estadísticas eran de utilidad muy limitada ya que ignoraban el segmento del sector externo —las relaciones económicas con los países socialistas— que se transaba en monedas no convertibles. Con la desaparición del CAME y las relaciones económicas en moneda no convertible, la balanza de pagos en moneda convertible representa el universo de las relaciones externas de Cuba. Las estadísticas de la balanza de pagos en moneda convertible para el período 1989-96 aparecen en el cuadro Nº 3.

Comercio de bienes y servicios: Como se puede observar en el cuadro Nº 1, el comercio exterior de Cuba se redujo en un 44 por ciento en 1991, 52 por ciento en 1992 y 9 por ciento en 1993, principalmente por los cambios en las relaciones económicas con la Unión Soviética y los antiguos países socialistas de Europa oriental. En 1993 el nivel de importaciones de Cuba—factor esencial para el desenvolvimiento económico y el consumo de la nación—fue de 2,037 millones de pesos, una cuarta parte del nivel en 1989, el último año de las relaciones económicas «normales» entre Cuba y los países socialistas. El desenvolvimiento de las exportaciones siguió un patrón similar, con el nivel de exportaciones en 1993 aproximadamente una quinta parte del nivel de 1989. La balanza comercial se saldó con déficits en cada uno de esos años; la brecha entre exportaciones e importaciones de mercancías se cerró en 1992, cuando fue de sólo 536 millones de pesos, pero se expandió en los años siguientes hasta llegar a 1,728 millones de pesos en 1996.

Hasta la publicación de las estadísticas de la balanza de pagos (cuadro Nº 3) no se conocían las estadísticas de exportaciones e importaciones de servicios. Conforme a las cifras oficiales, Cuba tuvo superávits en la balanza de comercio de servicios durante casi todo el período 1989-96, con la excepción de 1990. Aunque no se ha ofrecido información detallada sobre los componentes de este renglón, es de suponer que las exportaciones cubanas incluyen los ingresos de la industria turística, una de las fuentes principales de ingresos del país en moneda convertible y primordial sector receptor de inversiones extranjeras en los 90.

Transferencias: Un informe reciente del Banco Nacional de Cuba se refiere a las transferencias como «el elemento más dinámico de la balanza de pagos, principalmente por los ingresos de donaciones y remesas».[29] En la metodología de esa balanza de pagos, las transferencias son flujos de recursos de una economía a otra por las cuales no se crean obligaciones en la parte receptora, o sea, por las cuales no hay *quid pro quo*. Las transferencias pueden ser de dos tipos: oficiales, como por ejemplo ayuda exterior, o privadas, como por ejemplo, las remesas enviadas por emigrantes a sus familiares o amigos en el país de origen. Según la CEPAL, las transferencias a Cuba son primordial-mente privadas y toman la forma de remesas en efectivo.[30]

Las transferencias recibidas por Cuba fueron negativas en 1989-90 (o sea, los recursos que fluyeron fuera del país en la forma de transferencias en esos dos años excedieron los recursos que entraron) pero se dispararon de allí en adelante, superando $1,100 millones en 1996. Vale apuntar que en 1996 las transferencias —para repetir, primordialmente remesas de cubanos residiendo en los Estados Unidos y otros países a sus parientes y amigos en Cuba— fueron la fuente más significativa de ingresos de Cuba en moneda convertible, superando el ingreso bruto generado por las exportaciones de azúcar y el ingreso neto generado por la industria turística.

Cuenta de capital: Aunque las estadísticas de la balanza de pagos en el cuadro Nº 3 sólo contienen un dato sobre la cuenta de capital, informaciones procedentes de otras fuentes nos permiten analizar someramente el desenvolvi-miento del flujo de capitales a la economía cubana en la década de los 90.

Como hemos indicado anteriormente, Cuba suspendió el servicio (pago de intereses y principal) sobre su deuda en moneda convertible desde el 1 de julio de 1986. Desde entonces, Cuba prácticamente no ha tenido acceso a los mercados de crédito internacionales para obtener nuevos préstamos a largo plazo, aunque sí ha podido negociar algunos préstamos a corto plazo con muy altas tasas de interés. La deuda externa en moneda convertible de Cuba ascendía a $8,800 millones en 1993, $9,100 millones en 1994 y $10,500 millones en 1995. Si se compara la deuda en moneda convertible en 1995 con el valor total de las exportaciones de mercancías en ese año, la relación es de 7.1:1, o sea, la deuda externa equivalía a 7.1 veces el valor de las exportaciones, relación poco favorable para Cuba. Debe recordarse que la deuda externa a la que nos hemos referido es aquella denominada en moneda convertible. Si se considera también la deuda a la antigua Unión Soviética—Rusia se ha hecho cargo de esta deuda— y a los antiguos países socialistas de Europa oriental, estimada por Carmelo Mesa-Lago en $26,750 a $30,030 millones,[31] la deuda total de Cuba alrededor de 1995 se podría estimar en por lo menos $37,250 a $40,530 millones, una de las deudas externas per capita más altas del mundo.

Otra forma que toman los flujos de capitales es el de la inversión directa. Como se ha indicado anteriormente, por una ley aprobada en 1982, Cuba autorizó la inversión extranjera en la isla. Los inversionistas extranjeros no se interesaron en Cuba como lugar de inversión hasta los años 90, cuando el gobierno revolucionario comenzó a anunciar la posibilidad de invertir en la isla e hizo ciertos ajustes en la legislación y práctica para facilitar las actividades de inversionistas extranjeros. También es posible que algunos inversionistas decidieran invertir en la isla para tener una base de operaciones cuando llegare el anticipado cambio a la economía de mercado. En 1995 la Asamblea Nacional aprobó una nueva ley general de inversiones cuyo objetivo es el de atraer más inversiones extranjeras a la isla.

Varios representantes del gobierno cubano han informado públicamente sobre el monto de las inversiones extranjeras en Cuba. Las informaciones más recientes indican que dichas inversiones se estimaban en $2,100 millones al final de 1995. Es probable que esta cifra incluya no sólo inversiones que se han llevado a cabo sino también proyectos bajo estudio o negociación así como intenciones de ciertos inversionistas que todavía no se han consumado. Es más probable que el monto de las inversiones extranjeras en Cuba a finales de 1995 llegara quizás a una tercera parte de los montos anunciados por el gobierno cubano. Las inversiones extranjeras se han concentrado en la industria del turismo y la minera.

A MANERA DE CONCLUSIONES

Con una economía eminentemente abierta, el desenvolvimiento del sector externo es determinante para la economía cubana. Es prácticamente imposible para la economía del país el poder crecer y desarrollarse si el sector externo no se desenvuelve satisfactoriamente.

Durante 40 años de revolución, el sector externo ha sido el talón de Aquiles de la economía. A pesar de las enormes subvenciones, el financiamiento y la ayuda económica de la Unión Soviética, estimados en $65,119 millones en 1960-90 (cuadro Nº 2), y de los países socialistas, Cuba no ha podido superar su concentración en exportaciones de unos cuantos productos básicos cuyos precios fluctúan sensiblemente en los mercados internacionales. Asimismo, hasta el derrumbe del bloque socialista a fines de los 80 y principios de los 90, Cuba tampoco había podido superar la concentración de su comercio internacional en un país o un grupo reducido de países, con el resultado de que la economía era vulnerable a presiones políticas o a fluctuaciones económicas de parte de los socios comerciales.

La crisis económica que Cuba encara en los 90 es la peor que ha azotado al país en este siglo. Sin duda, los cambios en las relaciones económicas con la Unión Soviética y los países socialistas de Europa oriental asestaron un golpe severo a la economía de la cual todavía no se ha recuperado. Pero es también claro que dichos cambios sólo expusieron los verdaderos problemas de la economía cubana, los cuales provienen de un régimen autoritario, la concentración de recursos en manos del Estado y la ineficiencia general del modelo económico socialista, todo lo cual había estado encubierto por las subvenciones recibidas de la Unión Soviética. Una vez que estas subvenciones desaparecieron, se hizo evidente que la economía cubana no tenía capacidad para competir en el mercado mundial.

Las soluciones a los problemas económicos de Cuba y a los de su sector externo solamente pueden comenzar a buscarse una vez que la nación haya adoptado un modelo basado en la democracia y el pluralismo y en una economía de mercado donde los individuos tengan la capacidad de tomar decisiones económicas.

NOTAS

[1]. J. Álvarez Díaz, A. Arredondo, R.M. Shelton y J. Vizcaíno, *Cuba: Geopolítica y pensamiento económico* (Miami, 1964), pag. 205.

[2]. Durante la década de 1940, Cuba produjo un promedio de 3.7 millones de toneladas de azúcar por año, y 5.3 millones de toneladas por año durante 1950-58. La zafra de 1952, en la cual no hubo restricciones cuantitativas, resultó en la producción de más de 7 millones de toneladas de azúcar en una zafra de 117 días efectivos de molienda, el nivel de producción más alto en el período republicano.

[3]. Grupo Cubano de Investigaciones Económicas, *Un estudio sobre Cuba* , (Coral Gables: University of Miami Press, 1963), pag. 1273.

[4]. En 1952, cuando se estableció el record de producción de más de 7 millones de toneladas, la industria azucarera generó el 42.1 por ciento del ingreso nacional.

[5]. U.S. Department of Commerce, *Investment in Cuba* (Washington: U.S. Government Printing Office, 1956), pag. 10 y *Survey of Current Business* (septiembre de 1960), pag. 20.

[6]. José M. Illán, *Cuba: Facts and Figures of an Economy in Ruins* (Miami: Editorial AIP, 1964), pag. 75, citando estadísticas del Ministerio de Hacienda.

[7]. Grupo Cubano de Investigaciones Económicas, *Un estudio sobre Cuba*, op.cit., pag. 1498.

[8]. El hecho de que esta cláusula se insertara en el convenio revela la preocupación de Cuba con que la Unión Soviética revendiera el azúcar cubano a los clientes tradicionales de la isla o las vertiera en el mercado internacional azucarero, incrementando la oferta y causando la baja de precios. Este temor se basaba en la alta producción de azúcar en la Unión Soviética y en el hecho de que las importaciones de este país en el pasado habían sido mucho más modestas y utilizadas solamente para suplementar la producción doméstica en determinados momentos cuando esta última era insuficiente para satisfacer la demanda nacional.

[9]. Véase Jorge F. Pérez-López y René Pérez-López, *A Calendar of Cuban Bilateral Agreements, 1959-76* (Pittsburgh: University Center for International Studies, University of Pittsburgh, 1980) e idem, *Cuban International Relations: A Bilateral Agreements Perspective* (Erie, Pennsylvania: Northwestern Pennsylvania Institute for Latin American Studies, 1979).

[10]. Como en las economías socialistas con planificación central no existían los precios determinados por la libre demanda y oferta, los países socialistas construían precios para el comercio entre si. Era común que estos países tomaran como base los precios a los cuales las economías de mercado comerciaban, ajustándolos para remover las influencias que ellos asociaban con la especulación, los monopolios y otros aspectos negativos del capitalismo. Esos «precios» negociados entre las partes generalmente se mantenían fijos por un período de 5 años.

[11]. El mejor análisis del impacto económico de la zafra de los 10 millones es Sergio G. Roca, *Cuban Economic Policy and Ideology: The Ten Million Ton Harvest* (Beverly Hills: Sage Publications, 1976).

[12]. Otro convenio suscrito al mismo tiempo sobre suminstros de níquel cubano a la Unión Soviética fijaba el precio por arriba del nivel de este mineral en el mercado mundial.

[13]. Citado en Jorge F. Pérez-López, «Sugar and Petroleum in Cuban-Soviet Terms of Trade», en *Cuba in the World*, Cole Blasier y Carmelo Mesa-Lago, editores (Pittsburgh: University of Pittsburgh Press, 1979), pag. 286.

[14]. No hay información sobre los productos que formaban la canasta, pero numerosas fuentes han informado que el precio del petróleo importado de la Unión Soviética jugaba un papel primordial.

[15]. El precio medio del azúcar en el mercado mundial fue de 20.50 centavos por libra en 1975, el año en que se firmó el tratado estableciendo el precio mínimo de exportación de azúcar cubano a la Unión Soviética en 30.40 centavos por libra; en años posteriores, el precio en el mercado internacional fue de 11.57 centavos por libra en 1976, 8.09 en 1977, 7.84 en 1978, y 9.66 en 1979.

[16]. Según las estadísticas del Banco Nacional de Cuba, la deuda externa en divisas internacionales era de $2,900 millones, de los cuales $1,650 millones correspondían a deudas con instituciones privadas y el resto con instituciones públicas.

[17]. La deuda externa cubana en moneda convertible se ha reducido ligeramente porque algunos acreedores oficiales (e.g., México) han convertido la deuda en inversiones directas («debt-equity swaps»).

[18]. Véase Jorge F. Pérez-López, *The 1982 Cuban Joint Venture Law: Context, Assessment and Prospects* (Coral Gables: Graduate School of International Studies, University of Miami, 1985); e idem, *Odd Couples: Joint Ventures Between Foreign Capitalists and Cuban Socialists*, Agenda Paper Nº 16 (Coral Gables: North-South

Center, University of Miami, 1995).

[19]. Véase, Jorge F. Pérez-López, «Cuban Oil Reexports: Significance and Prospects», *The Energy Journal* 8:1 (1997); e idem, «Cuba's Transition to Market-Based Energy Prices», *The Energy Journal* 13:4 (1992).

[20]. Consumo aparente=Producción nacional+Importaciones-Exportaciones.

[21]. Por ejemplo, en 1977 Cuba exportó 900,000 toneladas de petróleo crudo, casi cuatro veces la producción nacional de 256,000 toneladas en ese año.

[22]. Según las estadísticas del Banco Nacional de Cuba, el valor en divisas internacionales de las exportaciones cubanas de petróleo y azúcar fueron, respectivamente (en millones de pesos): 497.7 y 263.2 en 1983; 484.4 y 250.0 en 1984; 526.9 y 171.2 en 1985; 248.5 y 209.9 en 1986; y 286.3 y 222.5 en 1987.

[23]. Banco Nacional de Cuba, *Economic Report* (febrero de 1985), pag. 35.

[24]. Fidel Castro, «Intervención sobre los puntos I, II y III del orden del día de la XXXIX reunión de la sesión del Consejo de Ayuda Mutua Económica, el 29 de octubre de 1984", *Granma* (31 de octubre de 1984), pag. 2.

[25]. El precio del petróleo en el mercado mundial en 1985-86 era de unos $14 por barril, comparado con unos $30 por barril a principios de la década.

[26]. Estimaciones de Carmelo Mesa-Lago, *Breve historia económica de la Cuba socialista* (Madrid: Alianza Editorial, 1994), pag. 232.

[27]. Carlos Rafael Rodríguez, «Discurso pronunciado en la sesión XLV del CAME, Sofía, Bulgaria, 9 de enero de 1990", *Granma* (10 de enero de 1990), pag. 4.

[28]. Las tasas de crecimiento (retroceso) del PNB cubano en el período 1989-97, según cifras oficiales, fueron: -3.0 por ciento en 1990; -10.7 por ciento en 1991; -11.6 por ciento en 1992; -14.9 por ciento en 1993; 0.7 por ciento en 1994; 2.5 por ciento en 1995; 7.8 por ciento en 1996; y 2.5 por ciento en 1997. Hay ciertas dudas entre los expertos con respecto a la fiabilidad de las estimaciones de crecimiento económico en 1995-97.

[29]. Banco Nacional de Cuba, *Economic Report 1994* (La Habana, 1995), pag. 21.

[30]. Comisión Económica para América Latina y el Caribe, *La economía cubana: Reformas estructurales y desempeño en los noventa* (México: Fondo de Cultura

Económica, 1997), pag. 172.

[31]. Uno de los problemas claves para determinar el valor en moneda convertible de la deuda cubana con la antigua Unión Soviética y los antiguos países socialistas es la tasa de cambio a aplicarse. Con las numerosas devaluaciones que han sufrido las monedas de estos países, la conversión a dólares utilizando tasas de cambio actuales resulta en montos de deuda mucho menos significativa que cuando se usan las tasas de cambio de cuando se incurrieron las deudas. No hay información con respecto a si los contratos entre Cuba y los países acreedores especificaban algún tipo de cambio o si no contenían este grado de detalle y preveían el cambio a la tasa de cambio corriente.

Cuadro 1: Comercio Exterior de Mercancías, 1959-1996
(Millones de pesos)

Año	Exportación	Importación	Saldo Co-mercial	Intercambio Total
1940	127	104	23	231
1941	212	134	78	346
1942	182	147	35	329
1943	352	177	175	529
1944	433	209	224	642
1945	410	239	171	649
1946	476	300	176	776
1947	747	520	227	1267
1948	710	528	182	1238
1949	578	451	127	1029
1950	642	515	127	1157
1951	766	640	126	1406
1952	675	618	57	1293
1953	640	490	150	1130
1954	539	488	51	1027
1955	594	575	19	1169
1956	666	649	17	1315
1957	808	773	35	1581
1958	734	777	-43	1511
1959	636	675	-39	1311
1960	608	580	28	1188

1961	626	639	-13	1625
1962	522	759	-237	1281
1963	545	867	-322	1412
1964	714	1019	-305	1733
1965	691	866	-175	1557
1966	598	926	-328	1524
1967	705	999	-294	1704
1968	651	1102	-451	1753
1969	667	1222	-555	1889
1970	1050	1311	-261	2361
1971	861	1388	-527	2249
1972	771	1190	-419	1961
1973	1153	1463	-310	2616
1974	2237	2226	11	4453
1975	2952	3113	-161	6065
1976	2692	3180	-488	5872
1977	2918	3462	-544	6380
1978	3440	3574	-134	7014
1979	3499	3688	-189	7187
1980	3967	4627	-660	8594
1981	4224	5114	-890	9338
1982	4933	5531	-598	10464
1983	5535	6222	-687	11757
1984	5477	7228	-1751	12705

1985	5992	8035	-2043	14027
1986	5322	7596	-2274	12918
1987	5402	7584	-2182	12986
1988	5518	7580	-2062	13098
1989	5392	8124	-2732	13516
1990	5415	7417	-2002	12832
1991	2980	4233	-1253	7213
1992	1779	2315	-536	3494
1993	1137	2037	-900	3174
1994	1315	2111	-796	3426
1995	1479	2772	-1293	4251
1996	1967	3695	-1728	5662

Fuentes: 1959-1989 —Comité Estatal de Estadísticas, *Anuario estadístico 1989* (La Habana); 1985-1996— Comisión Económica para América Latina y el Caribe, *La economía cubana: Reformas estructurales y desempeño en los noventa* (Mexico: Fondo de Cultura Económica, 1997), Cuadro A.15.

Cuadro 2: Ayuda Económica de la Unión Soviética a Cuba, 1960-90
(millones de dólares U.S.)

	Préstamos (deuda)			Subvenciones a precios (no reembolsables)	Ayuda Económica Total
	Financiamiento de déficits comerciales	Financiamiento del desarrollo económico	Total		
1960-70	2083	344	2427	1131	3558
1971-75	1649	749	2398	1143	3541
1976-80	1115	1872	2987	11228	14215
1981-85	4046	2266	6312	15760	22072
1986-90	8205	3400	11605	10128	21733
Total (1960-90)	17098	8631	25729	39390	65119

Fuente: Carmelo Mesa-Lago, *Breve historia económica de la Cuba socialista* (Madrid: Alianza Editorial, 1994), pag. 229.

Cuadro 3: Balanza de pagos
(millones de dólares U.S.)

	1989	1990	1991	1992	1993	1994	1995	1996*
Balanza en cuenta corriente	-3001	-2545	-1454	-420	-388	-242	-515	-520
Balanza comercial	-2615	-2076	-1138	-215	-382	-211	-500	-1082
Exportaciones de bienes y servicios	5993	5940	3563	2522	1992	2197	2687	3380
Bienes	5392	5415	2980	1779	1137	1315	1479	1967
Servicios	601	525	583	743	855	882	1208	1413
Importaciones de bienes y servicios	8608	8017	4702	2737	2373	2408	3187	4462
Bienes	8124	7417	4233	2315	2037	2111	2772	3695
Servicios	484	600	469	422	336	297	415	767
Transferencias corrientes (neto)	-48	-13	18	43	255	310	532	1112
Servicio de factores	-338	-456	-334	-248	-262	-340	-547	-550
Balanza en cuenta capital	4122	2621	1421	419	404	240	435	510
Balanza global	1121	76	-33	-1	16	-2	-80	-10

* Cifras estimadas.

Fuente: CEPAL, *La economía cubana: Reformas estructurales y desempeño en los noventa*, Cuadro A-15, basado en una combinación de cifras oficiales de la Oficina Nacional de Estadística y Banco...

40 AÑOS DE REVOLUCIÓN

V

INFRAESTRUCTURA, ALTA TECNOLOGÍA Y ENERGÉTICOS

por

Manuel Cereijo

En este capítulo se analizan las perspectivas técnicas y económicas actuales, con especial referencia a las materias del título. Cuba confronta una seria crisis económico social, que podemos resumir en las siguientes áreas: divisas, petróleo, zafra, inversiones, energía eléctrica, telecomunicaciones, transporte, salubridad, desarrollo industrial y comercio. Desde luego, el principal problema, el que genera prácticamente todos los otros, es el sistema en sí. No es posible una recuperación económica bajo un sistema totalitario marxista y una economía planificada, dirigida, y controlada por el gobierno. Ninguno de los problemas que confronta Cuba en estos momentos son inherente a una economía capitalista o a un sistema político democrático.

DIVISAS

En 1989, Cuba tuvo una entrada de divisas, producto de todos los renglones económicos del país, de $9,000 millones. En 1997, esto se redujo a $1,100 millones. Para poder mantener un nivel económico mínimo, con importaciones e inversiones semi adecuadas, Cuba necesita una entrada mínima de divisas de $3,000 millones.

A los $1,100 millones, resultante de exportaciones de productos y servicios, hay que añadirle alrededor de $900 millones en remesas enviadas por exiliados cubanos. Estas remesas, hasta ahora, sólo han servido para financiar pequeñas empresas privadas de servicio, como los llamados paladares, las cuales confrontan cada día más impuestos y obstáculos, y para hacer compras individuales domésticas utilizando el dólar como moneda.

Como se indica en el capítulo IV, Cuba tiene una deuda externa en extremo elevada y que representa un obstáculo serio en sus relaciones comerciales y bancarias, especialmente con el Club de París. Esta deuda se reparte entre el Club de París, con una deuda de unos $10,000 millones; bancos europeos, $3,000 millones; y $2,500 millones en deudas comerciales a distintas entidades. A estas cifras, hay que sumarle la deuda en rublos con Rusia, mucho más elevada pero difícil de calcular y que desde luego, Cuba nunca podrá pagar.

Aunque el gobierno cubano le asegura a los posibles inversionistas que el monto de estas deudas no debe ser obstáculo para sus inversiones en Cuba, porque las mismas se utilizarían en productos o servicios de exportación, esto no es toda la verdad, ya que se necesita importar para mantener estas inversiones, y estas importaciones requieren créditos de exportación.

Incluso si Cuba no tuviera deudas con los países suministradores, la falta de divisas del gobierno cubano es un obstáculo para el crédito que Cuba pudiese obtener. Es por ello que, en cuanto a las inversiones extranjeras en Cuba, el gobierno cubano sólo puede ofrecer tierra, edificios, o servicios, pero no ha podido ser partícipe efectivo o socio financiero en las inversiones.

Las telecomunicaciones, o sea, las llamadas de larga distancia entre cubanos en E.U. y en la Isla, y el turismo, son otras de las fuentes principales de divisas para Cuba, ya que las zafras seguirán siendo pobres. Aquí radica también, como un factor muy importante, la actitud de Canadá y la Unión Europea, con respecto a Cuba. Mientras, la percepción de un gran riesgo comercial y político permanezca igual, Cuba no podrá contar con créditos financieros o de importación en la forma y manera convenientes.

PETRÓLEO

El petróleo es, posiblemente, el factor más crítico en el marco de la crisis socio económica que afecta a Cuba. Porque al margen de sus bellezas naturales, de la riqueza de su suelo, de lo benigno y agradable de su clima, de la iniciativa y creatividad de sus habitantes, la Providencia no dotó a Cuba de sus propias fuentes de energía.

En el pasado, Cuba dependía de sus importaciones de petróleo; en la actualidad, Cuba depende de sus importaciones de petróleo, y en el futuro, Cuba dependerá de sus importaciones de petróleo. Este es, quizás, el talón de Aquiles de Castro, y él lo sabe. Si analizamos la posición de Castro en los últimos 40 años, vemos que su política externa se relaciona, o está influida siempre por el petróleo.

Castro, al principio de su gobierno, trató de subvertir y controlar a Venezuela. Después, intervino militarmente en Angola, también gran productor de petróleo. Siempre ha tratado de mantener relaciones amistosas con México, y así lo mismo ha hecho, incluso cuando la guerra del Golfo, con Irak, siendo el voto de Yemen, y el de Cuba los dos votos del Consejo de Seguridad a favor de Irak. A través de los últimos años, claro está, la Unión Soviética fue el principal suministrador de petróleo de Cuba. Esto ha cambiado desde que el bloque soviético se disolvió, por motivos fuera del control de Castro.

El petróleo soviético es 90% producido por Rusia. No sólo la producción de petróleo de Rusia ha disminuido en los últimos 5 años, sino que Rusia está necesitada de divisas, y no está en disposición de canjes o de subsidios como hacía antes. No creo que Castro, en la actualidad, pueda conseguir petróleo a base de canjes, dadas las relaciones comerciales actuales en el mundo. O sea, la crisis petrolera de Cuba es grande y grave. Tiene al país semi paralizado.

Castro tiene que conseguir petróleo en el mercado mundial, y para ello necesita divisas, que no las tiene, y si las obtuviese, tendría que dejar de utilizarlas en otras actividades comerciales y mercantiles.

En 1989, Cuba consumió 15 millones de toneladas de petróleo, de las cuales unos 7 millones se utilizaron en la generación de corriente eléctrica. En 1997, el consumo de petróleo de Cuba fue de 5.5 millones de toneladas. El petróleo doméstico, que a finales de los 80, y principios de los 90, era una posibilidad prometedora, se ha mantenido en unas 1.2 millones de toneladas al año, sin esperanza alguna de que esto aumente significativamente. Además, la calidad del petróleo cubano, con un contenido de azufre de alrededor de un 9%, es muy pobre, muy costoso para refinar, y lo hace no apto para ciertas aplicaciones, como son las plantas termoeléctricas de generación de potencia eléctrica.

La búsqueda de petróleo en Cuba se remonta al siglo XIX. Un informe de 1950 del Banco Mundial concluyó que quizás Cuba tuviera posibilidades de explotación petrolífera. Desde 1990, Castro ha intensificado la exploración de petróleo cubano, teniendo diferentes contratos con firmas extranjeras. Las primeras fueron Total Oil y Compagnie Européene de Pétrole, ambas francesas. Después de éstas, han existido contratos de exploración con varias firmas internacionales. Cuba afirma que tiene una reserva de alrededor de 1.5 mil millones de barriles, especialmente en el área de Varadero. Sin embargo, desde 1993, más de 1,800 pozos han sido perforados, sin poder alcanzar éxito en estas operaciones En 1993, Cuba sostuvo su primera ronda para dar licencias a firmas petroleras de exploración. Esto atrajo a más de 70 firmas, del Canadá, Europa, y América Latina. Los riesgos políticos y los reclamos de pagos contra el gobierno cubano hicieron fracasar esta licitación.

En 1994 había seis firmas explorando petróleo en Cuba: Total, de Francia, Taurus, de Noruega, Canadá North West, Geopetrol, de Francia, Premier, de Inglaterra, y Oil for Development, de Inglaterra. Ninguna de estas exploraciones ha tenido éxito, y ya estas firmas han cesado sus esfuerzos al respecto. Hasta la fecha, han habido contratos y operaciones de exploración, todas infructuosas, por firmas como Mexpetrol, de México, Petrobras, del Brasil, la Meridian, del Canadá, y la británica, Premier Consolidated Oilfields. Así como la Ros-Cuba, un consorcio ruso-cubano, que ha intentado ciertas actividades de compra venta, mercadeo, etc, sin ningún éxito. Posiblemente, para principios de 1999, Petrobras comience de nuevo exploraciones petrolíferas en Cuba.

Cuba tiene cuatro refinerías de petróleo, en Cabaiguán, Cienfuegos, La Habana, y Santiago de Cuba, con una capacidad nominal de 11 millones de toneladas de crudo por año, aunque la capacidad real, debido a roturas y falta de piezas, es de unos siete millones de toneladas al año. Existen once terminales marítimas y 17 almacenes de petróleo. La terminal de Matanzas, construida para super tanqueros, tiene capacidad para barcos con un peso muerto de 150,000 toneladas. Existe un oleoducto de Matanzas a Cienfuegos, de 187 Kms. de largo, y diámetro de 530 milímetros. Este oleoducto está conectado a la refinería de Cienfuegos, la más moderna de Cuba.

En resumen, el petróleo es vital para el desarrollo socio económico de Cuba, y representa una verdadera crisis en estos momentos. En 1990, Cuba importó petróleo crudo y refinado por un valor de $1,950 millones. Esta suma se redujo a $835 millones en 1995 y $750 millones en 1997, o sea una reducción de un 60%. El país está afectado seriamente en todos los sectores económicos importantes debido a esta escasez.

TURISMO

Cuba ha avanzado en la industria turística desde 1991, pero no en la forma deseada e incluso proyectada por el gobierno. La isla tiene más de 2,000 millas de costas y playas, así como zonas montañosas, valles, y regiones magníficas para la pesca, la caza, y actividades al aire libre. En la actualidad, el grupo Sol Melia es el mayor inversionista, con una cadena de nueve hoteles, siendo el primero en ser construido el Sol Meliá de Varadero, en 1990, a un costo de $70 millones. Las principales zonas turísticas son La Habana, Varadero, Trinidad, Isla de Pinos, Cayo Cocos, y los tradicionales valles y centros turísticos de la década de los 50.

Específicamente, Pinar del Río es famoso por la belleza de su Valle de Viñales y sus montañas, y por sus baños termales. La Habana, es la capital, con apreciables valores arquitectónicos e históricos. Tiene como especiales atractivos el Paseo del Malecón y las playas de Santa María del Mar, además de museos, teatros, salas de conciertos y galerías. También mantiene, para el turista, una vida nocturna activa. Varadero es la playa más famosa de Cuba. Una arena finísima y aguas de varias tonalidades de azul, que se extienden por más de 25 Kms. ininterrumpidamente.

La Península de Zapata representa una zona protegida de fauna endémica y migratoria. Sus sitios turísticos más sobresalientes son la Laguna del Tesoro, las playas Larga y Girón, y Caleta Buena. Trinidad es una de las primeras villas fundadas por los españoles en el siglo XVI. Presenta hermosas montañas, y bellísimas playas. Cayo Largo es accesible desde Varadero y La Habana, y cuenta con 20 Kms. de playas notables por su calidad excepcional. También importantes son los cayos de la costa norte, incluyendo a Cayo Coco y Cayo Guillermo. Por último, Santiago de Cuba conserva grandes valores históricos y culturales.

La industria turística fue reestructurada en 1994, bajo la dirección de un Ministerio, aunque Habanatour, parte del grupo Cimex, sigue siendo un factor importante; las corporaciones Cubanacán y Gaviota mantienen asimismo sus funciones. La mayor parte de los hoteles son operados por contratos con firmas de servicios de administración.

Sin embargo, el número de turistas que visitó Cuba en 1997, fue de 1.2 millones. Cuba tiene que aumentar el número de turistas a un mínimo de 6 millones por año, pero no cuenta con los hoteles, facilidades, ni la infraestructura para este desarrollo. Como índice de comparación, el Estado de la Florida, similar en geografía y población a Cuba, recibe un promedio de 40 millones de turistas cada año. Las ganancias producto de este sector, le representan a Cuba aproximadamente un 8% de las entradas brutas, siendo el 10 % para las firmas extranjeras. El informe financiero del grupo Sol Meliá de 1997, señaló una entrada bruta de 14 millones de pesetas, con una ganancia de 1.2 millones de pesetas. La mayor proporción de turistas proviene de España, Italia, México y Canadá.

La industria turística de Cuba recibe un turista barato, con paquetes a costos muy bajos, y sin las facilidades para gastar fuera de los lugares de destino. La infraestructura para esta industria, desde comida a bebidas, transporte, etc., proviene del área dólar, lo que aumenta considerablemente el costo de la misma. Se estima que por cada dólar de entrada en esta industria, 0.75, o sea, el 75% se gasta en costos de infraestructura en área dólar. La entrada neta de divisas del gobierno de Cuba, proveniente de esta industria, se estima fue en 1997 de $300 millones. Hasta que Cuba sea un país libre, democrático, y pueda recibir el turismo de los Estados Unidos, esta industria no alcanzará niveles de gran importancia económica, comparado con regiones vecinas.

ENERGÍA ELÉCTRICA

Las principales formas de generar energía eléctrica en el mundo moderno son la hidráulica y la de vapor. Para generar energía eléctrica por medio de turbinas hidráulicas, un país necesita grandes caídas de agua. Las turbinas de vapor funcionan con los siguientes combustibles: carbón, gas, petróleo, y uranio. Otras formas de generar energía eléctrica incluyen los molinos de viento, plantas geotérmicas, células solares, e incluso movimientos de las mareas, pero ninguna de éstas puede proporcionar energía eléctrica en grandes cantidades.

En Cuba existe sólo una planta hidráulica, en el Hanabanilla, y el resto son turbinas de vapor que utilizan el petróleo o el gas como combustible. Existe también, sin terminar, la planta nuclear de Juraguá, en Cienfuegos, que obviamente usaría el uranio como combustible. El consumo de energía eléctrica de un país, y la disponibilidad de esta energía, son factores indicativos del desarrollo económico del país, y del nivel de vida de sus habitantes.

Cada planta generadora de electricidad cuenta con varias unidades de generación. En todo país civilizado, y con un desarrollo económico normal, estas unidades se subdividen en básicas, que son las que funcionan a plena capacidad todo el tiempo; intermitentes, cuya función principal es la de responder a demandas rápidas de energía, y las cuales se unen al sistema o se desconectan del mismo, de acuerdo con las necesidades inmediatas; y las unidades pico, o sea las que funcionan sólo durante las horas pico, y a intervalos de tiempo breve durante el día. Desde luego, en la Cuba de 1998, esta división no existe, debido a las pobres condiciones de las plantas, y a la carencia de controles computarizados para el sistema eléctrico.

Cuba tiene una capacidad instalada de 3,500 Megavatios. De estos, debido a factores que explicaremos en esta sección, hay una capacidad generadora real de 1,200 Megavatios. El 85% de estas plantas utilizan petróleo como combustible. La industria de energía eléctrica tiene unos 29,000 empleados, de los cuales 4,000 son técnicos y 850 son ingenieros. En 1989, la demanda de energía eléctrica en Cuba era de 2,500 Megavatios, que estaban distribuidos en la siguiente forma: el 60% correspondía al sector industrial; el 4% al sector agrícola; el 8% al sector comercial; y el 25% al sector doméstico. El resto a misceláneos. Esta demanda, debido a la paralización industrial, a la escasez de utensilios domésticos, y a la disminución en el sector agrícola, ha decaído a 950 Megavatios.

La composición de los equipos, componentes e instrumentos del sistema electroenergético de Cuba es variada, proviniendo de Estados Unidos (pre Castro), la antigua Unión Soviética, Eslovaquia, República Checa, Japón, Francia, e Italia. Las plantas generadoras principales se encuentran en: Mariel, con 300 Mw de capacidad; Tallapiedra, con 100 Mw.; Regla, con 150 Mw.; Santa Cruz del Norte, con 100 Mw.; Matanzas, o Antonio Guiteras, con 330 Mw.; Cienfuegos, o Carlos Manuel de Céspedes, con 400 Mw. ;Felton, con 250 Mw.; Nuevitas, con 100 Mw.; y Santiago de Cuba, o Renté, con 300 Mw.

Algunas unidades tienen más de 50 años de instaladas, aunque el promedio de instalación de las plantas es de 25 años, debido a las unidades más modernas de Matanzas, Cienfuegos, y Felton, principalmente. Las unidades de Matanzas y Cienfuegos, de tecnologías italiana y japonesa respectivamente, son las que mantienen tanto el ciclaje del sistema, como la estabilidad del mismo, cuando ocurren roturas o paros en otras unidades. La planta de Felton es de la República Checa, y aunque fue puesta a funcionar en 1995, su tecnología data de 1980.

Además de las plantas principales, existen plantas pequeñas, para un total de 46 unidades de operación, distribuidas en 20 lugares. El voltaje de transmisión es 110 Kilovoltios y 220 Kilovoltios. El país está conectado en una red de 220 Kv. Los conductores de transmisión son, en su mayor parte, ACSR 150mms. Toda la distribución es aérea, excepto algunos sistemas soterrados en La Habana que datan de antes de 1959.

El deterioro de las plantas y equipos del sistema ha sido causado por la falta de mantenimiento, la escasez de piezas de repuesto, la escasez de petróleo, y el uso de petróleo cubano, que contiene un porcentaje alto de azufre, y es por ello no apto para el uso en las calderas de generación. Cuando la gran crisis de la escasez de petróleo comenzó, a principios de 1992, el gobierno decidió, para ahorrar combustibles, implantar el régimen de los apagones. Esto es muy perjudicial para el sistema eléctrico, no sólo por la operación intermitente de equipos y componentes, tanto de transmisión y distribución, o de los usuarios, sino porque cada vez que se produce una interrupción del servicio eléctrico, o que se restablece, por breves segundos el sistema está expuesto a corrientes de hasta 300% por encima de lo normal, lo cual causa, a través del tiempo, roturas en el sistema electroenergético. Además, estos apagones producen un desequilibrio en el balance o estabilidad del sistema, alterando la frecuencia e incluso la rotación en las plantas generadoras.

El régimen de Castro al darse cuenta del daño causado por este método de interrupciones, tomó la decisión de utilizar petróleo doméstico para evitar las mismas. Pero el uso de petróleo cubano, dañó las calderas de muchas unidades, ya que el alto contenido de azufre, alrededor de un 9%, crea ácido sulfúrico, y corroe las mismas. Si a esto unimos la dificultad en la adquisición de piezas, ya sea por falta de divisas, o porque el desplome del bloque soviético presentó un problema logístico enorme, debido a la privatización en esos países de las industrias, o a que las mismas están localizadas en diferentes países nuevos, tenemos como resultado el deterioro enorme del sistema eléctrico de Cuba.

Cuba utilizaba, en la década de los 80, 40 millones de barriles de petróleo al año para el consumo, es decir, el uso en la producción de energía eléctrica, equivalente a 7 millones de toneladas de petróleo. En 1997, la importación total de petróleo por Cuba, para toda aplicación o consumo, fue de 5.4 millones de toneladas. El régimen de apagones se ha logrado controlar, con sus aumentos y disminuciones, de acuerdo con la demanda, pero controlado, por la gran caída en la demanda de electricidad, como mencionamos anteriormente, de 2,500 millones de Megavatios en 1989, a 950 millones en 1997. O sea, el sistema está operando a un 30% de su verdadera posibilidad de generación; la gran caída en la demanda mantiene al sistema funcionando, pero a un nivel muy por debajo de lo requerido por un país para sostener un crecimiento industrial.

Para que un país pueda sostener un desarrollo económico industrial adecuado, y sus habitantes puedan disfrutar de un nivel de vida próspero, tiene que haber disponibilidad de energía eléctrica, es decir un mínimo de 350 Vatios de generación instalada por habitante. Teniendo en cuenta la población actual de Cuba, esto representa una capacidad instalada de generación mínima de 3,900 Megavatios.

Además de disponibilidad, el sistema requiere eficiencia, tanto en la generación, como en la transmisión y distribución de la energía. El 65% de las unidades generadoras actuales pueden clasificarse como de eficiencia baja o mediana. Esto, entre otras cosas, implica un consumo mayor de combustible, y por lo tanto no es recomendable. Al mismo tiempo, hace mayor el costo de generación por unidad. Los sistemas de transmisión y distribución necesitan ser completamente modernizados y requieren normas de control e instrumentación computarizados para todo el sistema nacional.

Antes de Castro el sistema de energía eléctrica en Cuba estaba formado principalmente por: la Compañía Cubana de Electricidad, o CCE, que fue subsidiaria de la American and Foreign Power Company. Esta compañía le suministraba energía al 85% del país. En partes de Pinar del Río, así como en Trinidad, y otras poblaciones de Las Villas, estaba la Compañía Hernández y Hermanos. La Compañía Tabares, pequeña, le suministraba energía a la parte central y norte de Pinar del Río, y la Compañía Isla de Pinos Utility le suministraba energía a Isla de Pinos. Muchos centrales azucareros, y algunas empresas industriales grandes, suministraban energía no solo a sí mismas, sino a las poblaciones pequeñas alrededor de las mismas. Esta fragmentación territorial no es muy recomendable, ya que es una industria que requiere una infusión grande de capital.

El objetivo futuro en Cuba debe ser el de alcanzar una capacidad instalada de 350 Vatios por persona en cinco años, en forma eficiente y barata. Si consideramos los costos promedios de reconstrucción y/o construcción de plantas y unidades como de $900 por kilovatio, se calcula un capital de $1,500 millones por los primeros cinco años. A esto tenemos que añadirle un capital adicional de $650 millones en los primeros cinco años para la construcción y/o reconstrucción de las redes de transmisión y distribución, a fin de establecer un sistema nacional moderno de flujo energético.

CENTRAL NUCLEAR DE JURAGUÁ

Este análisis nos lleva finalmente al tema de la Central Nuclear de Juraguá ¿Era necesaria la construcción de una planta nuclear de generación de energía eléctrica en Cuba? La respuesta es afirmativa, dados los costos y la escasez de petróleo en Cuba.

Hoy en día, los costos de construcción de una central nuclear están por debajo de los de una planta convencional. Desde luego, bajo un gobierno irresponsable, como el de Castro, es inadmisible que se permita la terminación y operación de una planta nuclear. La Central de Juraguá tiene varios problemas, que tendrán que ser cuidadosamente estudiados por un grupo de ingenieros especializados, tan pronto estemos ya en una Cuba post Castro. El primer problema que se confronta en Juraguá es que la tecnología soviética o rusa es no sólo antigua, data de 1962, sino defectuosa. En Juraguá se están construyendo las unidades VVER-440, modelo 318, con enfriamiento por agua a presión.

Las principales áreas de preocupación en la planta de Juraguá son: deficiencias en la construcción; fallos de seguridad y control durante el proceso de instalación; falta de mantenimiento adecuado durante estos años de paralización; el pobre diseño ruso en cuanto a los sistemas de emergencia y de control de fuego; el pobre entrenamiento y experiencia del personal cubano, que fue adiestrado en reactores soviéticos 230, distintos a los de Juraguá. También, debemos tener presente que el error humano es el principal causante de accidentes industriales. Para operar una planta nuclear, el personal tiene que estar emocionalmente estable, con un mínimo de preocupaciones. Es obvio que este no es el caso del personal cubano, agobiado por tantos problemas cotidianos de subsistencia, salud y temor.

A estos fallos, tenemos que añadirle violaciones de las normas internacionales en áreas relacionadas con el control de calidad y las deficiencias en el proceso de construcción estructural. Tenemos casos de pisos y paredes en los que se utilizó concreto que no cumple con las normas. Paredes de concreto o de metal, que deben ser construidas de una pieza, o monolíticas, y que fueron fraguadas en partes, o soldadas en el caso de las de metal. Daños causados en las soldaduras y uniones de las tuberías del sistema de enfriamiento por agua, una vez empotradas en concreto. Estas tuberías son las que conducen el agua a presión, para mantener la temperatura del reactor a un nivel adecuado. Ingenieros que han trabajado en el departamento de control de calidad, y que han tenido acceso a los rayos X tirados a estas tuberías después de ser empotradas, estiman entre un 8% a un 11% de tuberías dañadas, que necesitan ser reemplazadas. No olvidemos que un accidente ocurre cuando la temperatura o la presión del reactor suben por encima de los niveles operacionales, causando que el material radioactivo quede expuesto.

El uso de alambre eléctrico por debajo del código requerido en el sistema de alambrado eléctrico de la central, es decir, violación de los códigos del alambrado, y reemplazando en múltiples ocasiones alambre de calibre 6 u 8, por alambre menos grueso, de calibre 12 o 14, lo que conlleva un posible aumento en las temperaturas de los alambres, y posible causa de fuego. Finalmente, la construcción del contenedor o foso de agua y otros productos químicos, como acido bórico, sulfato de sodio e hidróxido de potasio. Este contenedor tiene la función de evitar un aumento en la presión del reactor, para que no sobrepase los límites operacionales. Éste fue construido con una capacidad de 21,000 pies cúbicos, y no de 27,500 pies cúbicos como lo requieren las normas internacionales y por debajo del tamaño requerido aun por las normas rusas, en una franca violación de las normas más elementales de seguridad.

Estudios realizados por la NOAA, agencia federal de los Estados Unidos, sobre el flujo de aire que emana de Cienfuegos, y por ende de las posibles radiaciones nucleares, indican que las mismas llegarían a la Florida, hasta la zona de Orlando, en un mínimo de 24 horas, y un promedio de 52 horas. En 72 horas, las radiaciones alcanzarían el Caribe y Centroamérica, y desde luego, las Carolinas, Louisiana y parte de Texas. Las radiaciones que emanan de una planta nuclear se propagan más rápido, y son más mortíferas, que las de una explosión nuclear, debido al nivel de altura de su propagación.. La Florida, parte del Caribe y de México, se encuentran dentro de la llamada zona roja, o sea, de máxima peligrosidad para la vida humana, la fauna, y la flora, o sea, la ecología en general. Esto representaría muertes, un mayor número en la incidencia de distintas formas de cáncer, deformidades congénitas, abortos, enfermedades dérmicas y respiratorias.

El reactor de Juraguá no es similar al de Chernobyl, es más peligroso. En la Alemania Oriental existían 4 plantas similares y fueron inmediatamente cerradas por el gobierno de Alemania Occidental cuando la reunificación. Existen plantas similares en Eslovaquia, Bulgaria, y Hungría. Todas estas plantas fueron construidas y puestas en operación sin cumplir con las normas internacionales de la Comisión Internacional de Energía Atómica. Todavía, en 1998, algunas de estas plantas se encuentran bajo inspección y reconstrucción antes de permitírseles operar de nuevo.

Al mismo tiempo, de ser operacional la planta, tenemos que preocuparnos por la disposición que haría Cuba de los residuos nucleares. Esto ha sido una pesadilla para el mundo desde los comienzos de la era nuclear. Los Estados Unidos han considerado lanzarlos al espacio, en cohetes, enterrarlos en zonas polares heladas o sumergirlos en capas profundas del océano. Sin embargo, la manera más segura todavía es depositarlos en una zona remota, profunda, de manera que no tengan efectos ecológicos adversos o dañinos al ser humano. De esta forma, la radioactividad se disipa al nivel de depósitos de uranio subterráneos. El lugar de depósito debe estar, por lo menos, 600 pies por encima del nivel del agua subterránea, para evitar que el agua manantial tenga contacto con los residuos. La construcción de estos depósitos requiere una tecnología superior.

Los Estados Unidos lo depositan actualmente en túneles cavados en montañas, dentro de cilindros de aleaciones especiales de titanio o de níquel-cromo, con acero inoxidable. Las soldaduras que estos cilindros requieren son especiales, y de una alta tecnología. Cuba no tiene la tecnología ni la infraestructura, ni los recursos, para disponer adecuadamente de estos residuos. Un estudio realizado por el gobierno cubano a mediados de los 80, designaba una zona entre Santa Clara, Cienfuegos y Sancti Spiritus, en una finca llamada la Campana, como posible depósito de estos residuos. Obviamente, esta zona no cumple con ninguno de los requisitos antes mencionados. Las posibles radiaciones de escape de estos residuos serán un peligro también para la salud no sólo del pueblo cubano, sino de los Estados Unidos.

Una característica especial de los reactores VVER 440, como los de Juraguá, es que anualmente se debe realizar la recarga del combustible, lo que exige la parada de la instalación; durante ésta una parte del combustible que ya ha trabajado se cambia por combustible fresco. Los regímenes no periódicos de trabajo, que son en definitiva los que más frecuentemente se presentan en la práctica, complican considerablemente el problema de la explotación del combustible nuclear, y hacen este cambio aún más necesario.

Las piscinas de recarga se destinan para colocar los conjuntos combustibles que han sido extraídos del reactor, para luego ser transportados a la piscina de almacenamiento prolongado, junto con los conjuntos combustibles frescos que van a ser utilizados en el reactor inmediatamente antes de la recarga. En esta piscina es que el combustible tiene que ser depositado cuidadosamente. En el primer circuito del reactor, y en algunos de sus sistemas auxiliares, se trabaja con agua radioactiva, con una posible fuga si el equipamiento técnico no funciona correctamente. Todas estas operaciones conllevan un riesgo enorme de escapes radioactivos, que afectarían no sólo a Cuba, sino al Caribe y sureste de los Estados Unidos.

Desde 1992 hasta la fecha, Rusia y Cuba han tratado en varias ocasiones de continuar la construcción de Juraguá. En 1994, el Presidente ruso Boris Yeltsin, le encargó a una firma italiana que condujera un estudio de factibilidad, para obtener información sobre el costo y tiempo necesario para la terminación de la Central Nuclear, así como el retorno a la ganancia de la inversión. El estudio determinó que se necesitaban $400 millones para la terminación de la primera unidad y $800 millones adicionales para la terminación de la segunda unidad. Terminar la primera unidad llevaría aproximadamente 14 meses y tres años terminar la segunda unidad. En el retorno a la ganancia es donde está la gran dificultad de obtener financiamiento de otros países o grupos inversionistas, dada la crisis económica por la que atraviesa Rusia. El peso cubano, que es lo que los usuarios del sistema pagarían por el consumo eléctrico, no tiene validez ni solidez internacional.

En 1995 se consideró la posibilidad de suministrarle electricidad al sur de México, mediante un cable submarino desde el oeste de Cuba. El dinero recaudado pudiera haberse utilizado para financiar Juraguá. Esto le hubiese costado a México casi la mitad del costo que si construyese una planta nueva en su territorio, y además no tendría inconvenientes ecológicos. La crisis económica de México paralizó, al menos por el momento, este proyecto.

Sin embargo, desde 1995 hasta la fecha, Rusia se ha gastado alrededor de $85 millones en el mantenimiento de la planta, así como en la adquisición de equipos menores e instrumentos que habían sido afectados por la intemperie. En febrero de 1997, miembros de la agencia federal GAO, Oficina General de Contabilidad, de los Estados Unidos, se reunieron con el Vice Ministro ruso de Energía Atómica, el cual indicó las intenciones de Rusia de reanudar la construcción de los reactores nucleares en Cuba. Más adelante, en marzo de 1998, Rusia y Ucrania anunciaron la posible terminación de la Central. Ambos países han enviado secretamente a Cuba, tanto material de construcción como expertos nucleares.

La Comisión Internacional de Energía Atómica, IAEC, se ha gastado, entre 1986 y 1996, $12 millones en asistencia técnica a Cuba con sus reactores nucleares. Cerca de $9 millones han sido en equipos, sistemas de computadoras, equipos de mediciones de radiación y equipos de laboratorio. Desde 1996 hasta mediados de 1998, la IAEC se ha gastado $1.7 millones en asistencia técnica y $2.8 millones en entrenamiento de ingenieros y técnicos cubanos. Una gran parte de estos fondos los ha utilizado Cuba para el mantenimiento de la planta durante el período de inactividad. Un dato importante e interesante es que esta ayuda ha sido dada a través de los fondos de cooperación técnica de la agencia. En 1996, los Estados Unidos contribuyeron con un 30% del presupuesto de estos fondos de la IAEC. La contribución de los Estados Unidos es de aproximadamente $50 millones al año.

No hay duda de que la terminación de Juraguá, bajo las condiciones existentes, representa una amenaza para la seguridad de Cuba y los Estados Unidos. En resumen, la Central Nuclear de Juraguá deberá ser un tema de estudio muy meticuloso, durante el periodo de transición, para poder determinar, dados sus factores de seguridad y costo, si es factible o no su terminación y puesta en servicio.

TELECOMUNICACIONES

El área o infraestructura de las telecomunicaciones, es no sólo una de las más importantes para el futuro desarrollo de Cuba, sino que a su vez, es una de las más necesitadas. En los últimos 30 años el mundo ha experimentado una verdadera revolución en el campo de las telecomunicaciones, de la cual Cuba no ha sido partícipe. Desde fibras ópticas, a sistemas de microondas y satélites, de cables coaxiales a teléfonos inalámbricos y celulares, de centrales digitales a sistemas computarizados, acceso al internet, al correo electrónico, así como la televisión interactiva.

Cuba contaba en 1959 con un sistema de comunicación oral que proveía 15 líneas telefónicas por cada 100 habitantes. Actualmente, en 1999, existen muchos países latinoamericanos y europeos que no alcanzan este índice. Como punto de referencia, podemos indicar que en Estados Unidos existían en 1998, 90 líneas telefónicas por cada 100 habitantes, y en España hay 40 líneas telefónicas por cada 100 habitantes. El promedio en países avanzados, en 1998, es de 58%, y en países en vías de desarrollo es de 10%. Debido al deterioro del sistema, y a la no adquisición de equipos suficientes, Cuba tiene, en 1998, un índice de 3 líneas telefónicas por cada 100 habitantes. Pero no sólo ha decaído el número de líneas telefónicas, sino que la calidad del sistema, o sea, capacidad, rapidez, seguridad y sensibilidad, no está al nivel de los sistemas modernos de telecomunicaciones. En 1998, había 1,500 ingenieros trabajando en el sistema nacional de telecomunicaciones.

Hoy en día, para poder competir internacionalmente, desde la agricultura a la alta tecnología, desde el comercio a la oferta de servicios, se necesita un sistema de telecomunicaciones adecuado, que permita el uso rápido y siempre disponible de facsímiles, computadoras, celulares, conferencias telefónicas, correo electrónico, etc.

Cuba cuenta actualmente con 500,000 líneas de acceso telefónico, de las cuales 200,000 están en la zona metropolitana de La Habana. Las centrales telefónicas, o sea, los sistemas de intercomunicación, son los llamados paso a paso (step-by-step), y de barras cruzadas (crossbar), y un sistema digital pequeño que sirve el área del aeropuerto de La Habana. Los sistemas de paso a paso, y de barras cruzadas, datan de los años 40 y 50.

En La Habana existen actualmente 17 Oficinas Centrales, de las cuales un 45% son de paso a paso (step by step), y un 55% de barras cruzadas. Las más antiguas, como en los barrios de Príncipe, Guanabacoa, Monte y Buenavista, utilizan equipos de Estados Unidos, de finales de los 40, mediados de los 50. Otras utilizan equipos húngaros y alemanes, de finales de los 60. Los sistemas digitales para las centrales telefónicas fueron desarrollados a mediados de la década de los 60, y son los que predominan en los países avanzados. De las líneas telefónicas de Cuba, 300,000 pertenecen al gobierno y 200,000 son para uso doméstico. También existen 11,500 teléfonos públicos, con sólo un 65% de los mismos en estado operacional. Estos teléfonos públicos, en su mayoría son de procedencia japonesa y alemana.

En la zona metropolitana de La Habana existen cables soterrados, pero la mayoría del sistema está interconectado por cables montados al aire en postes. Estos cables requieren un mantenimiento más grande debido a que están expuestos al medio ambiente. Los métodos de mantenimiento usados en Cuba datan de prácticas equivalentes a la de Estados Unidos en la década de los 70', que requieren una fuerza laboral tres veces mayor que los métodos mecanizados modernos. Aquí radica un área que en la Cuba post Castro hay que desarrollar enormemente, soterrando cables, e instalando cables coaxiales y de fibras ópticas.

Existe un sistema de microondas, de origen francés, equipos Thompson, con una capacidad de 960 canales, y que interconecta a La Habana con las capitales de provincias antiguas. Este sistema tiene 16 super grupos de 60 canales. El equipo existente en Villaclara, Camagüey, y Santiago es el francés modelo LTT. En Pinar del Río y en otros centros secundarios es el alemán VKM. También existe un sistema de cable coaxial de 1920 canales, de origen alemán, y que está instalado a lo largo de la autopista «8 Vías» hasta Cabaiguán, y de ahí prosigue paralelo a la Carretera Central hasta Santiago de Cuba. Existen repetidoras cada 6.3 Kms. instaladas en casetas, sobre tierra. Las facilidades coaxiales tienen terminales en las ciudades siguientes: Sancti Spiritus; Cienfuegos; Villaclara, Ciego de Avila; Victoria de las Tunas; Camagüey; Bayamo; Santiago de Cuba; Guantánamo; Holguín; y Cerro Pelado. En esta última, existen 24 canales de comunicación con Jamaica. Esta terminal de Cerro Pelado está conectada a una línea de microondas que se utiliza para el Corredor Aéreo de comunicaciones, AICC. Los equipos localizados en las capitales de las provincias antiguas son equipos terminales. En las otras ciudades, las terminales se conectan con las facilidades CW20 de microondas.

El total de las centrales telefónicas de Cuba es de 365. Los equipos de barras cruzadas son de procedencia de Estados Unidos, de antes de 1959, y de la antigua Alemania Oriental, del tipo ATZ 63, ATZ64, ATZ65. Todos los equipos de paso a paso son de los Estados Unidos, anteriores a 1959. Una central telefónica típica en Cuba tiene una capacidad de 10,000 líneas de acceso, y se encuentran en las zonas urbanas de más población. Los pueblos más pequeños tienen centrales de menos capacidad. Las centrales telefónicas tendrán que ser completamente modernizadas, con sistemas digitales de intercambio, para poder ofrecer un servicio compatible con un desarrollo económico y social adecuado. Se necesitará una gran inversión en este empeño.

El sistema internacional de larga distancia comprende el satélite IntelSat, un sistema japonés con 24 canales y el Intel Sputnik, un sistema manual ruso con 60 canales. Existe un cable submarino instalado en 1950 entre Cayo Hueso y La Habana, con dos cables coaxiales para transmisión en cada dirección, y 24 canales de capacidad. Otro cable está instalado entre Cayo Hueso y Cojímar, con 138 canales digitales, instalado por la ITT.

Existen facilidades especiales para la transmisión de datos, utilizadas sólo para asuntos oficiales del gobierno. La red de transmisión de datos tiene tres centros, La Habana, Matanzas, y Villaclara, donde existen sistemas computacionales. La velocidad de transmisión es de 9,600 Bps. Existen también tres redes LAN en La Habana , una en Matanzas, y otra en Villaclara. Moduladores/demoduladores (modems) se utilizan para la transmisión de datos en sistemas de audio de 300, 1,200, y 9,600 Bps. Estos circuitos son para uso militar.

Un sistema de microondas fue instalado en 1957 para la transmisión de video y 36 canales adicionales de audio. Este sistema opera entre Guanabo y la

Florida. Se compone de tres sistemas de frecuencias radiales, la primera opera a 3 GHz, entre La Habana y Guanabo. La segunda opera en UHF entre Guanabo y Florida City. La tercera opera con 3 GHZ entre Florida City y Miami, con una repetidora en Goulds. En La Habana, el sistema termina en el primer piso del Edificio Masónico, en Carlos III. Los transmisores y receptores son TD-2, así como equipos L-1 de la ya no existente Western Electric.

En Guanabo existen también antenas parabólicas conectadas a sistemas del gobierno. Estas operan con 10Kw y con frecuencias de 629MHz y 740 MHz, junto con dos receptores sintonizados a 840 MHz y 880 MHz. Actualmente, el 75% de las llamadas de larga distancia son con los Estados Unidos. Este promedio aumentará después del derrumbe del régimen de Castro.

El 11 de diciembre de 1991 se creó en Cuba la empresa mixta Teléfonos Celulares de Cuba, S.A. – Cubacel; esta empresa mixta la forman la entidad Telecomunicaciones Internacionales de México, S.A. y el Gobierno de Cuba. Se trata de un consorcio con capital mexicano, al 70% de participación. Cuba aportó el uso mobiliario, así como de torres de transmisión, y el uso del espectro radioeléctrico. La empresa de México aportó los equipos necesarios para las radiobases de Televilla, del Hotel Habana libre (antiguo Hilton), Guanabo, Varadero, y repetidores, así como todo el equipo necesario para el sistema, con un monto de $3 millones. En Febrero de 1993 se inició la operación comercial entre La Habana y Varadero. Ya para finales de 1997, el sistema abarcaba toda la Isla, con subsistemas en Occidente, Oriente, y Central. Cubacel tiene una utilidad anual, como promedio, de $5 millones. Este sistema celular, desde luego, no puede ser utilizado por la población cubana.

El valor de los equipos instalados en Cuba en 1998 ha sido calculado en aproximadamente $210 millones, de acuerdo con el valor de los mismos en el mercado actual, y teniendo en consideración los factores de depreciación. El 85% de las centrales tendrán que ser completamente modernizadas, dejando sólo ciertas regiones poco pobladas con algunos equipos existentes. La modernización de las centrales existentes comprende también, dentro de este análisis, todos los equipos dentro y fuera de las mismas, así como los cables de conexión.

El costo necesario para modernizar el sistema telefónico y de telecomunicaciones de Cuba, en cuanto a equipos, edificios, instrumentación, y edificación para las centrales telefónicas, si nos basamos en precios y costos del mercado en 1998, sería de $2,100 millones en un período de cinco años. Para la reconstrucción, modernización, y construcción de los sistemas de planta externa, o sea, fibras ópticas, cables coaxiales, microondas y cables regulares, se necesitará un capital de $1,200 millones en los primeros cinco años. Al mismo tiempo, hay que establecer un sistema de comunicación celular, que permita una comunicación interprovincial rápida y estable. Este sistema requeriría un capital inicial de $450 millones. La privatización inmediata del sistema telefónico es esencial en cuanto comience el periodo de transición.

TRANSPORTE

No existen actualmente grandes deficiencias en cuanto al sistema nacional de carreteras, ya que el gobierno ha construido nuevas carreteras para un posible uso militar. Pero sí hay necesidad de reconstrucción y mantenimiento, así como de ampliación y enlace de ciertas carreteras. El sistema ferroviario, en cambio, está prácticamente en ruinas, así como el sistema de autobuses, tanto urbanos como interurbanos.

El sistema de carreteras necesitará una inversión de $1,800 millones en los primeros cinco años de un gobierno post Castro para ampliar y mejorar el sistema actual. Esto incluye la terminación de la Autopista 8 Vías, desde Ciego de Avila, pasando por Camagüey, Las Tunas, Bayamo, Manzanillo, y Pilón, para conectar con el segmento existente entre Pilón y Baracoa, y continuar de Baracoa a Moa, Mayarí, y Holguín, conectando de nuevo a Las Tunas.

Al mismo tiempo hay que mejorar las carreteras que interconectan la Carretera Central y la Autopista 8 Vías con los principales centros urbanos, porque un desarrollo económico regional homogéneo necesita un sistema completo de enlace por carreteras. Se ha previsto la construcción en los primeros cinco años de 950 kilómetros de carreteras. El sistema de carreteras de Cuba tiene una extensión de 15,000 kilómetros. Las carreteras existentes tienen que ser sometidas a un mantenimiento rápido, ya que presentan un estado deplorable, debido a que la terminación de las mismas siguió más un plan político que un plan técnico estructural.

El gobierno ha construido varios pedraplenes que necesitan también ser convertidos en carreteras. Los principales centros urbanos necesitan con urgencia un plan de mantenimiento para sus calles. Para el plan de mantenimiento, basado en costos promedios actuales, harán falta unos $125 millones por año, durante los primeros cinco años. Este mantenimiento de carreteras urbanas e interurbanas se ha calculado a base de $25 millones para el mantenimiento anual de las calles y carreteras urbanas y de $100 millones anuales para el mantenimiento de las carreteras interurbanas.

Es muy importante el restablecimiento rápido de sistemas de tránsito urbano, que permitan una movilidad efectiva de la población en los centros urbanos. La inversión en el sistema de transporte urbano se ha estimado en $ 380 millones en los primeros cinco años, con un costo operacional anual de $200 millones. Se calcula la adquisición de 5,400 autobuses de 45 pasajeros en los primeros cinco años, con una distribución entre las principales ciudades, de acuerdo con la extensión urbana y población, por ejemplo, 3,000 para La Habana, 230 para Santa Clara, 475 para Santiago de Cuba, etc. Estos cálculos se basan en la falta de transporte privado de la población durante los primeros años de la transición, el número de habitantes de las ciudades, el posible número de pasajeros en las horas de demanda máxima, y el mayor número posible de rutas y autobuses por vías que faciliten el transporte de la población.

El sistema ferroviario está en unas condiciones pésimas. El sistema férreo de carga es muy lento, y el de pasajeros es casi inexistente. Para mejorar ambos, se ha calculado una inversión de $ 1,400 millones en los primeros cinco años, y un costo anual operacional de $135 millones. Estos cálculos se basan en una extensión de líneas férreas en los 4,900 kilómetros existentes, y la construcción de 1,100 kilómetros adicionales.

El sistema de transporte es una infraestructura esencial para disminuir los costos de producción industrial, así como los agrícolas, y para facilitar el movimiento de la materia prima, equipos, y maquinarias necesarias para un desarrollo económico adecuado, promover el comercio, y hacer que Cuba pueda ser competitiva en el mercado internacional. Dada la geografía de Cuba, una isla larga y estrecha, es de suma importancia el tener una red férrea y de carreteras que pueda conectar puertos, aeropuertos y ciudades en forma conveniente.

ACUEDUCTOS Y ALCANTARILLADOS

Muy poco ha hecho la revolución con respecto a los acueductos, y prácticamente nada con relación a los alcantarillados. En la década de los 70 se formó una Junta Técnica para hacer recomendaciones al respecto. Esta Junta carecía de autoridad, y el resultado fue nulo. En realidad no ha habido ningún mantenimiento de las plantas ni del sistema de distribución y transmisión, sólo se han cogido «parches» cuando no ha habido otro remedio. Las plantas de tratamiento de agua, de origen norteamericano, han sido reparadas utilizando piezas provenientes del antiguo bloque socialista, lo que ha resultado un remedio desastroso.

Los acueductos construidos o reconstruidos completamente después de 1959 están trabajando a plena capacidad, pero sólo representan el 15% del sistema nacional. Un 70% de los acueductos proveen agua sólo entre 4 y 6 horas al día. Un 15% de los acueductos proveen agua a centros de acopio, donde la población tiene que ir a recoger el agua en cubos o tanques pequeños.

El deterioro del sistema de agua y alcantarillados es de tales proporciones, que el país ha tenido epidemias debido a la falta de higiene y salubridad del agua potable, y de la mezcla de las aguas albañales con el agua potable. De continuar esta situación, se pueden esperar epidemias de proporciones serias. Esto se debe principalmente a que estos sistemas tienen un promedio de construcción de 70 años, siendo así que la vida o duración de los mismos se fija normalmente en 50 años, y ello con un buen plan de mantenimiento, que no ha existido en Cuba. Se recordará que hace muy pocos años el municipio de Guáimaro se vio obligado a perforar cocos para dar agua a la población.

Al mismo tiempo, las tuberías de agua potable, en casos de falta de agua, o incluso de fallos en el servicio eléctrico, adquieren una presión negativa, que hace que «chupen» los desperdicios alrededor de las mismas, a través de las porosidades existentes y de las uniones defectuosas. A esta situación hay que añadirle la falta de substancias químicas para purificar el agua, y la casi imposibilidad por parte de la población de hervir el agua, debido a la falta de energía, o también a la ignorancia de la seriedad de esta situación. Aún más irresponsable es la actitud del gobierno de Castro, que se preocupa por mantener un buen suministro en los hoteles turísticos, y tiene en total abandono el agua potable de la población.

Existen en Cuba 17 regiones donde existe agua subterránea disponible para su transmisión y distribución futura. En las zonas de Occidente, están: Sierra del Rosario; Alturas de Pizarras; Llanura Costera del Sur de Pinar del Río; Península de Guanacabibes; Isla de Pinos; Alturas de La Habana-Matanzas; Llanura Roja de La Habana y Sabanas de Manacas. En la región de Las Villas: subregión de Trinidad; subregión Central y subregión del Norte. En Camagüey: Llanura de la Trocha; subregión de Camagüey-Tunas-Holguín; subregión del Norte y subregión del sur. En Oriente: subregión de Nipe y Llanura del Cauto. Todas estas regiones no sólo están disponibles, sino que pueden interconectarse mediante un sistema de distribución de tuberías.

La desalinización, proceso por el cual la sal se extrae del agua del mar, para obtener agua potable, sigue siendo costosa. Se utilizan procedimientos como ósmosis reversible, destilación, electrodiálisis, e intercambios de iones. Muchas islas utilizan el sistema de desalinización para obtener agua potable. Cuba no ha aprovechado este proceso. Sin embargo, debería retenerse como una opción posible en un futuro.

Una modernización completa de los acueductos y sistemas de transmisión y distribución es necesaria inmediatamente después del derrumbe del sistema actual. Se puede calcular, a groso modo, una inversión de $1,200 millones en los primeros cinco años. No es posible hacer reparaciones, sólo nuevas construcciones, porque las reparaciones, dado el mal estado del sistema, sólo producirían más roturas en otras partes del mismo. Hay que resolver el problema urgente, mediante un sistema de emergencia, que provea temporalmente agua potable sana a la población, mientras una reconstrucción completa se empieza.

Este sistema de emergencia tiene que ser a nivel nacional, y establecerse bajo ciertas condiciones; por ejemplo: asumir un consumo per cápita diario de 25 galones; utilización de los acueductos y plantas existentes; establecimiento de centros de recogida de agua, donde la población pueda obtener el agua necesaria, propiamente clorinada y purificada; el suministro debe ser de agua a presión. Estos centros estarán conectados por tuberías separadas por una distancia de 400 metros.

Los sistemas de acueductos y alcantarillados de Cuba deben ser privatizados tan pronto un gobierno de transición ocupe el poder. Los objetivos deben ser: (1) suministrar a la población un sistema de agua y alcantarillado que sea adecuado y seguro; (2) proporcionar este sistema en el menor tiempo posible; (3) establecer una política simple, pero completa, que estimule la inversión en estos sistemas.

Para ello habrá que seguir ciertas indicaciones. Habrá que establecer una agencia que regule al sector privado involucrado, desde el punto de vista de ingeniería, recursos públicos y ganancias, así como de un organismo que promueva y estimule las inversiones extranjeras y domésticas.

BIOTECNOLOGÍA

Esta es una rama muy importante en el mundo industrial moderno, y me refiero a ramas no solo puramente biotecnológicas, sino a la ingeniería genética, la inmunología, instrumentación médica, equipos médicos, biomedicina, farmacología, microbiología, tecnología in vitro, así como al desarrollo de materiales nuevos. Cuba ha invertido más de $3,000 millones desde finales de los 80 en estas ramas, se han asimismo formado muchos ingenieros y científicos. Esta es la única rama industrial donde se han invertido grandes sumas en los últimos años, y donde existe tecnología occidental y equipos de alta tecnología modernos.

Entre los centros principales tenemos: el Centro de Biotecnología, el Instituto Finlay, el Centro de Ingeniería Genética, el Biocen, el Centro de Preparaciones Biotecnológicas, el Centro de Inmunología, el Centro de Crías de Animales de Laboratorio, el Centro de Neurociencias, y "la Fabriquita". Existen muchas áreas que pudieran convertirse en industrias importantes y en sectores de exportación y de servicios y consultaría, pero que confrontan las limitaciones que se indican en el capítulo XI.

Actualmente estos centros han producido interferón, anticuerpos monoclonales e investigaciones sobre virus. También se han producido vacunas contra la meningitis y la hepatitis, proteínas, hormonas, equipos e instrumentos de fermentación e investigaciones sobre medicina tropical. Sin embargo, el éxito comercial alcanzado ha sido muy pobre, y más si se compara con la gran inversión de capital y de educación y entrenamiento del personal adecuado.

En el aspecto comercial y de investigación biomédica, Cuba ha concentrado sus esfuerzos en las áreas siguientes: investigaciones en ingeniería genética; desarrollo de vacunas y preparaciones biológicas; aplicaciones en diagnósticos inmunoquímicos; desarrollo de microbiología médica y medicina tropical; desarrollo de tejidos vegetales in vitro y desarrollo de una técnica para manipular embrios bovinos. Pero los resultados han sido de índole investigativa y científica, no comercial. El monto de las exportaciones biotecnológicas representa un 2% del total de las exportaciones de Cuba.

El acceso a fondos de investigación y desarrollo por los ingenieros y científicos cubanos en esta rama no tiene comparación con ninguna otra rama industrial. Se estima que hay alrededor de 10,000 ingenieros, científicos, médicos y técnicos relacionados con esta industria. De todos los centros antes mencionados, el más importante es el CIGB, o Centro de Ingeniería Genética y Biotecnología, establecido en 1986. Le sigue en importancia el Instituto de Investigaciones Carlos J. Finlay, dedicado a investigaciones biomédicas y bacteriológicas.

Debido al poco esfuerzo dedicado a la rama comercial, existen sospechas de que la inversión de capital en la adquisición de equipos, la preparación científica del personal, el esfuerzo y tiempo dedicado a las investigaciones, y el asesoramiento de mentores rusos, pueda estar relacionado con el desarrollo de actividades dedicadas a producir substancias que puedan ser utilizadas en una guerra química y bacteriológica. Ciertamente, Cuba cuenta con los medios para producir substancias como el A-232, A-234, XV, que utilizan fosfatos y solventes industriales, Anthrax, o microorganismos o virus relacionados con enfermedades como la viruela, peste bubónica, fiebre amarilla, y otras enfermedades tropicales o ya desaparecidas. En los Estados Unidos, por ejemplo, existen sólo 7 millones de vacunas contra la viruela. De producirse un brote masivo de esta enfermedad, sería una situación de gravedad extrema. Los rusos desarrollaron la tecnología conocida como Novichok o tecnología binaria. Mediante este sistema, dos substancias no tóxicas por si mismas, al mezclarse bajo ciertas condiciones específicas, producen agentes o substancias tóxicas. Casi todas estas técnicas utilizan agentes químicos agrícolas, ya que son más difíciles de identificar como elementos que puedan ser utilizados para estos propósitos. Cuba utiliza muchos de estos químicos agrícolas.

Castro mantiene relaciones e intercambios comerciales y científicos con países como Irak e Irán. De acuerdo con informes de ingenieros que han desertado en los últimos meses, y que trabajaban en Cuba en esta rama de la biotecnología, Cuba le vende a Irán tecnología así como equipos de fermentación e instrumentación, que pudieran ser utilizados en la preparación de microorganismos letales.

Si esta rama se desarrollase en forma comercial adecuada, pudiera producir resultados altamente exitosos en ciertas ramas donde Cuba pudiera tener ventajas comparativas y estuvieran fuera de la competencia o de la protección de patentes de las firmas multinacionales. Productos relacionados con derivados de las plantas medicinales y otros ingredientes naturales, tendrían un futuro promisorio para esta industria. También se pudiera desarrollar la industria de equipos de diagnóstico, así como de análisis y terapéuticos.

Un aspecto de interés especial en el campo de la biotecnología sería el uso de la fermentación y enzimas, células de animales y plantas, aplicaciones del DNA que puedan comercializarse para ser fuentes de ingresos para el país. La biología veterinaria sería otro aspecto industrial de un futuro prometedor. Dadas las características del país, y el número de médicos y de ingenieros que han trabajado en este giro, esta es una industria no aprovechada comercialmente, pero que tiene un gran futuro en el desarrollo industrial y económico del país.

ELECTRÓNICA

Cuba comienza a desarrollar una industria electrónica a mediados de los 60, con el ensamblaje de radios. Su mayor desarrollo tuvo lugar entre 1975 y 1985, período en el que se construyeron fábricas de baterías, pizarras telefónicas, electrónica aplicada a la biomedicina y semiconductores. En esta misma época, comienza un auge también en las ramas de programación y procesamiento de datos, con el asesoramiento de la Unión Soviética. Númerosos ingenieros y técnicos cubanos se especializaron en este sector de la ingeniería. Han desarrollado sistemas de programación especializados, e incluso mantienen actividades electrónicas militares.

Al caer el bloque soviético, esta industria es una de las primeras en ser afectada, ya que varios países de Europa Oriental eran los principales clientes. Desde 1992 no ha habido nuevas inversiones en este sector industrial, y muchas de las fábricas están cerradas o trabajan a un 25% de capacidad. Expertos irlandeses que han analizado el desarrollo de esta industria en Cuba, llegaron a la conclusión de que la industria de la informática tecnológica de Cuba era más avanzada que la de Irlanda.

El ICDI, Instituto Central de Investigaciones Digitales, en colaboración con los centros de investigación biomédica, ha desarrollado equipos biomédicos de alta tecnología, que tuvieron su mayor actividad en la década de los 80, cuando se construyó una fábrica en La Habana para la investigación y fabricación de equipos biomédicos.

La EMCO, otro organismo industrial de equipos electrónicos creado por el gobierno, estableció una planta de piezas y fichas electrónicas en 1978, con un área de producción de 4,300 metros cuadrados. Posteriormente, en 1982, construyó una planta de fabricar circuitos integrados, de 4,900 metros cuadrados. Otro organismo gubernamental, el EIE, o Empresa Industrial Electrónica, estableció plantas para fabricar los teclados para computadoras personales compatibles con IBM, DEC y otros sistemas internacionales. La capacidad de producción era de 250,000 unidades al año.

El mismo organismo creó una fábrica de circuitos integrados, utilizando como base tecnología Betamax, fabricando circuitos impresos de 500x50 mms, con líneas de 0.45 mms y separaciones de 0.6 mms. Ya esta tecnología está obsoleta, y la planta cerrada. La Eproelec, empresa creada en 1962, desarrolló fábricas de baterías A, AA, y AAA, equipos de comunicación, pizarritas telefónicas PABX, así como equipos de grabación de radio. Toda la industria electrónica de Cuba está actualmente o cerrada o trabajando a una capacidad de menos de un tercio de su potencial, y no ha adquirido tecnología moderna desde 1989.

Pero el desarrollo electrónico en Cuba, con el asesoramiento de la Unión Soviética, mostró un interés muy grande en este sector tecnológico por parte de los ingenieros cubanos, que adquirieron conocimientos muy especializados. Muchos de ellos se dedican hoy en día a vender estos conocimientos como consultores de firmas extranjeras, claro que a través del gobierno cubano, que es el que recibe el pago en dólares. Cuba ha desarrollado también una capacidad militar de espionaje e interferencia electrónica, aprovechando también el conocimiento de muchos ingenieros cubanos en la informática y computación. Rusia mantiene en Cuba la base de espionaje electrónico de Lourdes. Esta base, de 28 millas cuadradas, está situada al sureste de La Habana; trabajan en la misma 800 técnicos e ingenieros rusos. Rusia se ha gastado alrededor de $2,000 millones en esta base, y desde Noviembre de 1996 hasta la fecha, ha modernizado los equipos con una inversión de $95 millones. La base tiene dos grupos de platos o discos rastreadores y un sistema de satélites. Un grupo es para interceptar las llamadas telefónicas, en general, producidas en los Estados Unidos. El otro grupo está dedicado a funciones específicas y a intercepciones especiales de teléfonos. De acuerdo con el ex-coronel soviético Lunev, la importancia estratégica de la base de Lourdes ha aumentado desde que el Presidente ruso dio la orden en febrero de 1996 de aumentar el espionaje ruso a las comunicaciones de Estados Unidos de índole comercial, financiero e industrial.

Rusia pagaba a Cuba $200 millones al año por el alquiler de esta base. Posteriormente ambos países suscribieron un acuerdo y, en 1995, Rusia comenzó la construcción en Bejucal, de una base similar a la de Lourdes, más pequeña, pero más moderna. Esta base, controlada y operada por los cubanos, empezó a funcionar en Febrero de 1997. O sea, ya Rusia no le paga más alquiler a Cuba, a cambio de esta nueva base. Pero la base cubana de Bejucal tiene una función más importante y peligrosa que la de espiar o interceptar las telecomunicaciones de los Estados Unidos. Esta función es la de interrumpir, interferir o distorsionar las redes computacionales de los Estados Unidos.

En 1991, Cuba comenzó un proyecto altamente secreto, dirigido por el Directorio Militar de Inteligencia de las Fuerzas Armadas, aprovechando los conocimientos y experiencia de los ingenieros cubanos en la microelectrónica y computación. El grupo se dedicó al desarrollo de virus electrónicos que pudiesen infectar las redes computacionales. Al comienzo tuvo un presupuesto módico, $50,000, para la adquisición de datos e información sobre redes de computación, utilización del SATCOM, y tecnología en general. Ademas de virus, se pueden introducir códigos erróneos, medios de distorsión y programas maliciosos, que hacen que una computadora, o red de computadoras, actúe en forma distinta a la supuesta.

Las computadoras con acceso a líneas telefónicas pueden ser penetradas por intrusos desde cualquier parte del mundo, aun desde lugares muy distantes de la localización de las mismas. Para tener acceso a las mismas, el intruso debe obtener la identificación o código del usuario, lo que se puede hacer en forma legal o ilegal, mediante programas y técnicas sofisticadas. Una vez obtenido el código, se pueden instalar programaciones altamente complejas que permiten que el intruso pueda reentrar al sistema sin ser identificado o detectado.

Cada día nuestra sociedad aumenta la concentración de información, y dependencia en general, de las computadoras, desde el aspecto civil, doméstico y comercial, hasta el militar. O sea, operaciones de este tipo pueden desde causar pérdidas de productividad en una industria, o crear folios erróneos, hasta interrumpir centros de transporte, como aeropuertos, e incluso operaciones militares. Este trabajo de intromisión electrónica en las redes computacionales sigue en plena actividad en Cuba, ahora teniendo como centro operacional la nueva base de Bejucal, y utilizando los conocimientos electrónicos adquiridos por muchos ingenieros cubanos durante el desarrollo de la industria electrónica comercial e industrial.

MINERÍA

Cuba es, sin duda, un país rico en minerales. Sin embargo, la revolución no ha sabido, ni ha podido, extraer plenamente las riquezas de este sector. Hasta la fecha existen unos 26 contratos con firmas extranjeras para la exploración y explotación de minerales. La mayor de estas firmas es la Sherritt del Canadá, ahora conocida como Meridian, para la explotación de níquel y cobalto.

La minería representa solo el 2% del producto social bruto de Cuba, pero constituye un sector importante de exportación. El nivel de exportación de níquel en 1989 fue de 46,000 toneladas. Hasta 1997, este nivel no se ha vuelto a alcanzar, siendo ese año de 38,000 toneladas. Las firmas canadienses son las más númerosas en Cuba en la minería, y además de la Meridian, están la Joutel, CaribGold, McDonald Mines Exploration, Republic Goldfields y Miramar. Algunas de estas firmas solo subscribieron contratos de exploración y ya se han retirado de Cuba. Sin duda alguna, la Meridian es la que mantiene el nivel más alto de inversión en Cuba.

Cuba tiene las reservas más grandes del mundo en níquel y cobalto, estimadas en 800 millones de toneladas en 30 depósitos. Es uno de los 4 países-los otros son Zayre, Zambia, y Rusia- con reservas significativas de cobalto. En 1959, la producción de níquel y cobalto fue de 20,000 toneladas en Nicaro, construida en 1943. La compañía Moa, apenas terminada, fue confiscada al principio de la revolución. Luego empezó una inversión soviética que ocasionó un verdadero desastre en el sector minero.

Actualmente existen dos minas en operación, en Moa y en Nicaro. La producción se lleva a cabo en tres localidades. La antigua Moa, ahora Pedro Soto Alba, tiene una capacidad de 22,500 toneladas por año. Ambas plantas, la de Moa y Nicaro necesitan un proceso grande y costoso de modernización. Tanto el sector del níquel, como el de cobalto, tienen actualmente un costo de producción muy alto, con costos alrededor de un 50% de las ventas.

Además de níquel y cobalto, Cuba posee reservas de plomo, zinc, oro, cobre, manganeso, hierro, cromo, zeolitas y cuarzos. Las reservas de oro de Cuba se estiman en 30 toneladas. Han habido negociaciones con firmas extranjeras, pero hasta ahora sin ningún contrato en firme. Las principales reservas se encuentran en El Descanso, en Santa Clara, Jobabo en Camagüey y Aguas Claras en Holguín.

Las investigaciones relacionadas con las zeolitas comenzaron en 1970, pero la explotación de las mismas no comenzó hasta los 80. Las zeolitas, además de su uso agrícola, pueden utilizarse como catalíticos en el tratamiento de desperdicios, y en la eliminación de olores en procesos industriales. También tienen uso como alimento de cerdos, vacas, pollos, y como fertilizante. Existen unas 50,000 toneladas anuales para exportación, provenientes de 4 de los 12 depósitos identificados. Las reservas se estiman en 1,000 millones de toneladas. Los principales depósitos se encuentran en Sancti Spiritus, Camagüey, y Santa Clara.

El potencial de la minería en Cuba es enorme, y será una fuente importante de ingresos en una Cuba post Castro. Actualmente no se ven posibilidades mayores de crecimiento, permaneciendo su producción en alrededor de un 2% a un 4% del producto social bruto.

TECNOLOGÍAS DE PRODUCCIÓN Y SERVICIO

Desde el punto de vista de los avances tecnológicos, las técnicas existentes en Cuba, en cuanto a producción industrial y oferta de servicios especializados son obsoletas. En general, con ciertas excepciones, podemos afirmar que las tecnologías existentes se remontan a finales de los 50 y 60. Sólo ciertas industrias establecidas en el período comprendido entre 1970 y 1985 muestran procedimientos novedosos, aunque no comparables a los utilizados en el mundo industrial competitivo de 1998. Existe, por ejemplo, una fabrica de acero, Vanguardia Socialista, que utiliza técnicas de cortar el acero con rayos láser. La fábrica de cemento de Cienfuegos, de tecnología de la antigua Alemania del Este, muestra ciertos avances tecnológicos, así como una fábrica de yogurt, que esta automatizada y es de tecnología italiana.

Una fábrica de fichas y tarjetas electrónicas, en Pinar del Río, con tecnologías de Italia, Japón y España, utilizaba varios robots, lo que disminuye la necesidad de mano de obra. Sin embargo, esta tecnología de tarjetas electrónicas ha avanzado tan rápidamente en los últimos 10 años, que dicha fábrica necesitaría una inversión grande de capital para renovar su tecnología. El ICID, Instituto Central de Investigaciones Digitales, ha desarrollado varias técnicas modernas de computación, pero sus aplicaciones son principalmente militares y de oferta de servicios a firmas extranjeras.

En su mayor parte, las técnicas utilizadas en las industrias cubanas se reducen a innovaciones mecánicas y eléctricas realizadas por los ingenieros y técnicos cubanos. Un ejemplo lo tenemos en la Cervecería Tropical, destilería de cerveza situada en Marianao. Esta fábrica utiliza todavía la misma tecnología que estaba establecida allí en 1958. Los empleados industriales en Cuba carecen de motivación, no existe el incentivo típico del sistema capitalista. El resultado es la poca productividad y la baja calidad en los productos y servicios.

Existen tres tecnologías de automatización industrial; mecánica, electromecánica y robótica. La automatización mecánica es aquella que los ingenieros y técnicos crean en los talleres, como aditamento a los equipos e instrumentos, para crear cierta innovación en el proceso de fabricación. Esta es la más utilizada en Cuba, y demuestra el potencial futuro de los obreros especializados e ingenieros del país. La automatización electromecánica es la tecnología que utiliza instrumentos o equipos mecánicos, controlados por técnicas electrónicas sofisticadas, muchas de ellas utilizando computadoras o microprocesadores. El resultado es una mayor eficiencia y calidad. Muy pocas de las fábricas en Cuba utilizan esta tecnología, y aquellas que lo hacen, tienen ya tecnologías atrasadas. La automatización robótica es la que utiliza a robots o brazos mecánicos para efectuar muchas operaciones industriales. Esta tecnología requiere una inversión grande de capital, y se utiliza principalmente en líneas de producción en serie. No existe en Cuba actualmente.

La tecnología industrial moderna tiene ciertas técnicas que se aplican a los procesos industriales para obtener más producción a un costo menor. Ninguna de estas técnicas se utilizan actualmente en Cuba. Las principales tecnologías son: "justo a tiempo", y "cero-inventario". La tecnología "justo a tiempo" es empleada en los Estados Unidos y más que una tecnología, es una metodología de producción que combinada con la técnica de "cero-inventario", hace posible aumentar la productividad, disminuir los costos de producción, y hacer más flexibles las líneas de producción. La mayor diferencia entre un centro de producción que utilice la tecnología «justo a tiempo» y un centro normal, es que en el primero se fabrica sólo exactamente lo necesario para cumplir las metas pedidas por el cliente, o sea, no hay necesidad de almacenaje ni de inventario de productos terminados. Esta tecnología se complementa con el concepto moderno de parques industriales, que imita el concepto de centros comerciales para tiendas.

En una Cuba post Castro, además de las inversiones de capital necesarias para modernizar las tecnologías actuales de producción, habrá que introducir estas nuevas técnicas o conceptos de producción industrial, para poder desarrollar una industria que pueda competir en el mercado global.

INVERSIONES

El monto de las inversiones extranjeras en Cuba, desde 1990, ha sido más de lo que debía ser, dado el carácter opresor del sistema, pero mucho menos que las expectativas cubanas. Quizás por temor a la Ley Helms Burton, quizás por el riesgo que las mismas representan, dado el carácter totalitario del régimen y la inestabilidad política, y posiblemente por una combinación de ambas causas. En realidad, la inversión extranjera fue legalizada en 1982, pero, como se explica en el capítulo IV, no fue solicitada abiertamente hasta la caída del bloque socialista, y el cese de los subsidios soviéticos.

A medida que la situación económica del país ha ido empeorando, el gobierno ha ido siendo más flexible en cuanto a las inversiones extranjeras. Hasta la fecha, existen más de 140 sociedades mixtas con el gobierno, de las cuales 55 pertenecen al sector turístico. Las inversiones, y las actividades están concentradas en los hoteles, la infraestructura turística, minería, exploración y explotación de petróleo, agricultura, telecomunicaciones, y servicios, especialmente financieros.

El monto total de las inversiones se calculaba, en 1997, entre $1,200 y $2,000 millones, una suma pequeña comparada con las normas de inversión en la América Latina. Las actividades que más abundan son el turismo y aquellas que producen divisas. O sea, no para el consumo doméstico. En 1982, el gobierno aprobó el decreto ley No. 50, que permitía la inversión extranjera. Sin embargo, no fue hasta 1987, con la creación de la corporación Cubanacán, relacionada con el turismo, que se empezó a promover este renglón. En julio de

1992, el gobierno aprobó una serie de regulaciones y cambios constitucionales relacionados con las inversiones extranjeras.

Las firmas extranjeras en Cuba pueden funcionar a través de oficinas representativas, registradas en el país, o por sociedades mixtas con el gobierno. Las empresas estatales están asociadas a un ministerio, o algunas pueden estar asociadas a un subgrupo de un ministerio. El aporte del gobierno cubano es el usufructo de la tierra, edificios, instalaciones existentes, materiales, maquinaria y mano de obra. Un problema grave para los que piensan invertir en Cuba es el financiamiento. Cuba no tiene acceso a ningún tipo de crédito internacional. Como resultado, en las empresas mixtas, el inversionista tiene que buscar su propio financiamiento. Y como es lógico, el país es visto, en los círculos financieros, como de «gran riesgo».

Existen innumerables obstáculos relacionados con las firmas que operan en Cuba, y que les afectan adversamente. No existe ninguna ley corporativa sofisticada, no hay una base tributaria coherente, y no existen sindicatos independientes. Las firmas extranjeras, a su vez, sufren de las mismas vicisitudes del pueblo cubano: carencia de combustible, de energía eléctrica, de telecomunicaciones apropiadas, de agua potable, de piezas de repuesto, y carencia vital de transporte. Las facilidades de compras en tiendas, aun en La Habana, son limitadas, y no se pueden comparar favorablemente con la de ningún país en vías de desarrollo. Las operaciones comerciales son caras. Las firmas tienen que operar a través de entidades gubernamentales para buscar oficinas y acomodaciones, así como para contratar mano de obra.

Algunas inversiones existentes en Cuba son: Western Mining Co.,Meridian, World Textile Corp., ING Bank, Sunshine Holdings, Mexpetrol, P&I, Unilever, Caribgold, Minera Mantua, Pernod, Sol Meliá, Mitsubishi y Phillips. En resumen, el monto de las inversiones es inadecuado. Ha habido una reducción en el número de inversionistas potenciales, y no han habido inversiones serias en el ámbito industrial o azucarero. Cuba necesitaría un influjo de $8,000 millones en inversiones para poder conseguir un desarrollo económico adecuado.

NIVEL DE VIDA

A continuación expondremos cifras comparativas entre 1958 y 1998, que nos darán una visión clara del desastre social y económico que el régimen de Castro ha traído al pueblo cubano. Empecemos por el ingreso per cápita anual. En 1958 Cuba ocupaba el tercer lugar en la América Latina en ingreso per cápita, y el segundo lugar en ingreso per cápita distribuido. Esto significa que existía una clase media grande y estable. Si proyectamos el ingreso per cápita cubano desde 1925, y si Cuba hubiese mantenido el crecimiento normal que sostuvo durante la época pre Castro, el ingreso per cápita actual sería de $10,100.

Además el peso cubano de 1958 estaba a la par que el dólar, y así sería en la actualidad de no haber surgido Castro. El peso cubano actual no es canjeable en mercados oficiales y en el mercado negro fluctúa entre 20 y 30 pesos por dólar.

Líneas telefónicas

En 1958 Cuba tenía 15 por cada 100 habitantes. En 1998, 3 por cada 100 habitantes. En 1998, hay países Centro y Sur Americanos, en Asia, África, y Europa, que no han alcanzado todavía el nivel de Cuba en 1958. Este alto índice de líneas telefónicas en Cuba no se debía a que existiesen casas con un gran número de líneas por casa, ya que en 1958 eso no se acostumbraba, ni aun en Estados Unidos. El alto número de líneas por habitantes denota de nuevo la existencia de una clase media fuerte y de un auge comercial y económico. Más aún, la calidad de los equipos estaba a la par que la de Estados Unidos. El 65% de los equipos telefónicos cubanos en 1998, datan de la década de los 50.

Energía eléctrica

En 1958 había 450 Vatios por persona. En 1998, 75 Vatios por persona. La capacidad instalada y generadora de energía eléctrica es un índice del desarrollo económico de un país. En 1958, el índice de Cuba era el apropiado para un país en pleno desarrollo económico. En 1998, se estima que un país, para poder mantener un desarrollo económico industrial y comercial debe tener un mínimo de 800 Vatios por persona. Cifra muy lejos de lo que Cuba tiene ahora, y cifra que de Cuba haber seguido un crecimiento normal, hubiese fácilmente sobrepasado.

Consumo de calorías

En 1958, 2,800 por día por persona. En 1998, 1,100 por día por persona. Además, el consumo proteico, carne, pescado, huevos, etc, era adecuado. O sea, era una dieta balanceada. La dieta del cubano actualmente está por debajo de la recomendada por Naciones Unidas, y a esto hay que añadirle la carencia de un balance proteico, lo cual está causando un daño genético irreversible.

Consumo de carne

En 1958 alcanzaba 76 libras por persona al año. En 1998, 20 libras por persona al año. El consumo de huevos era en 1958, 47 por persona al año. En 1998, 13 por persona al año. El consumo de carne del cubano en 1958 lo colocaba entre los más altos. El consumo de pollo, en 1958, 12 libras al año por persona. En 1998, 7 libras al año por persona. De nuevo, la dieta actual es insuficiente y por debajo de las indicaciones dietéticas internacionales. El consumo en 1958 era el adecuado, y ello a pesar de que la industria avícola no había alcanzado todavía un desarrollo al nivel del resto de la industria agropecuaria.

Automóviles

En 1958 había 38 por cada 1000 habitantes. En 1998, 11 por cada 1000 habitantes. Las costumbres de la época, no eran como las costumbres actuales de algunos países desarrollados de tener más de un automóvil por casa. En cuanto al transporte público, en 1958, en transporte urbano, 1 ómnibus por cada 300 habitantes. En 1998, 1 ómnibus por cada 15,000 habitantes. En el transporte interurbano, en 1958, 1 ómnibus por cada 2,000 habitantes. En 1998, 1 ómnibus por cada 7,000 habitantes.

Número de televisores

En 1958, era de 65 por cada 1,000 habitantes. En 1998, 25 por cada 1,000 habitantes. El número de televisores per cápita colocaba a Cuba segunda solo de Estados Unidos, y por encima de muchos países europeos. Cuba fue el segundo país, en el mundo, en tener televisión en colores. Existían cinco estaciones nacionales de televisión, de las cuales, dos transmitían en colores. En 1998, dos estaciones nacionales de televisión. Estaciones de radio: en 1958, 32, en La Habana con transmisión nacional, sin contar estaciones locales en las ciudades. En 1998, 3 estaciones nacionales.

CONCLUSIONES

La realidad social y económica de Cuba en 1999 a los 40 años de revolución, podemos resumirla en los siguientes diez puntos:

1. Grandes extensiones de tierra inservible, ya sea por abandono, salinización o el uso abusivo de cambios de cultivo.

2. La ganadería diezmada.

3. La industria anticuada e ineficiente.

4. La infraestructura en varios respectos casi inexistente.

5. El país sufre una crisis aguda de enérgeticos.

6. El sistema de telecomunicaciones requiere una urgente modernización.

7. La deuda externa es desproporcionadamente grande, una de las más altas del mundo.

8. El sistema de transporte público se ha deteriorado al máximo y es casi inútil.

9. La moneda nacional es prácticamente inservible y ha sido reemplazada por el dólar.

10. El sistema de higiene y salubridad es atrasado y tiene a la población en constante peligro de epidemias.

Antes de 1959, Cuba era un país con una economía floreciente, un país en pleno desarrollo, si consideramos todos los índices económicos pertinentes. Pero la debacle socialista arribó al poder, y truncó todo crecimiento industrial y económico, así como el espíritu empresarial del cubano. No existen posibilidades, bajo el sistema actual, de que Cuba pueda tener una mejoría socio económica. Tanto la economía, como la sociedad cubana, mantendrán una degradación paulatina. La situación es, por tanto, en extremo crítica y deplorable, y el gobierno de Fidel Castro, dueño absoluto del país, es el único responsable de ello.

40 AÑOS DE REVOLUCIÓN

VI

RÉGIMEN LABORAL

por

Efrén Córdova

PAPEL DE LA CLASE OBRERA EN LA MARCHA
HACIA EL COMUNISMO

Aunque el carácter socialista de la revolución no fue oficialmente proclamado hasta abril de 1961, ciertos acontecimientos ocurridos en el sector obrero y sindical anuncian y jalonan desde mucho antes la marcha del régimen de Castro hacia el comunismo. En realidad, las relaciones de la revolución castrista con la clase trabajadora y el movimiento sindical se ajustaron durante los dos primeros años de transición a las grandes líneas de lo que la doctrina marxista-leninista enseña sobre la toma del poder político.Lenin enunció las que él llamaba leyes objetivas generales del tránsito de una revolución hacia el establecimiento de un régimen marxista.[1] Figuran primordialmente en su enunciado la necesidad de debilitar y desprestigiar al sistema capitalista de producción, la alianza de la clase obrera con la masa campesina, la paulatina transformación socialista de la agricultura, la abolición gradual de la propiedad privada, la solidaridad de la clase obrera del país con la clase trabajadora de los demás países y el desarrollo planificado de la economía. No incluida específicamente en la lista de Lenin pero lógicamente implícita en toda estrategia dirigida a imponer la dictadura del proletariado está la captación del sector laboral por medio de halagos y beneficios.

Todas y cada una de estas leyes se observaron en Cuba entre enero de 1959 y abril de 1961, si bien su ejecución se efectuó cautelosamente y por etapas. No es posible olvidar que la lucha contra Batista fue de índole esencialmente política y dirigida a restaurar la democracia. En ningún momento la acción revolucionaria se planteó siquiera la posibilidad de establecer un sistema socialista en Cuba. Los líderes más radicales de la revolución aprovecharon el vacío institucional creado por la caída del régimen batistiano para avanzar sus objetivos pero estaban conscientes de la necesidad de actuar cuidadosamente para no alertar a los otros factores de poder que existían en la sociedad cubana. El propio Lenin había ya advertido que las leyes generales que conducen al socialismo se refractan en las particularidades de cada país, o sea, que pueden manifestarse en distintas formas concretas.[2] Y Castro diría ante el 1er. Congreso del PCC que los revolucionarios debieron actuar al comienzo «con astucia y flexibilidad»[3]

La tarea preliminar de seducir a la clase trabajadora se fue realizando de múltiples maneras:disponiendo aumentos de salarios, estimulando las reivindicaciones obreras, favoreciendo al sindicato en la solución de los conflictos laborales, reponiendo a los trabajadores despedidos en años anteriores, y prohibiendo las cesantías por razones económicas. Otros decretos del gobierno beneficiaron en general a las capas populares por medio de rebajas en el transporte, los alquileres, las tarifas eléctricas y telefónicas y el precio de las medicinas. Estas medidas ayudaron sin duda a fortalecer la popularidad del gobierno ante la población trabajadora.

Junto a los beneficios concretos vinieron las promesas de una vida mejor para la clase trabajadora y el pueblo en general. No es que el nuevo caudillo pronosticara una mayor prosperidad, es que haciendo gala de la más calenturienta imaginación aseguraba que bajo su égida el país alcanzaría fabulosos niveles de holgura y bienestar, incluyendo el logro de un nivel de vida más alto que el de los E.U. Estas promesas dejaban escépticos a una buena parte de la sociedad cubana, pero surtieron efecto en las capas más bajas de la población al parecer hechizadas por el carisma y la oratoria vehemente y agresiva del Máximo Líder.

Se tuvo además especial empeño en halagar a la clase obrera haciéndole ver que ella había desempeñado un papel protagónico en la lucha contra Batista, cosa muy distinta de la realidad, pues fueron las clases medias, los estudiantes y los profesionales los que en las ciudades llevaron el peso de esa oposición. Dado que el esquema marxista de la lucha de clases atribuía al proletariado industrial la condición de «vanguardia combativa de la revolución», era necesario exaltar la contribución de los obreros a la caída de la dictadura. Fue así que se describió con tintes heroicos la huelga general decretada el 1ro. de enero de 1959, no obstante el hecho de haber ocurrido después de la huida de Batista y tratarse de un movimiento general de la ciudadanía. Dicha huelga, al tiempo que daba una nueva oportunidad al sector laboral tenía un útil efecto catalizador. La clase obrera, diría Castro unos meses después, aportó con su huelga general revolucionaria el elemento decisivo del triunfo.[4]

El debilitamiento y desprestigio de los dueños de los medios de producción se llevó a cabo también desde los primeros meses de la revolución. En los planes de ésta era necesario desacreditar primero y privar de poder después a los patronos y sus organizaciones. Tales objetivos se lograron a través de los discursos de los líderes de la revolución y en los hechos que a ritmo precipitado se sucedían. A los patronos se les presentaba en forma más o menos abierta como explotadores y a sus organizaciones como centros de riqueza de proyección anticubana y ello a pesar de las salutaciones fervorosas que muchos habían dirigido a la revolución. Era un aspecto de la política de azuzar odios y resentimientos que se ha utilizado antes y después en otros países que han establecido o querido establecer una dictadura del proletariado. A nadie debe extrañar por consiguiente que en 1959 fueran constantes las acusaciones que se dirigían contra dueños y administradores de empresas y su subsiguiente intervención por el Ministerio del Trabajo o el recién creado Ministerio de Recuperación de Bienes Malversados.

Es oportuno aclarar que los ataques al empresariado se hicieron al comienzo en forma velada, utilizando un lenguaje sibilino o acompañándolo de falsos ofrecimientos. Castro, por ejemplo, aseguró a los patronos en más de una ocasión que no debían preocuparse, que nada les pasaría siempre que pagaran salarios altos y cumplieran la legislación laboral. Ya en el mes de septiembre, sin embargo, el entonces Primer Ministro afirmaba ante el Consejo Nacional de la CTC que antes de la revolución los trabajadores eran víctimas de abusos, explotaciones y persecuciones y que ello se hacía en beneficio de los privilegiados que eran dueños de Cadillacs, mantenían las tierras improductivas y eran beneficiarios de políticas irresponsables.[5] Mucho más explícito había sido desde antes su hermano Raúl quien en febrero de 1959 sostenía que los intereses económicos que estaban en el fondo del régimen de Batista eran más fuertes y criminales que el propio dictador Batista.[6] Así se fue haciendo claro desde el otoño de 1959 que el objetivo de la revolución castrista era lisa y llanamente «liquidar la explotación del hombre por el hombre en el seno de la sociedad cubana».

La alianza obrerocampesina se fomentó trayendo millares de campesinos a La Habana para confraternizar con los trabajadores urbanos y exhortando a éstos a que contribuyeran con el uno por ciento de sus salarios a la Reforma Agraria. Sólo para la celebración del 26 de Julio, medio millón de trabajadores agrícolas fueron invitados a participar en los festejos de La Habana. Iguales actos de promoción tuvieron lugar el 1ro. de mayo de ese año en varias ciudades de la isla. El mensaje de esos actos se hizo bien pronto claro: «obreros, campesinos y gobierno revolucionario eran una misma cosa».[7]

Con el camino así allanado, Castro se apresuró a dictar en mayo de 1959 la Ley de Reforma Agraria, que yendo mucho más allá de la eliminación del latifundismo puso fin a la propiedad privada de todas las tierras en exceso, primero de 400 hectáreas y luego de 67 hectáreas. Junto a su homóloga, la Ley de Reforma Urbana, estas medidas anticipan la efectiva abolición de la propiedad privada que con referencia a toda clase de empresas tuvo lugar entre junio y octubre de 1960. Para esta última fecha ya el 80 por ciento de la fuerza de trabajo laboraba para el Estado.

En lo que hace a la solidaridad del obrerismo cubano con el de otros países es dable señalar que ella fue tarea prioritaria del gobierno de Castro. Bastaría leer la lista de actividades realizadas por el Comité Ejecutivo de la CTC en 1960 y 1961, las reuniones sindicales auspiciadas por el gobierno a las que se invitaron delegaciones de países socialistas, los mensajes de confraternidad que se enviaban a los líderes y obreros de esos mismos países y los esfuerzos que desde abril de 1960 se efectuaron para promover una Confederación de Trabajadores de América Latina. «El internacionalismo proletario, diría poco después Guevara, es un deber y también una necesidad revolucionaria».[8] No en vano dicho internacionalismo se consagraría más tarde en el preámbulo de la Constitución Socialista.

Por último, la decisión del Gobierno Revolucionario de intentar un desarrollo planificado de la economía data de marzo de 1960 y encuentra su más plena realización a fines de ese año con la creación de la Junta Central de Planificación (Juceplan). Pronto empezarían a adoptarse planes quinquenales de desarrollo por el estilo de los que se elaboraban en la Unión Soviética.

Las cinco leyes previstas por Lenin para introducir la dictadura del proletariado se cumplieron así en Cuba antes del anuncio hecho por Castro el 16 de abril de 1961 con respecto a la existencia de la República Socialista de Cuba. Lo extraordinario es que fueron muchos los cubanólogos, incluso de origen cubano, que sostuvieron que Castro no era al principio comunista y que la revolución no tenía una ideología definida.[9]

No solamente se acompasó así el régimen de Castro a la teoría marxista-leninista sino que se inscribió asimismo en lo que pudiera llamarse la genealogía totalitaria de este siglo. Adepto a la lectura de la vida y obra de Stalin, Hitler, Mussolini, Franco, Perón y demás, Castro sabía que todos esos regímenes tenían en común el haber hecho a la clase trabajadora la base y supuesta beneficiaria del poder político. La Unión Soviética, ya se sabe, se decía encarnar la dictadura del proletariado en camino hacia el comunismo. El partido de Hitler se llamó primero Partido Obrero Alemán y luego Partido Nacional Socialista Obrero. Italia procuró reestructurar toda la sociedad y el Estado alrededor del concepto de las corporaciones de productores que incluían en primer lugar a los sindicatos. Algo parecido hizo Franco en España con los sindicatos verticales; no hay que olvidar además que la Falange llevaba también en su nombre oficial las palabras Juntas Obreras Nacional-Sindicalistas. Castro siguió así un camino trillado en su afán de detentar todos los poderes en nombre de la clase trabajadora. El no había mostrado interés por los trabajadores antes de la revolución pero sí se había percatado bien del valor que esa clase podía tener en la realización de sus planes.

DESTRUCCIÓN DEL SINDICALISMO LIBRE

Para llevar adelante su proyecto, Castro necesitaba además controlar al movimiento sindical. Contar con las simpatías de las masas laborantes era en extremo útil pero no suficiente. Tanto desde el punto de vista instrumental como por sus implicaciones sociopolíticas, le hacía falta tener el aval del obrerismo organizado. Lo que éste representaba en 1959 era en verdad impresionante; sólidamente estructurada e investida de una larga tradición de luchas clasistas, la Confederación de Trabajadores de Cuba contaba con 33 federaciones de industria, más de 2,000 sindicatos y una afiliación de alrededor de un millón de asalariados.

La empresa parecía relativamente fácil y sin embargo fue aquí donde Castro sufrió sus más serios reveses. En las únicas elecciones libres celebradas en Cuba en 40 años (las elecciones convocadas para renovar los mandos sindicales), los líderes comunistas perdieron en todos los niveles y en el único congreso sindical libre que ha tenido lugar en esos años, Castro estuvo a punto de sufrir una humillante derrota. ¿A qué se debió ello? El Máximo Líder seguramente pensó que su gran popularidad, sus posturas revolucionarias y el hecho de haber los comunistas controlado la CTC hasta 1947, iban a inclinar la balanza en favor de estos últimos. No fue, así sin embargo, porque su ascendencia no era fácilmente transferible en ese momento dada la ambigüedad de sus propias posiciones que le obligaban a jugar las cartas del engaño y la simulación. Tampoco era favorable a los comunistas el clima político de 1959 en el que se valoraban más los méritos ganados en la lucha contra Batista y las consignas nacionalistas que los viejos antecedentes de los líderes del PSP.

En el X Congreso de la CTC, celebrado en noviembre de 1959, los comunistas representaban menos del diez por ciento de los cerca de 3,000 delegados acreditados.[10] Al Gobierno Revolucionario no le quedó otro remedio en esas condiciones que propugnar un pacto entre los triunfantes grupos del 26 de Julio y los comunistas. Sus apelaciones a la unidad tropezaron, sin embargo, con la tenaz oposición de quienes presentían que lo que estaba en juego era la libertad e independencia del movimiento sindical. Lo más que pudo obtener el llamado Máximo Líder luego de una comparecencia dramática en la que armado y rodeado de guardaespaldas abogó de nuevo entre silbidos por la alianza con los comunistas, fue la elección de una candidatura aparentemente inocua en la que los más conocidos comunistas y anticomunistas quedaban fuera del Comité Ejecutivo. Predominaban en éste los elementos anodinos, pero también se incluyeron tránsfugas y oportunistas prestos a colaborar con el régimen.

Cuanto ocurrió después del X Congreso corresponde a una de las páginas más tristes de la historia del sindicalismo. Un Castro enfurecido arremetió contra cuantos sindicalistas legítimamente electos se habían opuesto al pacto con los comunistas. Utilizando procedimientos irregulares y acudiendo a veces a la coacción o a la intervención *manu militari,* el entonces Primer Ministro dispuso la expulsión inmediata de sus opositores en el campo sindical.[11] Privado de su dirigencia, el movimiento obrero resultó ser presa fácil para el régimen. En poco más de cinco meses, un sindicalismo antaño militante y a ratos insumiso se convirtió en una masa amorfa y dócil al servicio del proyecto totalitario. El día que el régimen inició el proceso de las purgas sindicales, el 15 de diciembre de 1959, terminó el período de transición que Castro unas veces llamó de liberación nacional y otras humanista. A partir de ese día ya no hubo necesidad de tapujos ni hipocresías; comunistas y criptocomunistas saltaron a la palestra y lo hicieron como ejecutores de las políticas de Castro. Sus contrarios no sólo fueron privados de sus cargos sino que muchos fueron además perseguidos y encarcelados u obligados a tomar el camino del destierro. Víctimas de la persecución cayeron no solamente los anticomunistas del 26 de Julio sino también líderes anarquistas, socialcristianos, auténticos y hasta trotskistas.

La campaña de subyugación del movimiento sindical culminó en noviembre de 1961 con la celebración del XI Congreso de la CTC. Más de 9,000 delegados convenientemente seleccionados y por ende incondicionales y sumisos dieron su respaldo a los planes de Castro eligiendo un Comité Ejecutivo enteramente comunista. Los delegados fueron escogidos en elecciones de candidatura única en la que ésta recibió el 98 por ciento de los votos; se estableció así el patrón que habría de seguirse en todas las elecciones futuras. A los que en el anterior congreso defendieron gallardamente la independencia sindical se les tildó de «traidores y descarados»; a los nuevos se les festejó y gratificó por todo lo alto y ellos, agradecidos, aprobaron por unanimidad todas las resoluciones que se sometieron a su consideración y renunciaron graciosamente a una buena parte de los derechos conquistados por el sindicalismo anterior a la revolución.

Es oportuno recordar que cuando Castro aceptó la renuncia de derechos y beneficios formalizada en el XI Congreso de la CTC, hizo una declaración que seguramente llenó de regocijo a los abnegados e ingenuos delegados. Dijo, en efecto, que si Cuba seguía el camino de la Unión Soviética el futuro era prodigioso pues según sus informaciones en 20 años, o sea en 1981, la URSS estaría produciendo el doble de la producción de todos los países capitalistas juntos.[12]

Estos acontecimientos relativos a la vida sindical tuvieron su complemento en la Ley de Organización Sindical dictada en agosto de 1961. La ley reprodujo casi «*ad litteram*» el esquema soviético; su promulgación dejó claramente establecido que el movimiento sindical había renunciado a su identidad propia para subsumirse en una difusa organización de masas concebida no para expresar la voluntad de los trabajadores y defender sus intereses sino como vehículo para movilizar, dirigir y controlar la fuerza de trabajo. Llamada a veces correa de trasmisión del Partido Comunista y otras órgano auxiliar del Estado, la CTC estaba condenada a ejercer las más ingratas funciones y a servir de caja de resonancia de los deseos de Castro.

LAS GRANDES LÍNEAS DEL RÉGIMEN LABORAL CASTRISTA

Terminada la captura del movimiento sindical, la revolución comenzó a poner en ejecución los planes que tenía en cartera para los trabajadores. Unos tras otros fueron tomando cuerpo los elementos constitutivos del nuevo régimen laboral. No se trataba de medidas aisladas ni discordantes entre sí, sino de las piezas componentes de un ordenamiento que en el sector laboral completaba el sistema totalitario que los hermanos Castro y sus colaboradores habían previsto para Cuba.

Las primeras disposiciones que en consonancia con el totalitarismo fueron adoptándose guardaban relación con el monopolio del empleo en favor del Estado. En vez de la libertad de trabajo consagrada en la Declaración Universal de los Derechos Humanos, los trabajadores cubanos se vieron confrontados con la realidad de que sólo podían emplearse como asalariados del Estado. De una parte, el proceso de estatización de la economía continuaría implacablemente su curso hasta la expropiación en 1968 de más de 48,000 pequeños comercios privados, precisamente los últimos que se hallaban fuera del control estatal. De otra parte varias disposiciones legales fueron prohibiendo toda actividad económica independiente; el derecho que en otras partes existe de trabajar por su propia cuenta se transformó en Cuba en un delito, el de actividad económica ilícita.

El monopolio estatal del empleo se vio fortalecido con la exigencia de la tarjeta de identidad como medio para controlar la fuerza de trabajo y requisito esencial para obtener empleo. El deber de trabajar se hizo efectivo para todos y se vio fortalecido con la adopción en 1971 de la Ley contra la Vagancia, que castigaba a los que entre los 17 y los 60 años se negaren a trabajar. Hacia 1970, más del 90 por ciento de la fuerza de trabajo laboraba para el Estado. Al margen quedaban los pequeños agricultores organizados en una Asociación Nacional que no tardaría en convertirse en una pieza más de la maquinaria estatal

Es cierto que para contrarrestar la pérdida de la libertad de trabajo, el régimen ofrecía la promesa de garantizar el pleno empleo, es decir su compromiso de darle ocupación a todos los que estuvieren en aptitud de trabajar. Y es verdad también que durante algún tiempo, la revolución expandió las oportunidades de empleo, sobre todo en las empresas caracterizadas por un uso intensivo de la mano de obra. Es hoy bien sabido, sin embargo, que una gran parte de ese aumento del empleo se llevó a efecto de modo artificial inflando las plantillas del personal y que en ningún momento llegó a cumplir con los requisitos que fija la OIT para que haya un auténtico pleno empleo, es decir que nunca fue total, productivo, útil y libremente elegido.

Simultáneamente con la regulación del empleo, el régimen dedicó su atención al establecimiento de una nueva estructura salarial basada en los principios marxistas. Según el primero de estos principios, la retribución iba a fijarse en proporción a la cantidad y calidad del trabajo aportado, lo que daría lugar a la implantación casi al mismo tiempo del sistema de normación del trabajo. Para recibir el salario previsto en la escala oficial, el trabajador debía producir la cantidad de bienes o servicios establecida en la norma. Las escalas salariales eran bajas y para incitar al trabajador a producir más se instituyó la emulación socialista, se dio preferencia a los incentivos morales favorecidos por Guevara y se priorizó el trabajo a destajo, el mismo que tanto habían criticado antes los comunistas. El objetivo principal del sistema era lograr que el trabajador produjera el máximo posible y el Estado aumentara su beneficio. En ningún momento el trabajador podría recibir lo que algunos socialistas del siglo pasado llamaban el derecho al producto íntegro del trabajo, dado que un segundo principio enunciado por Marx señalaba que no todo el producto del trabajo podía ser destinado al consumo individual. Una parte de lo producido iba a dedicarse a crear los fondos sociales dirigidos a satisfacer las necesidades comunes de la sociedad. El tiempo habría de demostrar, sin embargo, que otros intereses y no precisamente los correspondientes a los trabajadores y la sociedad, habrían a menudo de determinar el destino de esos fondos.[13]

Las deficiencias en la remuneración habrían de compensarse en el esquema castrocomunista con la provisión gratuita de atención médica y servicios educacionales. Ambos puntos (que se estudian en otros capítulos de este libro) se avenían también, por supuesto, con la naturaleza totalitaria del régimen y con la aspiración de Castro de que todo dependiera de su voluntad omnímoda. No hay que olvidar, sin embargo, que cualquiera que sea el alcance que se confiera al llamado salario social, el Código del Trabajo reconoce que el salario directo en moneda constituye la parte principal de los ingresos del trabajador. A mediados de los años 80 el salario medio mensual era de 184 pesos. En Cuba, obreros y campesinos tienen además que pagar la cuota sindical y contribuir al sostenimiento de las Milicias de Tropas Territoriales.

Fueron también austeras las otras condiciones de trabajo contempladas en el proyecto castrista. No es sólo que se procurara acentuar la nota igualitaria y estatizante que se halla en la base del sistema, sino que se descuidó lo que ellos mismos llaman la atención al trabajador. Tanto la Constitución de 1976 como el Código del Trabajo fueron particularmente avaros en conferir derechos a los trabajadores. Nada se avanzó en materia de jornadas, descansos o vacaciones y en algunos casos se registraron retrocesos. Se llegó incluso a prever una variante inaudita del trabajo extraordinario consistente en un doble turno dispuesto por la administración. Tampoco se progresó en materia de estabilidad en el empleo pues sobre éste pendía siempre la amenaza de una declaratoria de disponibilidad. Las relaciones entre la administración y los trabajadores se conducirían bajo el signo de una fuerte e inusitada dosis de disciplina laboral. El cumplimiento estricto de los deberes y la aplicación de medidas disciplinarias se convertirían en tema central y recurrente del enfoque oficial y las reuniones sindicales. Desde el largo capítulo que le dedica el Código del Trabajo hasta los llamados reglamentos ramales y la creación de los consejos disciplinarios y los órganos de justicia laboral de base (cuyo objetivo principal no fue tanto dar participación a los trabajadores en la solución de conflictos como fortalecer la disciplina), ésta pasaría a ser una verdadera obsesión del gobierno y una aflicción para los trabajadores. Sólo con respecto a la cobertura de la seguridad social y la protección a la maternidad se extendieron los beneficios de que antes se gozaba.

En otros países socialistas, el gran cambio operado en el ordenamiento laboral tuvo lugar en las relaciones obrero-patronales pero no en las condiciones de trabajo que continuaron siendo básicamente las mismas. En Cuba no; en nuestro país, Castro barrió con los derechos que conforman las relaciones laborales (libertad sindical, negociación colectiva y derecho de huelga) y además alteró en perjuicio del trabajador las condiciones de trabajo (jornada, salarios, etc).

APROVECHAMIENTO DE LA FUERZA LABORAL
POR MEDIO DEL PLUSTRABAJO

Si la legislación laboral fue estricta y avara en delinear el trato que el régimen debía dar a los trabajadores, la práctica laboral fue aún mucho más lejos. Castro quiso aprovechar a fondo el entusiasmo revolucionario que su oratoria y promesas despertaban en grandes sectores de la clase obrera y lo hizo exhortándoles a que realizaran sacrificios en la ejecución de sus labores. A la ciudadanía, en general, le había pedido que tuviera paciencia y se conformara con el consumo austero al que las deficiencias productivas le obligaban. A quienes eran su clientela favorita, los trabajadores, les urgió a realizar sacrificios aun mayores recordándoles que esa era su revolución y ese su Estado.

Durante los primeros años de la revolución los sacrificios fueron de muy variada índole: muchos trabajadores renunciaban, por ejemplo, a sus vacaciones o a la compensación por horas extraordinarias o al derecho a disfrutar de ciertas licencias. Algunos más fanatizados intensificaban las contiendas emulativas llevándolas hasta lo que se llamó la emulación al rojo vivo. En general, sin embargo, la forma más común de efectuar una contribución fue la del plustrabajo. Se puso de moda realizar proezas laborales prolongando las horas de trabajo o rompiendo marcas en la cantidad de unidades producidas. Era una aplicación generalizada de la práctica staliniana del estajanovismo. Macheteros que trabajaban 15 horas todos los días de la semana y todas las semanas de la zafra. Gente que trabajaba cuatro o cinco mil horas al año, cuando lo normal en otros países es laborar menos de dos mil horas.

El gobierno nunca pagó por cierto las vacaciones no disfrutadas ni las horas extraordinarias (a pesar de que Castro dijo en el XIV Congreso de la CTC que esas acciones eran un robo). Lo que sí hizo fue disponer que en el expediente laboral de cada trabajador se hiciera constar como mérito la realización de trabajos voluntarios, el sobrecumplimiento de las normas y la prolongación de las horas de trabajo sin recibir compensación. Se esmeró también en hipertrofiar la emulación socialista otorgando títulos honoríficos, diplomas, banderas y medallas. Hacia 1970 existían 26 medallas y órdenes diferentes. Sentados en las tribunas de los grandes desfiles fueron así apareciendo vanguardias y héroes del trabajo; el número de éstos llegó el pasado año a 88.

Era una campaña sistemática dirigida a extraer la máxima utilidad del trabajador, campaña que se alentaba desde la cumbre y se llevaba a cabo por administradores de empresa y dirigentes sindicales. El régimen instruía a los administradores para que fueran más exigentes con los trabajadores. A los líderes sindicales se les recordaba que sus tareas principales eran las relativas a la producción, la educación política y la disciplina laboral.

Para cumplir esos fines y para obtener el mayor esfuerzo de los trabajadores fue que los antiguos convenios colectivos se transformaron en los años 70 en «compromisos colectivos de trabajo», en los que los obreros cuantificaban sus promesas de cumplir y sobrecumplir las normas y las metas de producción. Se podrá argüir que el aprovechamiento del plustrabajo se hacía con el consentimiento de los trabajadores afectados, pero se trataba de un consentimiento viciado y de una explotación que violaba principios fundamentales del ordenamiento laboral: el del respeto a la jornada de ocho horas, el de la irrenunciabilidad de los descansos y vacaciones y el del carácter de orden público territorial de las normas de protección al trabajo.

No había, en todo caso, la menor justificación para las varias formas de trabajo forzoso que Castro y su revolución fueron imponiendo. Según la cuenta de la Organización Internacional del Trabajo dichas formas incluyen las penas de cárcel que se aplican a los llamados vagos y parásitos sociales, los trabajos que se imponen a los que por incumplir las obligaciones de su cargo ocasionen un daño a la producción, la exigencia de tareas especiales para la recaudación de impuestos, el trabajo forzoso para obras de interés público y las prestaciones que se exigen de los reclutas del Servicio Militar con respecto a trabajos agrícolas o de construcción. En relación con todas estas variantes la OIT consideró que se habían producido «serias y persistentes violaciones» de los Convenios 29 y 105 que prohíben el trabajo forzoso.[14] No incluidos en la lista de la OIT están el trabajo forzoso de los planes de rehabilitación de los presos políticos y el servicio social que se requiere a los graduados universitarios.

EL TRABAJO VOLUNTARIO

El aprovechamiento del plustrabajo encontró su máxima expresión en lo que oficialmente se llamó el trabajo voluntario no remunerado en beneficio de la sociedad. El nombre resultó después ser un eufemismo, pues si bien en los primeros años fueron muchos los trabajadores que espontáneamente se ofrecieron para realizar trabajos voluntarios, la práctica posterior se rodeó de tal número de presiones sociales y oficiales que pasó a ser para no pocos obreros un trabajo forzoso o pseudo voluntario.

La introducción del sistema fue también una copia de la experiencia soviética. Mas, como sucedió con otras instituciones y prácticas, Castro la llevó a extremos no previstos en la URSS. En ésta fue perdiendo importancia a medida que mejoraba la organización y volumen de la producción. En Cuba, en cambio, el régimen lo consagró en la Constitución y lo ha siempre fomentado de modo sistemático. La causa principal de ese uso exagerado del trabajo voluntario se halla en su utilización para suplir atrasos o sobrecumplir los planes de producción así como para utilizar suplementos de mano de obra en el corte de la caña y la atención a otros cultivos.

Para los líderes de la revolución el trabajo voluntario se convirtió además en un instrumento crucial para elevar la conciencia de las masas. Ya en 1964 Guevara anunciaba con entusiasmo que se habían laborado 1,683,000 horas de trabajo voluntario y que todos los que acumularan 240 horas o más en un semestre (es decir un mes suplementario de trabajo sin sueldo) recibirían el título de vanguardia.[15] Un cuarto de siglo después 2,500,000 cubanos trabajaron en el Domingo Rojo dedicado a conmemorar el 72 aniversario de la Revolución Bolchevique. Pero fue así también en 1992 que la OIT pidió al Gobierno de Cuba «la completa eliminación de los aspectos coercitivos del trabajo voluntario».[16]

El valor acumulado de lo que el trabajo voluntario representó para la revolución es difícil de calcular. El autor de este capítulo lo estimaba en 1989 en 2,000 millones de dólares,[17] suma que sería probablemente muy superior en la actualidad; más dineros en todo caso que Castro pudo utilizar para perfeccionar su aparato de seguridad, financiar las guerras de Africa y fomentar guerrillas en América Latina. A su incremento contribuyeron la CTC (encargada de organizarlo), los administradores de empresas e incontables trabajadores ansiosos de complacer al Comandante en Jefe. Castro se mostró por cierto indiferente a las quejas de los que en el XVI Congreso de la CTC se refirieron a los efectos nocivos de las largas jornadas y abogó en cambio por la prosecución del trabajo voluntario.

Únicamente razones de fuerza mayor como la escasez de combustible y la falta de materia prima han podido frenar durante el período especial iniciado en 1990 el ritmo vesánico del trabajo pseudo voluntario. Dejó de practicarse o declinó notablemente en muchos sectores. En 1998 la Jornada Nacional del Trabajo Voluntario fijó metas modestas de 40, 100 ó 240 horas extras por trabajador para ese año. Tal descenso no quiere decir, sin embargo, que se ha extinguido el trabajo en cuestión. Prueba de que aún tiene manifestaciones más o menos importantes son las movilizaciones frecuentes para la recogida de frutos menores y el elevado número de horas de trabajo voluntario realizadas en la construcción del Stadium Panamericano y más recientemente de una terminal del Aeropuerto José Martí.[18]

APROVECHAMIENTO DE LA FUERZA DE TRABAJO CON RESPECTO A LA PLUSVALÍA RELATIVA Y LA CAPTACIÓN DE PARTE DEL SALARIO

Castro se aprovechó del plustrabajo mientras pudo mantener una cierta reciprocidad en el trato que daba a la clase obrera. Aunque los trabajadores nunca recibieron lo que en justicia les correspondía ni disfrutaron de la prosperidad que se les había prometido, el régimen sí les siguió ofreciendo las garantías mínimas del cuasi pleno empleo artificial y el salario social que hasta cierto punto compensaba las escalas salariales bajas. Sin embargo, cuando llegó la crisis de los años 90 con su secuela de desempleo, escasez, cierre de comedores obreros, dificultades en el transporte y falta de materias primas, petróleo, útiles y equipos de trabajo, se hizo difícil seguir recabando mayores esfuerzos. Hubo, es cierto, movilizaciones para el programa alimentario y continuaron las de estudiantes pero se notaba desgano en el trabajo agrícola y se acentuaron los males que ya antes habían a menudo aflorado del ausentismo (que René Dumont calificaba de plaga nacional en 1965),[19] la disminución de la productividad y la indisciplina. Una ley de 1992 amplió la gama de acciones punibles y de las medidas disciplinarias a imponer.[20] El código del trabajo había previsto cinco tipos de sanciones y ese número dicha ley lo elevó a once. Solo en los seis primeros meses de aplicación de la ley se impusieron las siguientes penas: 1) advertencia pública (dirigida a humillar al trabajador) a 10,022 trabajadores; 2) multa con descuento del 25 por ciento del salario, a 3,358; 3) suspensión de trabajo y sueldo por un mes, a 1,069; 4) traslado por un año a otro centro laboral, a 3,060; 5) traslado a otra posición laboral, a 850; y 6) despido a 3,657. El total de trabajadores sancionados durante ese lapso pasaba de 22,000.[21]

Ya no era posible mantener al país en un estado de movilización permanente y se hicieron menos frecuentes las proezas laborales. Crecía, en cambio, el número de personas que preferían trabajar por su cuenta o salir ilegalmente del país y se palpaba por doquier una relajación generalizada de esfuerzos.

Se hacía necesario en esas condiciones encontrar otros medios de obtener un beneficio adicional del esfuerzo de los trabajadores. Tal beneficio se ha logrado en primer lugar con lo que Marx llamaba la plusvalía relativa resultante de la intensificación del trabajo inherente a la normación, la emulación, la militarización y la utilización del salario por rendimiento. Según este sistema es el propio obrero el que se ve obligado a imprimir mayor intensidad a su trabajo para mejorar la cuantía de su salario. A esta fuente de aprovechamiento ha venido a añadirse en fechas recientes otra que puede calificarse de exacción insólita. La apertura del régimen a las empresas capitalistas extranjeras le ha dado en efecto la oportunidad de explotar de distinta forma a los trabajadores que en ellas se emplearon (unos 100,000 en 1998). A los inversionistas extranjeros que abrieron negocios en Cuba, Castro les ofreció la garantía de una fuerza de trabajo sometida y dócil a cambio de que los sueldos del personal se entregaran en dólares al gobierno el cual se encargaría de pagar con pesos a los trabajadores. La operación era de todo punto ilegal ya que no sólo contravenía el Código del Trabajo y el principio de integridad del salario sino que violaba también los artículos 5 y 6 del Convenio 95 de la Organización Internacional del Trabajo sobre protección del salario. Según esas normas, el salario debía pagarse directamente al trabajador sin que fuera lícito limitar en modo alguno el derecho de éste a disponer libremente de su importe.[22] El Convenio había sido ratificado por Cuba y era, por supuesto, conocido por los gobiernos involucrados. Había pues el peligro de una denuncia ante la OIT y de una eventual reclamación ante los tribunales, pero la avaricia pudo más que los temores o los escrúpulos. Era mucho lo que estaba en juego: con el peso devaluado a menos de una vigésima parte del dólar, Castro se aseguraba una ganancia enorme y a los empresarios extranjeros se les abrían las puertas de una explotación monopólica o privilegiada. El único perdedor era el trabajador cubano al que se le esquilmaba una vez más sustrayéndole sumas increíblemente elevadas. Era una situación parecida a la que en 1907 originó la huelga de la moneda; la diferencia estaba en que en esa oportunidad los tabaqueros protestaron contra el pago en la devaluada moneda española y su huelga se coronó con un triunfo. Ahora, en cambio, no se producía queja alguna del aparato sindical y ello a pesar de que a los empleados de los hoteles se les sometía además a un riguroso y casi vejatorio régimen disciplinario que incluía 22 obligaciones y 46 prohibiciones.

Los otros trabajadores —los que continuaban laborando para el Estado— sufrían por esta misma época el doble quebranto de seguir percibiendo salarios bajos y de la pérdida del poder adquisitivo del peso. Ni siquiera cuando el azúcar alcanzó precios asombrosamente altos, se abonó a los trabajadores lo que en rigor les correspondía, sin contar con que otros pagos, incluyendo el correspondiente a las horas extras, se fueron esfumando.

Cabe agregar que durante la mayor parte de estos 40 largos años, los salarios mínimos se fijaron asimismo en sumas módicas, iguales o inferiores a las escalas establecidas en 1959 y por debajo de lo que era en otros países el límite de la pobreza o la satisfacción de las necesidades básicas. En 1998, por ejemplo, el salario mínimo de los técnicos (128 pesos) y el de los empleados de las empresas descentralizadas (130 pesos) apenas llegaba en su valor real a seis dólares al mes. Existe desde 1962 una libreta de abastecimiento que en teoría permitía adquirir artículos de consumo a precios módicos, pero la libreta servía en realidad para racionar la distribución y ésta se fue haciendo cada vez más deficiente.

MILITARIZACIÓN E INTERNACIONALIZACIÓN DEL TRABAJÓ

Los infortunios del trabajador se vieron aumentados con la inclinación del régimen a favorecer una política de creciente militarización del trabajo. La militarización tiene su origen en el sistema de trabajo por brigadas ampliamente utilizado en la Unión Soviética, pero adquirió su propia dinámica en Cuba debido a las inclinaciones militaristas de los hermanos Castro. En última instancia el sistema tiende a una gradual sustitución de la empresa como unidad básica de producción por lo que la CTC llamó «una forma superior de organización, disciplina y control del trabajo».

La militarización cubana tiene dos aspectos: uno voluntario o semivoluntario y otro impuesto por el gobierno. La dimensión voluntaria consiste en la agrupación de cierto número de trabajadores en unidades paramilitares itinerantes dotadas de un régimen particular. Unidades de este tipo aparecieron en los años 60 en forma de brigadas de macheteros y otros trabajadores de la agricultura; sus formas primigenias fueron una derivación del recurso a las movilizaciones que tan frecuentemente ha sido utilizado en estos 40 años. En 1971 surgió el movimiento de microbrigadas de la construcción en las que la adhesión del trabajador era también voluntaria. La práctica se expandió posteriormente con el auspicio de Castro y la anuencia de la CTC hasta dar vida a la constitución de grandes *contingentes* compuestos de brigadas, columnas y destacamentos e integrados por miles de trabajadores y de numerosas *brigadas* que laboran cerca de los centros de trabajo y están constituidas por trabajadores fanatizados o atraídos por el señuelo de construir sus propias viviendas. En los contingentes, que comenzaron a aparecer en 1987, el objetivo básico que se perseguía era incrementar la productividad mediante el aumento de las horas de trabajo, las escalas salariales más elevadas y la aplicación de una disciplina férrea.

En la práctica el trabajo en los contingentes se tradujo en otra forma de plusvalía de la que el régimen pudo disponer a su gusto. Aunque su prestación era mejor retribuida que las labores normales, no se pagaba en proporción a las 12 ó 14 horas en que se fijaba la jornada diaria en buena parte de los contingentes. El gobierno lo fomentaba para usufructuar los menores costos laborales de su operación y para ofrecer un ejemplo de supervivencia de lo que algunos llaman el sentido heroico de la revolución. El contingente Blas Roca por ejemplo ha servido de tropa de choque para combatir señales de oposición.

Particularmente abusiva ha sido la utilización de jóvenes y niños en las actividades laborales organizadas por el Ejército Juvenil del Trabajo, las Brigadas de Producción y Defensa y los Batallones de la Unión de Pioneros. El E.J.T. constituido en 1974 y puesto después bajo la supervisión del Ministerio de las Fuerzas Armadas ha participado intensamente en las tareas de la caña, el café, las granjas de cultivo y la industria de la construcción. Es un remedo de los ejércitos industriales mencionados en el programa del Manifiesto Comunista.

Las modalidades compulsorias tienen también una larga y variada historia. Comprenden, por ejemplo, las Unidades Militares de Ayuda a la Producción (UMAP), verdaderos campos de concentración en los que fueron internados en 1965 más de 25,000 jóvenes acusados de homosexualidad, rebeldía, religiosidad o disidencia, incluyendo al hoy Cardenal Jaime Ortega. En recintos cercados de la provincia de Camagüey a estos jóvenes se les obligaba a trabajar y se les maltrataba física y moralmente sin que mediara proceso judicial previo ni sentencia de clase alguna. Cabe incluir también al Servicio Militar Obligatorio primordialmente utilizado por el gobierno para obligar a los reclutas a trabajar durante primero tres y luego dos años en faenas agrícolas y también al plan de rehabilitación de los presos políticos llamado Camilo Cienfuegos.

En años recientes la militarización abarca también los aspectos indirectos de coerción y represión que hoy caracterizan muchos ambientes de trabajo. Ante la apatía e indisciplina de unos y los robos a la propiedad estatal y los actos de sabotaje de otros, se ha instaurado un Sistema Unico de Vigilancia y Protección de las empresas que incluye la guardia obrera, los consejos disciplinarios, el uso de las MTT y el empleo en algunos casos de perros sabuesos, así como el agravamiento de las penas previstas en la ley. Se han dictado asimismo nuevos y más estrictos reglamentos disciplinarios y en el sector del azúcar se ha apelado a un general del ejército para que dirija la producción. Las Fuerzas Armadas, por su parte, son dueñas y operadoras de empresas agrícolas, transportistas y turísticas. Su irrupción en el campo económico busca contrarrestar con disciplina militar la tradicional ineficiencia de las empresas del Estado.

De la escasa consideración que Castro tiene para los trabajadores, da fe su envío a otros países en una presunta aplicación del internacionalismo proletario, que en realidad representa pingües ganancias para el gobierno. Haciendo caso omiso del principio de que el trabajo no es una mercancía ni un artículo de comercio, el régimen arrienda a otros países trabajadores de todo tipo, incluyendo técnicos y profesionales, percibiendo sumas considerablemente superiores al salario que reciben los interesados. La práctica fue particularmente intensa cuando existía la llamada comunidad de países socialistas, pero todavía en 1998 había 2,809 cubanos prestando servicios en 86 países. Solo en Sudáfrica había 400 médicos y en Brasil 120. En 1997 los trabajadores internacionalistas aportaron 18 millones de dólares al gobierno. Hace unos años fueron varios centenares los que talaron bosques en Siberia.

REQUIEM POR UN PSEUDO SINDICALISMO

¿Qué papel ha desempeñado entre tanto el movimiento obrero organizado? Durante cuatro decenios, la CTC ha funcionado como la quinta rueda del carro de la revolución. Se ha esforzado, con resultados dudosos, por hacer que los trabajadores rindan más, pero al tratar de cumplir esa misión se ha señalado como un apéndice del PCC. Los propios estatutos de la central obrera admiten que corresponde al Partido la dirección superior del movimiento obrero; la Constitución Socialista ni siquiera menciona el derecho de sindicalización y el Código del Trabajo no lo incluye entre los quince principios fundamentales que rigen el derecho laboral.

Aunque la teoría marxista-leninista había asignado al sindicato otra importante función, a saber, la de actuar como contrapartida de la administración poniendo de relieve los errores y arbitrariedades que hubieran podido cometerse, en Cuba la CTC jamás ha proferido la menor crítica, ni esbozado sus propios programas, ni articulado aspiraciones diferentes; lo que sí ha hecho es adiestrar a sus afiliados en la gimnasia del brazo levantado.

Las reuniones del Comité Nacional no las preside el Secretario General de la CTC sino representantes del PCC o del Gobierno. Hasta el Director de *Trabajadores*, órgano oficial de la CTC, no es nombrado por ésta sino por el Buró Político del PCC. El papel principal que desempeñan Pedro Ross Leal y otros miembros del Secretariado Ejecutivo es velar por la implementación de los acuerdos del Comité Central del PCC. Los congresos de los sindicatos nacionales continúan celebrándose conforme al mismo ritual monótono y estéril; los de la CTC son una coreografía cuidadosamente ensayada en la que los delegados actúan como comparsas que se mueven al compás de lo que marca el maestro de danza; en ambos las tesis y resoluciones son invariablemente aprobadas por el 99 por ciento de los votos. Dos veces al año tienen lugar las asambleas por la eficiencia (los parlamentos obreros cesaron en 1994), mas la actitud de los asistentes es de simple aquiescencia a lo que algún enviado o técnico del gobierno tenga a bien proponer. Nadie se atreve a discrepar en público de la línea oficial. La sombra de la Seguridad del Estado se proyecta sobre la vida y actividades de los dirigentes de la CTC; en el organigrama de la Seguridad del Estado hay una sección encargada de vigilar las organizaciones de masas y en particular la CTC.

El número de sindicatos nacionales es actualmente de 19 y el de las secciones sindicales pasa de 70,000. La proporción entre dirigentes y activistas (unos 115,000) y afiliados (3,3 millones), sigue siendo una de las más altas del mundo. Hay que aclarar que en Cuba la afiliación sindical se produce de modo automático tan pronto se establece una vinculación laboral. La cuota sindical, virtualmente obligatoria y que aportó 57 millones de pesos en 1997, permite financiar esa nueva burocracia.

Este cuadro, más bien patético, del aparato sindical de la revolución explica la indiferencia u hostilidad que muchos trabajadores sienten ante sus titulados dirigentes. Las reuniones sindicales tienen que celebrarse en horas de trabajo para lograr el quórum requerido; un porcentaje muy elevado de la fuerza de trabajo no se siente representado por su sección sindical, labora sin convenios colectivos y no conoce siquiera el plan de producción de su centro de trabajo. Todo lo cual explica el sentimiento de enajenación del obrero respecto a su vida laboral.

Muchos son los trabajadores que actualmente se empeñan en constituir sindicatos independientes y aunque el gobierno parecía haber cambiado su política, accediando a indicaciones de la OIT, los resultados siguen siendo inútiles. Primero era el Ministerio de Justicia el que se negaba a responder la solicitud de reconocimiento y ello generaba la posibilidad de una denuncia por asociación ilícita. Más recientemente se efectúan discusiones sobre proyectos de sindicatos, o tienen lugar reuniones preparatorias de consejos unitarios o institutos sindicales independientes, pero el régimen impide al final la creación de una efectiva organización al margen de la CTC. Unas veces se despide o declaran disponibles los cargos de los organizadores o se alega que son desempleados; otras se allanan las viviendas de los activistas y no faltan oportunidades para la represión pura y simple.

CRISIS DEL RÉGIMEN LABORAL CASTRISTA

El modelo de régimen laboral que Castro impuso en los años 60, se ha ido poco a poco desmoronando treinta años después. Tanto el monopolio estatal del empleo como la promesa de empleo estable fueron las primeras víctimas de la gran crisis causada por el fin de la ayuda soviética. Además de conferir a capitalistas extranjeros el derecho a emplear trabajadores cubanos, el gobierno autorizó en 1992 el trabajo por cuenta propia como medio de proporcionar una válvula de escape al creciente ejército de desocupados. No fue un reconocimiento explícito de la libertad de trabajo sino una autorización rodeada de restricciones y aplicable sólo a ciertos trabajos. No obstante, fueron muchos los que solicitaron permiso para establecerse por su cuenta: si en 1989 eran sólo 25,200 según el *Anuario Estadístico de Cuba*, el número pasó en 1995 a alrededor de 200,000. Hubieran sido muchos más si no fuera por las cargas fiscales, las inspecciones reiteradas, los decomisos y el hostigamiento oficial. Castro les dirigía además críticas acerbas, seguramente motivadas por el deseo de congraciarse con los asalariados del Estado y de reivindicar la validez de su programa inicial. Hoy el número de cuentapropistas es de 136,000.

El sueño del pleno empleo se convirtió a su vez, en la angustia de un desempleo estructural masivo cuya magnitud el gobierno trata de ocultar difundiendo una terminología engañadora. Casi nunca se habla en efecto, de desempleados sino de interruptos, sobrantes, disponibles y reubicables. En 1995 la revista *Bohemia* decía que llegaba a un millón el número de subempleados, si bien esa cifra probablemente incluía también a los desempleados.[23] Y emparentado de cierto modo con ellos está el creciente número de trabajadores que en el mejor estilo neoliberal son ahora contratados sólo de modo temporal.

Otra gran baja del proyecto laboral castrista fue la percepción de un salario real aceptable. No solamente se produjo la pérdida del poder adquisitivo del peso como resultado de la crisis y dolarización de la economía, sino que, con excepción de algunos trabajos de particular importancia estratégica, los propios salarios nominales se estancaron a lo largo del período especial. Es significativo el hecho de haber suspendido el gobierno a partir de 1990 la publicación del Anuario Estadístico y de negarse a suministrar a la OIT información alguna al respecto. El salario medio mensual de los asalariados del Estado representa actualmente poco más de diez dólares y algunas pensiones se fijan en el equivalente de cinco o seis dólares. Con razón pudo así afirmar el Consejo Unitario de Trabajadores de Cuba que «los trabajadores cubanos figuran entre los de más bajos ingresos del mundo y los peor pagados a escala continental».[24]

Era obviamente difícil en las circunstancias expuestas que el trabajador pudiera costear la cesta familiar de productos y servicios básicos y es lo cierto que en varias ocasiones el gobierno ha reconocido que cerca de un 20 por ciento de la población se sitúa por debajo de los niveles de subsistencia. ¿Cómo se las arregla entonces para sobrevivir? Pues sencillamente con lo que le da la libreta de abastecimientos o adquiriendo productos de baja calidad en los centros agropónicos,[25] por la concurrencia de varios salarios en una misma familia e intercambiando bienes, servicios y favores en una suerte de economía sumergida o paralela que es tolerada por el gobierno. El intercambio comprende los productos más diversos: alimentos, cigarros, ropas, zapatos, juguetes, radios, etc. Aún más frecuente es la venta de cualquiera de esos bienes por dólares. Y en la base de gran parte de esos trueques o compraventas está el robo al Estado, el sacrificio ilegal de ganado, el hurto de productos agrícolas, la sustracción de bienes y equipos pertenecientes al vasto dominio estatal.[26]

Ahí no terminan los descalabros del régimen laboral castrista. Se está alterando en el período especial el trasfondo socioeconómico de las relaciones laborales. Surgen nuevos fenómenos como la escasez de bienes de capital, la insuficiencia de la demanda global de empleo, el retroceso de la mecanización a formas primitivas de producción, el agravamiento de la inflación, la hipertrofia del sector terciario y el flujo creciente de migrantes de las provincias a La Habana, lo que dio lugar en 1997 a su prohibición a fin de evitar una agudización del desempleo en la capital y un déficit de fuerza de trabajo en muchas áreas rurales, o como la aparición de zonas francas en las que se otorgan franquicias para la flexibilización del trabajo. Se agravan las viejas dificultades que el período de rectificación de errores trató en vano de superar y que la crisis ha hecho aún más patente, a saber el descenso de la productividad, la indisciplina y el ausentismo.[27] Surgen nuevos grupos formados por los cuentapropistas, los trabajadores de las cooperativas (UBPC), el personal que ocupa cargos técnicos, los contratados por tiempo determinado, los jubilados que vuelven a emplearse, los que tienen una regulación laboral distinta por trabajar en sectores emergentes (turismo, níquel y tabaco) y los empleados por las empresas que en 1998 fueron descentralizadas.[28] Cada uno de estos grupos tiene sus propios intereses y el conjunto explica las disparidades de la estructura salarial. Más profunda es desde luego la brecha que se abre entre los empobrecidos trabajadores del Estado y los empleados en hoteles y empresas mixtas que reciben parte de sus salarios o propinas en dólares o pesos convertibles, y todavía más grande es desde luego la división provocada por el tratamiento desigual que el régimen da a los trabajadores según sus ideas políticas. Quienes no comparten la ideología oficial son discriminados de modo flagrante en el acceso al empleo, la formación profesional y la educación universitaria.[29] Ese conglomerado variopinto, cada vez más alejado de la nueva clase privilegiada, constituye el reverso del proyecto de sociedad igualitaria que Castro pretendió establecer en Cuba.

La crisis alcanza a lo dispuesto en la propia Constitución. Así como se viola impunemente la jornada laboral de ocho horas, se desconoce también el derecho de protección, seguridad e higiene del trabajo. Hace dos años el periódico *Trabajadores* decía que las jubilaciones por incapacidad alcanzaban cifras increíblemente elevadas si bien no se sabía si todas eran legítimas o si algunas se basaban en certificados médicos de complacencia. Es lo cierto, sin embargo,- que «el obrero cubano debe enfrentarse hoy a condiciones inseguras de maquinarias industriales obsoletas, estando además presionado para cumplir o sobrecumplir las normas de producción».[30] Indices elevados de enfermedades profesionales, accidentes del trabajo y sobre todo de accidentes fatales han sido advertidos en otras oportunidades[31] y continúan siendo inquietantes. Los sectores con mayor incidencia son el azucarero, la construcción, el transporte terrestre y el marítimo. De este último se ha dicho que «nunca antes en la historia de la marina mercante se había visto naufragar tantos buques ni tantos marinos accidentados».[32]

Aún más importante es el incumplimiento del precepto constitucional que declara a Cuba una república socialista de trabajadores y afirma que corresponde al Estado realizar la voluntad del pueblo trabajador. En 1991 sólo el 2 por ciento de los miembros del Comité Central del PCC eran dirigentes de la CTC y sólo dos de los 25 integrantes del Buró Político eran trabajadores. En realidad, nunca en 40 años de revolución la clase trabajadora ha ejercido su llamada misión histórica de dirigir; ella se ha limitado a cumplir su misión tradicional de producir.

De la pobre estimación que el gobierno de Castro sigue teniendo para los trabajadores, da fe la Ley de la Inversión Extranjera de 1995. Según el régimen laboral establecido por esta ley para las empresas de capital extranjero (capítulo XI) ni el trabajador, ni su sindicato pueden contratar con dichas empresas. Los trabajadores se vinculan laboralmente con una entidad empleadora del gobierno (especie de agencia retribuida de colocaciones prohibidas en Cuba desde 1953) y ésta es la que contrata con la empresa y paga en depreciados pesos. Se establece así una relación triangular que sirve para burlar los derechos del trabajador y beneficiar al patrono y al régimen de Castro. Aún más, conforme al artículo 34 de esa ley cuando la empresa considera que un trabajador «no satisface sus exigencias», puede solicitar a la entidad empleadora que lo sustituya por otro, lo que equivale a consagrar el despido discrecional.[33]

Castro incumple también reiteradamente los convenios internacionales del trabajo ratificados por Cuba. Entre 1986 y 1998 los órganos supervisores de la OIT han registrado más de 40 infracciones de esos convenios («observaciones» en el lenguaje diplomático) y algunas de las más reiteradas conciernen a los cuatro derechos que la OIT considera fundamentales: la libertad sindical y el derecho de negociación, la eliminación del trabajo forzoso, la abolición del trabajo infantil y la eliminación de la discriminación en el empleo.[34]

Así ha ido dejando jirones de su concepción original el esquema laboral impuesto por Castro en los años 60. Ni control por el Estado de todas las oportunidades de trabajo, ni pretensión de pleno empleo, ni salarios directos aptos para la subsistencia, ni un efectivo salario social, ni pensiones adecuadas, ni sociedad igualitaria, ni legislación laboral avanzada, ni libertad de trabajo, ni libertad sindical, ni realización alguna de las esperanzas que muchos trabajadores acariciaron en 1959.

Una reciente información publicada en la prensa oficial, resume de manera elocuente la situación laboral al cabo de 40 años de revolución: El 26 de mayo de 1998 el Pleno del Comité Nacional de la CTC se reunió en sesión extraordinaria para tratar de «la falta de eficacia laboral y social, las distintas formas de robo y desvío de recursos, los casos de corrupción, la prostitución, la indiferencia, la indisciplina y el falso concepto de que todo es lícito para resolver los problemas y necesidades personales».[35] Lo que la CTC iba a discutir en esa reunión reiteraba casi literalmente incontables acuerdos anteriores de asambleas sindicales y del partido así como una resolución del IV Congreso del PCC. Sólo en el ambiente surrealista de Cuba es dable concebir que en ese mismo congreso, Castro fuera alabado como el mejor científico del país y que algunos obreros afirmaran que en sus empresas la producción era desastrosa hasta el día en que Castro las visitó y recomendó cambios en los métodos de producción.[36]

NOTAS

[1] V.I. Lenin, *Obras completas* (Buenos Aires, 1957), tomo 23, pag. 67.

[2] Documentos programáticos de la lucha por la paz, la democracia y el socialismo (Moscú, 1961), pag. 26.

[3] Informe Central al Primer Congreso del Partido Comunista de Cuba, *Juventud Rebelde*, diciembre de 1975, pag. 3.

[4] Fidel Castro, «Discurso pronunciado el 18 de noviembre de 1959» en *Manual de Capacitación Cívica* (La Habana: Minfar, 1960).

[5] *Fidel en la CTC-R. Discurso a los trabajadores* (La Habana: Cooperativa Obrera de Publicidad, 1959, pag. 10.

[6] Véase *Havana Post*, 12 de febrero de 1959, pag. 1.

[7] Véase la reseña del 1° de mayo en la prensa cubana del siguiente día. A su debido tiempo la Constitución Socialista de Cuba diría en 1976 que «Cuba es un Estado de Obreros y Campesinos».

[8] Ernesto Che Guevara, *El libro verde olivo*, 5ª edición (México: Editorial Deógenes, 1978), pag. 156.

[9] Véase por ejemplo Carmelo Mesa-Lago, *Dialéctica de la revolución cubana: Del idealismo carismático al pragmatismo institucionalista* (Madrid: Editorial Playor, 1979), pag. 19.

[10] Para una discusión más detallada del X Congreso puede verse: Efrén Córdova, *Clase trabajadora y movimiento sindical en Cuba* (Miami: Florida International University y Ediciones Universal, 1996), volumen 2, capítulo 4; y del mismo autor: *Castro and Cuban Labor Movement* (1959-1961). (Lanham, MD: University Press of America, 1987), cap. VI. Véase también: Rodolfo Riesgo, *Cuba: el movimiento obrero y su entorno sociopolítico* (Caracas: Saeta Ediciones, 1985), pags. 77 a 99; y Juán Antonio Acuña, *Cuba ¿Revolución frustrada?* (Montevideo, 1960), passim.

[11] El carácter ilegal y abusivo de las llamadas purgas efectuadas en 1959-61 fue puesto en evidencia por la Organización Internacional del Trabajo (véanse las decisiones del Comité de Libertad Sindical publicadas en el *Boletín Oficial* en enero de 1962, julio de 1963 y abril de 1966) y el libro de la Comisión Internacional de Juristas, *Cuba and the Rule of Law* (Ginebra: H. Studer, 1962).

[12] Véase *Revolución* (La Habana), 29 de noviembre de 1961, pag. 5.

[13] Nada de lo cual ha impedido que otro cubanólogo, también de origen cubano, haya expresado su admiración por lo que él llama la política redistributiva del régimen (Jorge I. Domínguez, *Cuba: Order and Revolution* (Cambridge, Mass: Harvard University, Press, 1978), pags. 221 y 227.

[14] Véanse los acuerdos relativos a Cuba que aparecen en los *Informes de la Comisión de Expertos en Aplicación de Convenios y Recomendaciones* de los años 1987, 1990, 1991 y 1994.

[15] Ernesto Guevara, *El socialismo y el hombre nuevo* (México: Siglo XXI, 1977), pags. 82 y 85.

[16] A raíz de esa decisión el Gobierno de Cuba se vio obligado a dictar la resolución no. 1 de 5 de enero de 1993 que eliminó del expediente laboral de los trabajadores «la participación en el trabajo voluntario convocado por la organización sindical».

[17] Efrén Córdova, *El trabajador cubano en el Estado de Obreros y Campesinos* (Miami: Ediciones Universal, 1989), pag. 104.

[18] Véase *Granma*, 29 de abril de 1998, pag. 2.

[19] René Dumont, *Cuba - Intento de crítica constructiva* (Barcelona: Editorial Nova Terra, 1965), pag. 86.

[20] Ley no. 132 de 9 de abril de 1992 sobre Órganos de Justicia Laboral de Base.

[21] Véase Amaya Altuna Sánchez, «Los trabajadores cubanos: realidad en 1994", *Desafíos* (Caracas), año 1, no. 1, mayo-junio de 1994, pags. 6 y 7.

[22] Aunque el artículo en cuestión exceptúa del pago directo los casos en que haya una ley o pacto en contrario, es claro que ello ha de basarse en circunstancias personales o ambientales que tengan plena justificación a la luz del carácter proteccionista de la legislación laboral y en particular del convenio en cuestión.

[23] *Bohemia* (La Habana), 9 de junio de 1995, pag. B28.

[24] Declaración del Consejo Unitario de Trabajadores Cubanos de fecha 6 de julio de 1997 publicada en *Desafíos* (Caracas), año 4, no. 19, septiembre-octubre 1997, pags. 8 y 9.

[25] Huertos sembrados en medio de áreas urbanas.

[26] En 1993 se habían creado ya 2,116 destacamentos de campesinos armados y 5,342 patrullas de trabajadores agrícolas encargados de contener el robo en las zonas rurales. Sobre la lucha por la supervivencia y la delincuencia puede verse el capítulo VII y Jean-Francois Fogel y Bertrand Rosenthal, *Fin de siecle a La Havane*, op. cit., pags. 495-500.

[27] En una entrevista publicada en la revista *Bohemia*, Pedro Ross Leal reconoció que en los primeros años del período especial el 17 por ciento de los trabajadores no iban todos los días al trabajo. *Bohemia* 26 de abril de 1997, pag. B39.

[28] El régimen laboral aplicable a los 115,000 trabajadores que laboran en las 95 empresas descentralizadas prevé 18 categorías salariales. Algo muy distinto de la escala salarial única establecida en los años 60 y una demostración más del carácter errático y titubeante de la política laboral del castrismo.

[29] En 1996 la OIT señaló que estas prácticas discriminatorias violan el principio de igualdad de oportunidades consagrado en el Convenio 111 (véase el Informe de la Comisión de Expertos sometido a la 83ª Conferencia Internacional del Trabajo).

[30] Juan Benemelis, *El último comunista* (San Juan: Puertorrican Publishers Inc, 1992) pag. 362.

[31] Efrén Córdova, *El mundo del trabajo en Cuba socialista* (Caracas: Fondo Latinoamericano de Ediciones Sociales, 1992), pag. 287.

[32] Ruben Ruiz Armenteros, «Naufragio: la marina mercante y los marinos». *Desafíos* (Caracas), año 5, no. 2, marzo-abril 1998, pag. 37.

[33] Véase el texto de la ley (no. 77) en la Gaceta Oficial Extraordinaria del 5 de septiembre del 1995.

[34] En 1998 la OIT declaró que 14 profesores que habían sido despedidos por expresar sus opiniones políticas habían sufrido un trato discriminatorio contrario al Convenio III. (Véase WEBinfo@ilo.org)

[35] *Granma*, 27 de mayo de 1998, pag. 8.

[36] Puede verse una descripción del IV Congreso en Andrés Oppenheimer, *La hora final de Castro* (Buenos Aires: Javier Vergara Editor, 1992), cap. 14.

40 AÑOS DE REVOLUCIÓN

VII

EL PUEBLO CUBANO COMO CONSUMIDOR

por

Juan Clark

INTRODUCCIÓN

La difícil situación del pueblo cubano en cuanto a la adquisición de bienes de consumo se agravó dramáticamente a partir de la promulgación del llamado «período especial[1]» en agosto de 1990, después de la suspensión de los subsidios soviéticos.

Desde 1962 esa población ha venido sufriendo los rigores de un racionamiento casi total de alimentos y bienes manufacturados, sin precedentes en el mundo moderno. Los testimonios de personas que han vivido estos tiempos difíciles sobre las condiciones del consumo en la isla apuntan hacia una situación de carestía y penuria nunca antes vista en la historia de Cuba.[2]

Analizar las condiciones del pueblo cubano como consumidor es el objetivo central de este trabajo. Se examinarán aspectos fundamentales de esas condiciones, como el racionamiento, la bolsa negra y la economía clandestina, los llamados mercados paralelos, los mercados campesinos y el artesanal, así como la situación habitacional y el transporte. Se examinarán también las enormes consecuencias del inusitado fenómeno de la legalización del dólar (dolarización), proceso comenzado en 1993 por el cual se dio curso legal al dólar norteamericano, y se abrieron tiendas (las «shopping») que venden en esa moneda o su equivalente en pesos convertibles,[3] a altos precios.

Las estadísticas cubanas sobre el nivel de vida son prácticamente inexistentes. Por ejemplo, para tener una idea de cómo son los ingresos en Cuba, el presupuesto personal y, en general, conseguir información sobre las condiciones de vida, un investigador tiene que ser más que eso; tiene que ser un detective económico. ¿Cuál es el propósito de ocultar tales datos que son publicados rutinariamente en otros países?

Existe una jerarquización geográfica de las condiciones de vida en Cuba. Como siempre, La Habana[4] está muy por encima del resto del país. En la capital, centro del poder político, los suministros de alimentos y otros bienes de consumo son menos escasos que en otros lugares. Esta situación prevalece para el acceso a los eventos culturales y de recreación. La Habana, como centro de una burocracia centralizada, es la ciudad para hacer contactos, para mover las «palancas» (influencias) en beneficio de la familia. Pero no todo el que desea trasladarse definitivamente a La Habana puede hacerlo. A partir de 1997, con el decreto para el control de la migración a La Habana —violatorio de la Constitución vigente—,[5] el traslado permanente hacia la capital del país es penalizado.

Las personas retiradas reciben pensiones del Estado, normalmente muy bajas (alrededor de 80 pesos cubanos por mes, como promedio) para los altos costos de la vida, como veremos. El transporte, la vivienda y la comida racionada han sido subsidiados; sus precios han sido reducidos, pero el suministro de alimentos es muy escaso y, en general, de pobre calidad. Nominalmente, la educación y la atención de la salud (no los medicamentos) son gratis, pero también deficientes. Se ha provisto almuerzo barato en escuelas y algunos centros de trabajo, frecuentemente de pobre calidad, pero esto mermó considerablemente a partir del período especial. Como se verá, la gran tragedia del consumidor cubano, especialmente en estos últimos años, ha estribado en la gran escasez de productos esenciales y su elevadísimo costo en los nuevos mercados creados.

EL SISTEMA DE RACIONAMIENTO Y SUS IMPLICACIONES

En marzo de 1962 el gobierno de Castro impuso un racionamiento casi total. Esta medida tuvo sus raíces en el desabastecimiento creado al extinguirse las reservas de productos tras las confiscaciones de los grandes almacenes, acompañado por el incremento en el poder de compra de la población, debido a muchas de las medidas populistas implantadas (rebajas en gastos como alquiler y servicios públicos y el aumento artificial del empleo). Debido a estos factores, al no incrementarse debidamente la producción, particularmente la agrícola, como resultado de la mala administración, se impuso la necesidad de un estricto sistema de racionamiento para la mayoría de los productos que consume la población —el cual ha estado vigente hasta el presente. Esto ha sido llamado el mercado normado, racionado o por la «libreta de abastecimientos» que cada núcleo residencial posee.[6] Se debe señalar que la mayoría de los productos comestibles racionados eran mayormente de producción nacional.

Para comprender la magnitud de la crisis de consumo actual es vital hacer un análisis cuidadoso del contenido y duración al consumidor de la cuota del sistema de racionamiento. Si examinamos la variación de la cantidad de lo que el cubano ha podido comprar en el mercado normado (a precios subsidiados) veremos que ha habido una clara disminución en ese sentido.[7] El análisis de artículos de primera necesidad en el cuadro 1 muestra lo escaso de lo programado para ser vendido mensualmente al pueblo en la dieta oficial. Solamente el arroz y el azúcar se han mantenido «ofertados» en aproximadamente la misma cantidad desde el comienzo del racionamiento. El resto de los productos, tanto comestibles como manufacturados (ha existido una libreta de racionamiento de productos industriales que actualmente ha sido abandonada por desabasteci-

Cuadro 1. Selección de productos normados por la Libreta de Abastecimientos en 1998. Cantidades y precios en el mismo, así como en el Mercado Agropecuario y las Tiendas Recaudadoras de Divisas(Shopping). Precios por unidad indicada.

Producto	Cantidad por Libreta de Abast. en lbs./per./mes	Libreta pesos	Agropecuario pesos	Shopping/US dólares
Arroz *	5	.22	3.50	2.50lb.
Azúcar	6	.10	O	●
Sal	¼	.05	O	●
Pan	80 gr./día	.05	O	1.00 lb.
Huevos	6 u.	.15u.		0.15/u
Carne Ternilla Picadillo 1ra.	Por dieta médica ¾ cada 10 días O O	O O O	O O O	 3.70/16 8.50/Kg.
Leche en polvo	Por dieta médica 1 Kg/45 días	2.00	O	5.80
Puré de tomate	pomo-lata	O	O	1.80/u.
Aceite de cocina	¼ cada 6 meses	.20	O	2.50/lt.
Granos chícharos frijol negro	20 onzas	●	 6.00/lb.	 1.50/kg.
Viandas malanga boniato	 O O		 O O	 5.00/lb. 1.00/	 ● ●
Café	4. oz.(mezclado)	.12	O	6.10/lb.
Jabón de baño	1 c/ 2 meses	.25	O	.35
Jabón de lavar	1 c/ 2 meses	.20	O	40
Desodorante				0.85
Pasta dental	1/1- 5 pers./ 2 meses	.65	O	2.10

● Información no disponible.
O No se oferta.
* En La Habana, Santiago de Cuba y Caimanera es 6 lbs.

miento, obligando a comprar en las tiendas que venden en dólares) incluyendo los de aseo, han disminuido sustancialmente o no se ofertan ya en este mercado racionado y subsidiado a precios comparables con los de 1962. (Debe tenerse en cuenta, por otra parte, que los salarios han sido congelados a los niveles de ese año). Los casos de la carne de res y la leche son dramáticos ya que no se ofrecen al pueblo (sólo por dieta médica). El resto ha disminuido radicalmente, como el aceite de cocinar. Estos productos de primera necesidad tendrán que obtenerse a precios elevadísimos en mercados paralelos, ya sea en dólares (en las shopping) o en los mercados agropecuarios, en moneda nacional.

Pero el agravante mayor de lo dispuesto en la libreta de abastecimientos no ha sido sólo la escasez de lo programado para ser vendido al público, sino también la disponibilidad de dichos productos y la duración de los mismos. En nuestra encuesta de 1989 los entrevistados corroboraron lo que los entrevistados de 1971 afirmaban,[8] que la ración que el consumidor podía comprar para un mes probablemente duraba alrededor de dos semanas para cerca del 93% de los consumidores. Más aún, los entrevistados de 1989 indicaron que la situación empeoró con respecto a productos que habían llegado a ofertarse por la libre y volvieron a racionarse a partir de entonces.[9] Para inicios de 1998 la mayoría de los productos normados no se encontraban disponibles (en «falta») o estaban retrasados con respecto a lo programado para ese tipo de mercado y producto. Esto no ha ocurrido igualmente en los actuales mercados agropecuarios o los que venden en dólares, donde, a precios muchísimo más elevados, se hallan disponibles muchos comestibles y productos manufacturados (en las shopping), generando de esta forma una enorme situación inflacionaria.[10]

Esta situación se visualiza mejor analizando comparativamente ciertos productos de primera necesidad. Tal es el caso del aceite de cocinar, prácticamente sólo adquirible en las shopping por dólares. El mismo se vende a US$2.50 por litro en dichas tiendas. Si tenemos en cuenta un sueldo promedio de 200 pesos, vemos cómo al cambio de 22 pesos por dólar (o su equivalente en peso convertible) esta persona tendrá que invertir más de un cuarto (27.5%) de su sueldo mensual en satisfacer esta simple necesidad hogareña.

Con el objeto de evaluar el contenido de la libreta de abastecimientos es conveniente compararla con el pasado en Cuba. Podemos contrastar el contenido del racionamiento con la dieta mandatoria que debían entregar los amos a sus esclavos, según escritos del historiador y sociólogo del siglo pasado José A. Saco, citados por Fernando Ortiz.[11] El artículo 6 del Reglamento de 1842, que regulaba estas cuestiones, prescribía como dieta diaria: «de absoluta necesidad para cada individuo, seis u ocho plátanos o su equivalente en buniatos, ñames, yucas y otras raíces alimenticias [equivalente a 64 onzas diarias, versus ocho onzas en la cuota de 1962, que fue rebajada posteriormente]; ocho onzas de carne o bacalao [versus la sustitución de la carne en el racionamiento por dudosos productos como el picadillo de soya y la pasta de oca en la actual libreta,[12] siendo el pescado también racionado] y cuatro onzas de arroz [versus 2.6 onzas que deben obtenerse por la libreta] y otra menestra o harina». Como puede observarse, los esclavos estaban, al menos nominalmente, muchísimo mejor alimentados que los cubanos de hoy, utilizando la libreta como punto de comparación.

La inconveniencia, e incluso la molestia, causadas por el racionamiento no son fácilmente percibidas por los visitantes extranjeros, aunque su existencia sea obvia al ver las colas para comprar los productos racionados. Pero esto no es lo peor del sistema. Debe señalarse que los artículos por la libreta no se han podido obtener fácilmente. Sólo el 37.2 % de nuestros entrevistados de 1971 declararon que «casi siempre» o «siempre» podían conseguir todos los bienes indicados en la libreta de abastecimientos. Los entrevistados de 1989 se expresaron, por lo general, en el mismo sentido, o sea, «cuando no falta una cosa, falta la otra».[13] Para 1998 esta situación es aún peor, con la demora y no disponibilidad de ciertos productos esenciales, como el aceite de cocinar.

El comercio interior de Cuba ha estado monopolizado por el Estado. Los servicios comerciales dejan mucho que desear por la limitación en el suministro de los bienes de consumo, en parte, debida a una pobre organización. Otro aspecto a destacar sobre las tiendas para el pueblo es la inexistencia de medios de envase para los productos; casi todos vienen «a granel» y el consumidor tiene que llevar su bolsa, «cartucho», contenedor plástico o de cualquier tipo, para poder comprar sus productos.[14] En las tiendas del mercado normado, los consumidores han sido defraudados al ser entregadas las mercancías con menor peso del debido y frecuentemente son tratados sin ninguna cortesía. Más aún, es contrastante también la calidad de los productos vendidos en este mercado. Tanto el arroz, como el azúcar, la sal y el café, productos principales del mercado normado, son de una calidad muy inferior a los vendidos en las shopping.

En el mercado normado, los precios son fijos, no pueden negociarse.[15] Uno de los problemas más serios con los que se enfrenta el consumidor cubano es el suministro de bienes y servicios que frecuentemente no se encuentran en cantidades suficientes, ni en el tiempo apropiado, ni con una calidad adecuada. Así, se pueden inundar las tiendas con papas durante un breve período, y no verse luego por el resto del año. El suministro del Estado ha estado basado en la filosofía de que «el consumidor debería recibir lo que esté disponible, y lo que es posible».[16] Las necesidades y los deseos del pueblo no son particularmente tomados en cuenta. Por otra parte, el sistema tiende a recompensar a los amigos de los empleados o administradores de las tiendas estatales (el «sociolismo»), quienes les ofrecen grandes ventajas al filtrarles productos que están bajo su control.

En un buen ejemplo de las ventajas comparativas, lo mejor de la producción agropecuaria de Cuba se exporta. Los cítricos, y también el pescado y los mariscos, son ejemplos típicos. Estos son producidos o capturados en Cuba en grandes cantidades; sin embargo, los cítricos, y especialmente los mariscos, no son vistos con mucha frecuencia en la mesa cubana.[17]

Las razones principales que fundamenta la imposición del sistema de racionamiento han sido de naturaleza económica, pero ese sistema también ha promovido el control político. Como la libreta de abastecimientos ha autorizado a cada persona a comprar legalmente su cuota de alimentos racionados sólo en una tienda, ello ha limitado su movilidad física. Recientemente esto ha variado, con la introducción de la dolarización, como veremos, con lo cual puede entonces acudirse a cualquier tienda que venda en esa moneda o su equivalente. Debido a lo insuficiente de la cuota, hay que destacar que cada núcleo residencial ha tenido que estar constantemente a la expectativa, preocupado por cómo proveerse de alimentos en cantidad suficiente para su familia. Esto, más las actividades políticas del Comité de Defensa de la Revolución (CDR),[18] los trabajos voluntarios y las actividades de las Milicias de Tropas Territoriales, obstaculiza involucrarse en posibles actividades antigubernamentales.

EL MERCADO NEGRO Y LA ECONOMÍA CLANDESTINA

Ante la imposición de un estricto racionamiento que no ha satisfecho las necesidades vitales de la población, era inevitable el desarrollo de una economía clandestina, con su mercado negro, para la satisfacción de las mismas. Por otra parte, a pesar del gran control sobre la economía ejercido por el régimen de Castro, el efecto del incentivo de la utilidad o ganancia financiera privada se ha podido percibir fuertemente en algunos sectores económicos. En el agrícola, la productividad de las pequeñas fincas privadas[19] es generalmente más alta (a pesar de todas las restricciones y limitaciones de insumos) que la de aquéllas administradas por el gobierno.[20] En otros sectores, como el comercio de comestibles y artesanía, y el comercio especializado, ha sido fuertemente reprimida la práctica privada, particularmente después de la «Ofensiva

Revolucionaria» de 1968, que eliminó todos los pequeños negocios, incluyendo los servicios más elementales.[21] Esto contribuyó al desarrollo del mercado negro, tanto en la venta de productos como en la oferta de servicios de forma clandestina.

El mercado negro del pueblo ha sido parte de una gigantesca economía clandestina orientada a satisfacer por medios ilegales las necesidades de las familias cubanas que el sistema económico impuesto no ha podido o no ha querido satisfacer. De esta forma, en dicho mercado una persona puede «resolver» la necesidad de un artículo popular o de un servicio no disponible o de difícil obtención a través del mercado oficial. El artículo o servicio se obtiene en el mercado negro por medio de un adecuado «contacto» (un amigo) y/o simplemente por medio de un pago apropiado.

Es importante señalar que el mercado negro ha sido frecuentemente la tabla de salvación del pueblo cubano. Sin él, el ciudadano promedio no podría sobrevivir, especialmente en la actualidad, con la dolarización. Esto es particularmente cierto con muchos consumidores que por diversas razones no acuden a las shopping (están lejos, no tienen tiempo o condiciones para ir hasta allí o no tienen dólares). Ahí viene en su auxilio el vendedor en bolsa negra, que les trae, a la puerta de su casa, el producto necesario. En el interior del país las shopping están lejanas muchas veces, lo cual hace más importante la bolsa negra. Las personas mayores son un sector importante del mercado negro, debido a la difícil movilidad (falta de transporte), las colas de las shopping y la inexistencia de productos específicos en esas tiendas dolarizadas.

Tal vez lo más significativo sea el hecho de que el mercado negro ha competido con la economía estatal de una manera sumamente eficiente y mediante dos formas: ofreciendo productos escasos o inexistentes en el mercado normado, y a precios mucho más elevados que los subsidiados por el gobierno, y ofreciendo sus productos a precios más bajos (pues son sustraídos del monopolio gubernamental) que los de las shopping, con lo cual se ha convertido en un «rentable competidor» del Estado. La explicación de cómo es esto posible sólo se obtiene con la perspectiva vivencial de esa realidad, cuyas estadísticas no aparecen en las publicaciones oficiales.

La posibilidad de esa competencia estriba en el robo tan generalizado (principalmente desde dentro) de los productos e insumos de los servicios que controla el gobierno y la participación masiva del pueblo, en forma subrepticia, en esa actividad de supervivencia que se conoce en Cuba como «resolver». Una expresión también muy generalizada, más bien jocosa en medio de la tragedia que ello encierra, es decir que «lo consiguió por medio de `Roberto'», aludiendo al robo a las entidades estatales, que son las que monopolizan la inmensa mayoría de los bienes de consumo. El pueblo «resuelve» en su forma ilegal, ante el ejemplo de los jerarcas políticos, militares o administrativos, quienes «resuelven» para sí en sus tiendas y obtienen servicios exclusivos.[22] Como reacción lógica ante la necesidad de la sobrevivencia, la inmensa mayoría del pueblo trata de «resolver» (no se considera robo) de acuerdo con su posición ocupacional. A esto han tenido que recurrir hasta los profesionales, como los de la medicina (excluídos de la actividad por cuenta propia), que también se las arreglan para tener acceso a los deseados dólares, usando su profesión y la típica ingeniosidad del cubano.[23] Con ello, en la práctica, se burla y desafía de una forma pasiva el control totalitario de Castro y su elite gobernante, que no tienen que sufrir la penuria por ellos generada.

El mercado negro popular es complejo y comprende desde un simple intercambio hasta complicadas transacciones económicas. El mismo cubre una significativa gama de productos comestibles y manufacturados y de materias primas para los mismos. A pesar de la represión a esta actividad, de una forma o de otra, la mayoría de la población participa en el mercado negro como comprador, vendedor o productor. Incluso, participan los funcionarios, la Seguridad del Estado, los militares y la policía, porque, como nos han afirmado algunos entrevistados: «los policías también tienen boca, también ellos comen, al igual que sus familiares».

Otras fuentes de abastecimiento del mercado negro han sido algunos productos del mercado oficial normado y los provenientes de los diplomáticos, técnicos y estudiantes extranjeros. Los primeros son productos que se obtienen a bajo precio por la cuota de la libreta de abastecimientos, que la persona no consume y los vende a mayor precio (cigarrillos, tabacos, ron y algunos comestibles). Esta es una práctica más bien interpersonal, que continúa hasta el presente. Ella puede funcionar sobre la base de un pago o por simple trueque de mercancías, práctica ésta que ha sido muy popular en la economía cubana. Los diplomáticos y otros extranjeros con acceso exclusivo a las «diplotiendas», bien surtidas de todo (antes de la dolarización), han sido una fuente importante del mercado negro. Aparentemente el personal del antiguo bloque comunista europeo y muchos africanos y latinoamericanos se han distinguido por su habilidad para hacer negocios («bisnear») con la población, aunque algunos han comprado o intercambian lo que compran en dichas tiendas con los nativos, por amistad simplemente. En este sentido ha sido paradójico observar a cubanos usando a estos extranjeros de intermediarios para obtener los frutos del país que anteriormente eran abundantes y se vendían libremente por las calles. Según informes recientes, este sector extranjero sigue operando en el mercado negro, en menor escala y con un número limitado de productos.[24]

La economía clandestina cubana incluye no sólo la venta de artículos producidos por campesinos y la manufactura clandestina de muchos productos, sino también la provisión de servicios con bienes y materiales ilegalmente tomados de los organismos gubernamentales. Las piezas de repuesto y los servicios de reparación, que mucho escasean, son parte crucial de la misma. Se destacan en esa economía clandestina la reparación de viviendas, aparatos eléctricos y vehículos.

La apertura de ciertas ocupaciones u oficios al ejercicio privado legal de las mismas («cuentapropistas»)[25] ha contribuido a un incremento de la economía clandestina. Esto se ha visto particularmente con las actividades que requieren algún tipo de insumo o materia prima. Dado que el gobierno controla la inmensa mayoría de las mismas, normalmente no ha quedado otra alternativa a los «cuentapropistas» que recurrir a comprar «por la izquierda» los materiales que no son vendidos o están bajo rígido control del monopolio estatal.

Un tipo especial de bolsa negra, que pudiera llamarse «la bolsa negra de los funcionarios gubernamentales», se desarrolla entre funcionarios y administradores de empresas de bienes de consumo, por medio del trueque. Dado que hay gran escasez en el suministro de servicios y artículos diversos, y éstos tienen precios fijos, los que controlan su distribución en las tiendas del Estado tienen frecuentemente una situación privilegiada en el uso de sus posiciones, a fin de incrementar ilegalmente sus ingresos con la venta de los productos que controlan, o para obtener así favores recíprocos de otros funcionarios gubernamentales, o para beneficiar a sus amigos.

Los productos farmacéuticos no han escapado al ámbito de la bolsa negra. Estos provienen de las existencias de las farmacias que venden en pesos cubanos o en dólares. Con diversas artimañas por parte de los que trabajan en las mismas, los productos no se ponen a la venta, se retienen para «comercializarse» a más alto precio en la bolsa negra. Los productos pueden provenir también de las donaciones de medicamentos hechas a Cuba, que son igualmente sustraídos, de modo interno, y vendidos a mayor o menor precio que el prevalente en las farmacias dolarizadas. En este último caso, produciéndole un ahorro al consumidor.

El pueblo considera que robar al único empleador legal, el Estado, no es delito ni es moralmente incorrecto. Dado que se considera al Estado como el primer ladrón, se le aplica el apotegma de que «el que roba a un ladrón tiene cien años de perdón». Esta práctica ha alcanzado caracteres muy extendidos, a pesar de que el gobierno ha implantado medidas enérgicas para evitar que suceda, sin que hasta el presente haya podido conseguirlo. Muchos empleados sustraen de sus centros de trabajo, de múltiples e ingeniosas maneras, lo que en esos lugares se produce o vende, con la complicidad de los encargados de cuidar que esto no ocurra (ellos tienen parte en el «negocio»). Esto incluye todo tipo de materia prima, equipos y piezas para su uso personal, familiar o de amistades, o para venderlos en el mercado negro.

Otro aspecto de este mercado negro de los funcionarios gubernamentales es el que ocurre en el ámbito de las empresas del Estado. Cada una de ellas tiene un departamento de suministro, responsable de obtener todos los insumos, así como los alimentos para los comedores de los trabajadores. Para cumplir sus deberes, las personas responsables de estos departamentos de suministro recurren a métodos ilegales o no convencionales. Los responsables de estas posiciones son personas con amplias relaciones sociales y muy mañosas, a los cuales se les ha llamado «jinetes».[26]

Una de las actividades del mercado negro que más ha proliferado en los últimos tiempos es el «desvío» de materiales de construcción de empresas estatales civiles y militares a ciudadanos que los necesitan para reparar o ampliar sus viviendas. En esta actividad suelen estar implicados tanto los administradores, jefes de almacén u otros altos empleados de la fábrica o centro suministrador de materiales de construcción, como los despachadores y camioneros.

Muchas operaciones del mercado negro en Cuba no serían ilegales de existir un sistema democrático y de libre empresa. Serían parte del libre intercambio regido por la oferta y la demanda. Desafortunadamente no ocurre así, y, por tanto, son consideradas delitos y penalizadas bajo el Código Penal Cubano. El CDR y la «policía económica» del DTI (Departamento Técnico de Investigaciones del Ministerio del Interior) están a cargo de su represión. Sin embargo, ¿por qué el gobierno no termina con todas las actividades del mercado negro? Se ha considerado que una de las razones para la permanencia de esta actividad ilegal es que el régimen realmente no desea impedirla del todo, ya que provee una válvula de escape a la crónica escasez de bienes de consumo, al mismo tiempo que suple las deficiencias económicas que dan lugar a esa escasez. De cualquier forma, si se quiere proceder contra alguien que se considere molesto políticamente, será fácil encontrarle un delito de tipo económico.

Por otra parte, según nuestras investigaciones, los miembros de los CDR «se hacen de la vista gorda» en cuanto a la persecución del mercado negro, del que también participan porque «todo el mundo tiene que comer». Más aún, es conocido que muchos usan la cobertura «revolucionaria» para operar con más seguridad en este tipo de actividad. Además, dado que únicamente los altos dirigentes están exentos del estricto sistema de racionamiento, aparentemente la mayoría del personal oficial de nivel intermedio también participa en el mercado negro para «resolver» la situación de sus familias.

El desarrollo tan generalizado del mercado negro en Cuba pudiera ser considerado como una manifestación de rechazo popular a la implantación de los controles económicos impuestos por el gobierno y, en última instancia, al gobierno mismo. Los cubanos de hoy actúan, en ese sentido, de forma parecida a los de la época colonial, cuando, tratando de satisfacer necesidades de consumo ante el enorme monopolio comercial establecido por España, se practicaba un amplio contrabando de bienes con países extranjeros. Con ello se burlaba y enfrentaba el monopolio del comercio establecido por la Metrópoli, inferior al que intenta ejercer el gobierno de Castro sobre el pueblo cubano, dado que entonces no estaba controlada la iniciativa privada nativa como lo está hoy.

El grado de persecución de las actividades del mercado negro ha fluctuado a través de los años, de acuerdo con la escasez y el peligro político potencial de esa actividad como medio de escapar al control totalitario. Pero, en general, el comerciante clandestino que actúa con discreción en esta economía ha sobrevivido. Por el contrario, la persona que ha alardeado de sus ingresos provenientes de estas actividades frecuentemente ha sido arrestada y enviada a presidio. Las sentencias varían, dependiendo de la importancia de la mercancía involucrada, su origen, y la circunstancia del negocio.

A partir del proceso de dolarización puesto en marcha para recaudar los dólares que recibe la población por diferentes vías, el mercado negro se ha intensificado en todas las variantes antes descritas. El mercado negro predolarización —que en ocasiones hacía pensar que en Cuba se estaba viviendo en el siglo XVII, del trueque y la piratería— es hoy un mercado capitalista primitivo subterráneo, que acumula dólares para futuras operaciones en una Cuba más liberal económicamente. Esta economía clandestina opera junto con la creciente «mafia cubana», que va tomando control del aparato económico gracias a las inversiones extranjeras y la dolarización de la economía.

EL «MERCADO PARALELO»

Después del fracaso de la «Zafra Azucarera de los Diez Millones» en 1970, se iniciaron cambios sustanciales en la economía cubana, bajo la instancia y auspicio de los asesores soviéticos. Una de las principales dificultades que intentaron resolver fue el exceso de circulante monetario. Los precios subsidiados de los productos que la población continuaba adquiriendo por la libreta disfrazaban —oficialmente— la altísima inflación que, en la práctica, padecía el país. Esta ha sido negada por el gobierno, pero lo cierto es que en aquellos años el gran desbalance entre la masa monetaria y la disponibilidad de bienes disparó astronómicamente los precios en la indispensable bolsa negra, dada la inhabilidad del mercado racionado para proveer adecuadamente.

Fue entonces que los asesores económicos sugirieron el incremento de la disponibilidad de bienes de consumo para la población. En 1973, se estableció formalmente el denominado «mercado paralelo» ofreciendo bienes no racionados (productos «liberados») para la venta al público, a precios mucho más altos que los de los artículos racionados. El mercado paralelo comenzó ofertando productos electrodomésticos y continuó posteriormente con productos de primera necesidad, pero todos pagaderos en pesos.

Las razones fundamentales para la existencia de tal sistema de doble precio para los bienes de uso diario (como los alimentos, zapatos y ropa) eran no sólo las diferencias de ingreso imperantes, sino también otras de carácter político. La distribución y el usufructo de bienes han sido unas de las más importantes herramientas de control de la población utilizadas por el régimen.

Es de señalar que el «mercado paralelo» ya descrito no pudo eliminar ni sustituir el mercado negro, aparentemente uno de sus objetivos. Por una parte, no lo logró porque este último, en algunos casos, proveía artículos deficitarios incluso en el «mercado paralelo"; pero también porque muchas veces ofrecía productos de mejor calidad, incluyendo mercancías de origen occidental («jeans», equipos electrónicos, etcétera), es decir, muchos de aquellos productos que el Estado no producía, y a veces ni importaba,[27] para distribuir al pueblo en general. Estos dos factores nos llevan a sugerir que mientras el actual sistema totalitario de organización de la economía cubana esté vigente, el mercado negro continuará siendo una de sus características relevantes.

En 1987 el Ministerio del Interior inauguró una variante muy singular de los «mercados paralelos», las llamadas «tiendas del oro». Estaban encaminadas a extraer de la población los pocos metales y piedras preciosas que podían tener en su poder, pero en condiciones muy desventajosas para el que los poseía. De esta forma, la persona podía llevar prendas de valor a unas casas de cambio radicadas en La Habana, Santiago de Cuba y otras importantes ciudades, donde serían tasadas. De estar de acuerdo el dueño, se le daba una forma de crédito o vale por el precio equivalente de lo tasado para comprar en las tiendas especiales a las que no tenía acceso el pueblo por no disponer de dólares.

Así, el poseedor de esos metales o piedras preciosas, en muchos casos tesoros familiares, podía adquirir ansiados productos como televisores, refrigeradores y hasta un auto. El aspecto más negativo de este nuevo proceso fue que no sólo se despojaba a las familias de preciadas prendas, sino que esto se hacía con tasas de cambio muy abusivas en favor del gobierno, aprovechando el ansia que tenía la población de poseer ciertos productos. Es por ello que el pueblo, recordando las transacciones realizadas por los conquistadores con los aborígenes, cambiando el oro de éstos por baratijas, apodó las casas de cambio para esta nueva operación como «las casas del Indio» o las «casas de Hernán Cortés». Es de notar que la prensa cubana nunca mencionó formalmente este tipo de transacción económica.[28] Esta fiebre del oro condujo también al incremento del robo a personas y casas, incluso de las iglesias y hasta de las tumbas, en busca de metales preciosos.

Se hace necesario puntualizar que como consecuencia de la dolarización de la economía, el mercado paralelo inicial perdió su razón de existencia y se ha diluido en el nuevo mercado en dólares. Hoy por hoy, el gobierno cubano está interesado únicamente en la recaudación de divisas convertibles (dólares), y muchas de las antiguas tiendas del mercado paralelo,[29] ahora con productos occidentales, se han convertido en las shopping, donde pueden comprar los que tengan dólares. Sólo sobrevive, al estilo del mercado paralelo de corte antiguo, el nuevo mercado agropecuario, del que se tratará más adelante.

LA DOLARIZACIÓN DE LA ECONOMÍA

Tras la desarticulación producida por las arbitrarias medidas totalitarias de control casi absoluto en la economía, el peso cubano perdió su valor de cambio. El dólar comenzó a adquirir un nuevo valor, del que carecía antes del triunfo revolucionario.[30] La posesión de esta moneda era penalizada severamente, pero a pesar de ello, la misma se fue convirtiendo en moneda extraoficial en vista de la desvalorización del peso. Con la caída del bloque soviético, la desaparición de los subsidios del mismo y el gran fracaso en la vital industria azucarera, el gobierno de Castro incrementó el turismo extranjero como una fuente de adquisición de esa moneda fuerte. Del mismo modo, decidió explotar al máximo los fuertes lazos de solidaridad familiar materializados con las remesas de dólares enviadas por cubanos residentes en el exilio. De esta forma, el 26 de julio de 1993 se anunció la despenalización de la tenencia del dólar y se hizo decreto el 13 de agosto de ese año. Se abren así las puertas del país a las remesas del exilio. Esto podría llegar a ser la principal fuente de esa divisa para la isla, a juzgar por algunos estimados de la magnitud de las remesas enviadas desde el exterior.[31]

Como complemento de la dolarización se comenzaron a habilitar, a través del país, tiendas generalmente bien montadas y atendidas al estilo norteamericano, que venden productos utilizando esa moneda. Dichas tiendas, oficialmente Tiendas Recaudadoras de Divisas (TRD), han sido denominadas por el pueblo las «chopin» (shopping). En ellas se puede comprar desde comestibles hasta productos manufacturados como ropa y calzado, incluyendo electrodomésticos, a precios comparativamente más altos que los existentes en los Estados Unidos. Esta situación disparó la situación inflacionaria a niveles increíbles, creando una enorme desigualdad entre los que tienen acceso a los dólares y los que no lo tienen, y con consecuencias socio-económico-políticas que todavía están por evaluarse.[32]

Por otra parte, se comenzó a penalizar severamente (con altísimos impuestos de hasta el 100 % del precio) la entrada de determinados artículos manufacturados, principalmente electrodomésticos, provenientes de familiares en el exterior, con el objeto de forzar la compra de los mismos en las shopping. Con ello el gobierno recauda masivamente el ansiado dólar.

Otra forma del gobierno de Castro para obtener dólares ha tenido lugar con respecto a las donaciones a Cuba. Hay evidencias de que donaciones hechas al pueblo de Cuba por otros países han ido a parar a las shopping para ser vendidas en dólares, o en moneda nacional dentro del mercado racionado. En algunos casos, las autoridades cubanas no se han tomado el trabajo de remover las etiquetas ni tapar las inscripciones que indican expresamente el origen de esa mercancía.[33]

Por otra parte, es conocido que a agencias humanitarias como Cáritas, de la Iglesia Católica, se les ha impedido la importación de donativos de productos alimenticios, como leche en polvo, para distribuir gratuitamente. Con ello se ha forzado a dicha agencia a hacer sus compras, en dólares, en las distribuidoras gubernamentales. Esto ha tenido el agravante de que también se ha forzado a Cáritas a comprar, a precio de minorista, en vez de mayorista, los productos alimenticios que ellos distribuyen de manera gratuita a los más necesitados, como son los ancianos.

La implicación de las TRD se comprende mejor cuando se sabe que de modo creciente el mercado «normado» o racionado vende menos productos de primera necesidad que los señalados en la cuota oficial. Estos, sin embargo, se encuentran de modo abundante en las shopping. Tal es el caso del aceite de cocinar. Es de notar que es posible comprar en las shopping, utilizando los pesos convertibles cubanos, también llamados «chavitos» por el pueblo. Estos son equivalentes a dólares, pero se adquieren con pesos cubanos (a una tasa de cambio actual de entre 23 y 25 pesos cubanos por un «peso convertible»).[34] Los «pesos convertibles» se pueden comprar legalmente en las CADECA (Casas de Cambio) que existen también en todas las provincias. Estos pesos sólo son redimibles en dichas tiendas y, aunque ayudan a la adquisición de bienes, con ello entronizan la gigantesca situación inflacionaria implícita en esta doble economía tan sui géneris.

Con la dolarización, la distancia entre lo que se recibe como ingreso salarial y lo que puede comprarse se ha hecho enorme, teniendo en cuenta el desabastecimiento del mercado normado. Si consideramos como válida la cifra oficial del salario promedio en 200 pesos cubanos mensuales, y suponemos un núcleo familiar con dos ingresos por esa cantidad, el total de 400 pesos sería el equivalente de 18 dólares (al cambio de compra del consumidor de 22 pesos por USD). De acuerdo con los precios (septiembre de 1998) en las shopping, ese ingreso alcanzaría para comprar los siguientes productos, en falta regular o no disponibles en el mercado normado o el agropecuario: un kg de picadillo de carne de res de primera (USD $8.50), un litro de aceite (USD $2.50), un pomo de puré de tomate (USD $1.80), un tubo de pasta de dientes (USD $2.10), un jabón de baño (USD $0.35) y uno de lavar (USD $0.40) y le sobran menos de tres dólares para cubrir el resto de las otras necesidades no satisfechas por el mercado normado ni los agromercados, que venden en pesos a altos precios (Ver Tabla 1). Las familias tienen que volverse muy ingeniosas ante esta situación. Pocas familias tienen menos de dos asalariados entre sus miembros para enfrentar esta realidad económica. Debe señalarse que en el mercado negro de los productos que se venden en las shopping, los precios suelen ser más bajos, obviamente por el robo desde dentro de dichas tiendas, lo cual facilita la sobrevivencia del pueblo.

La clave de la subsistencia del pueblo radica mayormente en incrementar los ingresos por el involucramiento en actividades de la economía clandestina, vendiendo algo («el bisneo»), casi siempre basado, de alguna forma, en el robo desde dentro, a las entidades oficiales; otros realizan algún trabajo adicional por cuenta propia (legal o mayormente ilegal) haciendo trabajos de reparaciones para familiares y amigos, o fabricando productos o comestibles de diverso tipo, la mayoría de ellos con herramientas y/o materiales sustraídos al monopolio gubernamental u oficial.

Es evidente el deseo del gobierno cubano de dolarizar toda la economía. Esto se manifiesta en otras dimensiones del consumo y del servicio. Los productos farmacéuticos han ido pasando a este tipo de mercado. De esta manera muchos medicamentos que no se encuentran disponibles en las farmacias que venden en pesos cubanos, lo están en las que venden en dólares. Este deseo de dolarización se hace más señalado con los trámites migratorios. Las principales embajadas o misiones diplomáticas de los países a los que viajará el cubano, como la norteamericana, cobran todos sus trámites en pesos cubanos, mientras que Inmigración de Cuba y las instancias que se relacionan con documentos que se tramitan cuando se va a emigrar cobran en dólares —como el departamento de legalizaciones del Ministerio de Relaciones Exteriores y las dependencias que expiden certificados de antecedentes penales— y a altos precios. Otro renglón en proceso de dolarización según nos reportan, es el de las librerías, aprovechando la gran afición de la población por la lectura.

Con la dolarización de la economía se puede decir que el Estado se ha ido desentendiendo de los sectores más desposeídos (la mayoría), que no tienen acceso a esa moneda. Se ha dejado en manos de la población el medio de «resolver» la adquisición de esta divisa. Por otra parte, se ha instrumentado una intensa campaña propagandística de desinformación, publicándose oficialmente «que casi la mitad de la población tiene acceso a los dólares, como resultado de la nueva política monetaria» y que «alrededor de 1,400,000 de los 4 millones de personas empleadas en Cuba reciben al menos una parte de su salario en dólares», como incentivo.[35]

LOS MERCADOS CAMPESINOS, EL ARTESANAL Y LOS «CUENTAPROPISTAS»

A mediados de 1980 el gobierno estableció el «mercado libre campesino» (mlc). En él, a los todavía existentes pequeños campesinos independientes, se les permitía vender el remanente de su producción, después de haber vendido al gobierno la cuota establecida para cada uno. La venta de carne, leche, café, cacao y tabaco estaba prohibida en estos mercados.

En los mlc los precios de los productos agrícolas eran mucho más altos que en el sistema regular de racionamiento. Pero, de esta manera, se podían comprar los alimentos necesarios para suplementar la pequeña cuota oficial, sin riesgo de ser encarcelado (acusado de un «delito económico») por participar en el mercado negro.

Estos mercados generaron un sector de intermediarios, especialmente en La Habana, quienes compraban a los campesinos en el campo y revendían en las áreas urbanas, cumpliendo así una función vital, ya que no era práctico para los agricultores ir a las áreas urbanas y vender directamente. Dichos intermediarios derivaban grandes ganancias, lo cual inquietó enormemente a la elite gobernante. Es por esto que dichos mercados fueron eliminados como parte del denominado «proceso de rectificación de errores», que tomó fuerza en 1986.

Desde entonces, los pequeños agricultores han debido entregar toda su producción a los «centros de acopio» estatales, a precios fijados por ese organismo, con excepción de la parte que utilizan para el autoconsumo de su núcleo familiar, de la que, subrepticiamente, venden en bolsa negra.

El mlc —como todo lo que pretende escapar al control del Estado, según las lapidarias palabras de Fidel Castro en 1997, actuando cual dueño del país, durante la última sesión de ese año de la Asamblea Nacional del Poder Popular— «no se permitirá jamás». Sólo se mantendría un mercado paralelo de productos agropecuarios muy controlado por el Estado, lo demás sería ilegal, y, por ende, perseguido.

Una situación similar se desarrolló también con los artesanos en las ciudades, quienes, con el debido permiso («patentes» por el pago de un alto impuesto) estaban trabajando en sus oficios o habilidades y desarrollaron un creciente y cada vez más importante mercado, principalmente en la Plaza de la Catedral, en La Habana.[36] En este caso, en vista del control monopolista de las materias primas por el Estado, se desarrolló un sistema de suministro clandestino, contrabandeado de fábricas y tiendas dirigidas por el gobierno. De nuevo comenzó a emerger un importante sector empresarial clandestino, en el que estaban envueltos muchos funcionarios gubernamentales. El hecho de que un sector independiente se estaba desarrollando y esquivaba sustancialmente el monopolio de los suministros, determinó una acción contra este pequeño sector de libre empresa. Como en ocasiones previas, un discurso de Castro (en mayo de 1982) señaló el comienzo de una campaña contra los sectores arriba mencionados, algo parecido a la Ofensiva Revolucionaria de 1968.[37] De un día para otro, cientos de estos «empresarios» fueron arrestados, y muchos fueron encarcelados por el delito de hacer «ganancias ilícitas».[38] Pero, con el otorgamiento de «patentes» para trabajo por cuenta propia en 1994 resurgió, y tal vez más fuerte, el artesanado.

Una importante razón para la eliminación del anterior pequeño sector privado de artesanos parece haber sido la difícil posición en la que este sector ponía al Estado con respecto al consumidor. El consumidor cubano había empezado a preguntarse: ¿Cómo es posible que unos pocos hombres ingeniosos, con productos desechables y con trabas estatales para la adquisición de las materias primas, se las estén ingeniando para producir todo aquello que el Estado socialista no produce ni en cantidad ni en calidad suficientes para resolver nuestras necesidades? A mediano plazo, esto podía haber originado una mayor aceptación, por parte de la opinión pública, de la iniciativa privada, como un medio de resolver problemas sociales, creando así el ambiente político-sicológico necesario para que surgieran nuevas demandas de incrementar el papel de este sector. Consecuentemente, para la elite dirigente, celosa de su monopolio del poder político y económico, esta exitosa iniciativa privada constituía una tendencia muy peligrosa.

Reaccionando a la gran crisis popular, con visos de explosión social, manifestada en la masiva protesta popular del 5 de agosto de 1994 en La Habana, conocida como el «maleconazo», en septiembre de ese año el gobierno inauguró los llamados mercados agropecuarios estatales, los «agros», muy controlados por el gobierno.[39] En los mismos se puso a la venta una gran cantidad de productos agrícolas, incluyendo carne de cerdo, pero no así carne de res ni mariscos. Como en el antiguo mercado libre campesino, los precios en estos nuevos mercados son varias veces más altos que los prevalentes en el mercado normado.

En contraste con los mlc, los precios en los agros tendrían una mayor influencia del sector gubernamental, estando bajo la dirección del Poder Popular. Dicha influencia tendría lugar a través de vendedores, quienes provienen, en gran proporción, de granjas estatales (cooperativas agropecuarias y unidades básicas de producción cooperativa y granjas puramente militares), como en los controles ejercidos por el gobierno en cuanto al alquiler de lugares o tarimas de venta y en los altos impuestos sobre las ventas,[40] más elevados que los del mlc. Es por ello que muchos campesinos independientes se han retirado o han rehusado participar en este nuevo tipo de mercado controlado, y prefieren vender completamente por su cuenta, afrontando los altos riesgos que ello implica. De cualquier manera, el consumidor tiene que sufrir el impacto, en su magro presupuesto, del elevado precio de estos mercados, que funcionan principalmente en moneda nacional, como se detalla en la Tabla 1.

Con el proceso de dolarización, y como paliativo al creciente desempleo y a la crisis popular arriba mencionada, el gobierno cubano se vio obligado a revivir, en diciembre de 1994, el antiguo trabajo artesanal privado, a través de la autorización parcial del trabajo por cuenta propia. En virtud de esta regulación se legalizó una gran variedad de trabajos privados, a cuyos ejecutores popular-mente se les ha llamado «cuentapropistas». A una gama de oficios que ya venían operando de modo clandestino se le dio la opción de operar dentro de la ley por medio de la adquisición de una «patente». Esta excluye a profesionales universitarios que no pueden ejercer sus carreras de modo privado. Las patentes sólo eran factibles para una cantidad de oficios y servicios personales cuya práctica privada nunca pudo suprimirse al querer hacerlos empleados gubernamentales, tras la ofensiva revolucionaria de 1968. Estas ocupaciones venían llenando una muy sentida necesidad de la población consumidora, que el sistema gubernamental no satisfacía.[41]

Es de notar que ha quedado prohibida la práctica privada de las ocupaciones relacionadas con la educación y la salud, y todas las carreras universitarias, las cuales el régimen se empeña en preservar como monopolio estatal. Más recientemente se ha procedido contra los cuentapropistas, ante su gran proliferación y éxito, incrementándoles sustancialmente los impuestos y haciéndoles justificar la procedencia de sus suministros que, inevitablemente, provienen en gran medida de la economía clandestina. Debido a este cúmulo de obstáculos no es de extrañar que una cuarta parte de los que habían solicitado «patentes» inicialmente las hayan cancelado, retirándose de la actividad o volviendo a la economía clandestina.[42]

Entre los cuentapropistas más destacados se encuentran los operadores de los llamados paladares. Estos pequeños restaurantes situados en casas particulares de las ciudades más importantes—llamados así popularmente a propósito de una telenovela brasileña en la que se enaltecen la iniciativa privada, el trabajo y el éxito económico con restaurantes que usaban ese nombre.[43] Los paladares, frecuentados tanto por extranjeros como por nacionales, tuvieron gran éxito a pesar de las trabas gubernamentales, como la de prohibir que tuvieran más de 12 asientos, la de no poder emplear más que a familiares y la de los crecientes impuestos. Han brindado un excelente servicio, superior al de los restaurantes gubernamentales, y hasta por un precio más bajo.

Como en ocasiones anteriores, dicho éxito despertó el resentimiento totalitario y se arreció el hostigamiento a esta actividad privada. Un punto de contención ha sido también el origen de la materia prima utilizada, exigiéndose la justificación de su procedencia. Muchos paladares han tenido que cerrar o se han tornado clandestinos. Es interesante destacar que han surgido paladares de personas de procedencia gubernamental, las cuales han visto en ello una buena oportunidad comercial. Estos, aparentemente, no son hostigados como lo son los de origen popular. Como respuesta popular a la ofensiva gubernamental exigiéndoles a los dueños de los paladares la presentación de recibos de compra de los insumos que utilizan, ha surgido un mercado negro de dichos comprobantes. Esta ofensiva ha determinado, según informes de fines de 1998, que en la ciudad de Santiago de Cuba los paladares hayan sido prácticamente eliminados. De manera semejante, pero casi siempre sin permiso legal, han proliferado expendios pequeños o los llamados «timbiriches», remedos de cafeterías, muchas veces a las puertas de las casas o en los dinteles de las ventanas, que expenden refrescos o pan con algo. También, de manera subrepticia, algún producto «se coloca al descuido» al lado de la persona que lo vende, de modo que si pasa un policía o funcionario gubernamental, el «vendedor» no esté claramente comprometido.

En un país en crisis económica debido a un estatismo irracional, con una población reprimida y maniatada, cualquier iniciativa privada triunfa ante el anquilosamiento del sistema. Pero ese sistema tiene todavía facultades para ahogar cualquier «exceso» de libertad. Así, la abusiva nueva ley de impuestos sobre el trabajo privado y las multas tratan de aplastar cualquier florecimiento de esta pequeña empresa.

Mientras en Cuba se mantenga el monopolio estatal sobre la propiedad, cualquier iniciativa individual está sujeta a las arbitrarias decisiones del Estado, que moldea su partidario aparato jurídico de acuerdo con su conveniencia. Así sucedió con «los macetas»,[44] que fueron a la cárcel; con los artesanos de la Catedral; con los intermediarios del mercado libre campesino; y ahora pasa con los cuentapropistas, hostigados con inspecciones minuciosas sobre el origen de la materia prima y los grandes impuestos.

CONDICIONES HABITACIONALES

El estado de la vivienda es un indicador fundamental de las condiciones de vida de un pueblo. En Cuba, es extremadamente inadecuado y con muy pobres perspectivas de mejoría en los años venideros.

El período de espera para tener acceso a un apartamento, a no ser que la familia tenga una influencia política sustancial, es de varios años, y es muy probable que no pueda resolverlo nunca. En Cuba, el universalmente conocido concepto de compra-venta de inmuebles no existe para el nativo. Sin embargo, un extranjero que desee comprar un inmueble lo puede hacer; y, de hecho, esa ventaja es frecuentemente utilizada por algunas jóvenes cubanas que se casan con extranjero y no emigran, se quedan a vivir en Cuba en una residencia que le adquirió su cónyuge. Es sólo el Estado el que puede comprar y vender casas. La única forma legal de cambiar de vivienda, siendo titular de una, es la «permuta»,[45] mecanismo que sirve para, de manera solapada, hacer transacciones de compra-venta.

Una de las causas de la crisis habitacional cubana es el inadecuado nivel de construcción según el crecimiento poblacional. Ello se debe, mayormente, al control del proceso de construcción por parte del gobierno. Cuba tiene el mayor déficit de viviendas del hemisferio.[46] Se estima que en La Habana, donde vive el 20 % de la población del país, el 70 % de las casas o edificios están necesitando reparación urgente; y de 550,000 viviendas, el 21 % aproximadamente se consideran inhabitables, dado su estado de deterioro.[47]

La calidad de las nuevas casas construidas se puede categorizar como de «antigüedad instantánea». Las paredes y los cielos rasos se agrietan, y las instalaciones sanitarias dejan frecuentemente de funcionar, incluso antes que el nuevo apartamento sea ocupado. Una pobre terminación es característica típica de las nuevas construcciones. Ello se debe no al mal diseño, sino a la mala utilización y la pobre calidad de los materiales.[48]

Los funcionarios del régimen que usualmente sirven de guías a los visitantes extranjeros en Cuba procuran, sin embargo, que éstos vean lo que el Partido desea que vean. Típicamente visitan algunas áreas de La Habana bien mantenidas, lugares históricos, algunas playas, escuelas, hospitales y fábricas seleccionados y algunas cooperativas y granjas estatales modelo.[49] Pero fuera de la senda escogida por el gobierno, la situación es diferente. Allí están los barrios donde los que viven mayoritariamente son obreros, en condiciones de gran penuria habitacional.

Debido a la escasez de casas y apartamentos, la promiscuidad ha aumentado grandemente en las viviendas. Con frecuencia, las familias son forzadas a ocupar una sola habitación. Muchas parejas divorciadas tienen que continuar habitando en la misma vivienda, aun cuando ellos vuelven a casarse, subdividiendo la ya restringida unidad habitacional.

Las parejas de jóvenes casados son las que más han sufrido el déficit de viviendas. En la mayoría de los casos, los recién casados tienen que residir «agregados» en la casa de uno de sus padres. O, aún peor, en casos extremos, si están ya atestadas las casas de ambas familias, tendrán que continuar residiendo separadamente, cada cual con su respectiva familia. Esta estrechez ha dado lugar al inusitado fenómeno de que para poder tener un poco de intimidad sexual se tenga que recurrir a las «posadas[50]«(nidos de amor o casas de cita), regenteadas por el gobierno. En muchos casos tienen que hacer cola, en público, con lo que esto representa de degradación personal, para, al fin, conseguir una habitación que probablemente carecerá hasta de agua.[51]

El gran déficit de viviendas en Cuba ha traído como resultado el singular fenómeno del «crecimiento de las casas hacia adentro», particularmente en La Habana. Ello ocurre en casas que tienen un puntal o techo alto. Este espacio a veces se ha dividido y se ha construido una especie de mezzanine o barbacoa,[52] como se le llama en Cuba. Estas adiciones son ilegales en muchos casos, ya que el Poder Popular por lo general no las autoriza. Pero de esta forma, la familia «resuelve» la situación de un hijo o hija que se casa y no tiene acceso a un apartamento propio. Obviamente, estas adiciones incrementan la densidad habitacional en las viviendas (número de personas por hogar) y como tal, aumentan la posibilidad de conflictos familiares y sociales.

El problema del déficit habitacional se agudiza porque el gobierno no ha permitido a los inquilinos cubanos dar un mantenimiento adecuado a sus viviendas. El proceso de reparación y mantenimiento es largo y complicado, lleno de burocratismo e ineficiencia. Todos los suministros requeridos están bajo control gubernamental. Así, un significativo deterioro y la eventual destrucción de casas y edificios son muy frecuentes. Los derrumbes o desplomes de casas y edificios ocurren de modo regular, especialmente en época de lluvias, lo cual deja una secuela de personas sin vivienda y escombros en las calles.[53] Esto es muy significativo en La Habana Vieja. Mientras tanto, el gobierno ha usado en gran medida los materiales de construcción para fabricar túneles militares y hasta para la exportación.[54]

Las circunstancias arriba descritas han determinado que Cuba —aunque no es reconocido por sus gobernantes actuales— no sea la excepción con respecto a la presencia de barrios marginales, «cinturones o focos de miseria» en sus centros urbanos mayores, típico de otras naciones en desarrollo.[55] Como en esos países, muchos de los moradores de esos barrios marginales también son el producto de la migración rural-urbana, un serio problema hoy en La Habana. Pero en Cuba, en las «villas miseria», también habitan antiguos residentes de casas que se han derrumbado debido al deterioro y la falta de reparación. Es contrastante y chocante, por otra parte, el esfuerzo de renovación del casco histórico de La Habana, en La Habana Vieja, particularmente para beneficio de los turistas. Con fondos de la UNESCO y del gobierno español se han venido restaurando edificaciones coloniales en esta parte de la ciudad, que ha sido declarada Patrimonio de la Humanidad.[56]

La crisis de vivienda que sufre el pueblo cubano no está confinada a encontrar un techo ni a cómo ni con qué repararlo. La energía y el suministro de agua son otros aspectos de esa crisis. Los apagones han sido parte de la vida diaria, dependiendo naturalmente de dónde uno resida. Hay lugares en los que nunca falta la electricidad, generalmente asociados con importantes instalaciones gubernamentales o lugares turísticos. El carbón, el gas y el keroseno (conocido como luz brillante) para cocinar o para calentar algo también escasean. Se ha tenido que recurrir a la leña para cocinar, quemando cuanta madera pueda usarse.

Una de las formas más ingeniosas para ayudar a resolver el problema de los apagones ha sido la adaptación de generadores de electricidad, los que pueden ser un conjunto de baterías de algún vehículo automotor, desde luego obtenidas clandestinamente. Así se consigue no sólo tener alguna luz, sino también poder seguir la muy popular telenovela de turno en la noche. En casas que bordean áreas donde no se va la luz, debido a alguna instalación turística o de otro tipo, se ha desarrollado un sistema de «tendederas» o puentes eléctricos brindando ese fluido al no afortunado por medio, en muchos casos, de algún tipo de compensación. De forma improvisada y menos refinada se ha extendido el uso del antiguo candil de los campos, utilizando pomos vacíos de boca ancha y algo que, como mecha, queme el keroseno, lo cual genera gran humareda.

Nuestra encuesta de 1989 arrojó que las cocinas de keroseno han alcanzado un alto grado de popularidad debido a la dificultad para obtener las que son a gas o eléctricas.[57] Las cocinas de keroseno de la marca «Pike», de manufactura cubana, tienen una construcción muy deficiente. Las mismas funcionan por gravedad; y sus conexiones para llevar el combustible al quemador son muy frágiles, por lo que se desprenden con relativa facilidad. Esto ha provocado muchísimos incendios y quemaduras entre la población.

La situación del servicio telefónico es muy inferior a la existente antes de 1959. Los equipos públicos son viejos en las casas privadas; prácticamente no se instala un nuevo servicio telefónico, a menos que el residente tenga una posición de alto nivel en el gobierno o esté relacionado con un funcionario importante del Partido. Existen, por otra parte, los conocidos «teléfonos 33» (por sus dígitos iniciales) que se pagan en dólares y los tienen las firmas y representaciones extranjeras, las corporaciones cubano-extranjeras y aquellos particulares que los puedan abonar por tener familiares en el exterior que se responsabilizan con ese pago. Su servicio es de buena calidad. Por «un 33» se puede tener acceso al satélite y hacer llamadas internacionales, al igual que en los demás países. Una llamada internacional desde otro número en Cuba se tiene que hacer a pagar en el número de destino, operadora mediante.

La escasez de agua no es nueva para La Habana y otras ciudades cubanas. Pero, a pesar de casi 40 años en el poder, el régimen de Castro no sólo no la ha resuelto, sino que se ha empeorado muy notablemente. «Hay algunos barrios en

Cuba que, cuando yo salí, habían estado por más de diez años sin un suministro diario de agua», expresó un ex funcionario del Ministerio de Salud Pública entrevistado.[58] Esto trae como resultado enormes dificultades para la población. Es frecuente que el citadino, en especial el habanero, tenga que acarrear el agua a su casa, a veces subiendo varios pisos. Pero, lo que es peor es el estado de las tuberías del sistema de suministro de agua, que se ha deteriorado y destruido en muchos lugares, así como el de las tuberías de las aguas albañales.[59] Para agravar más aún la situación, debe señalarse, de acuerdo con algunos observadores, que en ciertas áreas, el manto freático de La Habana se ha contaminado como resultado de tuberías de albañales rotas. Sólo el 55 % de las viviendas de Ciudad de La Habana recibían en 1995 agua potable directa.[60]

Otra grave cuestión que afecta la situación habitacional tiene que ver con la recogida de la basura. Esto se ha vuelto un problema crítico en las ciudades, y especialmente en La Habana, con su alta densidad de población. Existe una absoluta falta de periodicidad en este esencial servicio. El gobierno ha tratado de afrontar el problema con el uso, por área, de grandes contenedores de basura comunitarios, pero la situación no ha mejorado por la falta de recogida de los mismos.[61] La inconveniencia debido a la fetidez despedida por los contenedores, o simplemente por la acumulación en las calles de los desperdicios, y el peligro sanitario que esto representa son enormes. Ello se agrava con la gran abundancia de ratas y perros callejeros que aún quedan, que aprovechan esta situación.[62]

LA CRISIS DEL TRANSPORTE

La situación del transporte en general ha sufrido un constante deterioro desde principios de los años 60. Parece un viaje al pasado el ver carros de los años 40 y 50, de fabricación norteamericana, todavía rodando por las calles de Cuba, en número notable. Ello también constituye un tributo a la ingeniosidad e inventiva del mecánico cubano. Sin duda, los dueños de esos vehículos han desplegado gran habilidad «inventando» piezas de repuesto de mil maneras. En los ómnibus de servicio público, el no recibir un adecuado mantenimiento combinado con la no fabricación ni la importación de los mismos ha producido otra gran crisis nacional en este vital sector.

Es por ello que para el ciudadano corriente en Cuba, el transportarse ha sido una real pesadilla. El trabajador cubano de las ciudades mayores y, especialmente en La Habana, habrá de despertarse mucho más temprano de lo que habitualmente lo hacía antes de 1959, para tomar con tiempo el ómnibus que lo llevará a su centro laboral, debido a la insuficiencia de éstos para transportar masivamente a la población en las horas pico. Por la misma razón regresará más tarde a su hogar —después de la jornada de trabajo— disminuyendo de esta forma el tiempo que podría dedicar al descanso o al esparcimiento. Es de notar que en Cuba sólo una minoría pequeña posee hoy día automóviles.[63] Debe señalarse que, al igual que con la vivienda, la población no puede en la actualidad comprar ni vender carros nuevos sin autorización gubernamental.

Con el llamado período especial, el transporte ha sufrido, particularmente y, por ende, la población.[64] Una de las medidas implementadas por el gobierno ha sido la importación y luego la construcción masiva de bicicletas. El pueblo adoptó con resignación dicho medio de transporte. Este, a su vez, ha generado un sector de servicios al mismo, mayormente privado y clandestino,[65] ya que ante tanta precariedad del sistema de ómnibus, se le ha dado un uso enorme a la bicicleta. Según informes recientes, muchos hombres han sufrido consecuencias físicas negativas debido al enorme uso de la bicicleta, combinado con la mala alimentación.[66]

Es muy común ver dos o más personas viajando en una misma bicicleta, o llevando diversas cargas. La ingeniosidad criolla ha desarrollado los triciclos llamados «bicitaxi», con capacidad para dos pasajeros, que se emplean para transportar turistas fundamentalmente. Una consecuencia de este uso y abuso de la bicicleta, aparejada a la baja calidad de las mismas, ha sido la frecuencia de los accidentes.[67] Paradójicamente son también notables los accidentes automovilísticos (a pesar de los pocos carros que circulan), y hasta de ferrocarril.[68] Todos parecen causados por la falta de mantenimiento a los vehículos, así como por el abuso del alcohol.[69]

Otra variante del transporte público ha sido la incorporación del camión, del caballo y del «camello».[70] La primera ha consistido en el uso y habilitación de camiones, popularmente conocidos por «guacamiones»,[71] donde por lo regular se viaja de pie, manteniendo el equilibrio con mucha dificultad. Puede que tengan instalados unos techos improvisados y bancos de madera, pero los viajeros básicamente están a expensas de las inclemencias del tiempo. Estos camiones son mayormente de propiedad privada, y se mantienen en buenas condiciones gracias a la iniciativa e ingeniosidad individuales. Estos camiones privados pueden ser utilizados para transporte interciudades, debido a la carencia de ómnibus regulares para este servicio; y pagan un fuerte impuesto. Existe un personal especialmente preparado: «los amarillos»,[72] para viabilizar, en las calles o carreteras, la subida de pasajeros a los medios de transporte estatales[73] que circulen por allí.

El caballo, sólo utilizado antes de 1959 en el campo, se incorporó masivamente como medio de transporte a partir del período especial, en las ciudades
del interior del país. Se han utilizado allí extensamente uno o dos animales para
halar carretones —que se emplean para transporte público— cargados de
pasajeros o carga. Esto ha convertido al noble animal en codiciada posesión, a
menudo robado y sacrificado para utilizarlo como alimento humano.

El «camello» es un ómnibus utilizado sólo en La Habana, llamado así por
la forma de dromedario que tiene (con dos prominencias); consiste en un camión
rastra («cuña») al cual se le ha adicionado una carrocería. Puede llevar hasta 300
personas (la mayoría parados), y carece de los mínimos niveles de confort
presentes en los medios de transporte masivo del mundo occidental, como aire
acondicionado.[74] En La Habana es cotidiano observar los ómnibus repletos, las
«colas» en las «paradas» y el enojo de la población si la «guagua» no se detiene
en el lugar establecido.

No sólo existen grandes dificultades con los ómnibus locales o urbanos,
también ocurren con los intermunicipales y los interprovinciales. En los años de
la década del 60 y parte de la de los 70, era normal que en las terminales de estos
últimos se produjesen largas colas y extensas listas de espera. No era raro
entonces que una persona que no tuviera su asiento reservado tuviera que pasar
largas horas —y a veces más de un día— para poder ocupar un asiento en el
ómnibus que la llevaría a otra provincia. En la actualidad, dado lo escandalosas
que resultaban las colas en las terminales regulares, a la vista de los extranjeros,
se han buscado en las ciudades ciertos lugares, apartados de las terminales de
ómnibus, donde se hacen las largas colas de lista de espera para este servicio.
Además, la salida atrasada de los ómnibus por problemas técnicos, o a veces de
indisciplina laboral, origina altas congestiones de viajeros que se suman a los
que aguardan el fallo de una reservación para poder viajar. Algo semejante
ocurre en los aeropuertos para los vuelos nacionales.

La crisis del transporte en Cuba alcanza a los taxis, cuya gran mayoría es
propiedad del Estado. Muchos llaman a los taxis «los inalcanzables», porque
muchas veces no se detienen ante la señal del aspirante a viajar en ellos. A partir
de la dolarización, es frecuente contemplar los «turistaxi», que circulan vacíos
frente a la resignación de los cubanos, que aguardan en las paradas de ómnibus,
pues no pueden pagar en dólares el precio que tendría su viaje en taxi. Por otra
parte, se ha desatado una tremenda cacería por parte del Estado contra aquellos
que burlan el alto impuesto a los taxistas particulares autorizados y a los
clandestinos. Se ha establecido, por ley, una figura delictiva denominada «uso

ilegal de un vehículo particular», sancionada con grandes multas y hasta con la confiscación del carro.

El servicio de transporte público por ferrocarril y el aéreo también afrontan grandes dificultades en la Cuba de hoy. La suspensión de viajes, las demoras en horarios de salida y llegada, ocurren prácticamente a diario, como informa la propia prensa oficial.[75]

CONCLUSIÓN: ¿PAN O LIBERTAD?

A lo largo de este capítulo, hemos analizado el impacto en el cubano, como consumidor, del control totalitario del país por el régimen de Castro. El deficiente desarrollo de la economía cubana en estas cuatro décadas ha repetido las fallas económicas de la mayoría de los países comunistas, amplificadas por el papel negativo ejercido sobre ella por el personalismo absolutista y las arbitrariedades de Fidel Castro en los proyectos económicos.[76] Por otra parte, una significativa porción de los recursos económicos de Cuba que podían haber sido utilizados para promover su propio desarrollo ha sido usada en gastos de seguridad y militares, así como en la promoción de la subversión en el extranjero, las guerras, especialmente en Africa y América Latina, y el espionaje.

Es oportuno destacar la importancia de la administración autocrática de la economía cubana por parte de Castro. Si la política económica adoptada en Cuba en los pasados cuarenta años hubiese sido el resultado de un análisis profundo por técnicos y economistas de alto nivel, probablemente hubiera sido menos errónea. Pero, como han señalado varios analistas de la situación cubana, Castro cree ser también un experto en todos los campos —un experto economista, un experto agrónomo, un experto en crianza de animales, en medicina y en asuntos industriales.[77] El cree que puede llevar a la economía lo que le dio resultado en la insurrección. Como nos decía uno de nuestros entrevistados:

Fidel ha hecho la economía como ha hecho la política: creyendo que hacía historia de los descalabros. El Moncada, el Granma; Fidel ha ascendido a través de descalabros. En la economía ha seguido utilizando su estilo guerrillero.[78]

La economía no es una lucha guerrillera, y al final alguien ha tenido que pagar por la mala administración del liderazgo cubano, el costo de mantenerse ellos mismos en el poder y exportar al extranjero sus actividades subversivas.

Dos entidades han estado pagando por ello: (a) la Unión Soviética, que estuvo subvencionando masivamente al gobierno de Castro[79] a cambio de servicios políticos y militares; y (b) el pueblo cubano, que en cuarenta años ha visto retroceder de manera significativa su nivel de vida, debido, en gran parte, a las absurdas y absolutistas medidas de control económico.

La más reciente medida del gobierno de Castro, la dolarización de la economía, introducida tras el fin del subsidio económico soviético, ha servido para exacerbar la crisis del cubano como consumidor. Ha hecho mucho más difícil la sobrevivencia para quienes no tienen acceso a esa moneda, llevada a Cuba por el turismo y otras inversiones extranjeras, fuertemente promovidas por el gobierno; y por las remesas enviadas desde el extranjero a familiares. La dolarización y los nuevos mercados agropecuarios han generado una enorme y abusiva situación inflacionaria impuesta por el sistema y particularmente dañina a los sectores más desvalidos de la sociedad, como los ancianos. Esto, aparejado al enorme bloqueo de la iniciativa privada del nativo, ha provocado que prácticamente todos tengan que estar en la ilegalidad de la economía clandestina para sobrevivir.

Entre los costos sociales, de consecuencias impredecibles, que tiene la crisis del cubano como consumidor se halla el agravamiento de la crisis moral del pueblo. Este tiene que vivir un doble estándar, usando la simulación, la mentira y el robo para sobrevivir. El ejemplo más reciente de ello es el fenómeno del «jineterismo» (prostitución), primariamente vinculado al interés y la necesidad de paliar la crisis material que se vive hoy en Cuba. De hecho, una joven, o un joven, se envuelve en ese mundo prostituido para obtener bienes materiales o los codiciados dólares,[80] y, en un más elevado anhelo, la posibilidad de casarse con un extranjero para salir del país. Vale mencionar, aunque se produce en menor escala, la proliferación de la mendicidad,[81] con niños que suelen asediar a los turistas extranjeros pidiéndoles el ansiado dólar o algún obsequio. Para muchos de ellos el mayor anhelo es también salir de Cuba.

A pesar de las continuas promesas de un «futuro mejor» emitidas por Castro desde 1959, las condiciones de vida del cubano promedio, en particular las del que no tiene acceso al dólar, están peor que nunca. En varios aspectos se ha descendido a niveles comparables o inferiores a los del siglo pasado. La mayoría parece no creer ya en esas promesas.[82] Como nos contaba una persona de arribo reciente de Cuba, cuando allá un amigo le preguntó cómo la estaba pasando en ese momento, ripostó: «¡Mejor que mañana!»

Puede afirmarse, por otra parte, que ante su enorme constreñimiento económico como consumidor, el pueblo cubano se encuentra buscando la sobrevivencia, enfrascado en una sorda batalla, tal vez inconsciente, con el régimen de Castro. Este, aunque se autoproclamó socialista, se empeña en oprimir económicamente al pueblo —en aras de un absoluto control de la economía y en medio de un áspero capitalismo de Estado— y ve con pavor cualquier actividad que conspire contra su enorme monopolio político. Ese monopolio, traducido al ámbito económico, ha implicado una enorme falta de respeto hacia el pueblo como productor, cuya función se halla altamente bloqueada en su talento empresarial; y como consumidor, por la forma desconsiderada en que es frecuentemente tratado en los establecimientos estatales del mercado regular. El gobierno abre y cierra la mano en lo económico o social, según las circunstancias de presión popular, a fin de evitar la explosión social. Lo cierto es que el régimen intenta manejar la isla y sus recursos cual señorío feudal; de ahí, como respuesta, la gran extensión de la economía clandestina, que toca a todos los sectores económicos y en la que participa prácticamente toda la población.

Durante sus primeros días en el poder, Castro prometió «pan con libertad para el pueblo». Hasta ahora, los cubanos han visto más y más reducido su «pan», y ausentes la mayoría de las libertades. Pero, aunque el régimen de Castro hubiese provisto suficiente «pan» para todos, no sería justificación para la dramática situación de cuarenta años de poder absoluto y represión. Como se dice: una prisión bien alimentada es todavía simplemente eso, una prisión; y, ¿quién puede sentirse feliz en una prisión?

NOTAS Y REFERENCIAS

[1]. El «período especial» fue definido como «condiciones de guerra en tiempos de paz», y denotaba la crisis económica en todos los órdenes, después del fin del subsidio soviético; especialmente la caída de las importaciones de petróleo. Por otra parte, el período especial constituía el fundamento legal para la toma de cualesquiera otras medidas sociopolíticas que el gobierno estimara pertinentes.

[2]. Personas de larga vida, ya en sus 80 años, que fueron entrevistadas, y que vivieron la crisis económica de la «gran depresión» en Cuba, opinan que nunca vieron una situación como la presente, especialmente debido al papel negativo del gobierno obstaculizando la iniciativa privada. Gran cantidad de personas padecen hambre y carencias hoy en día, como no se vio en la era poscolonial.

[3]. Sobre esto se elaborará más adelante.

[4]. Nos referiremos a Ciudad de La Habana, la capital, en contraposición de Provincia Habana, que es el área circundante.

[5]. Decreto # 217, del Comité Ejecutivo del Consejo de Ministros, del 28 de abril de 1997, sobre las Regulaciones migratorias internas para Ciudad de La Habana y sus Contravenciones. *Gramma*, 26 de abril de 1997, pp.1, 4 y 5.

[6]. Núcleo residencial es el constituido por todas las personas que conviven en una misma casa, a quienes corresponde una sola libreta de abastecimientos, sean o no de la misma familia. Este concepto afecta la distribución de muchos productos que se racionan «por núcleo»; ej: pasta dental, jabones, galletas.

[7]. Este análisis está basado en encuestas realizadas en 1971 y 1989, así como en datos secundarios. Ver Juan Clark, *Cuba: Mito y Realidad* (Caracas-Miami: Saeta Ediciones, 1992) p. 279, para examinar la evolución desde 1962 hasta 1989 del contenido de la libreta de suministros y el declinar, en la mayoría de los casos, de lo que oficialmente podía comprar cada persona.

[8]. Ver la Tabla 15.3 en Clark, *Cuba: Mito y Realidad*, p. 280. En 1971 el 88.4% de los entrevistados declararon que el racionamiento mensual les duraba dos semanas o menos, mientras que en 1989 esa categoría subió a 93.2%

[9]. En la segunda mitad de los 80 el pescado y los huevos habían incrementado su suministro racionado, hasta el punto de convertirse —en algunas ocasiones— en artículos no racionados («por la libre»). Pero la queja era que el pescado disponible «es de la peor

especie (la mayoría de las veces chicharro o macarela) que alguien pueda desear». Para 1989 volvieron a racionarse fuertemente los huevos, en este caso debido a la disminución de la importación del alimento para aves proveniente del bloque socialista; en los 90 el pescado fue también racionado.

[10]. La descripción de estos tipos de mercado se presentará más adelante. Estos son un factor crucial determinante de la gran situación inflacionaria que padece el pueblo cubano.

[11]. José Antonio Saco, *Apuntes autógrafos*, inédito, citado en Fernando Ortiz, *Los negros esclavos* (La Habana: Editorial Ciencias Sociales, 1975), p. 204.

[12]. Entre los productos proteicos que hoy se encuentran en el mercado racionado están la pasta de oca (ganso) y el picadillo de soya —también llamado oficialmente picadillo enriquecido; y por el pueblo, «picadillo envilecido». La pasta de oca es un derivado de oca al que se le añaden aglutinantes para hacer una pasta demasiado elastizada —de aspecto, color, olor y sabor característicos y desagradables— útil sólo para hacer albóndigas o hamburguesas. El picadillo de soya consiste en carne de res molida, mezclada en proporción aproximada 1:1 con soya. Su sabor, apariencia, olor y color son desagradables. Se descompone con facilidad. Estos productos, aun cuando sean muy bien sazonados, mantienen su sabor, que nada gusta al cubano. Popularmente se comenta que la soya utilizada a estos fines es de la que suele destinarse al consumo animal, de ahí que quizá su más baja calidad haga tan desagradables sus cualidades. Otros «derivados cárnicos» que se pueden hallar en el mercado racionado, también a base de soya complementaria, son el fricandel (parecido, por su forma a una salchicha) y la «jamonada enriquecida».

[13]. Ver el cuadro 15.3 en Clark, *Cuba: Mito y Realidad*, p. 280.

[14]. Se ha difundido la venta en mercado negro de las bolsas plásticas de las shopping, para poder contar con suficientes medios de envase en la casa para cuando hay que ir a comprar al mercado normado.

[15]. De acuerdo con testimonios de nuestros entrevistados, en ocasiones los administradores o empleados de las tiendas alteran el peso del producto en perjuicio de los clientes, con el fin de negociar luego, a altos precios, la «reserva» que les va quedando en existencia de esos productos y adueñarse del dinero que pagó en exceso el consumidor. En el mercado agropecuario, los productos agrícolas suelen ser rebajados oficialmente de acuerdo con el tiempo que lleven allí.

[16]. Boorstein cita un discurso del Che Guevara al respecto: «Hay empresas y compañeros en el ministerio (de Industria) quienes [...] identifican la calidad con la contrarrevo-

lución, quienes creen que la calidad es un vicio capitalista [...] porque algunos de nuestros compañeros creen que tú puedes darle algo al pueblo [...] y si el pueblo protesta, son contrarrevolucionarios». Edward Boorstein, *The Economic Transformation of Cuba* (New York: Monthly Review Press, 1968) pp.108-109.

[17]. En los restaurantes en dólares, por lo general sí se pueden encontrar platos de mariscos. El cubano puede obtenerlos, a muy altos precios, en shopping y en bolsa negra, en la que suelen ser menos caros, con todo lo que ello implica de «maraña» o malabarismo económico, burlando la vigilancia oficial. En los paladares pueden encontrarse platos de mariscos, pero no aparecen en el menú porque no se podría justificar dónde se compraron los mismos.

[18]. Los CDR son organizaciones de masas que existen por cada cuadra de residencia, desde el 28 de septiembre de 1960. Su objetivo fundamental ha sido perseguir la actividad contrarrevolucionaria, fiscalizando y controlando la actividad de los vecinos, pero también realizan otras labores de tipo comunitario. Véase al respecto el Capítulo 9.

[19]. Este pequeño agricultor o campesino es aquel propietario de un pedazo de tierra cuya extensión, como promedio, es de menos de 1 caballería (13.4 ha).

[20]. Como ejemplo de la ineficiencia productiva del sector estatal, las Unidades Básicas de Producción Cooperativa en su gran mayoría no logran autoabastecerse de viandas, vegetales y hortalizas para el consumo de sus propios trabajadores, según el semanario *Trabajadores* de septiembre 22 de 1997 y citado en Amaya Altuna de Sánchez, *Estudio sobre la situación actual en Cuba*, 1998, p. 18. La superioridad productiva de las unidades privadas es también un estimado de personas conocedoras del agro cubano.

[21]. Ver Clark, *Cuba: Mito y Realidad*, pp. 73, 239 y 253.

[22]. Ver en Clark, *Cuba: Mito y Realidad*, Capítulos 24 y 25, pp. 455-506, sobre los privilegios.

[23]. Nos ha llegado información de este tipo de actividad en el contexto del reciente turismo médico, con los que van a Cuba en busca de tratamiento. Aparentemente, médicos y otros profesionales del campo de la salud, a los cuales se les prohíbe la práctica privada, se las han arreglado para proveer servicios a los extranjeros de forma «privada», más económica que la estatal y, desde luego, en dólares. Véase también el capítulo XI.

[24]. Aprovechándose de los descuentos especiales concedidos a ellos. Esta información está basada en diversas entrevistas realizadas a través de los años. Ver también, Gerardo

Reyes, «Diplomercado negro es buen negocio», *El Nuevo Herald,* 11 de octubre de 1998, p. 4A.

[25]. Se denomina de esta forma a los que practican legalmente sus oficios después que el gobierno los autorizara en 1994. Se elaborará sobre ellos más adelante.

[26]. Con el tiempo ese nombre (jinete) se ha utilizado para describir también a los que comercian con divisas extranjeras y con la prostitución.

[27]. Tenemos conocimiento de la «importación» clandestina de ciertos productos de fácil manipulación, por medio de marinos mercantes y otros visitantes.

[28]. Ver «Goods more precious than gold», *The Miami Herald,* 22 de enero de 1988, p. 4D. Esta fue, aparentemente una operación enteramente dirigida por el Ministerio del Interior.

[29]. Esas tiendas del mercado paralelo funcionaban con productos nacionales y mayormente del campo socialista, mientras que las shopping funcionan mayormente con productos del mundo capitalista y pocos nacionales.

[30]. El dólar no era una moneda codiciada entonces, ya que el peso cubano estaba a la par, llegando a estar por encima del mismo. Se cambiaba sin ninguna dificultad cuando se necesitaba para transacciones internacionales o para viajar.

[31]. Ver Roxana Hegeman, «Lucrativo mercado negro de EE.UU. a Cuba; más que el turismo y la exportación de azúcar», *El Nuevo Herald,* 28 de noviembre de 1997, p. 4A.

[32]. De modo inmediato, la diferencia de clases sociales de acuerdo con la posesión del dólar se va haciendo notable en cuanto al bienestar económico de los que lo poseen. De este modo se afirma que hoy en Cuba hay dos clases: la de los «dolarizados», que tienen acceso a esa moneda; y la de los que no lo tienen. Asimismo, la búsqueda del dólar ha hecho que las profesiones universitarias estén perdiendo su valor y aparentemente haya disminuido sustancialmente la cantidad de jóvenes que deseen proseguir ese tipo de estudios, ya que mucho más «resuelve» quien trabaje en hoteles y otros establecimientos que atienden a los turistas extranjeros, que un ingeniero o un médico. Ver «Dólar divide a cubanos: unos tienen y otros no», *El Nuevo Herald,* 19 de junio de 1998; Carlos Batista, «Renta de limusinas es `nuevo sueño de dólares', Novios pagan $53 la hora, a veces gracias a familiares en el exilio», (AFP), *El Nuevo Herald,* 26 de mayo de 1998; Carlos Batista, «'Chispe'tren es el ron de los que no tienen dólares», (AFP), *El Nuevo Herald,* 12 de mayo de 1998; Tania Quintero, «Buitres sobre el dólar», (Cuba FreePress Project, Inc.) *El Nuevo Herald,* 4 de mayo de 1998 y Pablo Alfonso, «Impacto del dólar es cada vez mayor», *El Nuevo Herald,* 4 de abril de 1997.

[33]. Una persona tuvo la experiencia en julio de 1994, de comprar, por la cuota racionada, aceite de comer italiano. En la inscripción en el envase metálico del aceite rezaba, en italiano: «Donación del pueblo italiano al pueblo cubano». Entrevista del 31 de octubre de 1998.

[34]. La tasa de conversión ha oscilado recientemente entre 18 y 25 pesos cubanos por dólar.

[35]. Ver Anita Snow, «El dólar se vuelve cada día más vital», *El Nuevo Herald*, 21 de septiembre de 1998, p. 6A. A modo de incentivo al trabajador, el gobierno ha dado una parte del salario en pesos convertibles, no dólares, a razón de 30 cada tres meses; o la opción de la «jaba», con productos de aseo personal y otros sumamente escasos como aceite de cocina, los cuales así se pueden comprar a precios más bajos que los de las shopping.

[36]. Según diversas entrevistas de esos años.

[37]. Ofensiva Revolucionaria fue el proceso de confiscación del entonces restante pequeño comercio.

[38]. Como en 1968, docenas de personas fueron arrestadas incluso cuando Castro estaba pronunciando su discurso. Nuevamente su palabra tuvo el efecto de ley.

[39]. Ver Amaya Altuna de Sánchez, *Estudio sobre la situación actual en Cuba* (Miami: Partido Demócrata Cristiano de Cuba, junio de 1996), pp. 47-48.

[40]. Ver Pablo Alfonso y Raúl Rivero, «Agromercados se vuelven un lujo para los cubanos», *El Nuevo Herald*, 12 de octubre de 1998, p. 1A.

[41]. Estos incluían la vasta gama de actividades de reparación de efectos electrodomésticos y actividades de construcción y reparación de viviendas, así como servicios personales de todo tipo y la manufactura de artículos para el hogar y de adorno personal.

[42]. Según periodistas independientes, en los últimos dos años, 50,000 cuentapropistas, de los más de 200,000 que había en 1996, han entregado sus respectivas licencias. *Cuba Press, Desde dentro de Cuba*, 9 de noviembre de 1998.

[43]. La telenovela brasileña se llamaba «Vale Todo», y su artista principal era Regina Duarte. Ver, para impresiones de un visitante reciente a la isla, Gerardo Reyes, «Paladares funcionan bajo alerta por inspecciones», *El Nuevo Herald*, 11 de octubre de 1998, p. 4A.

[44]. «Maceta» se le llama a aquella persona que se ha enriquecido, obviamente en Cuba, sólo de modo ilegal.

[45]. La permuta es una creación del gobierno cubano por la cual es posible intercambiar viviendas entre dos propietarios, ya que no es posible vender ni alquilar un inmueble donde la persona quiera. Las probables ventas de casas se podrían efectuar sólo después que el gobierno, primer adquiriente con derecho legal, rehusara hacerlo por no tener interés en esa transacción. Como en otras actividades que se intentan controlar de modo absoluto, aquí el pueblo se las ha ingeniado para obviar las restricciones y, en la práctica, comprar, con un subrepticio intercambio de dinero —en pesos o dólares— cuando hay notable diferencia en cuanto al valor de las dos propiedades.

[46]. Ver Cynthia Corzo, «Precarias viviendas ahondan desesperanza de habaneros», *El Nuevo Herald,* 1 de octubre de 1995.

[47]. Ver Pablo Alfonso, «Empeora problema de vivienda en La Habana», *El Nuevo Herald*, 7 de marzo de 1995.

[48]. La construcción de viviendas, controlada totalmente por el gobierno, experimenta lo mismo que el resto de la actividad económica. De esta fuente se «desvía» inevitablemente una enorme cantidad de materiales que van a parar a la reparación de las viviendas de la población.

[49]. Ciertas áreas como la del Malecón de La Habana, muy frecuentado por los turistas, y otras aledañas, han recibido un extenso arreglo en sus fachadas en el último año.

[50]. Según informes recientes, algunas han sido cerradas en los últimos tiempos.

[51]. Es común que las parejas tengan que llevar una botella de agua para el aseo personal y hasta ropa de cama para garantizar un mínimo de higiene. Ver «`Posadas' habaneras en vías de extinción»; (Reuters), *El Nuevo Herald*, 4 de noviembre de 1998, p. 6A. Algunos afirman que los usuarios tienen que esforzarse para descubrir los huecos clandestinos de las paredes que frecuentemente hacen los «posaderos» para observar a las parejas.

[52]. Ver «Se derrumba La Habana pedazo a pedazo», *Diario Las Américas*, 10 de marzo de 1995, p. 13A.

[53]. Ver «Más y más albergados», (Cubanet), *El Nuevo Herald*, 7 de julio de 1998; «Tres muertos y trece heridos por un derrumbe en La Habana», *El Nuevo Herald,* 26 de diciembre de 1997; «Una vida en ruinas para los habaneros», *Diario Las Américas*, 26 de enero de 1996 y «Se derrumba La Habana pedazo a pedazo», *Diario Las Américas*,

10 de marzo de 1995.

[54]. Según fuentes de Santiago de Cuba, la mayoría del cemento producido en esa área se exporta, principalmente a la zona del Caribe.

[55].Ver «Capital en ruinas es meca que atrae a miles. Estrictas medidas buscan impedir la proliferación de barrios de indigentes», *El Nuevo Herald*, 14 de mayo de 1997, p. 6A.

[56]. Ver Rosa Lowinger y Scott Warren, «Old Havana Reborn», *Preservation*, septiembre-octubre de 1997, pp. 40-51. En este excelente reportaje se incluyen dramáticos ejemplos de los derrumbes y la destrucción de edificaciones antiguas, con su secuela de escombros en las calles.

[57]. Por lo menos el 30 %, en nuestra encuesta de 1989, declaró tener ese tipo de cocina en su casa.

[58]. Entrevista del 5 de agosto de 1982. Esta situación ha empeorado normalmente a lo largo del país.

[59]. Ver Jorge Olivera, «Desbordamiento de aguas albañales a gran presión en la calle Monte», *Diario Las Américas*, 10 de octubre de 1998, p. 1A.

[60]. Ver Cynthia Corzo, «Precarias viviendas ahondan desesperanza de los habaneros», *El Nuevo Herald*, 1 de octubre. de 1995.

[61]. En 1995 había sólo 99 camiones para recogida de basura, de 200 que hubo en 1990. En esa misma fecha, de 6,000 contenedores que hubo en 1990, existían 1,800, según testimonio del entonces Alcalde de La Habana, Conrado Martínez Corona; ver Pablo Alfonso, «Empeora problema de vivienda en La Habana», *El Nuevo Herald*, 7 de marzo de 1995.

[62]. Ver «Basureros: bomba de tiempo ante el verano. Ciudades en peligro de contaminación», *El Nuevo Herald*, 1 de julio de 1997, p. 6A. A fin de crear una imagen más aceptable con motivo de la visita del Papa a Cuba, en enero de 1998 se realizó una gigantesca recogida de basura en La Habana utilizando equipos pesados.

[63]. Es de notar el descenso en el por ciento de entrevistados que declararon poseer un automóvil. Según nuestra encuesta de 1971, el 15 % declararon tener un carro en su casa, mientras que aproximadamente el 12 % de los entrevistados en 1989 declararon lo mismo.

[64]. Ver Pablo Alfonso, «Males de transporte no tienen solución» en *El Nuevo Herald,* 30 de junio de 1988; y «Transportarse en medios públicos en Cuba es una tortura y un suplicio», reportaje desde La Habana, de la Agencia Francesa de Prensa, publicado por *Diario Las Américas,* 19 de octubre de 1988.

[65]. Fundamentalmente reparando ponches, centrando ruedas y soldando roturas que suelen ser frecuentes.

[66]. Según datos aportados por la periodista independiente Ana Luisa López Baeza a este estudio. Entrevista del 19 de noviembre de 1998.

[67]. De los 8,298 accidentes de tránsito ocurridos en 1996, el 35 % tuvieron que ver con ciclistas; y en ellos hubo 495 muertos. *Granma,* 31 de enero de 1997, p.2, citado en Altuna, *Estudio sobre la situación actual en Cuba,* 1998, p.3.

[68]. Ver «56 muertos en choque de tren y autobús en Cuba»; EFE, *Diario Las Américas,* 8 de noviembre de 1997.

[69]. Ver Miguel Fernández Martínez, «Fallecen cinco adolescentes en un accidente trágico», *Diario Las Américas,* 12 de febrero de 1998.

[70]. Ver «Transporte en La Habana se apoya en `camellos' y bicicletas», *El Nuevo Herald,* 30 de mayo de 1997.

[71]. El término deriva de la fusión de guagua, nombre dado en Cuba a los ómnibus y camión.

[72]. Llamados así por el color de sus uniformes.

[73]. Los vehículos estatales en Cuba tienen la placa (chapa) de colores rojo o azul. Son precisamente esos vehículos los que «los amarillos» están facultados a parar, a fin de aliviar las congestiones de pasajeros en las paradas de transporte público.

[74]. Ver Denis Rousseau (AFP) «El 'camello' está en vías de extinción», *El Nuevo Herald,* 26 de octubre de 1998, p. 6A.

[75]. Ver Pablo Alfonso, «Mal servicio de ferrocarriles», en «Cuba por dentro», *El Nuevo Herald,* 13 de noviembre de 1988.

[76]. Ver en Clark, *Cuba: Mito y Realidad,* el Capítulo 13, en referencia a las arbitrariedades de Fidel Castro en torno a las decisiones económicas.

[77]. «[Castro] ya no se contenta con sus títulos de glorias militares y políticas [...]. También le hace falta que lo reconozcan como el primero, tanto en la investigación científica como en la vulgarización agrícola. El es el que lo sabe todo». René Dumont, *Cuba, ¿Es socialista?* (Caracas: Editorial Tiempo Nuevo, 1970), p. 169.

[78]. Entrevista con el Dr. Vladimir Ramírez el 6 de diciembre de 1987, p.178.

[79]. Según algunos, dicho subsidio fue varias veces superior al Plan Marshall de Estados Unidos para Europa, después de la Segunda Guerra Mundial.

[80]. Hemos tenido reportes de padres y hermanos sirviendo de intermediarios con los extranjeros para ofrecer a sus hijas o hermanas; y hasta esposos participando en esta actividad con sus mujeres.

[81]. Ver Mauricio Vicent, «Cuba: indigencia y más desempleo», *Diario Las Américas* (tomado de El País, Madrid); 21 de julio de 1995, p. 1A.

[82]. «(Castro) sigue siendo el jefe único [...]. Pero cuando se pone a prometer la luna, muchos de los oyentes cubanos apagan su radio; ya no creen más». Dumont, *Cuba, ¿es socialista?*, p.167.
«100 años de lucha», dice la propaganda (en Cuba); «más de diez (treinta) años de mentiras, añade el pueblo». *Ibid.*, p.90.
«(El fracaso de la Zafra Azucarera de los Diez Millones) desencadenó una crisis no sólo económica sino moral [...] algo de la fe popular en la infalibilidad del Comandante en Jefe, el `líder máximo', se perdió en forma quizás irremediable». Jorge Edwards, *Persona Non Grata* (Barcelona: Barral Editores, 1974), p. 138.

40 AÑOS DE REVOLUCIÓN

VIII

IGUALDAD Y PRIVILEGIO EN LA REVOLUCION DE CASTRO

por

Juan Clark

INTRODUCCIÓN

La llegada de Fidel Castro al poder en 1959 marcó no sólo una nueva era político-económica para Cuba, sino también el comienzo de un cambio radical en su estratificación social. A 40 años del comienzo de ese fenómeno es oportuno analizar los cambios experimentados e intentar describir la nueva composición social de esa nación.

Aunque Castro no llega al poder proponiendo un cambio en las estructuras sociales, su actuación determinó una reestructuración completa de las mismas. La aparente tendencia inicial del gobierno revolucionario fue de justicia social, tratando de aminorar las antiguas barreras sociales. Así, en el nuevo ejército, el más alto grado aceptado fue el de «comandante», eliminándose los grados superiores y los uniformes lujosos. El liderazgo revolucionario procuraba, para identificarse con los humildes, compartir, de manera notoria, los sacrificios que las transformaciones revolucionarias requerían. Comenzando por Castro, era visible la participación de esos líderes en el «trabajo voluntario», con el pueblo.

Se popularizó el término «compañero»; y era difícil ver a algún líder revolucionario vistiendo cuello y corbata. Paralelamente, se promovía la ascensión social de los más humildes, en cuanto a oportunidades de vida. Múltiples medidas populistas se implementaron en este sentido. Se rebajaron los alquileres y el costo de la electricidad y el teléfono. Se implementó la reforma agraria para dar tierra al campesino; más tarde la reforma urbana, para dar la propiedad de la casa al que no la tenía. Se proclamaron nuevas oportunidades de educación, comenzando con la alfabetización y el nivel universitario, especialmente para quienes provenían de las capas más humildes de la población. La atención médica fue otro renglón en el que se hizo alarde de igualdad. Se destruyeron las estructuras anteriores, que incluían el excelente sistema cooperativo-mutualista, y se estableció un sistema único de salud para todo el pueblo, sin costo aparente para el mismo. Se hizo énfasis en la apertura de oportunidades de recreación para todos, especialmente con la construcción de balnearios populares aprovechando las hermosas playas del país.

Por otra parte, hacia fines de 1961, se había desposeído de sus tierras o empresas a los altos sectores de la sociedad precastrista, los que dejaron entonces de existir como clase dominante. Todo el sistema educacional pasó a manos gubernamentales. Sin duda, en esos primeros años, las grandes masas populares podían creer que se iban moviendo hacia una gran igualdad social. Castro, en diciembre de 1961, se declaraba personalmente marxista-leninista, reconociendo implícitamente, haber engañado al pueblo por conveniencias tácticas, a fin de llegar al poder.[1] Su alianza con la Unión Soviética fue de crucial importancia para su sobrevivencia. La URSS suministró a la revolución de Castro un enorme subsidio, que se estima fue superior al aportado por el Plan Marshall norteamericano para la reconstrucción de Europa, tras la Segunda Guerra Mundial.

Esas medidas populistas fueron aparejadas con otras de corte totalitario, y la revolución, que se había pregonado «verde como las palmas», se tornaba roja, por la alianza y la utilización de métodos y estructuras provenientes del bloque soviético. ¿Podría esperarse que en Cuba se diera la repetición del fenómeno de una nueva estratificación social descrito por el yugoslavo Milovan Djilas en su clásico sobre «la nueva clase"?[2] ¿O, como lo describiera más tarde con énfasis menos teórico, el ruso Michael Voslenski en *La Nomenklatura*[3] en cuanto al estilo de vida de las clases sociales típicas de ese bloque?

Es de notar que en el plano formal, la revolución de Castro enfatizó el sentido igualitario del proceso y lo sancionó en su Constitución de 1976. En ella, específicamente se menciona que «todos los ciudadanos gozan de iguales derechos y están sujetos a iguales deberes»; se establece el principio de «la igualdad de los seres humanos» y se especifica que «los ciudadanos, sin distinción de raza, color u origen nacional: —tienen acceso, según méritos y capacidades, a todos los cargos y empleos del Estado y de la producción y prestación de servicios». Este énfasis igualitario se precisa en cuanto a situaciones muy concretas como educación y salario; y servicios como medicina, hoteles y restaurantes. Castro, en diversas ocasiones ha reiterado el énfasis igualitario de la revolución.[4]

En el entorno de 40 años de proceso revolucionario, es apropiado examinar si las enunciadas metas igualitarias se han cumplido, y poder así determinar el grado de igualdad y privilegio prevalente en esa sociedad. Para ello contamos con cientos de entrevistas realizadas desde 1970, a personas que han vivido en Cuba y nos han relatado sus experiencias.[5]

PERCEPCIÓN DE LA EXISTENCIA DE PRIVILEGIOS

Se han realizado varias encuestas desde 1970 para examinar la percepción popular de diversos aspectos de la realidad social cubana.[6] Las de 1971 y 1986 fueron al estilo survey. A fines de los años 90, se exploró este tema, pero de modo informal, y no cuantitativamente. En la encuesta de 1971, casi el 90% indicó que existían grupos privilegiados dentro de la sociedad cubana. El survey de 1986 lo reafirmó cuando, casi unánimemente (97%), se ratificó la afirmación anterior. Paralelamente a esas encuestas se han realizado en, profundidad, entrevistas individuales, examinando con mayor detalle aspectos importantes de dicha realidad.

La encuesta de 1971 sometió a consideración de los entrevistados varios grupos de la sociedad para ser evaluados según una escala.[7] Ella arrojó la presencia de tres grupos de privilegiados bastante definidos. En primer lugar y, de forma muy sólida, los «comandantes» y líderes de alto nivel del Partido Comunista, quienes, según el 86% de nuestros entrevistados, tenían «muchísimo» privilegio. En segundo lugar emergieron «los oficiales de las Fuerzas Armadas hasta el grado de capitán» con respecto a los cuales el 18% afirmaba que tenían muchísimo privilegio. Un poco más abajo estaban «los administradores», con 15%.[8]

La encuesta de 1986 confirmó los resultados de la de 1971, aunque con un enfoque distinto. Esta vez fueron los entrevistados los que señalaron los grupos que ellos consideraban que tenían «muchos» privilegios. Los «dirigentes» del gobierno o del Partido fueron mencionados en particular por el 80% de los entrevistados; después se ubican los «jefes militares» y a continuación, los «administradores». Vale señalar que aparecieron también, pero con menor proporción de menciones, los «miembros de la Seguridad del Estado», «dirigentes de los CDR y de otras organizaciones de masa», los «extranjeros» y «figuras del deporte y las artes».

Las entrevistas más recientes indican la presencia de un nuevo grupo privilegiado: los beneficiados especialmente por el contacto con las nuevas inversiones, especialmente en el turismo, y la posesión de dólares, tras la despenalización de esa moneda en agosto de 1993. La peculiaridad de este nuevo grupo estriba en su magnitud, al igual que en el hecho de que comprende también a personas sin especial filiación gubernamental y sin poder político, en contraste con el caso de los grupos identificados en las encuestas anteriores. El acceso a los dólares determina el poder adquirir bienes de primera necesidad, no disponibles o de muy difícil adquisición de otra manera. Tal acceso a los USD está determinado por el contacto con empresas extranjeras, además del contacto con el turismo, y/o por el envío, desde el exterior, de remesas de esa moneda.

TIPOS DE PRIVILEGIO Y SU EVOLUCIÓN

Es importante que primero se defina el significado de privilegio en el contexto cubano. Se considerará privilegio el uso de bienes o servicios a los cuales los ciudadanos comunes no tienen igual acceso, o lo logran con mucha dificultad, o incluso les resulta imposible el tenerlos, aun cuando tuvieran los medios económicos necesarios.

En este sentido, según nuestros entrevistados, se pueden identificar áreas en las que existen privilegios sustanciales, tales como: vivienda, compra de bienes en general (la mayoría de los cuales están racionados desde 1962) servicios de salud, educación, viajes nacionales e internacionales y el uso de instalaciones recreacionales.

Existe privilegio en esas áreas, dado que su disponibilidad o su disfrute ha dependido, de una forma u otra, más de la conexión política que de la eficiencia profesional o económica. En otras palabras, el tener sólo el dinero, la necesidad y/o el interés no garantizan al cubano promedio el acceso igualitario a las áreas mencionadas. Por otra parte, la debida posición o conexión política —ser familiar cercano, amigo o amante de un «pincho» o «mayimbe»—[9] ha asegurado dicho acceso de una manera especial y aun sobreabundante, como veremos más adelante.

El método de encuesta, a groso modo, nos ha indicado que los dirigentes de alto nivel del Partido y del gobierno han estado en la cúspide de la escala del disfrute de privilegios, seguidos de los jefes militares y del personal de la Seguridad del Estado. Por otro lado, las entrevistas en profundidad nos brindan una visión más detallada de la composición o características de esos sectores fundamentales y de los otros ya mencionados.

Había consenso entre nuestros entrevistados hasta 1989 en cuanto a identificar por lo menos tres grandes grupos de privilegiados, emanados de la estructura política totalitaria. Estos existían ya desde la década de los sesenta,[10] y se han experimentado sólo cambios menores en su composición (en particular en los altos niveles). Sin embargo, se puede hablar de importantes cambios en relación con el grado de disfrute del privilegio, especialmente en la década de los 90.

Estos grupos iniciales se pueden distinguir en cuanto a la manera en la que obtienen el privilegio. En otras palabras, teniendo en cuenta si las prerrogativas de las que han disfrutado son inherentes a la posición que ocupan y, por tanto, son legales; o si esos privilegios son más bien conseguidos mediante manipulación en el ejercicio del cargo y, por ende, ilegales. Dichos grupos, como veremos, no han sido por completo homogéneos ni monolíticos, y comprenden, básicamente, los siguientes niveles en orden descendente de privilegios:

1- Fidel Castro, muy por encima y muy distante del resto de la elite, seguido por su hermano Raúl. Los miembros del Buró Político y del Secretariado del Partido, los primeros secretarios del Partido en las provincias, algunos ministros y los altos jefes de las Fuerzas Armadas y del Ministerio del Interior. Esta pequeña cúpula se ha caracterizado por su estrecha vinculación con Castro, que es la principal fuente de privilegios. En ella pueden estar incluidos otros con menor rango oficial pero con gran vinculación con Fidel y Raúl Castro y el resto de la cúspide del poder;

2- Ministros de áreas menos importantes y viceministros del gobierno, algunos miembros del Comité Central del Partido,[11] oficiales importantes de la Seguridad del Estado, jefes militares con rango desde coronel (ciertamente, no todos los coroneles), altos dirigentes del gobierno, incluyendo el Poder Popular y destacadas personalidades de los deportes, las artes y las ciencias.

3- Los dirigentes con cargos señalados en los niveles anteriores, pero que gozan de menor poder, otros dirigentes de menor importancia de los organismos superiores antes mencionados y los administradores de las entidades económicas gubernamentales a niveles provincial y municipal.

4- A partir del influjo de las inversiones, especialmente en el área del turismo, y con la legalización de la circulación del dólar, ha emergido otro sector especial que puede dividirse en dos. Por un lado, los administradores y directores de las empresas conectadas con dichas inversiones y que tienen gran acceso a esa moneda. Estos tienen una fuerte vinculación política y muchos son retirados de las Fuerzas Armadas y del Ministerio del Interior. Por otra parte están los que tienen acceso al dólar sin tener una fuerte vinculación política, simplemente porque reciben remesas del exterior o porque sus actividades económicas les han permitido un gran acceso a dicha moneda. El nivel de vida de éstos es superior al de los que no tienen ese acceso. De hecho, algunos observadores simplifican la presente estratificación social reduciéndola a la dicotomía entre los que tienen acceso generoso a los dólares versus los que no lo tienen, o los poseen en mucho menor grado.

Una característica que debe señalarse de estos niveles de privilegios (particularmente los tres primeros) es la relatividad del disfrute con respecto a la cantidad de privilegios de los que han gozado por su vinculación con Fidel Castro; vinculación que puede ser de tipo personal, o por el área de desempeño de funciones. Entrevistados que formaron parte de la elite privilegiada nos describieron cómo es posible que un simple «director de organismo» pueda disfrutar de más privilegios que algunos de los miembros del Comité Central o que algunos ministros, si ejerce sus funciones en una empresa con oficinas en países capitalistas.

Así, la difunta Celia Sánchez —por sólo citar un ejemplo— sin haber sido miembro de la cúspide del Partido Comunista de Cuba ni haber dirigido un ministerio a cargo de un área productiva, tuvo mayor capacidad de obtener y facilitar privilegios que la mayoría de los dirigentes del Partido, del gobierno y de las Fuerzas Armadas, debido a su estrecha vinculación con Castro. Con respecto a la obtención de privilegios, puede ocupar un nivel más elevado el ministro de la Marina Mercante que el de la Industria Azucarera, aunque este último tenga una responsabilidad económica y administrativa mucho mayor. «Hay ministros que son unos `cometrapo'», nos decía un exfuncionario gubernamental, y «hay Generales que viven en un apartamento pequeño, mientras que un viceministro o un director de empresa de una de esas áreas de acceso a bienes de consumo puede ser un notable privilegiado».

Otra característica destacada de estos niveles sociales es que su membresía, en cuanto a disfrute de privilegios, no ha sido monolítica. Es decir, el pertenecer a un sector privilegiado se hace más fluido o menos rígido a medida que descendemos de nivel. De esta forma, como se ha dicho, el nivel superior (tal vez compuesto por una veintena de personas) es, sin duda, el más cerrado, y exclusivo. Dentro de él, y con los niveles supremos de privilegio, está Fidel Castro junto con Raúl, muy por encima de los otros miembros del Buró Político debido a su posición de «máximo líder» y «comandante en jefe», y por su férreo control del aparato político, administrativo y militar-represivo.

Puede afirmarse que, en términos generales, es en este alto nivel en el que el disfrute del privilegio es inherente a la posición que se ocupa, bien de forma explícita o implícita. En otras palabras, está básicamente institucionalizado. En el caso de los jefes militares, por ejemplo, esto está definido de modo claro por sus áreas especiales de compras y de recreación. Es a ese más alto nivel que se concentran de modo incuestionable tanto el poder político, como el económico, el militar y el represivo del país. Es la naturaleza totalitaria de la sociedad cubana actual la que nos lleva a afirmar, referente a su cúspide, que «son propietarios de nada y dueños de todo», como nos lo caracterizara una persona que disfrutó de sus privilegios. Con ello se explica que a este nivel particularmente, pero sin excluir a muchos en niveles inferiores, sus miembros no tienen, de hecho, título de propiedad de los medios de producción ni de los bienes materiales, pero de unos y otros disponen y disfrutan, actuando como si fueran sus dueños verdaderos.

En general, mientras más cercana sea la conexión con la cúspide —y preferiblemente con su punto más elevado, Fidel Castro— mayor es la posibilidad de obtener un tratamiento especial en cualquiera de las áreas antes mencionadas. Por otra parte, el estar al frente de un ministerio o de un organismo que disponga de amplios recursos y, más recientemente, de dólares, parece que incrementa el privilegio de modo sustancial.

El caer en desgracia con la cúspide de poder o con la persona de Castro es suficiente para perder no sólo los privilegios, sino hasta la libertad y tal vez hasta la propia vida. Todo esto hace que la elite suprema sea probablemente más poderosa que cualquiera dentro del mundo capitalista, pues en realidad está en sus manos el disponer, sin mayores cortapisas «de vida y hacienda».

Otro rasgo distintivo de la elite privilegiada cubana es su virtual impunidad ante la ley, lo cual se aplica no sólo al dirigente sino muy frecuentemente a su familia e hijos.

Es importante también destacar que la total lealtad política y personal es crucial para la permanencia en los altos sectores privilegiados. Una persona determinada, por ejemplo, puede cometer un serio error administrativo o económico, o aun hacerse muy visible en el uso del privilegio. A esa persona se la puede destituir del cargo o posición que ocupe, pero muy bien puede suceder que «se caiga para arriba», si tiene las debidas conexiones políticas o personales y conserva la confianza política. Esto quiere decir que a un dirigente removido de un cargo importante se le puede colocar en una posición igual o mejor que la anterior. Este no sería el caso si el error fuera de naturaleza política o se cuestionara su lealtad.

Si la cúspide de la elite gobernante ha recibido la mayoría de sus prerrogativas de una manera institucional, no ocurre necesariamente lo mismo con el segundo nivel, y mucho menos con el tercero. De esta forma, por ejemplo, los ministros y viceministros han tenido derecho a un carro, a una cuota o bono gratuito de gasolina y a ciertos privilegios de viaje. Pero cuando emplean los carros para uso personal o familiar, de hecho se están aprovechando de su posición de una manera ilegal, y algún día pueden tener que responder por ello. En otras palabras, «se les puede pasar la cuenta» —como suele decirse en Cuba— por las prebendas disfrutadas.

Esto mismo es cierto con los administradores o dirigentes de empresas u organismos a niveles más bajos. La mayoría de estos administradores usan sistemática y subrepticiamente sus posiciones y conexiones personales para «resolver» (equivalente al antiguo «blat» soviético que implica manipulación clandestina de bienes o servicios del Estado) con la ayuda de otros administradores o dirigentes. Esto ha tenido lugar bajo un sistema primitivo de trueque y abarca precisamente los bienes, servicios y/o influencias que están bajo su potestad.

Algunas personas que han vivido esta realidad social de hecho consideran que son los privilegios de los administradores—más visibles— los que el pueblo resiente más profundamente.

DESARROLLO DEL PRIVILEGIO

A pesar de los reclamos de igualdad, los primeros observadores de la realidad cubana notaron, ya hacia principios de la década de los 60, la presencia de claros privilegios dentro de los más altos niveles de poder, que contrastaban fuertemente con el resto de la población. Examinemos algunos testimonios, entre ellos, de quienes fueron decididos partidarios y/o participantes en el proceso revolucionario.

Según Carlos Franqui, director en 1959 del periódico Revolución, vocero inicial del gobierno revolucionario y testigo de primera mano de los primeros años, el privilegio aparentemente comenzó muy temprano y por medio de Fidel Castro mismo, quien:

...tenía 50 mansiones en diferentes partes del país, las cuales usaba a su antojo. Justificando el privilegio en otros líderes, él (Castro) solía decir: «Los compañeros deben vivir bien a fin de ser más eficientes».[12]

De esta forma, los comandantes y otros dirigentes comenzaron a ocupar las mansiones de los pudientes que se marchaban del país. «De las casas nuevas nadie se escapó [...]. Casas increíbles: jardines, flores, piscinas, confort».[13] Pero no fueron sólo las nuevas residencias personales, hasta las exclusivas y exquisitas mansiones de la famosa playa de Varadero se convirtieron en casas de descanso de la nueva elite. Además de tomar posesión de excelentes residencias, la nueva elite redondeó sus gustos «burgueses» con muebles y joyas, como nos testimonió quien fue parte de ese proceso:

Yo he sido testigo personalmente de lo que es el privilegio. Por ejemplo: grandes muebles, grandes joyas de arte, en todos los órdenes, desviados hacia casas de los dirigentes. Lo vi yo, lo viví yo.[14]

El consenso de nuestros entrevistados es que los patrones de privilegio antes descritos se incrementaron de manera gradual. Dependiendo de los niveles, ha habido purgas esporádicas y amenazas periódicas de acabar con el uso de la propiedad pública para beneficio privado. Sin embargo, a pesar de esas amenazas, proferidas principalmente por el propio Fidel Castro, los privilegios en general aumentaron a todos los niveles. Un incremento significativo tuvo lugar durante la «danza de los millones» de principios de la década de los 70, cuando los precios del azúcar se elevaron mucho. Fue durante esta época que una gran cantidad de artículos de lujo fueron importados, más para beneficio de los altos niveles, ya que el pueblo poco se benefició con aquella bonanza económica, en contraste con la danza de los millones del año 1919, la cual tuvo gran repercusión positiva en la población.

Aparentemente, los componentes de los niveles inferiores del sector dirigente, conscientes de los privilegios de los estratos superiores, han tratado de imitar el estilo de vida de los pinchos o mayimbes importantes. Esto es natural, pero puede resultar riesgoso. Cubanos que han salido en los últimos años de la isla sugieren que al menos algunos de estos niveles inferiores han logrado grandes mejoras personales (en particular con respecto a la construcción de excelentes viviendas) por medio de la manipulación y/o «desvío» de fondos o materiales, con muy poca o ninguna consecuencia negativa. Como se apuntaba antes, esta situación aparentemente está en función de la clase de conexión (padrino) que la persona tenga, del «sociolismo»,[15] el cual implica el uso del amigo situado en buenas posiciones para beneficio mutuo. Se podría afirmar que no sólo los pinchos de menor jerarquía «resuelven» sus necesidades precisamente mediante el «sociolismo», sino que el pueblo también lo usa para resolver sus problemas de abastecimiento más perentorios.

Aparte de que los dirigentes a nivel medio o bajo puedan «resolver» sus problemas, es interesante anotar que ha existido un organismo encargado de velar, en especial, por las necesidades de los altos dirigentes. La Empresa de Producciones Varias (EMPROVA), creada bajo las orientaciones de Celia Sánchez, supuestamente para atender las necesidades de los miembros del Consejo de Estado, ha realizado la función de «conseguir desde una criada para uno de estos dirigentes, hasta de repararle la vivienda».[16] El Departamento de Seguridad Personal del Ministerio del Interior es el que actualmente se ocupa de los altos dirigentes.

LA RELATIVIDAD E INESTABILIDAD DEL PRIVILEGIO

Otra característica importante concerniente a la desigualdad social y a la nueva elite cubana tiene que ver con la relatividad e inestabilidad del privilegio mismo. Muchas de las cosas que pueden ser consideradas privilegio en Cuba no lo serían en una sociedad capitalista. El comprar y vender una casa o un automóvil o poder salir al extranjero está dentro de las posibilidades de cualquier persona en una sociedad libre,[17] siempre y cuando se disponga de los medios económicos. Pero en Cuba, el tener el dinero no ha sido suficiente, ya que la persona ha tenido que «ganarse el derecho» a comprar el artículo deseado, o necesita la debida conexión política para ello. Más recientemente, con la dolarización de la economía a partir de 1993, se ha facilitado la compra de alimentos y artículos electrodomésticos, con el agravante de que tienen que ser comprados en esa moneda, lo que representa un altísimo costo para el nivel de ingresos del cubano promedio.

Como se mencionó antes, los pinchos o mayimbes no tienen título de propiedad de la mayoría de los beneficios que disfrutan. Esto constituye un factor clave de control, que produce inestabilidad en el disfrute de esos privilegios y en el propio estatus de los individuos que los poseen. Más aun, puede afirmarse que la falta de título de propiedad promueve un sentimiento de dependencia hacia aquellos que pueden eliminar tanto los privilegios como la posición que los genera. El pincho puede usar y hasta abusar de la residencia que disfruta, del auto o de la casa en la playa (los que puede compartir con familiares —particularmente los hijos— amigos y amantes), o de la posibilidad de viajar, mientras no caiga en desgracia (sea «tronado") con los niveles superiores que controlan esos beneficios y, de esa forma, sus vidas.

Debido a la naturaleza totalitaria de esa sociedad, el pincho se sentirá muy desamparado si, por alguna circunstancia, cae en desgracia, se decepciona o disiente significativamente de la línea oficial del momento, lo cual quiere decir, de modo simple, no aprobar con docilidad la política determinada por Castro. En el pasado, algunos de los pinchos grandes que se han encontrado en esa situación han optado por la deserción a Occidente, o el suicidio. Aunque no hay evidencia definitiva, hay indicadores sólidos de que la decepción fue al menos un importante ingrediente en el caso del suicidio del ex presidente Osvaldo Dorticós Torrado, el cual mantuvo esa posición —al menos nominalmente— por 17 años (1959-1976). Este fue también un factor en el caso de Haydée Santamaría, una importante figura revolucionaria desde el 26 de julio de 1953.[18] Ella escogió el suicido en el año 1979, para privarse de la vida.[19]

FUNCIONAMIENTO DEL PRIVILEGIO

La posesión de una buena vivienda es una de las características más notables de la nueva elite cubana. Cuando se analiza la situación de la vivienda como un área de privilegio en Cuba, es vital tener en consideración la perspectiva nacional en esta materia. Según estadísticas oficiales, el problema de la vivienda es uno de los más serios de la nación.[20] Esto es resultado del control absoluto por parte del gobierno de los materiales de construcción, los que ha utilizado preferentemente para otros fines, como los militares, y hasta la exportación. También ha agudizado la crisis de la vivienda la imposibilidad de construirlas de modo privado y comercial, a gran escala. Es sumamente difícil también la construcción privada de modo individual. La situación de la vivienda es particularmente crítica en el área de La Habana metropolitana, pero es muy seria también en las ciudades del interior del país.

Los principales dirigentes comenzaron a ocupar las mejores casas de los que partían al exilio, desde 1959. De hecho, el tener una buena casa en la ciudad o en la playa ha constituido una garantía para la obtención, por parte de sus propietarios, del permiso de salida del país (el gobierno incauta, sin compensación alguna, toda propiedad del que sale del país). Bastaba que el gobierno quisiera usar una casa determinada o un pincho se «enamorase» de ella y deseara ocuparla él o algún allegado suyo, para que se eliminara cualquier obstáculo para la salida del país del propietario.

Es interesante anotar cómo, con fines propagandísticos, ciertas áreas residenciales exclusivas de la antigua burguesía habanera, tales como Miramar, el Country Club, el Biltmore y el Nuevo Biltmore fueron usadas al inicio para albergar a estudiantes becados, muchos del interior del país. Más tarde, éstos fueron sacados de allí y llevados a albergues en el campo, donde estudian y trabajan. La nueva elite y el cuerpo diplomático ocuparon estas zonas, después de ser reconstruidas muchas de sus casas.

Así, gradualmente, las mejores áreas residenciales de la elite precastrista —en particular en La Habana— fueron ocupadas por la dirigencia revolucionaria. Dentro de estas áreas se encontraban: las ya mencionadas Miramar y el Country Club (al que la revolución le cambió el nombre por el de Cubanacán), además de La Coronela, en los suburbios occidentales de la capital, y los repartos Country Club (ahora Cubanacán), Nuevo Vedado (donde Raúl Castro ha ocupado casi un edificio entero de apartamentos) y Kohly. Estas áreas residenciales de La Habana se han convertido en «zonas congeladas».[21] De esta forma, aparentemente igual que en la antigua Unión Soviética, la clase dominante cubana (la Nomenklatura) tiende a vivir concentrada y aislada del resto de la población.[22]

De modo similar, en el interior del país —imitando el estilo de los altos dirigentes de La Habana— los pinchos locales han ocupado las mejores viviendas existentes. También ha sido frecuente, según varios testimonios, el ver a estos dirigentes construyéndose excelentes casas, a veces «desviando», con distintas artimañas, materiales de construcción de obras estatales.[23]

Debe también señalarse que la alta dirigencia no sólo disfruta de excelentes viviendas, sino que para éstas existe un debido mantenimiento, posibilidades de reparación o renovación total, así como la periódica pintura exterior e interior, ya que ellos tienen acceso inmediato a los materiales que necesitan. Por el contrario, el resto de la población ha tenido que sufrir el penoso e inexorable deterioro de sus viviendas, debido a que a ellos se les dificulta mucho comprar materiales de construcción, los cuales, como se dijo, están absolutamente controlados por el Estado, y cuya distribución a la población es en extremo deficiente.

Los miembros de la cúpula dirigente no sólo disfrutan de las mejores residencias sino que también tienen potestad para «obsequiarlas», es decir procurarlas para sus parientes, amigos o amigas, lo cual resulta muy chocante. Las características arriba apuntadas se refieren, por completo, al primer o más alto nivel de privilegio señalado, y más ligeramente al segundo. Puede afirmarse que los pinchos de estos dos niveles superiores disfrutan, además, de excelentes muebles, aires acondicionados (un gran privilegio), al igual que teléfonos (de muy difícil posesión a menos que se tuviera desde antes de 1959). Concerniente a los efectos eléctricos, es de notar cómo la nueva elite desarrolló un gran gusto por los productos importados, máxime del área capitalista. En muchos casos éstos son comprados mientras se viaja al exterior, u ordenados a través de los contactos en el servicio diplomático. Los barcos mercantes o los aviones del país han sido usados para importar estos artículos, sin tener que pasar por aduanas, siendo después transportados sin problemas a la residencia del privilegiado.

El servicio doméstico ha sido, sin duda, otro de los grandes privilegios en la Cuba actual para el más alto nivel de dirigentes, por la forma en que ellos lo han utilizado. Este servicio, en los primeros años de la revolución, fue calificado por sus dirigentes como una manifestación de desigualdad social producto de la «sociedad burguesa», y, de modo sustancial, disminuyó. Sin embargo, el uso de criadas, lavanderas, etcétera, sobrevive sobre todo en las altas esferas. Como ya se mencionó, la EMPROVA ha suministrado servicio doméstico a funcionarios de alto nivel, escogiendo entre personas de mucha confianza política, ya examinadas por la Seguridad del Estado. Algunos funcionarios de nivel medio pagan a alguna persona de más bajos recursos para que les limpie la casa o les lave la ropa de la familia. Esto no es motivo de escándalo entre la población. Lo que sí adquiere carácter escandaloso es la utilización de personal empleado por el Estado, pagado por el Estado, como servidumbre de los dirigentes, lo que ha sido práctica común entre algunos ministros y otros componentes de la cúspide dirigente. El personal de plantilla del Estado que es usado por este nivel de privilegiados es dirigido también a otros servicios, como la reconstrucción de viviendas.

Un hecho bien documentado sobre las áreas donde viven los pinchos grandes —particularmente en La Habana— es que en ellas no se suele padecer de la carencia de agua y electricidad que ha tenido que sufrir el resto de la población. En el caso de que algunos de estos altos jerarcas residan fuera de las zonas privilegiadas, y les faltaran tales servicios, se buscará la manera de que no carezcan de los mismos. Para ellos hay servicio rápido de «pipas» (o camiones cisterna) que les llenan de agua sus cisternas y tanques adicionales en las azoteas. Incluso nos han llegado informaciones acerca de la construcción de pozos especiales para que a un dirigente no le falte el precioso líquido. La posesión de plantas eléctricas privadas es otro gran privilegio existente para los mayimbes que no residan en alguna de las zonas congeladas —al menos para algunos bien «conectados».

LAS «CASAS DE FIDEL» Y LAS «CASAS DE VISITA»

Además de la anterior descripción de Carlos Franqui acerca de las casas de Castro a través de la isla, existen informes que corroboran y amplían lo dicho al respecto. Desde principios de la década de los 70 se nos reportaba que en cada una de las 14 provincias había una excelente vivienda o mansión siempre dispuesta a recibirlo.[24] Un testigo de primera mano que tuvo acceso parcial a la parte externa de una de las «casas de Fidel», en los suburbios de la ciudad de Camagüey, nos dijo que ésta «dejaba chiquita a `Kuquine'», refiriéndose a la principal de las dos residencias del depuesto presidente Batista, la cual no podía calificarse de suntuosa.[25]

El entrevistado añadió que esta mansión, situada en la hacienda llamada Tayabito, localizada en el Reparto Santayana, y lujosamente expandida, incluía seis pistas de bolear (inexistentes en Cuba para el resto de la población), una sauna, un bar y piscina, así como establos para caballos. Se afirma que Castro alabó el gusto de Raúl Curbelo, entonces Primer Secretario del Partido en esa provincia y promotor del proyecto.[26]

En torno a las residencias de las que dispone Fidel Castro, este estudio ha encontrado testimonios de que una de ellas, situada en el exclusivo reparto Siboney, es para su esposa, Delia Soto del Valle, natural de Trinidad, provincia de Sancti Spiritus. Fidel la conoció en 1961 cuando ella realizaba labores de alfabetización en las montañas del Escambray. Diversas fuentes coinciden en que era una mujer muy bella, de pelo negro y ojos claros. «Fidel la vio en un recorrido, la montó en un jeep y se la llevó».[27] De esa unión han surgido tres hijos.[28] Tanto ellos como la madre no han tenido actividad pública alguna, y se han mantenido prácticamente en el anonimato, incluso para viajar.

Entre los dirigentes de la cúpula que más se han destacado por la cuestión de las residencias está Ramiro Valdés, «Comandante de la Revolución» el cual, tras sus matrimonios con mujeres mucho más jóvenes que él, les deja una bien montada residencia. El dispone, actualmente, según nuestros informes, de una mansión en el reparto Barlovento, de Jaimanitas, en Ciudad de la Habana, con acceso al mar, yate, lanchas de carrera, plantas eléctricas, frigoríficos y su colección de autos deportivos.[29]

Concerniente también a la vivienda, pero a un nivel inferior y distinto, deben mencionarse las «casas de visita». Estas son residencias que el Partido, los ministerios y otras entidades gubernamentales y económicas poseen a través del país. Sirven de alojamiento a los respectivos funcionarios, ya que éstos no se hospedan, por lo regular, en los hoteles existentes, cuando viajan por el país. Debe señalarse la diferencia entre las «casas de visita» pues, como nos dijo un entrevistado, de acuerdo con la categoría del ministerio u organismo, así serán las condiciones de sus «casas de visita». Las del Partido se destacan entre todas las demás, y aun entre éstas hay diferencias, de acuerdo con la categoría de los miembros del Partido que habrá de recibir. En estas casas de visita, los dirigentes no sólo encuentran hospedaje al estilo de los mejores hoteles, sino también servicios y abundante comida no racionada, de la mejor calidad.

PRIVILEGIOS DE LOS «HIJOS DE PAPÁ»

Los hijos de personas pertenecientes a la dirigencia, especialmente la máxima, tanto política como militar, han constituido en Cuba un grupo privilegiado peculiar. También en otros países del llamado bloque socialista, los hijos de los altos dirigentes, llamados en Cuba por el pueblo los hijos de papá, disfrutan de grandes privilegios en diversas áreas de vida.[30] En el caso cubano, por una parte, la mayoría de éstos parece que reciben con plácemes los beneficios asociados con la cúpula de la estructura de poder en una sociedad totalitaria; a veces mostrando una conducta arrogante, mientras que, por otra parte, algunos parecen ser fuertes críticos del sistema, mostrando un alto grado de cinismo y también de frustración. Esto último, sin duda, es producto del «doble estándar» que ven en sus casas, donde nada falta, en contraste con las privaciones que deben padecer los que están fuera del círculo de la elite. En este sentido, algunos observadores consideran que el grupo de los hijos de los altos dirigentes es muy elitista, excluyendo con arrogancia a aquellos que no son como ellos, hijos de papá.

Es en las oportunidades educacionales en las que, quizá, radica una de las mayores fuentes de privilegios de este sector. Para comenzar, un número de carreras están fuera del alcance de los «no integrados» —políticamente no identificados— con la revolución,[31] con lo cual se cuestiona seriamente el reclamo de la universalidad e igualdad de las oportunidades educacionales. Estas limitaciones han existido más en las carreras de ciencias sociales. Más aun, muchos observadores de primera mano consideran que la educación sirve como un excelente instrumento de control sobre la juventud, ya que en Cuba la educación es un monopolio estatal a todos los niveles, y ha sido una fuente de tratamiento preferencial, en particular para los hijos de la nueva elite.

Algunas carreras que involucran viajes al extranjero, tales como las relativas a la diplomacia, parecen tener gran demanda entre los hijos de papá. En el Instituto Superior de Relaciones Internacionales, donde se cursan esas carreras, la mayoría de los estudiantes son hijos de funcionarios del servicio exterior. Es de notar que con la dolarización de la economía y el auge de la industria del turismo ha habido en Cuba un menosprecio por las carreras universitarias y un alto aprecio por las que conducen a la obtención de esa preciada moneda, con la que ahora se puede comprar de todo en las tiendas que venden con ese patrón de cambio. Es por ello que estos jóvenes privilegiados han mostrado gran interés en este sector y es notable el influjo de los mismos trabajando en las empresas extranjeras y la industria del turismo.

La vivienda también es un área de privilegio para los hijos de la alta dirigencia. Cuando éstos se casan generalmente no tienen que vivir agregados en el hogar de sus padres, ni sobre ellos sobrevienen otras peores calamidades de tipo habitacional que tienen que soportar los jóvenes cubanos. Para los hijos de papá siempre hay dispuesta una vivienda, y es probable que mientras más alto sea el nivel dirigencial del padre, más suntuosa será la misma.

Es interesante subrayar la gran identificación y gusto de parte de los «hijos de papá» —al igual que el resto de la juventud, que está con muchas menos posibilidades de acceso— por las modas, ropas, artefactos y música occidental, particularmente norteamericanos. Puede decirse que son visiblemente distinguibles en muchas cosas por el uso o abuso de esos bienes.

Este sector social cubano se destaca también por el uso y abuso de sus conexiones familiares, a veces involucrándose en serios problemas, llegando hasta el delito, y han logrado evitar cualquier tipo de castigo. Esto aplica, en particular, en el uso del auto, que en muchos casos pertenece a sus padres, artículo altamente restringido en esa sociedad. Los problemas de estos muchachos no ocurren sólo en las calles, sino con frecuencia en las escuelas, en donde también gozan de impunidad. Allí también se destacan por su superior vestir y comer, en contraste con el resto de los alumnos.

Muchos hijos de papá llevan su actitud arrogante hacia el resto de la población y hasta hacia las autoridades policiales que los detienen, a las que frecuentemente tratan de forma humillante. En este sentido, la impunidad ante la ley de estos jóvenes es chocante cuando se tiene en cuenta la severidad del castigo al ciudadano corriente que comete un delito. Pero los problemas de los hijos de la alta dirigencia rebasan el nivel delincuencial para entrar en serios problemas psicológicos, que a menudo han llevado al suicidio. No en balde el Ministerio del Interior ha creado un grupo o sección particularmente encargado de los casos de los hijos de papá.

Otra fuente adicional de privilegio para los hijos de la elite ha sido el evitar —en la mayoría de los casos— el servicio militar; y si son reclutados, lo más probable es que no sirvieran en frentes de batalla como Angola u otro lugar peligroso, o si fueran enviados allí, no irían a un puesto de combate. A lo largo de esta línea se halla la asistencia a las escuelas preuniversitarias, ahora casi todas situadas en el campo, en donde, bajo condiciones difíciles, el joven tiene que trabajar en la agricultura medio día y estudiar el resto. Los hijos de papá se las arreglan muchas veces, por influencia de sus padres, para evadir ese tipo de escuela o tener un trato privilegiado en las mismas.

UN SERVICIO DE SALUD ESPECIAL

El cuidado de la salud ha sido una de las áreas en las que la revolución de Castro ha reclamado grandes logros. A reserva de debatir este punto en contraposición con la situación anterior a 1959, cuando existía un amplio y excelente sistema cooperativo-mutualista que abarcaba en especial a los sectores socioeconómicos medio y bajo, no cabe duda que, cuantitativamente, el presente sistema ha llevado la atención médica a los lugares más recónditos. Ello ha sido posible gracias al control totalitario de la medicina, por lo cual prácticamente todos los médicos sólo son empleados del Estado, excepto los graduados antes de 1960, y tienen que ir donde los manden. Es de notar que en Cuba está prohibida la práctica de la medicina privada.[32]

En el curso de nuestros estudios hemos escuchado quejas sobre la pobre calidad del servicio médico, atribuida a la falta de medicamentos adecuados, poca higiene, falta de privacidad, alimentación deficiente, descuido en la atención, equipos obsoletos y entrenamiento inadecuado, en algunos casos, del personal médico. Con respecto a la obtención de privilegios en este importantísimo sector, muchos de nuestros encuestados han cuestionado la igualdad en el servicio. En otras palabras —como en otras áreas— algunos, debido a su conexión política o personal, tienen derecho o procuran para sí y sus familiares un servicio o tratamiento superior que el que recibe el ciudadano promedio.

Desde el comienzo de nuestro proceso de recopilación formal de datos en 1970, afloró que en realidad existe una mejor atención médica para la elite. Y como en otras áreas de privilegio, ésta también parece haber comenzado ya a principios de los años 60. Es incontrovertible que para la dirigencia nacional existe un número de lugares notorios por su tratamiento «especializado» a los pinchos grandes y sus familiares. En estos centros la falta de medicación o el servicio inadecuado, o cualquiera de los otros problemas antes mencionados, no existen para ellos. Más aun, según algunos de nuestros entrevistados, en general, la calidad de los servicios médicos que recibe la cumbre de la elite gobernante probablemente sobrepasa la mejor atención que recibía la elite adinerada de la Cuba precastrista.

Esta investigación también detectó que la mejora o el refinamiento en la calidad del servicio médico de la elite ha sido progresiva. A principios de los 60 se habilitaron secciones especiales en los mejores hospitales existentes, destinadas a la nueva elite. Más tarde —principalmente a mediados de los 70 y en los 80— esto cambió para hospitales o clínicas que se hicieron exclusivos para los dirigentes, o donde se habían habilitado salas especiales para atenderlos. Durante los años iniciales éstos recibían la atención médica en La Habana, donde existían las mejores instalaciones hospitalarias.

Como caso típico se encontraba el pabellón Borges del Hospital Calixto García, el primer hospital universitario de Cuba. Aquella sala era lo mejor que ese hospital podía ofrecer al público en la era precastrista, y de hecho era usada por el personal médico y sus familiares. La antigua Clínica Miramar (probablemente una de las mejores clínicas de ese tiempo), rebautizada Cira García, fue más tarde el hospital de los becados; y, posteriormente, destinada a extranjeros y a la nueva elite. Al mismo tiempo, un piso especial del moderno Hospital Naval en La Habana del Este fue también destinado a sala de los pinchos.

Emulando con los «camaradas» del Kremlin,[33] más tarde se construyó una clínica totalmente dedicada a la cúspide directriz (administrada por el Ministerio del Interior) en el exclusivo Reparto Kohly, donde muchos de la nueva elite residen. El General Del Pino ha descrito esta clínica y otra, el Centro de Investigaciones Médico-Quirúrgicas (CIMEQ),[34] en el Reparto Siboney, utilizado también por extranjeros. Los equipos de estas clínicas especiales para los dirigentes han sido importados principalmente de países capitalistas, y la atención dista mucho de parecerse a la que recibe la población en los hospitales, muchas veces congestionados, y actualmente sin medicación adecuada, a los que tiene acceso. También se reporta que en los institutos nacionales de investigación médica localizados en La Habana hay áreas especialmente dedicadas a la dirigencia suprema. En el Palacio de la Revolución, sede de la cabeza política del sistema, existe un hospital especial exclusivo para Fidel Castro.

En el interior del país, nuestros encuestados indican también la presencia de áreas especiales en los hospitales provinciales para la dirigencia máxima de la zona. En estos casos, el tratamiento contrastará mucho con el que recibe la persona promedio. De esta forma, el pincho o su familia podrán recibir un cuarto privado (cosa poco usual para el pueblo en general) bien amueblado y en algunos casos hasta provisto de comida y bebidas para compartir con los visitantes.

Cuando ha sido necesario, se ha traído del exterior equipo o especialistas muy calificados. Se dice que miembros de la elite con necesidad de tratamiento delicado han procurado ser tratados fuera del país.[35] Boston, New York y hasta Miami aparentemente han sido los lugares favoritos en este hemisferio.

Es interesante señalar que caso que todo el tratamiento médico falle y devenga la muerte inevitable, para ese proceso también hay privilegio pues los pinchos tienen tratamiento especial en los funerales.[36]

OTRAS ÁREAS DE PRIVILEGIO

La cúpula de la nueva elite cubana está, «de jure» o «de facto», exenta del estricto y casi universal racionamiento impuesto al pueblo cubano desde 1962. El racionamiento incluye la mayoría de los bienes de consumo, como comida, ropa y artículos caseros. Este sistema ha implicado que cada núcleo residencial deba tener su «libreta de abastecimientos» como oficialmente se le conoce. Con ella se supone que se podrá adquirir, de estar disponibles, los alimentos y los demás artículos. Esto, de por sí, ha sido una permanente fuente de irritación, ya que cada hogar debe estar pendiente constantemente de la disponibilidad de los artículos, y ha tenido que gastar gran cantidad de horas en colas para poder hacer las compras necesarias.[37]

A partir de 1993, para algunos de los sectores de la población, esta situación ha cambiado un tanto con la dolarización de la economía al hacerse disponibles, en las «shopping» muchos artículos de primera necesidad. Sólo basta tener dólares o su equivalente en pesos convertibles para comprar en las mismas.[38]

Los dirigentes también tienen una «libreta de abastecimientos», pero, es sólo nominal para ellos, en el nivel más alto. Para un cierto sector de la alta dirigencia, los alimentos son traídos especialmente a sus casas en cantidades abundantes. Más aun, la nueva elite ha podido ordenar alimentos del extranjero por medio del cuerpo diplomático, y existen evidencias de que éste ha sido uno de los «hobbies» del «Comandante en Jefe» Castro, con talento culinario, quien ha disfrutado también posando como cocinero gourmet al invitar a otros jerarcas políticos, cuando en realidad lo que hacía era calentar comida enlatada de la cocina extranjera.[39]

El privilegio en los comestibles llega a la sede del Comité Central del Partido en el Palacio de la Revolución, en el cual hay un comedor especial —como ocurría en el de la Unión Soviética.[40] En el caso cubano, la comida que se ofrece allí a los comensales es por completo inalcanzable para el pueblo. Esta situación privilegiada del comedor del Comité Central se repite—en diversas escalas a través del país— en los que existen en las sedes provinciales del Partido, así como en los centros de trabajo. En éstos aparentemente existe una jerarquización en cuanto a lo que comen los trabajadores, los técnicos y capataces y los dirigentes.[41]

La comida privilegiada también aparece en los recintos militares, donde los reclutas comen mucho más modestamente que los oficiales. Esta situación se extiende a las tiendas militares, «el comercio militar», donde éstos podrán comprar a precios mucho más bajos artículos electrodomésticos, la mayoría de las veces no disponibles para el resto de la población. Existen también suministros especiales, de modo periódico, en bolsas, con comestibles y artículos de aseo, que llegan hasta los bajos niveles dentro del Partido y de las Fuerzas Armadas.

La nueva elite cubana no sólo esquiva el estricto racionamiento en cuanto a la comida y otros artículos de primera necesidad, sino también con artículos suntuarios o de lujo —para lo que se ha usado también al servicio diplomático. Se nos reporta de casos de personas de la cúspide del poder que se destacaban por sus pedidos a través del servicio exterior, que abarcaban desde perfumes franceses hasta ropas de Christian Dior. Tanto la familia como los amigos de los jerarcas se han beneficiado de este privilegio, y a través de ellos muchos de esos artículos se filtran al mercado negro.

RECREACIÓN SIN FRONTERAS

Otra manifestación de la promesa igualitaria hecha al principio de la revolución fue la de expandir las oportunidades de recreación para toda la población. Esto se hizo muy visible en 1959, con la apertura de numerosos centros de vacaciones para la población —construidos a través del INIT (Instituto Nacional de la Industria Turística) a lo largo del país— aprovechando las abundantes bellezas naturales no explotadas debidamente, especialmente en las playas. Para fines de 1960 —en el apogeo del proceso de confiscación de la propiedad privada— todos los exclusivos clubes privados fueron confiscados y abiertos al pueblo, y se convirtieron en «Círculos Sociales». Más tarde se abrieron los eventos deportivos gratuitamente a la población, y el turismo nacional se abarató de modo significativo. Pero más adelante esta situación comenzó a variar hacia la exclusividad y el privilegio, y ha continuado esta tendencia de modo creciente hasta el presente.

Irónicamente ha sido en las zonas costeras donde el privilegio recreativo se ha enraizado más profundamente. Algunos de los mejores y exclusivos clubes playeros de antaño se han convertido en cotos cerrados de la nueva elite y se han creado otros exclusivos para ellos o para los visitantes extranjeros. En estos centros recreacionales, contrastando con los dedicados al pueblo, no hay escasez de comida ni de bebida. En los de las Fuerzas Armadas y la Seguridad del Estado, hay tiendas especiales donde se pueden adquirir los artículos que escasean en el país.

Fidel Castro, gran fanático de los deportes marinos, ha procurado el disfrute de espléndidas facilidades para su uso. En los años iniciales de la revolución, las patrulleras de la Marina de Guerra fueron suficientes para ese fin. Pero a medida que la elite se fue acostumbrando al poder, este entretenimiento marino se ha ido haciendo más refinado. Así, se nos informa acerca de la construcción para Castro del magnífico yate Tuxpan —llamado así por el puerto mexicano de donde saliera en 1956 la expedición del yate Granma. El Tuxpan fue construido en Cuba con las mejores maderas preciosas del país y fue presentado a Fidel en su cumpleaños del año 1977. De acuerdo con una fuente que participó en su construcción, éste tiene 40 metros de eslora y despliega tres puentes. La inmensa mayoría de su equipo provino de los países capitalistas. Su costo se estima entre los cuatro y los cinco millones de dólares, y es tripulado por personal de la Marina de Guerra y Seguridad Personal del MININT.[42]

Pero si Fidel Castro puede disfrutar del Tuxpan, los mayimbes y pinchos de niveles inferiores también tienen el uso de otros yates para ellos, sus familiares, amigos y «amigas». Durante el éxodo del Mariel se pudo saber por algunos de los que fueron a este puerto a buscar familiares, que el poseer uno de los grandes y veloces yates conocidos como «cigarretas» era salvoconducto seguro para la partida de los parientes que habían sido reclamados: esto ocurría cuando a cambio de la salida de éstos, ofrecían su embarcación a un pincho grande que se enamoraba de ella. En algunos casos los hijos de papá también parece que disfrutan ampliamente de este privilegio.

Puede afirmarse que la nueva elite cubana tiene acceso irrestricto a todo tipo de facilidades recreacionales disponibles en la isla, mientras que el resto de la población sólo lo puede hacer de modo limitado a éstas, o nunca, dependiendo del caso. Ellos también tienen acceso especial y exclusivo a películas convencionales (de origen norteamericano y europeo occidental, ya que la mayoría ha detestado las soviéticas y las de Europa Oriental). Estas películas, importadas exclusivamente para la dirigencia, han sido proyectadas para una audiencia «selecta» en pequeñas salas especiales localizadas en diversas instituciones gubernamentales; con la popularidad del vídeo, aquel medio es menos usado. De igual forma, esta dirigencia tiene acceso a libros «prohibidos» en la isla, pero que son comprados en el extranjero y más tarde intercambiados entre ellos.

En cuanto a hoteles, la elite —aparte de las «casas de visita» ya descritas— ha tenido siempre, además, habitaciones reservadas en los mejores hoteles del país. Este privilegio en reservaciones es igualmente cierto para mesas en los mejores restaurantes y cabarets o centros nocturnos, las que no son de fácil acceso para la persona promedio, aun cuando tenga el dinero.

Algunos centros de vacaciones de nueva construcción destinados para los turistas extranjeros —como Cayo Largo en la costa sur de Cuba— están también disponibles de modo exclusivo para los altos niveles de la nueva elite cubana.[43] Fidel y Raúl Castro han desarrollado exclusivos cotos de caza, obviamente a un costo elevadísimo y usando métodos sin precedentes --como es el uso de aviones pequeños para espantar las aves en la dirección deseada, a fin de poderles disparar.[44] Un ejemplo dramático de las aficiones de cacería de los hermanos Castro ha sido el que existe en el llamado Parque Nacional de Saetía, adyacente a la excelente Bahía de Nipe, en el oriente del país. Según un testigo de primera mano, este parque, situado en Cayo Saetía, ha constituido, en la práctica, un coto de caza de venados exclusivo de los hermanos Castro, del cual se desalojó a todos los residentes.[45]

Los desatinos de la nueva elite referidos a la recreación han sido costosos en más de un aspecto, como es el caso del Parque <u>Lenin</u>. Para la construcción del mismo se gastaron millones de pesos y se desactivó la textilera de Calabazar, la única que hacía productos de lana en el país. Dicho parque fue un capricho de Fidel y la difunta Celia Sánchez [...] «un parque en un lugar que ni era parque ni servía para nada. Tuvieron que traer las matas de Pinar del Río, que costó una barbaridad. Se le metió a Fidel hacer una represa allí en un lugar que no servía. Tenía un fondo de roca caliza que se fracturó por el peso del agua y la represa no servía para nada».[46] Los precios de los productos vendidos allí han sido elevados.

Otros pinchos grandes también han desarrollado diferentes «hobbies» costosos y a veces ilegales. Tal es el caso del excéntrico Comandante de la Sierra, de extracción campesina, Guillermo García Frías, íntimo de Castro, ex-miembro del Buró Político del PCC y gran fanático de las peleas de gallos, que han estado prohibidas para la población desde la instauración del comunismo. Bajo el pretexto de criar gallos finos de pelea para la exportación, García Frías no sólo los ha criado, sino que ha dispuesto de vallas privadas y hasta de una de tipo móvil en un camión rastra diseñado en especial para ese fin. También este Comandante de la Revolución ha sido aficionado a la cría de aves exóticas, de caballos pura sangre y de otros gustos privilegiados.

De igual forma que oficialmente se suprimieron las peleas de gallos, pero extraoficialmente las hacen los miembros de la nueva elite, se pueden citar otros deportes o pasatiempos de los pinchos cubanos, como el billar y el juego de bolos.

EL TRANSPORTE NACIONAL E INTERNACIONAL

Tan importante como la clase de vivienda que se posea para ser reconocido como miembro de la nueva elite, pero más visible, es la posesión de un buen automóvil. Esto ha implicado el disponer de un auto soviético u occidental de modelo reciente, en agudo contraste con los muy pocos afortunados en el resto de la población que pueden contar con ese importante medio de transportación en una sociedad moderna (Cuba es uno de los pocos países donde aún abundan en circulación automóviles norteamericanos de las décadas del 40 y 50). El contraste es aún mayor cuando se refiere a la mayoría de la población, que debe utilizar el ineficiente transporte público, y más recientemente con el uso masivo de la bicicleta, tan peligrosa. Sin duda, el transporte constituye otro serio problema de la sociedad cubana actual.[47] Pero para el pincho el transporte local y nacional no es un problema. Para los «grandes» el carro podrá venir asignado hasta con uno o dos choferes (dependiendo de su estatus en la jerarquía oficial), con gasolina gratis y sin problemas de reparación, ya que hay piezas y lugares especiales de reparación para el mantenimiento de estos vehículos (de nuevo en agudo contraste con la situación de los poseedores de automóviles privados que tienen que «inventar» para mantenerlos en circulación, debido a la carencia de piezas de repuesto).

Como se mencionó antes, el carro que le viene al dirigente por el cargo se supone que sea sólo para uso oficial, pero en la práctica lo usa para todo tipo de asuntos privados y familiares. Más aun, ellos han podido obtener carros adicionales para sus familiares con relativa facilidad, debido a las conexiones político-administrativas que poseen. En este sentido, los hijos de los mayimbes se han hecho notar por el uso de los carros de sus padres, tanto privados como oficiales. Es de destacar que para los altos dirigentes de la cúpula gobernante y económica, no basta con disponer de un solo carro. Esto parece ocurrir de director de empresa hacia arriba, y se le llama el «carro de la reserva».

Aparte del carro, ha habido otros «status symbols» que han caracterizado a la nueva elite cubana. Entre ellos, la posesión de relojes Rolex GMT. Estos costosos relojes marinos han sido normalmente regalos del Comandante en Jefe a algún favorito suyo en reconocimiento por la realización de algún servicio especial. Como con los Alfa Romeo en el pasado, y ahora los Mercedes, dichos relojes han sido muy apreciados y considerados como indicadores de una fuerte conexión con la cúspide de la elite.[48]

El privilegio en los viajes domésticos no está limitado para la elite al transporte terrestre. Incluye también el transporte aéreo mediante el uso exclusivo de la flotilla de aviones del Escuadrón Ejecutivo de Baracoa (en Provincia Habana) el cual está a la completa disposición del Buró Político. A niveles inferiores, los aviones regulares son también usados. Para los viajes nacionales la elite disfruta también de un generoso viático o gastos de viaje, a menudo no usado (pero sí cobrado), ya que las casas de visita suelen resolver todas las necesidades del dirigente. Esto, de por sí, le proporciona a la dirigencia, como ya dijimos, un ingreso adicional durante el desenvolvimiento de sus funciones administrativas o directoras.

La posibilidad de frecuentes viajes internacionales ha sido uno de los grandes privilegios de la nueva elite cubana. El dirigente lo ha considerado como tal, en especial cuando el viaje es a un país capitalista y no a uno del campo socialista (anteriormente). Este privilegio tan deseado es por lo general otorgado a los que la Seguridad del Estado considera confiables o seguros y, por lo tanto, virtualmente constituye una garantía de promoción política u ocupacional.

El viaje al extranjero abarca mucho más. Incluye el muy deseado «cambio de aire», le permite al viajero observar diferentes realidades, y también entraña otras recompensas materiales. El «dirigente viajero» tiene derecho a una asignación (proporcional a su rango) con la cual podrá adquirir, para su viaje, ropas adecuadas en tiendas especiales no asequibles para el resto de la población. Y como se apuntó arriba, dicho viaje también ofrece la ansiada oportunidad, en los casos de dirigentes de nivel más bajo, de comprar artículos no disponibles para ellos en Cuba. Debe mencionarse también que esta posibilidad de viajar se ha extendido, en algunos casos, para becas en el exterior, a los hijos y otros familiares inmediatos de los altos dirigentes.

LA «ESPECIAL» COMPAÑÍA FEMENINA

La «amante» es una institución muy extendida en Latinoamérica, y puede considerarse que existe una correlación directa entre el poder económico y político y las relaciones extramaritales. Es interesante notar cómo a comienzos del proceso revolucionario hubo énfasis en la legitimización de las uniones extramatrimoniales mediante la realización masiva de matrimonios civiles. Pero, como en otros aspectos de la vida social cubana, la nueva elite no resultó ser una excepción puritana a la tendencia latinoamericana ya señalada.

Con pocas excepciones, la cúspide dirigente se ha caracterizado por su notable machismo. El «máximo líder», que ha hecho de su vida privada un tabú que no puede ser comentado en alta voz por ningún ciudadano, y mucho menos ser objeto de información periodística dentro del país, no ha podido evitar que se conozcan algunos de sus episodios amorosos extramaritales.[49]

La concentración del poder político y económico de modo absoluto en una misma persona parece haber ejercido gran atracción en el sexo opuesto; y es aquí en lo que miembros de la nueva elite se han destacado notablemente en sus

243

amoríos o conexión con jovencitas, las «titis», algunas aún en las aulas del bachillerato.

Una situación muy común en la Cuba actual es la del pincho, ya mayor, descartando a su esposa de muchos años para casarse con la amante mucho más joven que él (a menudo en sus veinte). A esta tendencia tan extendida se le ha llamado popularmente la «titimanía». No son raros, por otra parte, los matrimonios en serie de esta naturaleza. En este caso —si el pincho pertenece a los más altos niveles de privilegio— a la esposa «descartada» no se la deja desvalida, ya que probablemente se queda con la buena casa en que vivía y es posible que permanezca en el círculo de la elite, y tal vez se vuelva a casar dentro de ese círculo con otro mayimbe bien conectado.

Sin embargo, en los niveles inferiores de la dirigencia del Partido, y en especial en localidades pequeñas, las prácticas extramatrimoniales han sido consideradas severamente. En años recientes, aunque no oficialmente permitida, esta práctica extramarital parece haberse extendido a los niveles inferiores de la dirigencia política y administrativa. Hay informes sistemáticos de que un gran número de administradores de empresas se aprovechan de su posición para convertir a sus secretarias en amantes. Es común para una mujer atractiva, en especial si es casada y desea ser fiel, el tener que dejar el trabajo debido a los continuos pases amorosos y presiones sexuales de sus respectivos jefes. Pero, aquéllas realmente atractivas que desean seguir la corriente, pueden darse el lujo de escoger.

NAVIDADES PARA LOS PINCHOS

Un caso extremo del desdén de la nueva elite por las tradiciones populares, y a la vez ejemplo de abuso de poder y privilegio, tiene que ver con la tradicional celebración de las Navidades. En el día de Nochebuena (vísperas de Navidad), ha sido tradicional en Cuba la celebración —prácticamente universal— de una cena familiar con comidas del país y algunas importadas. Entre las importadas se incluían los turrones de España, mientras el cerdo figuraba entre las importantes comidas nativas. Castro suprimió las Navidades como día feriado en 1969, supuestamente para ayudar al ingente esfuerzo por realizar la fallida zafra de los 10 millones de toneladas de azúcar en 1970, aludiendo también que ésta era una celebración importada del extranjero. Y en 1997, con motivo de la visita papal, restableció la celebración autorizada de la Navidad como día feriado, siendo en 1998 restaurada permanentemente esa festividad.

Como en otros casos, luego del fracaso de ese esfuerzo, aquella celebración no fue restituida como día de fiesta a la población. Pero, además de ese obstáculo, no se permitieron las importaciones para esta celebración a nivel de pueblo, y la venta legal de cerdo estuvo prohibida por largo tiempo. A pesar de ello, la elite ha continuado celebrando la tradicional cena de Nochebuena—claro que sin connotación religiosa—con las mejores comidas domésticas, incluyendo el cerdo, así como los exclusivos productos importados.

A modo de facilitar esa tradicional celebración entre los pinchos, se idearon las «cestas de Navidad» (o de fin de año), comenzando por la cúspide, pero extendiéndose pronto hacia niveles inferiores. Dichas cestas contienen, de modo generoso, todos los artículos tradicionales de esta festividad, a los que el pueblo no tiene acceso. Aparentemente, dichas cestas se comenzaron a distribuir más tarde como parte de la celebración del triunfo de la revolución, para el día primero de año.

CONCLUSIÓN

Este breve análisis de la situación de la estructuración social cubana indica la presencia de grandes desigualdades. Estas podrían considerarse muy superiores a las existentes en la sociedad precastrista, debido a la naturaleza y funcionamiento de las mismas. Dichas desigualdades se basan fundamentalmente en la filiación o lealtad política de la persona.

En este sentido, el sistema, que se proclama erróneamente socialista, como sugiriera el agrónomo socialista francés y estudioso de la realidad cubana, René Dumont,[50] tiene grandes semejanzas con la estratificación social del feudalismo. Una elite con gran poder sobre vidas y haciendas, y el resto de la población sin posibilidades significativas de ascenso social y económico que no sea por la vía política. Dicha estratificación tiende a seguir los patrones descritos inicialmente por el yugoslavo Milovan Djilas en su insigne obra, *La Nueva Clase*, referente a la situación en la Unión Soviética. A mayor vinculación con la cúspide gobernante y su eje principal, Fidel Castro, mayor será la oportunidad de privilegio. Este es por naturaleza inestable y relativo, dependiente del favor de esa cúspide gobernante y partidista. Esa nueva elite denominada popularmente en Cuba los pinchos y los mayimbes no tendrá título de propiedad de nada, pero será en la práctica dueña de todo. El perder el favor político implicará la pérdida absoluta de los privilegios y prebendas adquiridos.

Parece pues, que el modelo de estratificación social propuesto por Djilas en el ámbito europeo se ha replicado de modo muy similar en la Cuba caribeña.

Este ejemplo de transformación social parece también confirmar una vez más el apotegma del gran politólogo inglés Lord Acton, cuando enunciara que «el poder corrompe, y el poder absoluto corrompe absolutamente», al analizar los ejemplos de uso y abuso del poder sin límite, del caso cubano.

Al cabo de 40 años de gobierno totalitario, Castro y la elite que lo acompaña parecen atrincherados en el poder, sin visos de desear compartirlo. Ellos desechan, en la práctica, modelos ideológicos que dicen haberlos inspirado. Tratan por todos los medios, incluido el capitalismo de estado sin cortapisa de sindicatos que reten su arbitraria gestión empresarial, de permanecer en el disfrute ilimitado de un poder que ya tiene 40 años, para gran detrimento de un pueblo que un día vio en Castro a su héroe y salvador.

NOTAS Y REFERENCIAS

[1]. Esto tuvo lugar en el histórico discurso de conmemoración del comienzo de las Fuerzas Armadas Revolucionarias en 1 de diciembre de 1961. En él, Castro confesó que siempre fue marxista-leninista y que lo sería hasta el fin de sus días, a pesar de haber negado tal cosa antes del triunfo de la revolución, y particularmente en 1959. Reconoció que si hubiera proclamado tal filiación, no hubiera podido bajar de la Sierra.

[2]. Milovan Djilas, *The New Class, An Analysis of the Communist System* (New York, Washington: Praeger Publishers, 1957).

[3]. Michael Voslensky, *La Nomenklatura. Los Privilegiados en la URSS* (Barcelona: Editorial Argos Vergara, S.A. 1981).

[4]. Ver Juan Clark, *Cuba: Mito y Realidad* (Caracas-Miami: Saeta Ediciones, 1992), pp. 434-435.

[5]. Ver Clark, *Cuba: Mito y Realidad*, «Una nota metodológica», pp. xxxvi-xli.

[6]. Ver Clark *Cuba: Mito y Realidad*, p. 437.

[7]. En esa encuesta, se sometió a la consideración de los participantes la evaluación de diversos grupos identificados como privilegiados según sondeos preliminares anteriores. Ellos debían escoger entre «ningún» privilegio, «muy poco», «algo», «mucho» y «muchísimo» con respecto a cada uno de dichos grupos.

[8]. Los otros dos grupos sometidos a consideración fueron «los soldados» y los «miembros de los Comités de Defensa de la Revolución». Estos últimos no tuvieron nadie que afirmara que tenían «muchísimo» privilegio, mientras que sólo el 2.1% afirmó lo mismo para los miembros de los CDR.

[9]. Nombre con el que el pueblo designa popularmente a los altos sectores privilegiados del país.

[10]. Ver Juan Vivés, *Los amos de Cuba* (Buenos Aires: Emecé Editores, 1982) p. 353. El autor, que fue guerrillero junto a «Che» Guevara en la lucha contra Batista, fue también miembro de la Seguridad del Estado (G-2) y participó en la guerra de Angola. Actualmente vive en el exilio. Señala en su obra cómo ya en 1961 el Instituto Cubano de Amistad con los Pueblos (ICAP) era una fuente de privilegios para determinados funcionarios.

[11]. «Hay muchísimos miembros del Comité Central que pasan trabajo y no tienen qué comer en las casas y tienen grandes dificultades, porque allí todos los miembros del Comité Central no son del clan gobernante», según un testigo de primera mano. Entrevista con Hilda Felipe el 23 de diciembre de 1987, p. 14.

[12]. Carlos Franqui, *Retrato de familia con Fidel* (Barcelona: Editorial Seix Barral, S.A., 1981), p. 236.

[13]. *Ibid.*

[14]. Entrevista con Hilda Felipe el 23 de diciembre de 1987, p. 2.

[15]. Término desarrollado en Cuba y derivado del vocablo «socio» o amigo, en contraste con socialismo.

[16]. Entrevista con Marcos Concepción el 5 de febrero de 1989.

[17]. Uno de los casos más conocidos sobre esta materia de la libertad de movimiento y el retener en Cuba a personas contra su voluntad es el de la doctora Hilda Molina, destacada neuróloga que renunció a altos cargos, con un hijo en el extranjero, a la cual no se le permite salir para visitarlo. Ver Hilda Molina, «Carta Abierta a Fidel Castro», *El Nuevo Herald*, 11-12-96, p. 11A. Otro de gran renombre son los hijos del pelotero Orlando «El Duque» Hernández, que escapó de la isla en una balsa, actualmente pitcher de los New York Yankees, al cual no se le permitía traer a sus hijos. Hubo necesidad de una gestión personal del Cardenal O'Connor, de New York, con Fidel Castro, tras la victoria de los Yankees en la Serie Mundial de 1998 para lograr la salida de la familia de «El Duque». En Cuba no se puede vender ni comprar una casa como en cualquier país. La libre compra-venta de carros se permite sólo con los vehículos anteriores a 1960. Todos los carros nuevos tienen que ser comprados con permiso gubernamental y será muy difícil que un particular cualquiera los obtenga.

[18]. En esa fecha, 26 de julio de 1953, se produjo el asalto al Cuartel Moncada y al Cuartel de Bayamo, por un grupo de revolucionarios encabezados por Fidel Castro. De ahí que el movimiento clandestino que surgiría después se llamara Movimiento 26 de Julio.

[19]. Entre las deserciones de más impacto, en la que la decepción jugó un importante papel, está la del Gen. Rafael del Pino. Antes de él también desertó el viceministro Manuel Sánchez Pérez, que lo hizo en España en 1985, manifestando su franca decepción del sistema.

[20]. Ver Capítulo VII y Clark, *Cuba: Mito y Realidad*, op.cit. Capítulo 15.

[21]. Zona congelada es el área inmediata a alguna zona de importancia política y/o gubernamental. El hecho de vivir allí está controlado por completo por la Oficina de Zona Congelada. Las permutas (intercambios de viviendas, principal forma de lograr

una vivienda mejor) para esa zona suelen ser muy demoradas, porque es imprescindible que sea investigada la familia que va para allá.

22. «Las dachas del Estado en los alrededores de Moscú, están situadas en una zona prohibida; altas empalizadas protegen sus jardines, y los guardias ejercen una implacable vigilancia. El pueblo debe ser mantenido a distancia de los manjares de la Nomenklatura». Michael Voslensky, *La Nomenklatura. Los privilegiados en la URSS.* (Barcelona: Editorial Argos Vergara, S.A., 1981), p.226.

23. Nuestras entrevistas han revelado que esta situación de privilegio con la vivienda se ha filtrado hacia niveles bastante bajos en la jerarquía. De vez en cuando, si desea «tronar» (un cubanismo reciente muy popular que implica «purgar» al estilo comunista) a un dirigente —usualmente por errores políticos— es fácil que se le saquen instancias de corrupción, como fue el *caso* del dirigente Luis Orlando Domínguez. Ver «Castro dice preso en Cuba tenía $100,000», *El Nuevo Herald*, 25 de junio de 1987.

24. Juan Arcocha, *Fidel Castro en Rompecabezas* (Madrid: Ediciones R, 1973), p. 10.

25. Entrevista del 30 de septiembre de 1981.

26. *Ibid.* Oficialmente esta casa se usa también como casa de visita para la alta dirigencia.

27. Entrevista con Marcos Concepción el 11 de enero de 1989.

28. Según Rigoberto Milán, Fidel Castro tiene los siguientes hijos: Fidel Castro Díaz-Balart (Fidelito), con Mirta, su primera esposa; José Ángel, cuyo nacimiento fue anterior a «Fidelito»; Alina, también extramatrimonialmente con Naty Revuelta; y un varón y dos mellizas con su actual esposa. «El proceso procreativo conocido de Fidel arroja, pues, el siguiente saldo: tres hembras; Alina y las mellizas. Tres varones: José Angel, Fidelito y el varón con `La Comandante'[...] Cinco nietos: tres de José Angel, una de Fidelito y una de Alina». (Milán, *Farsa y farsantes*, p. 24). La investigación realizada para desarrollar esta obra ha encontrado otras versiones en cuanto al sexo y la edad de los hijos más pequeños de Fidel Castro.

29. Milán, *Farsa y farsantes*, pp. 45, 46.

30. Ver, como ejemplo, «Princes of Privilege» en la revista *Time* del 28 de septiembre de 1987, p. 41. En este reportaje se afirma que en China los hijos de los líderes (conocidos como *taizi pai*) asisten a las mejores escuelas, consiguen los mejores trabajos, se les permite viajar al exterior y, si cometen algún delito, gracias a su influencia pueden escapar al castigo.

31. Eso es en las carreras que tienen influencia social significativa. En la Unión Soviética también se produjo este fenómeno, que ha sido muy bien explicado por Michael Voslensky: «En el momento del paso a la enseñanza superior, los hijos de los dignatarios no tienen que temer verse mezclados con la multitud de estudiantes

ordinarios. Esta es la razón de ser de la Escuela Superior de Relaciones Internacionales de Moscú. Allí reina un elitismo de casta del que no se encontraría probablemente mejor ejemplo que el antiguo cuerpo de la nobleza zarista. (Voslensky, *La Nomenklatura*, p. 215).

[32]. Los médicos graduados después de 1964 tienen prohibida la práctica de la medicina privada. Esta prohibición ha constado en el dorso de sus diplomas otorgados por la universidad.

[33]. «El hospital del Kremlin estaba equipado con aparatos occidentales y dotado de una farmacopea occidental (la Nomenklatura no confía jamás en la ciencia médica y en la farmacología locales, cuando su salud está en juego). La alimentación y los cuidados superan todo elogio, lo mismo que el personal, que es numeroso, competente y exhibe buen humor. Una situación que difiere, de manera radical, de la que se constata en los hospitales ordinarios, donde los pasillos están atosigados de camas, donde el personal es insuficiente y donde la alimentación es mala hasta el punto de resultar intolerable...» (Voslensky, *La Nomenklatura*, p. 215).

[34]. Dr. Hilda Molina, «Cuban Medicine today», Cuba Brief (Washington, DC. Report of the Center for a Free Cuba 1998 Summer, pp. 5-12.

[35]. Se mencionan los nombres del Comandante René Vallejo, médico personal de Fidel Castro, de la bailarina Alicia Alonso, de Celia Sánchez y del propio Castro, como casos en los que se ha hecho este tipo de excepción con material o personal del extranjero o ir a éste a obtener tratamiento especializado.

[36]. En la antigua Funeraria Rivero, en el exclusivo barrio del Vedado de La Habana, se reporta que el último piso de la misma es únicamente para los líderes del Partido. Ver Pedro Cifuentes, «Funeraria Rivero: Las diferencias sociales perduran más allá de la vida, ABC entró en el tanatorio exclusivo de la elite comunista», *ABC* (Madrid), 24 de septiembre de 1994. Ver también Raúl Rivero, «Morirse en Cuba: la igualdad de casi todos», *El Nuevo Herald*, 29 de abril de 1996, donde se ofrecen más detalles del piso exclusivo, el cual dispone de aire acondicionado y hasta de dormitorios, para los familiares. Otras fuentes indican la presencia de otros privilegios en esta esfera, como la posibilidad de obtener flores abundantes en perjuicio de otros en la población que las solicitan con igual fin.

[37]. Ver en Clark, *Cuba: Mito y Realidad*, el Capítulo 15, pp. 281-286, para más detalles.

[38]. Esto ha implicado una nueva división dentro de la sociedad cubana: entre los que tienen y los que no tienen dólares. Para una descripción más detallada de este proceso de dolarización, ver en esta obra el Capítulo VII. «El cubano como consumidor» en la sección `La dolarización de la economía'.

[39]. Ver Juan Arcocha, *Fidel Castro en rompecabezas* (Madrid: Ediciones R, 1973), pp. 111-113.

[40]. «En el Comité Central del PCUS, los bares abren a las once. Muy pronto se ve afluir a ellos a los dignatarios de la Nomenklatura [...]. Cerca de la caja, una puerta da acceso a la cantina reservada donde se pueden comprar a bajo precio todos los productos alimenticios imaginables. Hace ya largo tiempo (desde 1929), que en los almacenes normales no se encuentran artículos de esta calidad. La cocina, muy sabrosa, no utiliza más que productos de primera calidad [...]. El precio es el que uno debería pagar por un almuerzo miserable e indigesto en una de esas cantinas ordinarias donde, a esa misma hora, colas de trabajadores esperan para reponer fuerzas durante la pausa del mediodía». Voslensky, *La Nomenklatura*, pp. 197, 198.

[41]. Héctor Caraballo, *Estudio sobre la formación y características de la nueva clase cubana*. Agosto, 1975. Manuscrito entregado por el autor para ser utilizado en esta investigación. Entrevistas recientes confirman la presencia de este patrón.

[42]. De acuerdo con la entrevista del 29 de septiembre de 1982 con Pedro Pérez Castro, quien participó en la construcción del Tuxpan.

[43]. Según el General Del Pino: «Cayo Largo es un centro turístico cerrado para la población de Cuba. Es solamente para el turismo internacional y para las operaciones ocultas e ilegales del régimen de Castro». *Diario Las Américas*, 26 de julio de 1987, p. 8A. En la película cubana de promoción turística «La Habana te espera» salen vistas de este lugar.

[44]. Ver «Entrevista a Del Pino en Radio Martí. Hicieron un hospital al que no tienen acceso ciudadanos cubanos», *Diario Las Américas*, 26 de julio de 1987, p. 7C. En esta entrevista, Del Pino señalaba: «Es que ni los soviéticos hacen esto. Parece una cosa de la aristocracia del siglo pasado, y, sin embargo, ocurre».

[45]. Entrevista con Nelson González el 26 de noviembre de 1987.

[46]. Entrevista con el ingeniero Carlos Berenguer el 24 de abril de 1987, pp. 32-34. Sobre los costosos gastos de construcción del Parque Lenin. Ver también José Luis Llovio-Menéndez, *Insider, my hidden life as a revolutionary in Cuba* (New York: Bantam Books, 1988), pp. 241-244.

[47]. Ver en el Capítulo VII : «La crisis del transporte», pp. 202-205.

[48]. El más apreciado «status symbol» entre los funcionarios cubanos es el que ha sido otorgado por Fidel Castro. Este, a través del tiempo, ha establecido la costumbre de «premiar» a los colaboradores de quienes se siente satisfecho con objetos que adquieren prácticamente una exclusividad de uso en el país. Algunos de estos «premios» han sido identificados entre los siguientes: automóviles Oldsmobile (en los primeros tiempos del régimen de Castro), relojes Rolex deportivos de acero níquel, relojes digitales Seiko 5,

calculadoras de bolsillo (durante la zafra del 70), fosforeras de gas, automóviles Peugot de lujo y Volga.

[49]. Ver en Clark, *Cuba: Mito y Realidad*, pp. 503-504, algunos ejemplos de los romances de Fidel Castro que han trascendido de modo notable.

[50]. René Dumont, *¿Es Cuba Socialista?* (Caracas: Editorial Tiempo Nuevo, 1971).

40 AÑOS DE REVOLUCIÓN

IX

REPRESIÓN E INTOLERANCIA

por

Efrén Córdova

RAÍCES DE LA REPRESIÓN Y LA VIOLENCIA

La represión ha sido consubstancial a la revolución y ha estado presente en forma directa o indirecta en todas las etapas de su existencia. No podía ser de otro modo dadas sus raíces marxistas y autoritarias, los rasgos principales de la personalidad de Castro y la índole de la resistencia cívica suscitada por la implantación de un régimen de estirpe totalitaria.

Que el comunismo ha estado siempre asociado con la aplicación de medios violentos, es fácil de documentar. Desde sus primeros textos, Marx y Engels proclamaron abiertamente que los objetivos del comunismo sólo pueden ser alcanzados derrocando por la violencia todo el orden social existente».[1] Lenin a su vez pondría más tarde de relieve la importancia de imprimirle un carácter violento a la que él llamaba la inevitable revolución socialista[2] y aún más afirmaría sin titubeos que los comunistas no habían renunciado nunca, ni podían renunciar al terror, forma de acción que era a su juicio «completamente útil y hasta indispensable».[3] La propia fórmula de la dictadura del proletariado entraña por su parte autoritarismo y concentración absoluta de poderes.

El movimiento revolucionario que llegó al poder en 1959, no podía escapar al influjo de esas prédicas. Su objetivo era efectuar un cambio total de estructuras independientemente de los deseos del pueblo y sin excluir para ello el uso de la violencia. El régimen que sus jefes instauraron es al propio tiempo sucesor y beneficiario de las experiencias totalitarias vividas en este siglo; de ellas heredó el propósito de absorción de todos los poderes por la élite revolucionaria que se hizo cargo del gobierno. Los bolcheviques afirmaron esa pretensión con el lema de «todo el poder para los soviets». Mussolini definió ese rasgo totalitario y excluyente postulando que «todo debía estar dentro del Estado, nada fuera de él». Hitler enfatizó la subordinación del individuo al Estado y la obediencia de las masas al Fuhrer.

Fidel Castro accedió al poder con todas esas influencias en su mente. Su ascensión al liderazgo de la revolución no fue accidental ni fortuita sino el resultado de circunstancias propicias y acciones planeadas y ejecutadas en consonancia con sus ambiciones, sus lecturas y el apoyo de colaboradores de extracción marxista. Retener a toda costa el poder ya conquistado ha sido el *leit motiv* ulterior de todas sus políticas. Todo cuanto ha ocurrido en Cuba después —su adhesión al campo socialista, su antiamericanismo sistemático y sus medidas autoritarias— corresponden a su propósito de detentar un poder absoluto, personal y de duración indefinida. Ese propósito lo impulsó en primer lugar a la dictadura, la cual provocó a su vez la resistencia cívica y ésta generó un nuevo ciclo de represión.

Llevar a cabo esa represión en forma drástica e implacable correspondía al propio tiempo a la personalidad de Fidel Castro. Tal como se explica en otro capítulo de este libro, el Fidel Castro anterior a 1959 fue mostrando sus inclinaciones en una serie de hechos significativos: su participación en el Bogotazo y la expedición de Cayo Confites, su intervención en las agitadas y a veces violentas luchas estudiantiles y su adhesión al grupo terrorista Unión Insurreccional Revolucionaria. Aunque Castro no llegó a ser figura principal de esta organización, su pertenencia a la misma tiene particular importancia. Dirigida por Emilio Tro, un veterano de la II Guerra Mundial que probablemente sufría de psicosis de guerra, UIR era «una organización que creía febrilmente en la violencia como método».[4] No tenía un programa conocido pero sí un lema perentorio: «la justicia tarda pero llega». Curiosamente se enfrentaba a otro grupo de acción llamado Movimiento Socialista Revolucionario, dirigido por Rolando Masferrer, veterano de la Guerra Civil española. Uno y otro grupo estaban integrados por gente impulsiva, ambiciosa y sin escrúpulos que aspiraba a llegar al poder político sin reparar en los medios y es en ese ambiente de violencia delirante y justicia expeditiva donde hay que ir a buscar las raíces más hondas de la vocación por la violencia y la represión de Castro.[5] Cuando Batista llevó a cabo en 1952 su malhadado golpe militar, a Castro se le abrieron los cielos. Advirtió enseguida las posibilidades de alcanzar las más altas posiciones por la vía de la acción directa. El antiguo pandillero, dotado por lo demás de gran inteligencia, se tornó guerrillero. Sus inclinaciones y experiencias bélicas se prolongarían entonces con móviles más nobles en el asalto al Cuartel Moncada y en la lucha de guerrillas de la Sierra Maestra y esas vivencias contribuirían a arraigar en su psiquis una buena dosis de caudillismo y autoritarismo.

Con esas características personales llegó Castro al poder en 1959. Pocos sabían entonces que había llegado también con el designio de utilizar la revolución nacionalista y democrática que había dado al traste con la dictadura de Batista para establecer en su propio beneficio una dictadura del proletariado. Para la gran mayoría de los cubanos que sintieron en 1959 un renacer de la democracia y la esperanza de un mejor destino nacional, el propósito de Castro era inaceptable y sabía a traición. Se inicia así la reacción anticastrista que lleva ya 40 años de actividad y se hizo pronto claro que Castro sólo podía realizar su designio personal a costa de convertir a Cuba en un país emasculado y sometido.

Las primeras manifestaciones del ciclo de acciones y reacciones que conforman estos 40 años de revolución no tardarían en producirse.

EL PAREDÓN DE FUSILAMIENTO

El 10 de enero de 1959, 72 oficiales y soldados del Cuartel Moncada en Santiago de Cuba fueron fusilados por orden de Raúl Castro. El tribunal que los condenó a muerte estuvo presidido por el Comandante Manuel Piñeiro quien más tarde ocuparía altos cargos en la revolución. Otros fusilamientos de militares y civiles tuvieron lugar en varias ciudades de la isla. En La Cabaña, por ejemplo, Ernesto Guevara dispuso la ejecución de 55 personas; los juicios duraban apenas unas horas y la decisión final la tomaba casi siempre el propio Guevara.[6]

Así empezó la ola de terror con que se estrenó el Gobierno Revolucionario dirigido por Fidel Castro. En medio de la gran alegría popular que siguió a la caída de Batista, la revolución estaba sentando un ejemplo y enviando un mensaje. En un caso famoso, el del Coronel Jesús Sosa Blanco, el juicio llevado a efecto en el Palacio de los Deportes tuvo las características de un circo romano. El proceso se trasmitió por televisión a todo el país y el inculpado que en todo momento alegó que era un militar que cumplía órdenes superiores, fue por supuesto fusilado. En Santa Clara, el Coronel García Olayón fue fusilado ante las cámaras de cine y televisión y en igual forma pereció el Coronel Cornelio Rojas. Junto a los militares fueron ejecutados algunos funcionarios civiles, no pocos informantes y alguna que otra víctima de venganzas personales o arreglos de cuenta.

No hay cifras exactas sobre el número total de fusilados en esa primera etapa de la revolución. Duarte Oropesa habla de fusilamientos masivos y de ola de fusilamientos.[7] Hugh Thomas afirma que más de 200 personas fueron fusiladas entre el 1 y el 20 de enero.[8] Juán Clark cita 485 fusilados durante 1959 y otros 146 más condenadas a muerte pero no ejecutados.[9] Samuel Farber alude a varios centenares.[10] Rafael Fermoselle[11] y Enrique Encinosa[12] dicen que en las primeras tres semanas de enero se llevaron a cabo no menos de 288 fusilamientos. Un solo fiscal, Carlos Amat, fue responsable de la ejecución de unas 100 personas. En esas primeras semanas de revolución muchos fueron los ajusticiados que se enterraron en forma colectiva en zanjas abiertas con motoniveladoras.

No había razón militar alguna para ese baño de sangre. El ejército de Batista había depuesto las armas en todas partes; no había foco alguno de resistencia y el país vivía momentos de intensa alegría. La justificación se trató de encontrar en el mito de las 20,000 víctimas del régimen de Batista y el rótulo de criminales de guerra que se endilgó a todos los fusilados. La leyenda de los 20,000 muertos fue uno de los primeros productos de la propaganda castrista ayudada en este caso por la revista *Bohemia* que no se cansó de publicar reportajes de crímenes atroces y fotografías de cadáveres abandonados. Quienes investigaron a fondo la cuestión descubrieron, sin embargo, que en los archivos de *Bohemia* no pasaban de 700 las denuncias de asesinatos y que el número total de personas que perdieron la vida en forma violenta (incluidas las bajas de la Sierra Maestra) era de 1,703.[13] Algunos de los ajusticiados habían sido asesinos y torturadores pero eran los menos. No es posible olvidar que ninguno de los fusilados ocupaba una alta posición en el régimen de Batista; los grandes responsables de ese nefasto régimen se asilaron o escaparon en los primeros días de enero.

Sí existían, en cambio, poderosas razones políticas que explican las ejecuciones. Castro quería distanciar la revolución desde su inicio de la Cuba de ayer. Deseaba enfatizar el carácter drástico e implacable de la Segunda República e identificar al pueblo con sus propósitos radicales. Aunque fueron varios los comandantes rebeldes que se distinguieron por su revanchismo, quienes inspiraron la ola de fusilamientos fueron los hermanos Castro y los motivos que tuvieron para ello se relacionan con sus planes de largo plazo. La mejor prueba de ello se tiene en la anulación que contra todos los principios jurídicos, Fidel Castro decretó en el juicio seguido contra los 43 aviadores acusados de bombardear la población civil. Absueltos por un tribunal revolucionario, un Castro iracundo dispuso que se les juzgara una segunda vez y por supuesto se les condenara a largos años de prisión.

La prensa extranjera reaccionó con horror ante las fotos y películas de los fusilamientos y fue para ripostar a esas críticas que Castro convocó al pueblo a la gran concentración del 22 de enero de 1959. Ese día Castro advirtió que su oratoria ejercía «extraños poderes de coerción emocional»[14] sobre una gran parte del pueblo; ese día se forjó una alianza entre Castro y esa parte de la sociedad que algunos acostumbran llamar plebe. Centenares de miles de cubanos lanzaron ese día el siniestro grito de ¡paredón! en apoyo de los fusilamientos y Castro supo desde entonces que podía contar con ellos para su empresa de odio y enfrentamiento. Había cobrado fuerza el culto a la idea de revolución, se había materializado la concepción radical, violenta y delirante de la vida social y política[15] y de repente comenzaron a proliferar por todas partes los nuevos «sans-culottes». Si el Máximo Líder convirtió ese día al pueblo cubano en cómplice de la muerte de centenares de compatriotas, sin duda que podía contar con ellos a la hora de las expropiaciones, las destituciones y los encarcelamientos. La fórmula consistiría simplemente en hacer creer al pueblo que era agente activo del proceso revolucionario. Ya Castro había estado utilizando con habilidad su mensaje de odio al poderoso y ahora su primer ensayo de «democracia directa» le indicaba que el terreno era propicio para seguir adelante. Lector ávido de Lenin recordaría sin duda su apología de la violencia y su elogio de la agitación general y sistemática.

APLICACIÓN ULTERIOR DE LA PENA DE MUERTE

Los fusilamientos no terminaron con la racha sangrienta de 1959 ni tampoco se limitaron sólo a los partidarios del régimen de Batista. La pena capital se ha seguido invocando después a lo largo de estos 40 años y se ha aplicado a cuantos se han atrevido a retar y poner en peligro el poder omnímodo de Castro. Prácticamente abolida en Cuba en la Constitución de 1940 y escasamente utilizada en la república, la pena de muerte se convirtió en rutina judicial. Entre el 1º de enero de 1959 y el 29 de noviembre de 1961, el régimen de Castro decretó la pena de muerte con respecto a 29 figuras delictivas, casi todas relacionadas con actividades contrarrevolucionarias.

Tras la ejecución de los elementos ligados a la dictadura de Batista, los fusilados en el decenio de 1960-70 fueron principalmente los que desde el exterior o en el interior de la isla tuvieron el coraje de enfrentarse a la nueva dictadura. Figuran entre ellos los dirigentes de los grupos y facciones que habían luchado por un retorno a la democracia y se sentían traicionados por el giro autoritario y marxista que Castro estaba imprimiendo a la revolución. Cuantos cubanos participaron en acciones clandestinas de infiltración, alijo de armas o desembarco de pertrechos arriesgaron también sus vidas y algunos fueron en efecto ejecutados. No escaparon al pelotón de fusilamiento altos oficiales, clases y soldados del Ejército Rebelde acusados de conspirar. En agosto y octubre de 1962 sólo en La Cabaña el gobierno fusiló a docenas de ellos. Tampoco salvaron sus vidas los tres sindicalistas empleados de la Compañía Cubana de Electricidad implicados en el sabotaje de la calle Suárez en 1961.

Los procesos criminales que conducían a la ejecución carecían de garantía alguna de imparcialidad. No la había en la naturaleza misma del órgano encargado de decidir sobre la vida o muerte del inculpado. Esos órganos fueron primero los tribunales militares o revolucionarios, incapacitados por su propia índole para juzgar con objetividad, y más tarde los tribunales populares, dependientes del Consejo de Estado y la Asamblea Nacional, y renuentes por ello a apartarse de las instrucciones tácitas o explícitas que recibían. Quienes más se destacaron en los primeros años como fiscales, presidentes de tribunales o incluso interrogadores de la Seguridad del Estado fueron recompensados con las más altas posiciones. Manuel Piñeiro llegó a ser Vice Ministro del Interior, Carlos Amat Ministro de Justicia, el interrogador Isidoro Malmierca Ministro de Relaciones Exteriores y Augusto Martínez Sánchez, fiscal del segundo juicio de los aviadores, Ministro de Defensa y de Trabajo. Quienes del lado contrario se distinguían por el vigor y fogosidad de sus defensas podían ser después encarcelados como le sucedió a los abogados Aramís Taboada y Lázaro Ginebra.

Tampoco eran adecuados los procedimientos que se seguían. Los acusados de delitos contrarrevolucionarios no tenían derecho al recurso de habeas corpus ni podían invocar las otras garantías procesales que se reconocen en otros países. Los juicios se tramitaban en forma sumaria o sumarísima y las apelaciones se hacían al principio ante el mismo tribunal que dictaba la condena. En la mayor parte de los casos las sentencias se basaban exclusivamente en los alegatos del fiscal o en los informes que posteriormente rendían los órganos de la Seguridad del Estado. Todavía hoy la Constitución reformada en 1992 permite que las leyes penales tengan efecto retroactivo «cuando así lo dispongan por razón de interés social o utilidad pública»[16]

Condenando así en forma despiadada y expeditiva, la revolución fue sofocando alzamientos, infiltraciones, sabotajes y otras manifestaciones de resistencia. Leyes especiales y reformas de los códigos penal y militar fueron previendo la pena capital para una nueva gama de delitos, incluyendo incendio de cañaverales, sabotajes a fábricas e instalaciones y varios tipos de sedición. Los hermanos Castro fueron así haciendo claro que la revolución que ellos dirigían iba a instaurar una suerte de terror permanente, una revolución sin Termidor. La pena de muerte o su simple amenaza servirían para hacer el vacío a su alrededor. Si para perpetuarlos en el poder era necesario sacrificar incluso la vida de un antiguo comunista como fue el caso de Marcos Rodríguez en 1963, Castro y su hermano no vacilaban en autorizar el fusilamiento.

El Comandante en Jefe no ha tenido nunca escrúpulos en suprimir vidas, incluso de sus compañeros de armas, si bien a veces revestía sus actos de la mayor hipocresía. A la madre y los hermanos de Humberto Sorí Marín les aseguró que éste no sería ejecutado y lo mismo hizo muchos años más tarde con los familiares de Arnaldo Ochoa y Tony La Guardia. Su dureza y falta absoluta de valores morales eran vicios transmisibles que contagiaban por ejemplo a los que se ofrecían para integrar pelotones de fusilamiento.

Los fusilamientos reales eran ejercicios macabros que seguían un mismo guión. He aquí cómo describe los fusilamientos de La Cabaña quien los conoció de cerca por ser figura importante de la revolución:

«Las noches de fusilamiento estaban cargadas de un creciente clima de terror. Alrededor de las 11 de la noche encendían un potente reflector que iluminaba el palo enterrado en que amarraban a los condenados a muerte. Media hora después comenzaban a llegar los espectadores que se regaban por los alrededores. No se podía dormir en las galeras donde reinaba la tensión. Pocos minutos antes del fusilamiento se oía perfectamente el ruido del motor del carro celular que iba a buscar a los condenados a las capillas que estaban al otro lado de la prisión. Se escuchaban luego los ruidos de la puerta trasera por donde sacaban al condenado; la sensación de impotencia y desesperación era verdaderamente insoportable. No hay nada más desgarrador que la profunda sensación de horror que producían los fusilamientos en La Cabaña. La descarga mortal y el tiro o los tiros de gracia eran como un alivio para todos. Los gritos de ¡Viva Cuba libre! y ¡Viva Cristo Rey! que lanzaban los condenados aumentaban la tensión colectiva acumulada en las galeras. Y como casi siempre había varios fusilamientos programados pronto empezaba de nuevo el siniestro rito».[17]

LAS SECUELAS DE PLAYA GIRÓN

La acción represiva llegó al clímax con ocasión de la frustrada invasión de Bahía de Cochinos. La forma irresponsable como se planeó y ejecutó la operación permitió al régimen arrestar, detener y en algunos casos ejecutar a muchos conocidos anticastristas. El G2 como era entonces conocido el órgano encargado de abortar la creciente marea oposicionista tuvo oportunidad de desarticular a tiempo a los grupos subversivos que actuaban en las ciudades. Entre el 17 y el 20 de abril quince de los principales líderes de la resistencia fueron fusilados en La Cabaña.[18] Otros fusilamientos tuvieron lugar en ciudades del interior. El operativo policial produjo así el desplome del llamado «frente interno» que se suponía iba a abrirse en concomitancia con la invasión. Cubanos del exterior que habían desembarcado en los días que precedieron a la invasión así como sus agentes y enlaces en la isla fueron encarcelados y algunos de sus líderes como Rafael Díaz, Manuel Puig y Eufemio Fernández fueron también fusilados.

Tan pronto como ocurrió el preludio de la invasión que fueron los ataques aéreos del 15 y 16 de abril se produjo la gran redada de cuantos a los ojos del régimen pudieran serle desafectos. No se trataba sólo de arrestar a los sospechosos ni de vigilar de cerca a quienes se habían manifestado en contra del rumbo totalitario que Castro había dado a la revolución. Se procedió por el contrario a colocar bajo custodia a cuantos por su origen social, lugar de residencia e incluso profesión podían considerarse contrarios potenciales a la República Socialista que por esos mismos días había sido proclamada. Cientos de miles de cubanos fueron así internados en stadiums deportivos, teatros y edificios públicos. En el teatro Blanquita en Marianao por ejemplo, unos 3,000 ciudadanos fueron concentrados durante 7 días y similares internamientos tuvieron lugar en estaciones de policía, centros escolares y casas particulares. El G2 habilitó varias casas vecinas en Miramar para la retención de quienes por cualquier motivo podían estimarse contrarios al régimen. En una de ellas, 300 personas permanecieron hacinadas durante varios días sin alimentos adecuados ni facilidades higiénicas, durmiendo en el suelo y privados de comunicación con el exterior.

La infausta invasión se saldaba con un doble fracaso: el de la Brigada de Asalto que apenas pudo luchar tres días y el de la liquidación de los grupos clandestinos que tanta fuerza estaban adquiriendo. Quedará sin duda en la historia como una de las operaciones más desatinadas que se hayan concebido jamás. Ciento catorce miembros de la Brigada murieron en la operación; cinco brigadistas hechos prisioneros en Bahía de Cochinos fueron más tarde ejecutados; nueve murieron asfixiados en la rastra que los conducía a La Habana y otros perecieron de inanición en las frágiles embarcaciones en que lograron escapar. Hubo también desde luego, un elevado número de bajas del lado de las fuerzas del gobierno. Así se saldaba en un baño de sangre la aciaga operación que un Informe posterior del Inspector General de la CIA reconoció con gran benevolencia que «estuvo mal organizada» y cuyo efecto sobre la moral del exilio fue devastador. El control norteamericano de la invasión serviría también para engrandecer la figura de Castro y proporcionar nuevos faustos al calendario revolucionario.[19]

Entre Playa Girón y la crisis de los cohetes de 1962 se sucedieron conspiraciones, alzamientos, luchas guerrilleras e intentos de subversión. Apareció un Frente Anticomunista de Liberación que junto a otros grupos revolucionarios contó con el apoyo de oficiales del Ejército Rebelde y tuvo amplio respaldo ciudadano. Fueron frecuentes los sabotajes, las infiltraciones, los ataques de tipo comando y se intentó incluso la eliminación física de Castro.

Todo se estrelló frente al muro cada vez más infranqueable del sistema represivo castrista. Enrique Ross sostiene que esos actos de rebeldía costaron la vida de más de 500 cubanos.[20] A sangre y fuego Castro fue también aniquilando las guerrillas campesinas del Escambray y a modo de escarmiento dispuso luego el traslado y destierro en el Occidente de Cuba de cientos de familias campesinas que residían en la zona del conflicto, «despojándolos de las tierras que cultivaban, confiscándoles cuanto poseían y lanzándolos despiadadamente a la miseria y la desesperación».[21]

Al margen de la represión organizada están las masacres y otras manifestaciones anómicas de brutalidad policiaca. En Cuba el régimen prefiere olvidarlas pero la memoria histórica del exilio las tiene presente. Son manchas de la revolución que no se pueden borrar: los asesinatos de Barlovento en enero de 1962, la ejecución de 40 integrantes de las guerrillas anticastristas del Escambray en 1963-64, la masacre de Río Canímar de julio de 1980 y más recientemente el vil exterminio de 41 hombres, mujeres y niños ahogados en la embestida del remolcador 13 de marzo en 1994.[22] Hechos de esa naturaleza hacen recordar las palabras del Che Guevara: «El odio implacable hacia el enemigo nos impulsa por encima y más allá de las limitaciones naturales del hombre y nos transforma en efectivas, violentas, selectivas y frías máquinas de matar».[23]

Algunos fusilamientos ocurridos durante esos años eran ampliamente publicitados para que sirvieran de escarmiento. Otros se mantenían en secreto si se estimaba que su número creciente podía generar juicios adversos. Se explica así la dificultad de ofrecer un cómputo más o menos confiable del total de cubanos ejecutados por el régimen de Castro. Tal vez el recuento más exacto es el de Esteban Beruvides quien fija en 5,000 el número de cubanos fusilados, asesinados o ahogados en el Canal de la Florida y ofrece nombres, fecha y lugar del fallecimiento. Dicho autor se apresura, sin embargo, a declarar que su cómputo representa no más del 15 al 17 por ciento de los muertos en la lucha contra Castro o la huida del país.[24] Por su parte la Fundación de Derechos Humanos en Cuba estima en 18,000 el número de víctimas del régimen de Castro.

Pasados algunos años, la represión directa cedió el paso a otros métodos que si bien eran menos draconianos, también tenían un alcance más generalizado, tales como los encarcelamientos indiscriminados, el perfeccionamiento del sistema de vigilancia, la privación del empleo y las presiones sociales y psicológicas.

EL PRESIDIO POLÍTICO

Tampoco hubo en Cuba antes de la revolución tradición de encarcelamientos masivos de opositores al gobierno. Hubo arrestos arbitrarios, penas de privación de libertad y crímenes en la época de Machado y de Batista, pero no se colmaron las cárceles. Esta situación cambió, sin embargo, radicalmente en 1959. La revolución mostró una temprana inclinación para enviar a prisión a cuantos se mostraban contrarios a Castro o se limitaban a discrepar de sus planes.

Los encarcelamientos fueron aumentando a medida que se hacía patente la orientación totalitaria del régimen castrista y se tomaba conciencia de la traición que representaba con respecto al movimiento de liberación democrática que había derrocado a Batista. Pronto comenzaron a hacinarse las cárceles de presos políticos que el gobierno invariablemente calificaba de gusanos y contrarrevolucionarios. Ya no bastaban las viejas cárceles de Isla de Pinos, La Cabaña y El Príncipe; hubo necesidad de construir 200 nuevas prisiones que puntearon la geografía de la isla de un extremo al otro. No tardaron en adquirir triste notoriedad los nombres de Boniato, Combinado del Este, Combinado del Sur, Kilómetro 7, Kilómetro 5½ y Manto Negro, esta última destinada sólo para mujeres como era antes la de Guanajay.[25] En algunas cárceles se construyeron calabozos subterráneos o tapiados como fueron los del tenebroso Rectángulo de la Muerte en el Combinado del Este. A las prisiones vinieron a sumarse los campos de concentración como el de Manacas y los de las Unidades Militares de Ayuda a la Producción (UMAP).

En 1967 cuando se cerró el antes llamado Presidio Modelo de Isla de Pinos sus registros indicaban que desde 1959 más de 13,000 cubanos habían estado recluidos allí. En La Cabaña, en cuyos patios resonaba el eco de las descargas que segaron tantas vidas, la cifra se elevaba por esa época a 3,000 y otros tantos fueron internados en El Príncipe. Todavía en los años 80 la población penal de la prisión de Ariza en Cienfuegos oscilaba entre 2,000 y 2,500. A fines del decenio de 1960 la cifra de los prisioneros políticos pasó a 60,000 reclusos.[26] La Comisión de Derechos Humanos y Reconciliación Nacional calculaba que la población carcelaria total del país se elevaba en 1991 a 100,000 personas.[27]

El número de presos políticos disminuyó en años posteriores debido a varios factores: la expulsión del país, el destierro voluntario, la fuga en balsas y la sensación de impotencia ante el Estado omnímodo. Cuando el Papa visitó la isla en enero de 1998 aún quedaba un gran número de presos políticos. El Sumo Pontífice pidió clemencia para unos 500 de ellos de los cuales el gobierno liberó aproximadamente a la mitad; la mayoría de los liberados fueron luego forzados a salir del país. No incluidos entre los indultados estaban los cuatro firmantes del manifiesto «La patria es de todos» ni otros connotados opositores de conciencia defendidos por Amnesty International.

El sistema penitenciario ha cumplido en el castrismo varias funciones importantes. Es ante todo un medio de quebrar el espíritu de resistencia de los opositores, atemorizar a los disidentes y poner de relieve el precio a pagar por los inconformes. Tiene asimismo un fin expiatorio y retribucionista que hunde sus raíces en la prédica de odio y lucha de clases que Castro supo instilar desde el comienzo. Cuando en una oportunidad los presos en la cárcel de Guanajay se quejaron del mal trato que recibían, el director del centro les respondió: «Ustedes no tienen razón; ustedes vienen aquí a sufrir». El objetivo de reforma se aplicaba sólo a quienes accedían a ser reeducados y adoctrinados en la filosofía marxista del régimen. A éstos se les trasladaba a una granja de rehabilitación en la que la asistencia a las charlas de enseñanza marxista-leninista se combinaba con diez horas diarias de labores agrícolas. A los «plantados» que se negaban a ser adoctrinados se les restringían las raciones, se les negaban ciertas facilidades y se les infligían diversos castigos.

Las penas de privación de libertad se distribuían primero a discreción por los tribunales revolucionarios hasta que fueron después institucionalizadas con generosidad en los códigos y las leyes. No eran raras las condenas de 20 y 30 años y sucedió a ocasiones que cuando estaba cercana la fecha de extinción de la pena se buscaba la manera de imponer un castigo adicional por otra alegada infracción. Fue así que los sindicalistas Mario Chanes de Armas y Ernesto Díaz Rodríguez permanecieron en prisión 31 y 17 años respectivamente. Aún más grave fue la enormidad jurídica consistente en condenar a los acusados por acciones presumibles o de posible comisión y penalizarlas al amparo del llamado estado de peligrosidad.

El régimen generalizó además otro tipo de encarcelamiento estrictamente limitado por cierto en otros países: el de la prisión preventiva de duración indefinida. A los inculpados se les detenía sin fianza desde el comienzo del proceso inquisitivo y sin que mediara orden judicial alguna. Podían permanecer en ese estado sin que se celebrara juicio por largo tiempo. En 1962 Castro reconoció que se habían practicado arrestos innecesarios y que muchas personas habían estado semanas enteras sin juicio. Treinta y seis años más tarde, Vladimiro Roca y tres colegas firmantes del precitado manifiesto «La patria es de todos» fueron detenidos sin juicio en Villa Marista y otras prisiones y 20 meses después, cuando estas líneas se escriben, seguían encarcelados sin que se hubiera celebrado juicio alguno.

Los procesos que daban lugar a prisión por motivos políticos adolecían de los mismos o aún mayores defectos que los que originaban ejecuciones. Ni siquiera después de haberse institucionalizado el enjuiciamiento criminal en los años 70 se han respetado las garantías procesales y sustantivas que caracterizan los juicios criminales en otros países. Como se pone de relieve en el capítulo XIII ni siquiera se aplican en la práctica las pocas disposiciones protectoras del individuo que aparecen en los artículos 58 a 62 de la Constitución en vigor. Frente al Estado-Leviatán el ciudadano yace inerme y desamparado.

Todavía más censurable es el trato que se ha venido dando a los presos políticos durante estos 40 años.[28] El sistema carcelario de la Cuba castrista es la negación de todos los adelantos logrados por el derecho penal y penitenciario en los últimos tiempos. En términos generales se le puede calificar de vengativo, arbitrario y librado a la crueldad o criterio del carcelero de turno. A los presos políticos se les recluyó durante ciertos períodos con los presos comunes, a quienes se les pedía que hicieran la vida aún más penosa a los presos de conciencia.

Era frecuente que se aplicaran castigos corporales a los que se negaban a realizar trabajos. A éstos se les obligaba a usar uniformes amarillos que con el tiempo se convirtieron en marca de orgullo para los que lo portaban. Existían también celdas de castigo tapiadas y angostas destinadas a encerrar a los rebeldes.

Independientemente del comportamiento o las categorías regía para todos los reclusos una política de malos tratos y humillación. Ante cualquier manifestación de protesta o en momentos determinados del acontecer político nacional se propinaban golpizas y bayonetazos. Eran frecuentes las requisas dirigidas a privar a los reclusos de piezas de vestir, alimentos u objetos remitidos por los familiares. Se dificultaban las visitas y en algunas cárceles se desnudaba antes a los visitantes y al preso. En las galeras de La Cabaña se hacinaban a veces 300 individuos en donde se suponía fueran internados sólo 40.

Las condiciones higiénicas eran deplorables. En algunas cárceles más de 200 personas disponían de un solo servicio sanitario. En las cárceles de Guantánamo y El Príncipe se formularon denuncias por el suministro de agua contaminada, lo que ocasionó disentería y hepatitis. El suministro de alimentos era insuficiente o mínimo y su calidad pésima. En algunas épocas los recluidos desayunaban sólo borras de café o agua con azúcar prieta. El menú de la comida principal consistía a veces en agua con pedazos de macarrones y pan duro; era notoria y tal vez deliberada la falta de proteínas, de leche y otros nutrientes básicos. Los presos macilentos eran espectáculo corriente en todos los centros penitenciarios. La atención médica era inadecuada o inexistente; por falta de ella murieron en prisión el líder obrero Francisco Aguirre y el líder estudiantil Pedro Luis Boitel.

El cuadro inhumano que a grandes pinceladas acaba de describirse creaba situaciones de desesperación en los presos y llevó a muchos al suicidio. Al sadismo de muchos carceleros se unía la política misma de la dictadura que llegó al extremo de dinamitar los sótanos de la prisión de Isla de Pinos a fin de explotarla en caso de acercarse el fin de la dictadura. En 1978 un manifiesto suscripto por los presos políticos hacía referencia al «saldo de mártires, inválidos, enloquecidos y mutilados, envejecidos en la cárcel, pero firmes en sus principios frente a las palizas y al largo confinamiento».[29]

Se han publicado muchos relatos de presos políticos, pero aún no se ha escrito la historia completa del Gulag cubano.[30] El día que eso ocurra se tendrá una idea de la vergüenza que para Cuba como país civilizado representa el presidio histórico de estos 40 años. Se verá entonces que de ese oprobio y de esa crueldad son ante todo responsables los hermanos Castro, pero también tienen su parte alícuota de culpa cuantos cubanos les secundaron en esa ignominia.

EL ANCHO MANTO DE LA REPRESIÓN

En las dictaduras clásicas latinoamericanas la represión la lleva a cabo el gobierno utilizando a la policía y otros agentes represivos constituidos al efecto. No es ese el caso de la dictadura castrista en la que la represión es un fenómeno multiforme que tiene varias dimensiones y se enlaza estrechamente con la naturaleza totalitaria del régimen. De una manera u otra todas las estructuras del Estado totalitario cubano tienen como objeto primordial la preservación de la existencia y fines del Estado Socialista y *a contrario sensu* ninguna institución, práctica o libertad, puede establecerse en contra de la organización política en vigor. Tal es la premisa que impregna y rige la sociedad cubana y de la que se deriva la función de represión que en la práctica se ejerce en el orden político, social, militar y hasta psicológico.

LA DIMENSIÓN POLÍTICA

El proceso revolucionario ha tenido siempre una lógica política irreductible. Se procedió primero a eliminar los otros posibles contendientes de estirpe revolucionaria y enseguida fue tomando cuerpo el partido único que Castro tenía previsto constituir. A medida que adquiría después sus contornos definitivos el Estado totalitario se fue estratificando la sociedad cubana alrededor de las organizaciones de masas, a las que en una forma u otra tenían que pertenecer todos los cubanos bajo la dirección de una nueva clase político-militar sometida a su vez al poder omnímodo de quien figuraba como líder de la revolución.

En los años 70 esta situación fue institucionalizándose en consonancia con el carácter de dictadura del proletariado que Castro utilizaba para imprimir mayor autoritarismo a su gobierno. La Constitución de 1976 dispuso que correspondía al PCC la condición de «fuerza dirigente superior de la sociedad y del Estado» y «vanguardia organizada de la nación».[31] Tanto el partido como su hermano menor, la Unión de Jóvenes Comunistas, han sido diseñados sobre los principios leninistas de la selectividad de sus miembros, su definición clasista y su disciplina programática.[32] A ellos les incumbe actuar en forma militante y agresiva contra quienes amenacen su razón de ser y pongan en peligro lo que el artículo 1 de la Constitución define como un Estado Socialista de trabajadores; en la filosofía castrista la patria se identifica así con el socialismo y éste con una clase social.

De estas constataciones resulta que quienes se oponen al socialismo son considerados como traidores a la patria, siendo así que la propia Constitución dice que la traición a la patria «es el más grave de los crímenes y quien la comete está sujeto a las más severas sanciones».[33] Todo lo cual significa que las fuentes formales y reales del carácter represivo del régimen emanan de su propio sistema político, de su propia esencia autocrática. En su afán de conservar a toda costa el poder, Castro incrustó de ese modo a la represión en lo más íntimo de su régimen y le imprimió la más vasta proyección. Al servicio del propósito represivo se hallan en consecuencia los diversos órganos estatales: la Asamblea del Poder Popular, el Consejo de Estado, el Consejo de Ministros, la burocracia oficial (que incluye más de 200 viceministros), los institutos armados y los tribunales populares. Todos y cada uno de ellos diseñados a la luz del modelo soviético y de conformidad con los deseos de Castro con vista a reprimir sus opositores. Téngase en cuenta, por otra parte, que el PCC cuenta con 60,000 funcionarios profesionales y una membresía de unas 750,000 personas y la UJC dispone de 40,000 secretarios-activistas, unidos todos por el deseo de seguir disfrutando el poder pero vigilados desde adentro por los jefes de cuadros (comisarios políticos) y desde afuera por la Seguridad del Estado.

LAS ORGANIZACIONES DE MASAS

Castro no se contentó, sin embargo, con el carácter monolítico de la estructura de poder y extendió al resto de la sociedad su versión del Estado Totalitario. Dispuso para ello la constitución o reconocimiento de las denominadas *organizaciones de masas y sociales* a fin de encasillar a todos los cubanos en una o varias de las siete principales: la Confederación de Trabajadores de Cuba, la Federación de Mujeres Cubanas, la Federación Estudiantil Universitaria, la Federación de Estudiantes de Enseñanza Media, la Asociación Nacional de Agricultores Pequeños, la Unión de Pioneros de Cuba y los Comités de Defensa de la Revolución. A ellas la propia Constitución les asigna la misión de agrupar en su seno a los distintos sectores de la población e «incorporarlos a las tareas de la edificación, consolidación y defensa de la sociedad socialista».[34] Tal incorporación implica desde luego un intenso trabajo previo de movilización y adoctrinamiento.

Una de las más numerosas y antiguas de las organizaciones de masas creadas por la revolución[35] es la constituida por el conjunto de los Comités de Defensa de la Revolución a su vez formados por vecinos escogidos en una determinada jurisdicción territorial. Fueron creados en septiembre de 1960 y tres años después existían más de 90,000 comités; actualmente agrupan alrededor de siete millones de habitantes. Aunque se constituyeron para defender la revolución de sus enemigos, entonces identificados como contrarrevolucionarios, sus funciones se extendieron pronto a la vigilancia de todos los residentes en el barrio o manzana de que se trate. Era una especie de órgano auxiliar de la policía y la Seguridad del Estado encargado de ejercer una función preventiva de espionaje y delación. De ese horizonte inicial los CDR pasaron luego a ocuparse de otras tareas menos criticables: organizar las donaciones de sangre, ayudar en la alfabetización y vacunación, cooperar en el ahorro de agua y electricidad y promover el trabajo voluntario. Castro ha tenido siempre la sagacidad de combinar las actividades opresivas con las benéficas, los propósitos innobles con los de interés comunitario. En 1998 el congreso nacional de los CDR discutió la manera de enfrentar el delito, la vagancia, la prostitución y la mendicidad.[36]

Mas por encima de esas funciones accesorias, los CDR han seguido siendo fieles a su vocación primaria de fisgones, es decir de informar sobre cualquier actividad sospechosa de que tuvieren conocimiento. Se pudo contar para ello con una buena porción del pueblo cuyos bajos instintos fueron estimulados por Castro. Astutamente se procedió después a consagrar en la Constitución y magnificar lo que el Máximo Líder calificó de participación popular en defensa de la patria. Hacia los años 90 los CDR se habían ramificado en otros órganos de apoyo incluyendo 1,600 Destacamentos de Vigilancia.[37]

Tanto los CDR como las demás organizaciones de masas tienen una estructura unitaria y se ajustan en su funcionamiento a las pautas que les vienen dadas por los altos jerarcas del régimen. Los CDR en particular están por añadidura bajo la dirección de un general de las fuerzas armadas. Así, los que en 1960 integraban los comités creyendo que «hacían revolución», hoy actúan como simples tuercas de la gran maquinaria del totalitarismo.

De factura más reciente pero indicativa de un tono más agresivo es la Asociación de Combatientes por la Revolución fundada en 1993; en un plano menos abarcador se sitúan la Unión Nacional de Escritores y Artistas encargada de preservar la ortodoxia castrista en las filas de los intelectuales, la Asociación Nacional de Innovadores y Racionalizadores, copia exacta de la que existía en la Unión Soviética y desde luego la vasta red de organizaciones sindicales. Todas ellas desempeñan el papel de trasmisoras de las decisiones de los órganos políticos, amén de ejercer funciones disciplinarias con respecto a sus miembros. La expulsión de cualquiera de ellas entraña la pérdida de oportunidades de empleo y conduce a una forma de ostracismo social.

LA DIMENSIÓN MILITAR

Las Fuerzas Armadas Revolucionarias no han tenido una participación activa frecuente en la represión del pueblo cubano. Sólo en dos oportunidades han sido utilizadas para reprimir manifestaciones de rebeldía: en 1962 cuando el gobierno empleó los tanques para sofocar la protesta de Cárdenas y en 1996 cuando la Fuerza Aérea abatió los aviones de Hermanos al Rescate que volaban cerca de las costas de Cuba. Aclaro que no incluyo aquí en las FAR a la Policía Nacional Revolucionaria cuyo papel represivo se menciona en otras partes de este capítulo. Es indudable, sin embargo, que Castro ha convertido al ejército de institución profesional al servicio de la nación en cuerpo armado al servicio de los fines políticos suyos y del PCC.

En tal carácter aun sin haberse empleado a menudo contra la población, las FAR constituyen un elemento disuasorio de primer orden que contribuye a solidificar la represión. Su mero tamaño ejerce una gran influencia psicológica en desalentar los intentos de rebelión o conspiración. Téngase en cuenta que en Cuba el término Fuerzas Armadas Revolucionarias comprende tres ejércitos de tierra: Oriental, Central y Occidental (así divididos para evitar un alzamiento generalizado), la Fuerza Aérea, la Marina de Guerra, la Guardia Fronteriza, las Tropas Coheteriles Antiaéreas y los varios cuerpos paramilitares que están bajo el control del Ministerio de las Fuerzas Armadas dirigido por Raúl Castro: las Milicias de Tropas Territoriales (que comprenden 1,2 millones de personas entrenadas militarmente), el Ejército Juvenil del Trabajo y las Brigadas de Producción y Defensa (organizadas en los 169 municipios). Con razón Hugh Thomas pudo afirmar en 1982 que Castro convirtió toda la nación cubana en un gran campamento militar.[38]

Considérese ahora el peso específico que es dable atribuir al poderío militar y potencia de fuego de las FAR. En una entrevista concedida a un periodista mexicano en 1993, Raúl Castro reveló que el valor de los armamentos dados por la Unión Soviética podía calcularse en diez mil millones de dólares.[39] Incluidos en esa estimación estaban 240 aviones de combate (un MIG 29 costaba entonces 20 millones de dólares), que sin duda forman la fuerza aérea más poderosa de América Latina, más los submarinos, fragatas, barreminas, tanques, helicópteros, equipos y armamentos de todo tipo. Sólo en la guerra de Angola participaron 300,000 cubanos y la mayoría de los oficiales que los dirigieron habían sido formados en la Academia Militar de Frunze en la Unión Soviética.

No hay que olvidar, por último, que además de las armas, los cohetes y la formación en academias rusas, la URSS mantuvo en Cuba hasta 1993 una Brigada de Infantería Motorizada con 2,800 soldados, 2,500 técnicos destacados en el centro de inteligencia de Lourdes, 1,500 asesores militares y 800 técnicos civiles (un total de 7,600 personas).

EL PODER DE LA SEGURIDAD DEL ESTADO

Aunque el régimen de Castro ha sido organizado en su conjunto en función de su objetivo de mantenerse en el poder y reprimir la oposición, existen dentro del mismo órganos específicamente encargados de las actividades de inteligencia y represión. El origen de estos órganos se remonta a la etapa guerrillera de la revolución cuando a mediados de 1958 Castro encomendó al Capitán Ramiro Valdés la creación de una pequeña organización secreta dentro del Ejército

Rebelde. Este núcleo originario se expandió en los primeros años de la revolución y luego, en junio de 1961, Castro dispuso la creación del Ministerio del Interior (MININT) que incluye al Departamento de Seguridad del Estado.[40]

La Seguridad del Estado se benefició desde el comienzo de la experiencia de la KGB soviética y la STASI alemana, contando además con el favor y atención preferente del Máximo Líder. Una de las funciones principales de la SE es por cierto cuidar de la seguridad personal de Fidel Castro y los familiares que él designe, además de preservar la integridad del Estado Revolucionario y defender y propagar la doctrina marxista-leninista. No es de extrañar en esas condiciones que el MININT absorba una buena parte de los dineros que Castro ha sustraido al pueblo trabajador o recibido por vía de subsidios de los países socialistas. Dotada de la más avanzada tecnología y disponiendo de un numeroso personal (se calcula que el Minint tiene en su nómina más de 100,000 personas),[41] la Seguridad del Estado de Castro ha llegado a figurar entre las más eficientes del mundo. Quienes trabajan para ella han sido cuidadosamente reclutados e indoctrinados, gozan de ciertos privilegios y presumen de su profesionalismo. En términos relativos, la Seguridad Cubana emplea más personal y dispone de más recursos que las demás agencias de espionaje, inteligencia y contrainteligencia existentes en otros países.

El Minint funciona bajo la dirección de un Ministro, un Primer Vice Ministro y ocho Viceministros responsables de los siguientes departamentos: Estado Mayor, Inteligencia y Contrainteligencia, Orden Público y Prevención del Crimen (Policía Nacional), Tropas Especiales, Tropas Guardafronteras, Técnico de Investigaciones, Tareas Políticas y Retaguardia. En ese primer nivel de la burocracia castrocomunista el Minint es sólo superado por el Minfar que tiene 14 Viceministros.

Un segundo nivel del personal del Minint-SE comprende a los altos oficiales del Centro Principal en La Habana y las Delegaciones Provinciales y los oficiales operativos (unos 3,000 en todo el país). Luego viene la red de agentes encargados de realizar los trabajos de espionaje bajo la supervisión de un alto oficial operativo. Se podrá tener una idea de lo amplia que es la red cubana de agentes considerando que además de la distinción entre agentes principales y auxiliares, activos y «dormidos», la clasificación del Minint incluye las siguientes categorías: agentes de penetración, agentes «sembrados», agentes de posición, agentes de enlace, agentes «buzón» y agentes doble. Esta enumeración se completa, por último, con los informantes, pagados o espontáneos.

En términos cualitativos tanto los altos jefes del Minint como los oficiales, agentes y subagentes reciben un adiestramiento esmerado, cursan estudios básicos y avanzados en academias especializadas,[42] utilizan técnicas modernas y disponen de los medios informativos más avanzados. La eficacia operativa de la Seguridad del Estado aprovecha además de la falta absoluta de ética que caracteriza su funcionamiento en consonancia con la ideología del régimen. La vieja fórmula de el fin justifica los medios, incluyendo la mala fe, enunciada por Maquiavelo y adoptada por el comunismo, es sin duda uno de los principios directrices del *modus operandi* de la Seguridad del Estado. Esa filosofía le permite utilizar los métodos más reprobables, como el chantaje, la difamación, la desinformación, el fomento de la delación y la fabricación o simulación de accidentes.

No solamente ha sido así capaz de frustrar cuantas conspiraciones se han ido fraguando a lo largo de 40 años sino que le ha sido posible también impedir que llegaran a cristalizar los intentos de integración política de los grupos de oposición. En sus redes fueron cayendo en efecto opositores declarados, simples disidentes, defensores de los derechos humanos y hasta antiguos aliados y correligionarios que discrepaban de ciertas tácticas, se atrevían a susurrar críticas o simplemente se apartaban del culto a la personalidad de Castro. Unas veces encarcelados, otras desterrados o confinados a sus domicilios, el régimen ha ido así silenciando cualquier manifestación de protesta.

Para alcanzar ese objetivo nuevas formas de difundir el miedo y sojuzgar al pueblo han sido utilizadas, como son el acceso al contenido y el control de los expedientes escolar y laboral, los interrogatorios en Villa Marista y los confinamientos en esa siniestra sede de la Seguridad. No se limitó además a la represión directa sino que estableció lazos de asesoramiento y cooperación con los cuerpos auxiliares que el régimen ha ido creando: las Brigadas de Respuesta Rápida, las Brigadas de Respuesta Lenta, las llamadas Avispas Negras, los cederistas, las tropas especiales y las células del PCC organizadas en los centros de trabajo. Algunos de esos cuerpos son dirigidos abiertamente por el Ministerio del Interior, otros son supervisados u orientados por el mismo. Muchos actos de repudio y las mismas movilizaciones del vecindario para aislar o estigmatizar a opositores y disidentes se originan en realidad en las oficinas del Minint. A través de la amenaza y la presión, pero sobre todo del refinamiento del terror se desarticulan sindicatos independientes, organizaciones no oficiales de profesionales y cualquier otro movimiento de la sociedad civil no autorizado por el régimen. La trama del llamado Ministerio Informal del Miedo penetra hasta el interior de las residencias privadas y se acerca cada vez más a los omnipresentes tentáculos del Big Brother vislumbrado por George Orwell.

COMBATIENDO LA DISIDENCIA

Tras la caída del muro de Berlín, la represión se intensificó de manera indiscriminada para toda la población y de manera especial contra tres grupos: los seguidores y simpatizantes del General Ochoa, los que aguijoneados por la miseria trataban desesperadamente de salir del país y los disidentes.

A Ochoa se le enjuició y condenó por tráfico ilícito de drogas pero esa acusación era falsa. Lo que el condecorado Héroe de la República estaba en realidad haciendo era conspirar para introducir en Cuba reformas del tipo *perestroika* y *glasnost*. La mejor prueba de ello se tiene en el alcance de la ola de persecuciones que siguió a la conclusión del juicio. Ochoa, La Guardia y otros dos encartados fueron fusilados y otros muchos fueron condenados a penas diversas. Hubo una purga política en el Minint, purga que costó la vida de su Ministro José Abrantes, y ella fue acompañada por la condena del Ministro de Transporte, Diocles Torralba, la destitución de otros muchos funcionarios y el subsiguiente encarcelamiento de más de 150 personas.[43]

En 1994 ocurrió la masacre del remolcador 13 de Marzo; seguida por la masiva manifestación de protesta del malecón de La Habana y otros episodios de desorden público que reflejaban el malestar causado por el llamado período especial. El régimen reaccionó frente a cada uno de esos hechos acentuando la represión. Se abrieron nuevas prisiones para albergar balseros frustrados y gente que huía hacia la base naval de Guantánamo. Se agravaron las penas y se alentó la formación de porras gubernamentales. El desastre económico de los años 90 fue inmenso; hasta los más obtusos pudieron ver la magnitud del engaño y el quebranto. Cada vez eran más los opositores del régimen pero Castro pudo contar con la cooperación de aquella parte de la población que más receptiva había sido a su prédica de odio.

Y fue en medio de esa degradación que cobró fuerza el fenómeno de la disidencia interna. Aunque sus antecedentes se remontan a los primeros años de la revolución, su integración en un movimiento cívico se originó con las comisiones de derechos humanos que aparecen a principios del decenio de 1980. Alrededor de esas comisiones fueron agrupándose intelectuales de extracción marxista decepcionados con el curso de la revolución y otros antiguos revolucionarios que se apartaban del coro de abyectas alabanzas al Comandante en Jefe. Con el tiempo fueron sumándose muchos adversarios del régimen convencidos de la inutilidad de la lucha armada. La disidencia vino así a combinar oposicionistas pacíficos con defensores de los derechos humanos por el estilo de Andrei Sakharov en Rusia y Vaclav Havel en Checoslovaquia.

Junto a ellos comenzaron a florecer agrupaciones cívicas de distinta índole, profesionales independientes, corrientes democráticas socialistas, partidarios de la reconciliación y la amnistía, grupos pacifistas y asociaciones patrióticas. Parecía que sobre la miseria y el marasmo de la vida oficial estaba emergiendo una sociedad civil nueva, capaz de mostrar cierta pujanza y enfrentar de distinta manera al régimen.[44]

Ya eran muchos, sin embargo, los años de que el régimen había podido disponer para refinar la represión y superar eventualidades. Lo que en este caso hizo fue simplemente enfrascarse en una escalada represiva menos ostensible para el mundo exterior pero capaz de utilizar todos los recursos a su disposición. Había que desarticular cualquier intento de unificación de la disidencia y ello se hizo encarcelando a los que en 1996-97 promovieron la creación de la organización de cúpula Concilio Cubano. Había también que impedir la progresión de voces críticas que se escuchaban aun dentro del régimen y ello se logró enviando a prisión a cuantos firmaban manifiestos críticos. Se intensificaron al propio tiempo los registros, los actos de repudio, las golpizas, el cierre o confiscación de locales, la quema de libros, la reclusión en hospitales psiquiátricos, la pérdida del derecho a ejercer su profesión, las detenciones y las amenazas. A la poetisa María Elena Cruz Varela se le obligaba a tragar sus papeles. A Gustavo Arcos, líder histórico de la disidencia se le asediaba de modo constante. Al ingeniero Roberto Bahamonde que se atrevió a postularse como candidato independiente se le sometía sin razón a tratamientos de electroshock.[45] Sicarios y turbas vociferantes no se daban descanso.

Aunque disminuyeron en estos últimos años, las ejecuciones dispuestas por los tribunales populares, aumentaron en cambio los crímenes cometidos por agentes que abusan de su autoridad o actúan arbitrariamente por su cuenta (pero tienen siempre el respaldo del régimen).

MAS ALLÁ DEL TOTALITARISMO

No era sólo la implantación de un régimen político totalitario y policiaco lo que Castro quería para Cuba, sino también el servil sometimiento de todos a su persona y el moldeamiento a su gusto de la sociedad cubana. Concentrar la totalidad de los poderes estatales en sus manos era desde luego el primer paso y para ello era imprescindible doblegar opositores y también desprenderse de cuantos antiguos aliados fueran un obstáculo a sus planes. Primero en ser marginado fue el Directorio Estudiantil Revolucionario, la organización que por haber protagonizado la acción más heroica de la lucha contra Batista (el asalto al Palacio Presidencial), podía competir con la guerrilla en el reclamo del poder. A seguidas le tocó el turno al Movimiento 26 de Julio que habiéndole servido como fachada para alcanzar el liderazgo le pareció después una especie de lastre pequeño-burgués que era necesario liquidar. Pocos años después y cuando ya se había declarado marxista-leninista, fueron comunistas de pura cepa los que pusieron en cuestión su autoridad. Castro procedió entonces sin demora a destruir al grupo que despectivamente llamó la microfacción comunista. Así fue deshaciéndose de rivales y opositores hasta que 25 años después cayeron ante el pelotón de fusilamiento el general más famoso de las guerras de Africa, Arnaldo Ochoa, y sus más cercanos colaboradores.

También fueron eliminadas cuantas personalidades osaron criticar el curso que seguía la revolución o de alguna manera rozaron simplemente su ego, desde el Comandante Hubert Matos en 1959 hasta el ideólogo del PCC Carlos Aldana en 1992. A estos hay que añadir los desaparecidos misteriosamente, lista que encabeza Camilo Cienfuegos y cierra el antiguo jefe de su escolta personal José Abrantes. En algunos casos la vindicta de Castro se limitó a privar de sus puestos a los afectados (caso de su hijo Fidel), a asignarles funciones subalternas como le sucedió a Baudilio Castellanos, Regino Boti y Faure Chomón, o a condenar al destierro como le aconteció a incontables cubanos. No han faltado los ejemplos de degradantes autoinculpaciones, serie que se inicia con el escritor Heberto Padilla en 1971. Las tinieblas se proyectan también sobre los que optaron por el suicidio: el ex-Presidente Osvaldo Dorticós, la combatiente del Moncada Haydée Santa María, el Ministro del Trabajo Augusto Martínez Sánchez, el embajador en México Joaquín Hernández, el Comandante Félix Pena y otros muchos.

La vida política se fue tornando así en un monólogo absorbente. No solamente se prohibieron los partidos políticos y se extinguieron los grupos de intereses, sino que se impidió toda expresión del pensamiento que no estuviera conforme con la línea fijada por Castro. La prensa se degradó al punto de convertirse en una patética y constante repetición de lo que el régimen quería difundir. Las casas editoriales publicaban sobre todo aquellos estudios que contribuían a justificar la interpretación marxista de la historia o a denostar la Cuba anterior a 1959. La iglesia quedó arrinconada y los sindicatos se sumieron en un profundo sopor. Sólo la voz del Comandante en Jefe resonaba por todos los rincones de la isla acompañada de los ecos ditirámbicos de sus corifeos.

Junto a la voz del dictador fue el culto a la palabra revolución y a la ideología marxista-leninista lo único que se escuchaba en todas partes. Una estructura institucional rígida se instaló sobre una sociedad civil embotada y mortecina. Se utilizaron a fondo los medios de difusión y se contó, triste es decirlo con la anuencia o colaboración de muchos malos cubanos. El mensaje de odio que Castro supo instilar caló profundo en grandes sectores del pueblo.

Desaparecida la discrepancia e impedido el diálogo, se distorsionó el discurrir y se dio paso al discurso rastrero. El silencio se hizo cada vez más profundo, sólo alterado por los grupos disidentes y las emisoras del extranjero que no eran interceptadas. Ya no era la consagración plena del modelo totalitario alumbrado por Mussolini, Hitler y Stalin. Castro ha ido más allá de las estructuras de gobierno para imponer la sociedad uniforme, unisonante y unívoca. En el pueblo no podía haber diversidad ideológica, ni cultural, ni económica, ni laboral. Cuba debía ser una sociedad homogénea forjada a su gusto: sin opositores ni disidentes, sin desacuerdo ni contestación, sin gente que pudiera valerse a sí misma. Decidido a ir hasta el final de su delirio paranoico, Castro pretendía extinguir toda señal de pluralismo y convertir a once millones de cubanos en sonámbulos o vasallos.

Se ha mantenido en el poder al precio de miles de cubanos muertos ante el paredón, en las cárceles o en los mares circundantes, docenas de miles de presos políticos y cerca de dos millones de desterrados. La historia le reconocerá asimismo el haberle dado nuevos contornos sombríos al Estado Totalitario.

NOTAS

[1] Ultimo párrafo del Manifiesto Comunista. Marx hablaría después de la violencia como «la partera de toda vieja sociedad».

[2] V.I. Lenin, «La extinción del Estado y la revolución violenta» en *Obras escogidas* (Moscú: Editorial Progreso, s.f.), pag. 282.

[3] V.I. Lenin, *Obras completas* (Moscú: Editorial Progreso, s.f.), tomo 5, pags. 11 y 12.

[4] Luis Ortega, «Las raíces del castrismo» en *Diez años de revolución* (San Juán, P.R.: Editorial San Juán, 1970), pag. 160.

[5] Ibid, pag. 161. Sobre las actividades de Castro antes de 1959 véase el capítulo XIV y Mario Llerena, *The Unsuspected Revolution* (Ithaca, N.Y.: Cornell University Press, 1978).

[6] Jon Lee Anderson, *Che Guevara: A Revolutionary Life* (New York: Grove Press, 1998), pag. 383.

[7] José Duarte Oropesa, *Historiología Cubana* (Miami: Ediciones Universal, 1993), tomo IV, pag. 18.

[8] Hugh Thomas, *Historia contemporánea de Cuba* (Barcelona, Buenos Aires, México: Ediciones Grijalbo, 1982), pag. 254.

[9] Juán Clark, *Cuba, mito y realidad*, op.cit., 2ª edición, pag. 62.

[10] Samuel Farber, *Revolution and Reaction in Cuba, 1933-1960* (Middletown, Conn: Wesleyan University Press, 1976), pag. 203.

[11] Rafael Fermoselle, *The Evolution of Cuban Military, 1492-1986* (Miami: Ediciones Universal, 1986), pag. 265.

[12] Enrique Encinosa, *Cuba en guerra* (Miami: The Endowment of Cuban American Studies, 1994), pag. 14.

[13] Lázaro Torres Hernández, *El paraíso invisible* (Hialeah: Editorial Libertad, 1990), pags. 114 y 116.

[14] Georgie Anne Geyer, *El patriarca de las guerrillas* (San José, Costa Rica: Kosmos Editorial, S.A., 1991), pag. 180.

[15] Julián B. Sorel, *Nacionalismo y revolución en Cuba*, op. cit., passim.

[16] Artículo 61 de la Constitución.

[17] Carlos Franqui, *Vida, aventuras y desastres de un hombre llamado Fidel Castro* (Barcelona: Editorial Planeta, 1988), pag. 340. Véase también Juan Clark, op. cit., pag. 151.

[18] Encinosa, op. cit., pags. 93 y 94.

[19] Clark, op. cit., pag. 99.

[20] Enrique Ross, *De Girón a la crisis de los cohetes* (Miami: Ediciones Universal, 1995), pag. 189.

[21] Mario Villar, «Una década de agrarismo» en *Diez años de revolución*, op. cit., pag. 18.

²² Véase Alberto Fibla, *Barbarie* (Miami: Rodes Printing, 1996).

²³ E. Guevara, *Guerrilla Warfare* (New York: Monthly Labor Review, 1961), pags. 17 y 18.

²⁴ Esteban Beruvides, *Cuba y sus mártires* (Coral Gables, edición del autor, 1993).

²⁵ Sobre el presidio político de las mujeres puede verse: Mignon Medrano, *Todo lo dieron por Cuba* (Miami: Fundación Nacional Cubanoamericana, 1995).

²⁶ Juán Clark, op. cit., pag. 164.

²⁷ Véase Andrés Oppenheimer, *La hora final de Castro*, op. cit., pag. 125.

²⁸ El autor ha basado esta parte del capítulo en el relato de sus cuñados Sergio Sanjenís y Jorge S. Villalba que sufrieron condenas de 10 y 15 años de prisión respectivamente. También obtuvo valiosas informaciones del poeta Angel Cuadra.

²⁹ Manifiesto de los presos políticos al pueblo de Cuba de 10 de octubre de 1978. (Reproducido en Hugh Thomas, op. cit., pag. 530).

³⁰ El libro más conocido y que mayor impacto ha tenido es el de Armando Valladares, *Contra toda esperanza* traducido a varias lenguas. Pueden consultarse además: Pierre Golendorf, *Siete años en Cuba, 38 meses en las prisiones de Castro* (Barcelona: Plaza y Janes, 1977); Reinaldo Medina, *El Evangelio tras las rejas* (Miami: J. Flores Publications s.f.); Esteban Beruvides, *Cuba y su presidio político* (Coral Gables, 1993); Francisco Navarrete, *Convicto* (Miami: Ediciones Universal, 1991); Manuel Pozo y Manuel Regueira, eds., *Memorias del Primer Congreso del Presidio Político Cubano* (Miami: Ediciones Universal, 1994); Roberto Paredes, *Como vivir muriendo* (Miami: Ediciones Universal, 1998); Nerín Sánchez, *Mis 6,440 días de prisión en Cuba* (Miami, Fl. 1981); Odilo Alonso, *Prisionero de Fidel Castro* (Madrid: Editorial Nolsis, 1998); Mario Pombo Matamoros, *Conversando con un mártir cubano* (Miami: Ediciones Universal, 1997) *El presidio político en Cuba comunista. Testimonio* (Caracas: ICOSOCV Ediciones, 1982); y Miguel Ángel Loredo, *Después del silencio* (Miami: Ediciones Universal, 1989).

³¹ Artículo 5 de la Constitución.

³² Juán Valdés, «Nota sobre el sistema político cubano» en *Diez años de revolución cubana*, op. cit., pag. 99.

³³ Artículo 65.

³⁴ Artículo 7.

³⁵ La CTC y la FEU existían desde antes de la revolución.

³⁶ *Granma*, 3 de julio de 1998, pag. 2.

³⁷ *Granma*, 7 de febrero de 1998, pag. 3.

³⁸ Thomas, op. cit., pag. 526.

³⁹ *Bohemia* No. 20, Mayo de 1993, pag. B 18.

⁴⁰ Juán Antonio Rodríguez Menier, *Cuba por dentro. El MININT* (Miami: Ediciones Universal, 1994), pags. 34-39.

⁴¹ Rodríguez Menier, op. cit., pag. 51.

⁴² Ibid, pag. 57. Hasta 1990 los funcionarios de cierta categoría eran enviados a seguir cursos en la URSS o la Alemania del Este.

[43] Melvin Mañon y Juán Benemelis, *Juicio a Fidel* (Santo Domingo: Editora Taller, 1990), pag. 201.

[44] Ariel Hidalgo, *Disidencia. ¿Segunda revolución cubana?* (Miami: Ediciones Universal, 1994), passim.

[45] Ibid, pag. 166.

40 AÑOS DE REVOLUCIÓN

X

LA RELIGIÓN EN CUBA

por

Marcos Antonio Ramos

LAS CREENCIAS RELIGIOSAS ANTES DE 1959

Las instituciones religiosas cubanas no estaban preparadas para enfrentar los cambios radicales que se producirían a partir del primero de enero de 1959 y que se intensificarían durante el tránsito al socialismo en los años sesenta y setenta. Este proceso que sorprendió al mundo también alteró, en forma dramática, el desarrollo de las diversas manifestaciones religiosas enraizadas en el país.

Como la mayoría de sus compatriotas, el presidente de Cuba en el período anterior (1952-1959), general Fulgencio Batista, profesaba el catolicismo, pero su simpatía por el protestantismo era bien conocida por miembros de su círculo íntimo y se remontaba a su breve paso por el Colegio Los Amigos de Banes, institución cuáquera fundada por norteamericanos [1]. El trasfondo religioso del gobernante derrocado no era nada extraño en Cuba. Como en tantas otras familias cubanas, en la del Presidente Batista se combinaba la tradición católica de origen español, cierta influencia del protestantismo de origen norteamericano y algunos elementos religiosos procedentes de la cultura afrocubana.

Dos sondeos de opinión religiosa publicados por la Agrupación Católica Universitaria en 1954 y 1957 revelaban que el 72.5% de la población se identificaba con el catolicismo. En las regiones rurales la cifra era mucho menor (52%). El 41% de los campesinos cubanos no se vinculaba con ningún tipo de confesión religiosa, ni siquiera nominalmente. Aunque eran pocos los que se identificaban abiertamente como de creencias afrocubanas o espiritistas en el sondeo, una cuarta parte de los católicos habían consultado a espiritistas y un porcentaje elevado asistía con frecuencia a celebraciones de ritos afrocubanos. Muchas personas que profesaban creencias afrocubanas o espiritistas preferían limitarse a la práctica privada de ritos o ceremonias de ese tipo, pero se identificaban como católicos o simplemente afirmaban «creer en Dios y en los santos» o simplemente decían «creer en Dios». En algunos ambientes sociales y culturales no era conveniente asociarse públicamente con creencias y prácticas rechazadas por las clases dominantes. Por ejemplo, el 99% de los miembros de la clase alta se declaraban católicos, como también el 88% de la clase media y el 68% de los sectores con bajos ingresos. A pesar de que el 47% decía haber asistido a alguna ceremonia religiosa, esto debía entenderse más bien como presencia en bautismos, bodas, funerales, misas de difuntos y procesiones religiosas. Aunque casi la cuarta parte de los católicos afirmaba tener cierta «regularidad» en su práctica, sólo el 4.3% de la población había asistido a misa por lo menos tres veces al año. En cuanto al protestantismo, el 6% de los cubanos profesaba el protestantismo evangélico [2]. De acuerdo con informes publicados por entidades misioneras protestantes, la mayor parte de los evangélicos cubanos asistía regularmente al culto. Sumados los católicos y protestantes que asistían al templo todos los fines de semana, se llegaba en el mejor de los casos al 6 o el 7% de la población.

Independientemente de la debilidad de las instituciones religiosas y de la creciente influencia de los cultos sincréticos, se había producido, en los dos decenios anteriores a 1959, un resurgimiento católico, sobre todo en las grandes ciudades, especialmente en La Habana, y un avance protestante en poblaciones del interior y en algunos vecindarios habaneros. Un movimiento religioso sin vínculos con católicos o protestantes, el de los Testigos de Jehová, atraía casi al uno por ciento de la población, contaba con decenas de miles de militantes activos y continuaba su rápida penetración de varias regiones rurales. El viajero podía confundir la situación religiosa en su desplazamiento geográfico: buena asistencia a misa en La Habana y algunas ciudades, capillas protestantes llenas de feligreses en buena parte del interior y una incesante actividad de Testigos de Jehová en zonas rurales [3].

El resurgimiento del catolicismo en las décadas de 1940 y 1950 y los esfuerzos misioneros de protestantes y Testigos de Jehová auguraba mejores días a la práctica religiosa. Por otra parte, las estimaciones de 80% o 95% de católicos en la población han sido rechazadas como carentes de un verdadero rigor científico. Mucho más fiable es la cifra de 96.5% de la población que afirmaba creer en la existencia de Dios. Otras confusiones eran creadas por la impresión de que el protestantismo agrupaba cifras mucho mayores que las indicadas por el 6% que le atribuye el sondeo. Esa equivocación guarda cierta relación con la influencia de las escuelas protestantes en el interior, pero muchos de sus estudiantes y graduados no eran evangélicos[4].

Según un artículo publicado por el periodista católico Juan Emilio Friguls en «Diario de la Marina», en 1957 funcionaban en el país 52 colegios católicos de varones y 110 de niñas con una matrícula aproximada de 40,000 alumnos, agrupados en una Confederación de Colegios Católicos Cubanos (5). Otro informe revelaba el funcionamiento de 212 escuelas católicas con 69,960 estudiantes. La Iglesia poseía tres universidades, varios hospitales, clínicas, asilos de niños y ancianos, etc. El clero recibía su formación en tres seminarios teológicos archidiocesanos o diocesanos, además de los institutos teológicos de órdenes religiosas. Numerosos conventos y monasterios de diversas órdenes realizaban normalmente sus funciones en varios lugares del país. Según el Anuario Pontificio de 1960 el número de escuelas católicas, incluyendo privadas o parroquiales, era de 339 con una matrícula de 65,519 estudiantes. El mayor número de estas escuelas pertenecía a órdenes religiosas de hombres y mujeres. Además, existían 101 escuelas protestantes, en las que se educaban cerca de 30,000 estudiantes; la mitad de esas escuelas (alrededor de 50) eran sostenidas directamente por misiones norteamericanas y las otras funcionaban bajo los auspicios de iglesias locales. La Iglesia Católica contaba con seis diócesis con un promedio de 1,132,000 habitantes por circunscripción, 210 parroquias con 32,300 habitantes cada una como promedio; 723 sacerdotes, de los cuales 241 eran diocesanos, y 2,401 religiosas.

El informe estadístico de la Asociación Evangélica de Misiones Extranjeras de 1961 ofrecía cifras alentadoras para la comunidad protestante si se tiene en cuenta que para aquella fecha el movimiento evangélico no había alcanzado todavía las cifras que le caracterizan actualmente en América Latina. En esos momentos funcionaban regularmente en Cuba 1,055 congregaciones protestantes, a las que había que añadir 961 grupos en formación. Unas 26 denominaciones habían ofrecido informes que revelaban una comunidad de 278,244 practicantes, a los que se podía añadir un número relativamente alto de afiliados a movimientos que no habían compartido sus estadísticas con la Asociación. El informe mencionaba la existencia de 1,845 escuelas dominicales, 212 pastores nacionales plenamente entrenados que habían recibido la ordenación, otros 681 pastores y obreros religiosos nacionales trabajaban a tiempo completo o avanzaban en el proceso de ordenación, mientras 383 misioneros extranjeros (mayormente estadounidenses) realizaban labores en el territorio nacional a principios de 1960. Cuatro seminarios teológicos y 9 escuelas bíblicas entrenaban a pastores, misioneros y maestros religiosos; funcionaban dos instituciones de enseñanza universitaria o superior, un asilo de ancianos y otro de huérfanos, siete clínicas y dos escuelas agrícolas[6].

Subyacente en el cuadro anterior está el clima de tolerancia que en términos generales prevaleció en Cuba durante todos los años de la República e incluso durante el gobierno de facto del General Batista.

LAS IGLESIAS DURANTE LA GUERRA CIVIL

Al producirse el golpe militar del 10 de marzo de 1952 y establecerse un gobierno de facto bajo la dirección de Batista, se dividió la opinión pública. Un enorme sector dejó conocer su oposición, pero la población se mantuvo en calma. Esa situación se reflejaba en las iglesias. Varias personas vinculadas con la Iglesia Católica o con el protestantismo figuraron en cargos públicos importantes de esa administración, a la vez que numerosos líderes oposicionistas militaban en las iglesias.

El 21 de mayo de 1953 fue disuelto un mitin patriótico auspiciado por las Juventudes de Acción Católica en Guanajay, Pinar del Río. A partir del ataque al Cuartel Moncada en Santiago de Cuba ocurrido el 26 de julio de 1953, lidereado por Fidel Castro se impusieron restricciones a los actos públicos. Después del fracaso del mencionado ataque, la vida de Castro fue respetada gracias a las gestiones del Arzobispo de Santiago de Cuba, Enrique Pérez Serantes.

El número de líderes juveniles de Acción Católica o de las iglesias evangélicas que participaban en los movimientos de oposición era apreciable. Los dos jóvenes opositores muertos durante el proceso que han recibido mayor atención por parte de los historiadores han sido precisamente el líder de la resistencia en las ciudades Frank País, maestro de una escuela protestante e hijo de un ministro bautista, y José Antonio Echeverría (católico), uno de los líderes del fracasado asalto al Palacio Presidencial en 1957. Entre los jóvenes católicos que murieron durante el proceso se encontraban Juan Fernández Duque, Javier Calvo Formoso y Pedro René Fraga y entre los evangélicos Oscar Lucero, Marcelo Salado y Esteban Hernández[7].

El Conjunto de Instituciones Cívicas de Cuba, del cual formaban parte movimientos de Acción Católica y el Concilio Cubano de Iglesias Evangélicas emitió documentos de condena a acciones gubernamentales y en busca de una solución nacional. Entre los inspiradores y firmantes de los mismos se encontraba un clérigo, el Pastor de la Primera Iglesia Presbiteriana de La Habana, Reverendo Raúl Fernández Ceballos, miembro de la directiva del Conjunto. Por su parte, el Episcopado Católico, en conferencia celebrada el 25 de febrero de 1958, acordó emitir la declaración «En favor de la paz» solicitando «un gobierno de unión nacional, que pudiera preparar el retorno de nuestra Patria a una vida política pacífica y normal». El documento lo suscribieron los obispos diocesanos, incluyendo al Cardenal Arzobispo de La Habana Manuel Arteaga Betancourt y al Arzobispo de Santiago de Cuba Enrique Pérez Serantes. Este último suscribió varias cartas pastorales apelando a la paz y condenando la violencia. Mientras tanto, algunos sacerdotes católicos y pastores protestantes se unieron a las fuerzas rebeldes en condición de capellanes, entre ellos el más famoso fue el Padre Guillermo Sardíñas a quien se le reconoció el rango de comandante del Ejército Rebelde[8].

LAS IGLESIAS EN LA PRIMERA ETAPA
DEL GOBIERNO REVOLUCIONARIO

Con la llegada de los revolucionarios al poder no se produjo de inmediato ningún cambio que afectara la capacidad de las organizaciones religiosas para realizar sus labores y por espacio de dos años las iglesias cristianas pudieron mantener sus instituciones educativas, sociales y culturales. Tanto el Presidente de la República Manuel Urrutia Lleó como el Comandante en Jefe del Ejército Rebelde Fidel Castro y otros miembros del gabinete aparentemente profesaban el catolicismo. Castro había sido formado en escuelas católicas, especialmente en el Colegio Belén, de la Compañía de Jesús. Entre los más activos laicos católicos en el gobierno sobresalían Jose M. Illán, subsecretario o viceministro de Hacienda y Andrés Valdespino, uno de los más prominentes intelectuales del país, quien tuvo rango de subsecretario (viceministro) en el primer gabinete revolucionario. Varios dirigentes laicos católicos fueron llamados a colaborar en los ministerios de Obras Públicas, Comercio, Estado y Bienestar Social. También en la Confederación de Trabajadores de Cuba, el Banco de Fomento Agrícola e Industrial (BANFAIC), el Instituto de Arte e Industria Cinematográficos (ICAIC), y en el Instituto Nacional de Reforma Agraria (INRA)[9].

Los protestantes no se quedaron atrás: entre los designados estaban Faustino Pérez (Ministro de Recuperación de Bienes Malversados), Manuel Ray Rivero (Ministro de Obras Públicas) y José A. Naranjo (Ministro de Gobernación). El Reverendo Daniel Alvarez (presbiteriano) fue designado subsecretario o viceministro de Bienestar Social y otros clérigos y laicos fueron nombrados en cargos provinciales y locales. El nuevo director del Reformatorio para Menores de Torrens era el Reverendo Manuel B. Salabarría, conocido pastor metodista. En las labores previas al futuro «Año de la Alfabetización» figuraban en cargos importantes los Reverendos Raúl Fernández Ceballos (presbiteriano), Agustín González (bautista) y varios laicos cristianos[10].

Las iglesias evangélicas no tuvieron necesidad de reorganizarse al producirse la caída de Batista. La Iglesia Católica designó un nuevo obispo para Cienfuegos en reemplazo de Monseñor Eduardo Martínez Dalmau; Monseñor Eduardo Boza Masvidal pasó a ocupar los cargos de Obispo Auxiliar de La Habana y Rector de la Universidad Católica de Santo Tomás de Villanueva. El Obispo de Pinar del Rio, Evelio Díaz Cia, académico correspondiente de la Real Academia Española, fue designado Arzobispo coadjutor de La Habana. Algunos comentaristas hicieron críticas a la actuación del Cardenal Arzobispo de La Habana Manuel Arteaga Betancourt por ciertos vínculos que se le atribuían con el gobierno de Batista. Esos mismos comentaristas resaltaban la vinculación revolucionaria de sacerdotes católicos y pastores protestantes. En los primeros meses de 1959, los ministros evangélicos homenajearon al Comandante Raúl Castro, ministro de las Fuerzas Armadas Revolucionarias en acto celebrado en el Colegio Candler (metodista) donde cursaba estudios Fidel Castro Diaz-Balart, hijo del Jefe de la Revolución.

Unos pocos clérigos, a título personal, objetaron los fusilamientos de personeros del gobierno anterior y de miembros de las Fuerzas Armadas. Sólo la Sociedad de los Amigos (la iglesia cuáquera), cuyas congregaciones y escuelas radicaban sobre todo en el norte de Oriente, pidió oficialmente al gobierno, como iglesia nacional, que suspendiera los fusilamientos[11]. Además de la pequeña iglesia cuáquera, pidieron clemencia para los antiguos partidarios del gobierno de Batista algunos obispos católicos y pastores protestantes, entre ellos, el Arzobispo de Santiago de Cuba, pero sin solicitar oficialmente como iglesias el cese inmediato de los fusilamientos.

Un hecho importante en que se vieron involucrados líderes religiosos tuvo relación con la demanda, por parte de laicos y clérigos católicos, de que se enseñara religión en las escuelas públicas. Importantes órganos de difusión se hicieron eco de la propuesta. La medida permitiría a todas las religiones enseñar en las escuelas públicas la doctrina religiosa preferida por los padres de los alumnos. Los evangélicos cubanos, por su larga tradición laicista en torno a la educación pública, entendieron que la medida favorecía al catolicismo que adquiriría así una influencia más decisiva por contar con mayores recursos. Los evangélicos presentaron un frente unido y en un reportaje especial en la revista «Bohemia» hicieron declaraciones varios de los principales dirigentes de las iglesias. También se opusieron a la posición católica connotados voceros del Partido Socialista Popular y el periodista Euclides Vázquez Candela del diario «Revolución», que condenó la propuesta calificándola de penetración clerical. El gobierno aclaró que ciertas declaraciones habían sido malinterpretadas por la prensa y que se insistiría en el principio constitucional de laicismo en las escuelas públicas[12].

La influencia del catolicismo aumentaba entre muchos sectores. En los sindicatos obreros, varios laicos de reconocida ejecutoria alcanzaban posiciones de dirección y la Juventud Obrera Católica (JOC) nutría sus filas. José de Jesús Planas, Reynol González y otros, alcanzaban posiciones en la Confederación de Trabajadores de Cuba (CTC). Por su larga lista de contribuciones al movimiento revolucionario, los cristianos, sobre todo de confesión católica, lograron hacer sentir su presencia.

Durante los días 28 y 29 de noviembre de 1959 se celebró un gran Congreso Católico Nacional al cual asistieron importantes figuras del gobierno incluyendo al Primer Ministro Castro y al nuevo Presidente Osvaldo Dorticós Torrado (el Presidente Urrutia había renunciado a mediados de año). Una misa pública atrajo a cientos de miles de personas procedentes de todo el territorio nacional. Para aquel entonces se dejaban sentir las primeras tensiones entre la Iglesia y el Estado; voceros de la Iglesia Católica empezaban a manifestar su inquietud por la creciente influencia marxista en el gobierno. El Congreso tenía entre sus objetivos manifestar la fortaleza del catolicismo e indicar su oposición a un entendimiento con el comunismo[13].

Esas tensiones aumentaron durante el 1960. Era evidente que el Partido Socialista Popular (PSP) y personas inclinadas al marxismo eran designadas para posiciones importantes. El 7 de Agosto de 1960 se difundió una Circular Colectiva del Episcopado Cubano con críticas al restablecimiento de relaciones comerciales, culturales y diplomáticas con la URSS y los países del bloque socialista. El contenido del documento era anticomunista y revelaba serias preocupaciones acerca del destino de Cuba y de la Iglesia.

A fines de 1960 no se publicaba ya ningún diario independiente pues todos habían sido confiscados; entre ellos «Diario de la Marina» una publicación privada que defendía las posiciones teológicas y sociales de la Iglesia Católica. Sólo el diario habanero «El Mundo» publicaba regularmente noticias sobre religión en sus secciones católica y evangélica. La revista católica «La Quincena» dejó de publicarse por decisión de la jerarquía católica. Su director, el Padre Ignacio Biaín, un prominente intelectual, no era partidario de una confrontación abierta. A pesar de su crítica a la influencia comunista, el Padre Biaín buscaba un entendimiento con la política oficial. Algunas pequeñas publicaciones católicas y protestantes distribuidas exclusivamente entre la feligresía continuaron funcionando ocasional o regularmente sin referencias a la política.

GRANDES ENFRENTAMIENTOS ENTRE EL GOBIERNO Y LA IGLESIA CATÓLICA (1960-1961)

El 11 de Agosto de 1961, en uno de sus discursos, Fidel Castro criticó abiertamente al Episcopado: «...me gustaría ver una hoja pastoral condenando los crímenes del imperialismo, los horrores del imperialismo...entonces veremos que quienes condenan a una Revolución que está con el pobre, que está con el humilde, que predica el amor al prójimo y la confraternidad entre los hombres...quien condene una Revolución como esta, traiciona a Cristo, y al mismo Cristo serían capaces de crucificarlo otra vez».

El 4 de agosto de 1961 había sido «municipalizado» el Cementerio Colón de La Habana, construido a partir de 1862, el único cementerio importante propiedad de la Iglesia Catolica que no había sido secularizado durante la intervención norteamericana. Igual suerte correrían los cementerios Bautista y Hebreo, así como el de la comunidad china. Las iglesias conservaron cierto control sobre aquellos aspectos funerales que le concernían, entre ellos la celebración de ceremonias[14].

Se produjeron algunos incidentes frente a templos católicos en los cuales partidarios del gobierno expresaron su oposición a la Pastoral. El diario del Partido Socialista Popular (PSP) «Noticias de Hoy» pidió una depuración del clero en Cuba, acusando al Cardenal Arteaga y al Nuncio Apostólico Luis Centoz de estar al servicio de los enemigos de la Revolución. Otro incidente importante del verano de 1960 fue la solidaridad expresada por las Organizaciones Católicas Nacionales con el Episcopado y la suspensión de algunos programas radiales y de televisión católicos, entre ellos, «Un mensaje para todos» transmitido por la principal emisora de televisión del país, CMQ.

Así las cosas, el Episcopado publicó una «Carta abierta al Sr. Primer Ministro Dr. Fidel Castro» el 4 de diciembre de 1960 expresando su pesar por la detención de sacerdotes motivada por la lectura de una carta pastoral anterior, amenazas de represalias a otros, una campaña antirreligiosa, la clausura de casi todos los programas católicos de radio y televisión, ataques personales contra obispos, formación de asociaciones católicas progubernamentales, así como declaraciones de funcionarios y voceros oficiales vinculando el anticomunismo con la contrarrevolución[15].

Nuevos grupos católicos promovidos por el gobierno, pero sin autorización eclesiástica, criticaban la posición del Episcopado. La más conocida de esas asociaciones llevaba como nombre «Con la cruz y con la patria» y sus líderes principales eran Lula Horstman, Antonio Pruna y el sacerdote católico Germán Lence. En marzo de 1961, durante la conmemoración del primer aniversario de la explosión del vapor «La Coubre», Castro hizo nuevos ataques a la posición de la mayoría de los sacerdotes.

La situación empeoró a partir del desembarco de una expedición de cubanos exiliados, la Brigada 2506, el 17 de abril de 1961. El día anterior, en el entierro de siete bajas ocurridas con motivo de bombardeos preliminares, Castro proclamó el carácter socialista de la Revolución. Al producirse la invasión, derrotada a los pocos días, la presencia de tres sacerdotes católicos fue resaltada en la prensa, en discursos oficiales y en el juicio a que fueron sometidos los expedicionarios. Un ministro protestante también integraba la brigada invasora. El primero de mayo de 1961, durante la celebración del primero de Mayo, Castro anunció la nacionalización de las escuelas privadas, gran parte de las cuales eran propiedad de las iglesias. Entre los pocos directores de colegios que dejaron conocer su apoyo a la medida se destacó el Dr. Emilio Rodríguez Busto, del Colegio Presbiteriano «La Progresiva» de Cárdenas, uno de los principales planteles del país, institución sostenida directamente por una junta de la Iglesia Presbiteriana estadounidense. La Ley del 6 de junio de 1961 declaró pública la función de la enseñanza. Los seminarios teológicos e institutos de formación bíblica y teológica fueron respetados. La Iglesia Católica contaba con tres: El Buen Pastor, San Basilio y San Alberto Magno. El de San Alberto Magno, en Colón, Matanzas, dejó de funcionar por falta de profesores. Una situación similar afectó a los institutos de formación y noviciados de las órdenes religiosas católicas. De estos últimos se mantuvieron los de algunas órdenes femeninas como el de las Hijas de la Caridad de San Vicente de Paúl. Los bautistas retuvieron sus dos seminarios en La Habana y Santiago de Cuba. Las iglesias Presbiteriana, Metodista y Episcopal (Anglicana) retuvieron su escuela ecuménica, el Seminario Evangélico de Teología en Matanzas. Además continuaron abiertos los seminarios de las iglesias del Nazareno, Evangélica Pentecostal (Asambleas de Dios), Evangélica «Los Pinos Nuevos» y Adventista del Séptimo Día. El Instituto Bíblico de las Asambleas de Dios, radicado en Manacas, fue cerrado en 1963 y su director, el misionero norteamericano Floyd Woodworth fue expulsado del país ese mismo año junto con unos pocos misioneros estadounidenses y puertorriqueños que se habían negado a abandonar el país en 1961. A pesar de la intervención de su principal escuela en Santa Clara, a los adventistas se les permitió ofrecer clases de bachillerato por algún tiempo, pero bajo la supervisión del gobierno. El Colegio servía no sólo a Cuba sino a toda la zona del Caribe. La concesión la obtuvo Ernesto (Che) Guevara, a quien un grupo de adventistas había salvado la vida en la Sierra Maestra al ofrecerle atención adecuada durante sus ataques de asma. Después de la salida de Cuba de Guevara, no sólo el Colegio sino el seminario que funcionaba en el plantel fueron confiscados. Dejaron de funcionar, por la salida de los misioneros norteamericanos, las escuelas bíblicas de los bautistas libres y de la United World Mission[16].

En enero de 1961, al anunciarse la ruptura de relaciones diplomáticas de Estados Unidos con Cuba, se intensificó el éxodo de misioneros y empleados de las iglesias con nacionalidad norteamericana, la gran mayoría de los cuales eran miembros de denominaciones protestantes. A partir de 1961 las tensiones que en 1960 eran evidentes en relación con el catolicismo se notaban también entre la comunidad protestante, ya que la salida de los misioneros y la nacionalización de los planteles ejerció una enorme influencia sobre ese sector. A pesar de que no se procedió todavía a confiscar los hospitales, clínicas y programas sociales de las organizaciones religiosas, las escuelas eran las instituciones más importantes para las iglesias del país.

Cientos de miles de cubanos iniciaron el proceso de salir del país. La Iglesia Católica fue afectada grandemente por el alto número de practicantes y de líderes que empezó a abandonar Cuba. Proporcionalmente el sector más afectado sería la comunidad hebrea (que salió de Cuba en su inmensa mayoría). En cuanto a los protestantes perdieron un número muy alto de pastores y maestros, además de muchos feligreses activos. Estas salidas se intensificarían hasta octubre de 1962 al producirse la crisis de los cohetes.

En mayo de 1961 se inicia la suspensión total de los programas religiosos de radio y televisión. Los protestantes fueron los más afectados debido al alto número de transmisiones radiales que hasta entonces habían mantenido tanto en las plantas nacionales como en las locales. A los pocos meses se hizo una excepción, permitiéndose temporalmente la transmisión de la Hora Bautista por CMQ aunque mucho más temprano (las siete de la mañana los domingos). Esas transmisiones se suspendieron definitivamente en marzo de 1963. Con el tiempo se pudo conocer la intervención a favor de sus antiguos correligionarios por parte de un ex líder de la juventud bautista, Aníbal Escalante Dellundé, considerado entonces como uno de los tres o cuatro hombres más importantes en el gobierno. Eventualmente, Escalante sería defenestrado por su condición de líder principal de un grupo comunista opositor a Castro conocido como «la microfacción».

El incidente más dramático con la Iglesia Católica tuvo lugar en La Habana en septiembre de 1961. Al celebrarse la procesión correspondiente a la festividad de la Virgen de la Caridad del Cobre (el día 8), unas 4000 personas se congregaron en torno al templo de la Iglesia de la Caridad en La Habana, cuyo párroco era Monseñor Eduardo Boza Masvidal. La multitud reunida comenzó a moverse hacia el Palacio Presidencial a los gritos de «Cuba sí, Rusia no», «Libertad» y «Viva Cristo Rey». Durante una confrontación con la policía, el joven obrero Arnaldo Socorro perdió la vida. Alrededor de 200 jóvenes llegaron a Palacio y pidieron hablar con el Primer Ministro, sin obtener resultado. La Confederación de Trabajadores de Cuba (CTC), controlada ya por el gobierno, acusó a clérigos de la Iglesia por la muerte de Socorro[17].

En medio de esas tensiones, el gobierno, que meses atrás había amenazado con la deportación de clérigos extranjeros, requisó varias parroquias y casas de religiosas. Unos 131 sacerdotes y religiosos, fueron obligados a abordar el vapor español «Covadonga», a punto de zarpar para el norte de España. Entre los expulsados se encontraban no solo extranjeros sino numerosos cubanos, incluyendo a Boza Masvidal, que fue llevado allí a última hora y el futuro obispo auxiliar de Miami Agustín Aleido Román. El grupo estaba compuesto por 33 cubanos, 86 españoles y 12 de otras nacionalidades (sobre todo canadienses y franceses). Se trataba de 43 sacerdotes diocesanos y 88 religiosos de 14 congregaciones diferentes; entre ellos estaban 68 sacerdotes y 20 hermanos, (religiosos que no habían recibido la ordenación sacerdotal).

Años después se produjo otro incidente importante relacionado con sacerdotes. El Padre Miguel Angel Loredo fue condenado a 15 años de prisión, acusado de dar refugio a una persona acusada de intento de secuestro de avión. El Padre Loredo fue puesto en libertad en 1976 y después de un período de trabajo en el seminario y en otras actividades diocesanas abandonó el país en los años ochenta. Otro conocido sacerdote, el Padre Serafín Ajuria, Superior de la Orden Franciscana en Cuba, fue puesto en libertad después de varios días de detención[18].

EL ÉXODO HEBREO EN CUBA

A partir de 1960 se intensificó la salida del país de miles de miembros de la comunidad hebrea establecida en el país. La población judía había alcanzado cifras que oscilaban entre los 10 y los 12 mil, aunque era mucho mayor debido a un alto número de personas de origen hebreo que no mantenían vínculos formales con las sinagogas y organizaciones hebreas. En el período 1960-1962 alrededor de 4,800 judíos cubanos abandonaron el país. La población judía era generalmente de clase media o media alta. En 1965 sólo 2,300 judíos permanecían en Cuba (1,900 en La Habana y 400 en el interior). El primero de enero de 1961 un grupo de judíos comunistas (algunos hebreos habían formado parte del Partido Comunista de Cuba desde su primera fundación en 1925) acompañados de un centenar de estudiantes judíos tomaron control del Patronato de la Comunidad Hebrea. Las cinco sinagogas continuaron funcionando, pero la asistencia se redujo tanto que algunas tuvieron que cerrar. El Colegio Theodor Herzl del Centro Israelita fue nacionalizado a pesar de que se había eximido originalmente a las escuelas privadas judías del decreto de nacionalización. Se hicieron arreglos para ofrecer cursos de Hebreo, Yiddish e historia hebrea en clases vespertinas en el plantel Herzl, que al nacionalizarse recibió el nombre de Alberto Einstein. Los judíos que se mantuvieron en Cuba se secularizaron completamente o se integraron mediante el matrimonio con el resto de la población, pero a partir de los años noventa se produciría un resurgimiento. Ante la ausencia de cantores y rabinos, se hizo necesario que visitantes del exterior ministraran ocasionalmente a las necesidades religiosas de la comunidad[19].

CONFRONTACIONES CON LOS PROTESTANTES (1961-1965)

La nacionalización de las escuelas religiosas y la suspensión de los programas de radio y televisión, incidentes ocurridos en 1961, habían deteriorado la relación con los protestantes. Como en el caso de los católicos, un sector mantuvo su apoyo a la Revolución. La figura principal de ese grupo lo era el Reverendo Raúl Fernández Ceballos, pastor de la Primera Iglesia Presbiteriana de La Habana y redactor de la sección «Notas Evangélicas» del diario habanero «El Mundo». Varios pastores de las diferentes denominaciones mantuvieron su apoyo a la Revolución a pesar de las tensiones. La salida de los misioneros extranjeros y de un buen número de pastores nacionales afectó sobre todo a las iglesias Presbiteriana y Metodista. En el caso de la Iglesia Presbiteriana, entre los pocos pastores que permanecieron en el país un grupo apoyaba firmemente el proceso revolucionario, entre ellos el conocido teólogo Sergio Arce Martínez. La situación empeoró a partir de 1962. Cargamentos de Biblias fueron confiscados y el trabajo de las Sociedades Bíblicas de distribuir las Escrituras se hizo difícil. Esa entidad había mantenido en Cuba su oficina para las Antillas, primero bajo la dirección de José Marcial Dorado que dejó el país para ocupar un escaño en las Cortes Españolas de la República en 1931. Su sucesor, también español, Joaquín González Molina, abandonó Cuba en 1961 por la situación política y a partir de entonces los encargados del trabajo experimentaron serias dificultades. En marzo de 1963 un discurso de Fidel Castro, transmitido a todo el país por radio y televisión, señaló la hostilidad existente entre el gobierno revolucionario y ciertos grupos o «sectas», entre los cuales incluyó especialmente al Bando Evangélico Gedeón, a los pentecostales y a los Testigos de Jehová. Como ya aclaramos, estos últimos no son considerados protestantes o evangélicos, pero su uso extensivo de materiales bíblicos los hace confundirse con la comunidad protestante.

En algunas poblaciones las restricciones impuestas a esos grupos se extendieron a las iglesias evangélicas en general. Se inició un proceso para aplicar estrictamente los reglamentos del Registro de Asociaciones, impuesto por el gobierno español. Algunas congregaciones se negaron a ofrecer la información solicitada como la lista de sus miembros, incluyendo sus direcciones y otros datos, así como informes detallados acerca de sus reuniones. En buena parte del país se restringió el número de actividades y ritos que podían realizarse regularmente sin permisos especiales solicitados con gran antelación.

En junio de 1963, la revista «Cuba Socialista» publicó un extenso artículo del líder comunista Blas Roca con el título «La lucha ideológica contra las sectas religiosas». En el mismo se planteaba un programa de combate contra los movimientos religiosos mencionados por Castro en su discurso, lo cual se había ido extendiendo también a los adventistas del Séptimo Día (por su observancia estricta del sábado, como era también el caso de los miembros del Bando Gedeón, a los que despectivamente se les llamaba «batiblancos» por el uniforme utilizado por sus misioneros y propagandistas). Años después, las actividades de los Testigos de Jehová, opuestos al servicio militar y al saludo a la bandera nacional, fueron declaradas ilegales y sus locales de culto (Salones del Reino) fueron clausurados[20].

En este mismo período se iniciaron las confiscaciones de asilos de niños controlados por la Iglesia Católica y las iglesias protestantes. Solo se les permitió la posesión y funcionamiento de asilos de ancianos. Las actividades del Ejército de Salvación, cuyo énfasis está en la asistencia social, quedaron reducidas al mínimo en todo el país. Los hospitales, clínicas y dispensarios de las iglesias fueron también confiscados. El ministro de Salud Pública en este período, Dr. José Ramón Machado Ventura, médico de procedencia bautista, aplicó estrictamente la política oficial.

El 26 de julio de 1963 se proclamó el Servicio Militar Obligatorio y varios pastores protestantes y seminaristas fueron llamados a filas a pesar de las protestas de las iglesias. Alguna consideración fue otorgada ocasionalmente a los escasos miembros cubanos de la Iglesia de los Amigos (cuáqueros) por su condición de iglesia pacifista de gran prestigio internacional[21].

Desde 1962, un antiguo militante del PSP, el doctor José Felipe Carneado, de trato amable, atendía los asuntos religiosos como Secretario del Partido Comunista para la Ciencia y la Cultura. En 1985 su oficina fue elevada de categoría a nivel de Departamento adscrito al Comité Central del partido. El doctor Carneado trataba directamente con la jerarquía católica y con líderes protestantes, sobre todo con Fernández Ceballos, que fungía como secretario del Concilio Cubano de Iglesias Evangélicas (esta institución cambió su nombre por el de Consejo Ecuménico, y finalmente por el de Consejo de Iglesias de Cuba).

En la práctica, aunque sin el título, Carneado funcionaba como una especie de ministro de Religión no solo en cuanto al partido sino también para el gobierno. En puridad de verdad, Carneado se limitó a imponer la política oficial y muchas de las decisiones no fueron tomadas por él, sobre todo en el caso de algunas autoridades locales que llevaron a cabo una virtual persecución contra ciertos grupos religiosos, lo cual no exime de responsabilidades al principal encargado del tema religioso.

En 1965 se crearon las llamadas Unidades Militares de Ayuda a la Producción (UMAP) con el propósito de ocupar en trabajos agrícolas para el gobierno a personas que no eran lo suficientemente confiables como para ser incorporadas al Servicio Militar Obligatorio. Miles de creyentes, sobre todo Testigos de Jehová, fueron reclutados, así como ministros, sacerdotes y seminaristas de las diversas iglesias junto a infinidad de homosexuales y personas cuya conducta era considerada «inapropiada». Como se indica en el capítulo VI el duro régimen impuesto a los reclutas, forzados a trabajar diariamente desde la madrugada hasta altas horas de la tarde provocó varias protestas, entre ellas la del Concilio Cubano de Iglesias Evangélicas. El gobierno suspendió las unidades militares de trabajo pocos años después ante una gran protesta internacional.

Antes de 1965 los bautistas habían protestado por confiscaciones de iglesias en Buenavista, Taguayabón y Vueltas y las misioneras norteamericanas Ruby Miller y Lucille Kerrigan, que se habían negado a abandonar el país, fueron expulsadas en 1963. De los bautistas extranjeros, sólo permanecieron en Cuba el doctor Herbert Caudill, representante en el país de la Junta de Misiones Domésticas (nacionales) de los bautistas del Sur de Estados Unidos, su esposa, y su yerno David Fite, profesor de Griego en el Seminario Bautista en La Habana y su esposa. En 1965 se radicó una causa contra 48 pastores y algunos laicos, acusados de diversionismo ideológico, actividades contrarrevolucionarias, vínculos con la Agencia Central de Inteligencia (CIA) y sobre todo de tráfico de divisas. La acusación más importante parece haber sido la de utilizar fondos denominacionales para cambio de moneda americana por cubana, contraviniendo disposiciones vigentes. Algunos de los detenidos, al ser juzgados, fueron condenados a largas condenas de prisión, lo cual obligó a la obra bautista de la parte occidental de Cuba a reorganizarse ante la falta de clero. El doctor Caudill perdió la vista en prisión y logró finalmente abandonar el país acompañado por Fite. Nunca antes en la historia de Cuba se había puesto en prisión por períodos tan prologados a tantos clérigos[22].

REORGANIZACIÓN DEL PROTESTANTISMO EN CUBA
(1961-1968)

Al avanzar la década de los años sesenta, en medio de una llamada «ofensiva revolucionaria» que terminó con los últimos vestigios de libre empresa en el país, las iglesias quedaron reducidas a una mínima expresión. Por una parte se mantuvo la tolerancia de cultos, pero muchos locales usados para la adoración por las iglesias protestantes fueron cerrados. Los motivos que se esgrimieron oscilaban entre la poca asistencia a los mismos y las pobres condiciones en que se encontraban.

El proceso dirigido a obtener permisos para la reparación de templos se fue complicando. A pesar de esa situación casi mil templos y capillas continuaron funcionando en la comunidad evangélica. El número de practicantes se redujo, aunque no tanto como en el caso de la Iglesia Católica. El carácter descentralizado de las organizaciones protestantes facilitó la presencia y actividad en sus directivas tanto de partidarios del gobierno como de opositores connotados y personas alejadas del quehacer político. La mayor parte de la feligresía católica y protestante se refugió en el «apoliticismo» que ha caracterizado a un sector pietista en muchas geografías.

En este período se produce una total cubanización del protestantismo cubano, regresando a la situación existente durante la colonia española en la primera etapa del movimiento evangélico (1883-1898) cuando las iglesias estaban totalmente en manos de los cubanos. Al llegar el año 1959 sólo las iglesias Presbiteriana y Los Amigos (cuáqueros) estaban totalmente dirigidas por cubanos. A pesar de la existencia de estructuras nacionales, como en el caso de los bautistas, vinculados en Cuba Occidental con los bautistas del sur de EU y en Cuba Oriental con los del norte de ese mismo país, los misioneros ejercían una influencia decisiva, lo cual era aún más evidente en la Iglesia Metodista, que contaba con el mayor número de misioneros norteamericanos, y en la Iglesia Episcopal (anglicana) presidida por el obispo Hugo Blankingship, figura de gran relieve entre la colonia norteamericana residente en La Habana. La Iglesia Evangélica Pentecostal, con amplia feligresía en regiones rurales, estuvo brevemente bajo la dirección del cubano Ezequiel Alvarez, pero en 1959 tenía como superintendente al puertorriqueño Ramón L. Nieves y como directores del Instituto Bíblico a educadores teológicos procedentes de EU. Con la salida de cientos de misioneros estadounidenses, la presencia estadounidense en el protestantismo cubano desapareció, sin otras relaciones que las fraternales y la recepción de ayuda financiera para proyectos especiales, todo eso sujeto a las legislaciones de ambos países. Para 1965 sólo permanecían en el país dos misioneras de EU, una vinculada a la Iglesia Presbiteriana y otra dedicada a un trabajo con los niños y jóvenes. Unos pocos misioneros protestantes canadienses continuaron trabajando después de la interrupción del trabajo del Orfanatorio Salem en Santa Clara.

En 1961 fue consagrado como Obispo de Cuba de la Iglesia Episcopal el doctor Romualdo González Agüeros (ciudadano cubano nacido en España). Sus sucesores han sido cubanos nativos. En la Iglesia Metodista el doctor Carlos Pérez Ramos se convirtió en apoderado de la Junta de Misiones de la Iglesia Metodista de EU en Cuba hasta su salida en 1964. En 1967 el Reverendo Armando Rodríguez Borges fue instalado como obispo de la Iglesia Metodista en Cuba, al proclamarse la total autonomía de la misma. Hasta ese momento la Conferencia Metodista de Cuba había estado bajo la jurisdicción de un obispo que servía al mismo tiempo como Obispo de la Florida y Cuba. La Iglesia Presbiteriana se convirtió en Iglesia Presbiteriana Reformada en 1967, con total independencia de la iglesia madre en Estados Unidos. A partir de 1960, entre los bautistas de Cuba Oriental, no hubo más superintendentes de misiones procedentes de EU. Esa situación se extendió a los de Cuba Occidental en 1965 con la prisión del Dr. Caudill. También quedaron en manos cubanas las iglesias pentecostales, los adventistas del Séptimo Día y todos los 54 movimientos protestantes que trabajan en el país. Casi todas las denominaciones norteamericanas, trataron de mantener sus contactos con sus iglesias hermanas en Cuba por medio de visitas y de ayuda económica, la cual se ha canalizado frecuentemente por instituciones protestantes internacionales. A mediados de la década de los sesenta, Cuba recibió la visita de una figura importante del protestantismo y de la Iglesia Cristiana en general, el doctor John A. McKay, presidente emérito del Seminario Teológico de Princeton, una de las más altas casas de estudios teológicos en el mundo. El ministro presbiteriano, muy relacionado históricamente con el estadista peruano Víctor Raúl Haya de la Torre, declaró lo siguiente: «No encontré evidencia alguna de persecución religiosa. De hecho, miembros del clero reciben consideración especial». Por supuesto que MacKay sólo visitó a aquellas personas y lugares adonde le llevaron. La discriminación ideológica imperaba en el país y obraba en contra de la comunidad religiosa, con excepción de los partidarios de la Revolución en las filas eclesiásticas.

RELIGIOSIDAD AFROCUBANA, ESPIRITISMO
Y CULTURA OFICIAL

La religiosidad sincrética, sobre todo en su expresión con mayor arraigo popular, la «santería» y las otras religiones afrocubanas, ha representado un elemento de gran importancia en la religión en Cuba. La presencia de creencias espíritas no puede dejar de ser tenida en cuenta.

La presencia en el país de una enorme población de origen africano, el mestizaje y la influencia cultural africana sobre gran parte del pueblo ha sido evidente desde el siglo pasado. Al producirse el triunfo de la revolución castrista la mayoría de los partidarios o practicantes de estas creencias no se identificaban claramente como tales. Al desaparecer la influencia de ciertas clases sociales y abandonar el país un alto número de religiosos de las iglesias tradicionales, la influencia de la religión afrocubana empezó a llenar un gran vacío. Por otra parte, a pesar de que el gobierno desalentó al principio estas prácticas y creencias, incluso calificándolas de superstición, su interés por penetrar ideológicamente a la población de origen africano le impuso la necesidad de aceptar lo afrocubano como parte de la cultura nacional. No es posible entrar en aspectos científicos del estudio de un número tan grande de cultos o religiones. De acuerdo con la profesora Natalia Bolívar, los estudiosos debaten si la santería y otras religiones afrocubanas proceden del sincretismo, de una aculturación o de la transculturación defendida por el gran antropólogo y etnólogo cubano Fernando Ortiz. Como estos grupos no están estructurados ni pertenecen a organizaciones reconocidas internacionalmente, como el catolicismo o el protestantismo histórico, resultaba mucho más fácil permitir que se expresaran —en una combinación de cultura, entretenimiento y religión— los cultos sincréticos, cuyas ceremonias tienen lugar mayormente en los hogares y durante las procesiones de santos católicos que se identifican en el sincretismo afrocubano con deidades africanas: San Lázaro, la Caridad del Cobre, Santa Bárbara, la virgen de Regla, etc. Las peregrinaciones al Santuario de San Lázaro en el Rincón continuaron formando parte del calendario de actividades de muchos cubanos. En los años setenta, sobre todo al vincularse Cuba de manera especial con países africanos, se alentaron visitas al país de reyes tribales y de líderes religiosos o «babalawos». En 1987, el líder de los yorubas, Oba Okundadade Sijuwade Olubuse II fue recibido por Castro y otros miembros del Buró Político del Partido Comunista.

Se ha especulado intensamente acerca de la posibilidad de que muchos miembros importantes del partido y el gobierno hayan mantenido sus creencias afrocubanas, e incluso las hayan practicado, sobre lo cual ha habido evidencias en los últimos tiempos. Independientemente de casos particulares y de naturales limitaciones impuestas por autoridades oficiales, la religión afrocubana no ha experimentado siempre el mismo tipo de problemas que las iglesias tradicionales, lo cual no significa que se les haya otorgado un status de religión oficial, como algunos críticos han señalado. Sin embargo el estudio de obras fundamentales como las de Ortiz y Lydia Cabrera ha sido aceptado por instituciones oficiales de cultura. La penetración de lo afrocubano en la población ascendió a niveles extraordinarios a pesar de la preocupación oficial. Para fines de la década del ochenta podía sostenerse que entre el 55 y el 60% de la población profesaba o practicaba elementos de estas formas de religiosidad[23].

Según el estudioso Juan Luis Martín, el espiritismo llegó a Cuba en 1856 y los escritos del francés Allan Kardec circularon copiosamente entre la población. Existe cierta interrelación entre el espiritismo, las religiones sincréticas y el catolicismo en Cuba. Tradicionalmente las tres formas principales de espiritismo eran el «científico» o «de mesa», el «de cordón» y el «cruzao». El «científico» puede considerarse más apegado al espiritismo original, en el «de cordón» hay alguna influencia afrocubana y el «cruzao» es una mezcla del «de cordón» y la Regla Conga. En 1960 los delegados cubanos al V Congreso Espiritista Panamericano hicieron declaraciones a nombre de la Confederación Nacional Espiritista de Cuba en apoyo de la revolución. En 1961 se oficializó el funcionamiento de los centros y asociaciones inscritas hasta ese momento y su Confederación Nacional (disuelta en 1963). En 1987 funcionaban em el país 112 centros espíritas inscritos en el Registro Nacional de Asociaciones. La mayor influencia está en La Habana y provincias orientales como Holguín y Granma. A pesar de que solo 4041 personas pertenecían oficialmente a esos centros, el número de espiritistas se considera en decenas de miles, con un sector aun mucho mayor con alguna influencia espiritista (24).

HACIA UN MODUS VIVENDI CON EL CATOLICISMO (1969-1978)

A partir de 1969 empiezan a producirse algunos cambios menores que indicaban cierto mejoramiento de las relaciones entre la Iglesia Católica y el gobierno. Curiosamente, ese año se suspendió la celebración de las Navidades como día feriado con motivo del fracasado esfuerzo de la zafra de los 10 millones. Pero las actividades del Pro-Nuncio Apostólico Cessare Zacchi habían contribuido a un relativo acercamiento entre el Vaticano y el Gobierno Revolucionario. El diplomático del Vaticano insta a los católicos cubanos a integrarse al proceso revolucionario y Zacchi disfrutaba de la amistad y simpatía del Jefe del Gobierno. Los nuevos obispos católicos adoptaban una política mucho más paciente y flexible que la de sus antecesores como Díaz y Pérez Serantes. El Arzobispo de La Habana Francisco Oves, admitido en el país después de su expulsión en 1961, había adoptado una nueva política, no demasiado diferente a la cautela del Concilio Cubano de Iglesias Evangélicas, institución paraeclesial que ha agrupado tradicionalmente al sector ecuménico del protestantismo cubano.

La Segunda Conferencia del Episcopado Latinoamericano celebrada en Medellín, Colombia, en 1968 marcó nuevos rumbos para el catolicismo en la región. La Iglesia cubana había sentido el impacto del Segundo Concilio Vaticano en aspectos tales como la liturgia y el ecumenismo, pero la reunión latinoamericana indicaba una disposición a explorar nuevas relaciones con los movimientos de cambio. El 10 de abril de 1969 la Iglesia publicó un comunicado muy diferente a las pastorales de 1960. No se condenaba la política oficial sino una «...injusta situación de bloqueo que contribuye a sumar sufrimientos innecesarios y a hacer más difícil la búsqueda del desarrollo». Se inicia un proceso al cual algunos denominan como de las «pastorales de la paz» en busca de una nueva relación con la realidad cubana. En esa misma época se produce la sustitución de Monseñor Evelio Díaz y el nombramiento de Oves en la archidiócesis habanera. Con la sustitución de Díaz terminaba toda una etapa en la historia de la jerarquía eclesiástica cubana pues los nuevos designados para cargos episcopales no eran personas grandemente conflictivas para el gobierno.

A partir de 1962 eran evidentes las limitaciones impuestas a las organizaciones del apostolado seglar de la Acción Católica cubana. En 1967 la Acción Católica cubana se disolvió, aceptando un acuerdo del Episcopado. La Acción Católica fue reemplazada por un proyecto de Apostolado Seglar Organizado que integró a los laicos en las Comisiones Episcopales y en los Consejos y Comisiones diocesanas y parroquiales. Hasta octubre de 1967 en que algunos laicos pudieron asistir al III Congreso Mundial para el Apostolado Seglar en Roma, la única representación católica cubana a nivel internacional había sido la de los obispos que asistieron a las sesiones del Segundo Concilio Vaticano en Roma (25).

A fines de los años sesenta se produce una apertura ecuménica al ponerse en efecto algunas decisiones del Segundo Concilio Vaticano. En las actividades ecuménicas se destacarían por los católicos Monseñor Fernando Azcárate y el Padre Carlos Manuel de Céspedes y por los protestantes los líderes de las Iglesias Presbiteriana, Episcopal y Metodista, con alguna participación ocasional de bautistas y cuáqueros. Brevemente funcionó un Centro de Estudios Ecuménicos (CENDESEC) como institución ecuménica católica con participación de evangélicos (26).

A partir de 1961 se había dificultado el funcionamiento del Seminario El Buen Pastor de la archidiócesis de La Habana y el principal centro de formación teológica católica del país. En marzo de 1966 el Ministerio de las Fuerzas Armadas Revolucionarias solicitó por conducto de la Nunciatura Apostólica la venta de los edificios y terrenos del seminario para uso militar. Una comisión mixta con participación de la Iglesia fijó el precio y el gobierno se comprometió a renovar cualquier edificio designado para continuar la educación del clero. Eventualmente se reanudaría la formación teológica utilizando al antiguo Palacio Cardenalicio en la capital que había sido anteriormente utilizado para el histórico Seminario de San Carlos y San Ambrosio, nombre que fue utilizado nuevamente por el seminario archidiocesano. El rector de El Buen Pastor, Monseñor Evelio Ramos, pudo participar en el proceso, pero falleció en 1976 y el seminario quedó bajo un liderazgo menos tradicional. Ramos ostentaba al morir el rango de Obispo Auxiliar de La Habana. Entre los más connotados administradores académicos del seminario ha estado el Padre (ahora Monseñor) Carlos Manuel de Céspedes quien ocupó por bastante tiempo la rectoría del plantel. Ha funcionado también el Seminario menor de San Basilio en Santiago de Cuba[27].

TRES DOCUMENTOS OFICIALES SOBRE RELIGIÓN EN LOS SETENTA

Entre 1971 y 1976 son publicados tres documentos del gobierno cubano relacionados con la religión. El primero consiste en las «Conclusiones del Congreso Nacional de Educación y Cultura» (1971). El segundo es la Resolución «Sobre la política en relación con la religión, la Iglesia y los creyentes», adoptada por el Primer Congreso del Partido Comunista en diciembre de 1975 y el más importante es la Constitución Socialista que entró en vigor en 1976.

El Congreso Nacional de Educación y Cultura sostuvo como política la separación absoluta de la Iglesia y el Estado así como el rechazo a cualquier estímulo o ayuda a grupos religiosos o a pedir algo de ellos. La Resolución del Primer Congreso del Partido Comunista se pronunció por la libertad de cultos, pero ésta dista de ser libertad religiosa como se la entiende en la gran mayoría de los países. La religión es identificada como «ideología», diferente por supuesto de la marxista-leninista, considerada oficial en Cuba. La Constitución de 1976, conducente a la legalidad socialista y la institucionalización de la sociedad cubana bajo el liderazgo del Partido Comunista, establece una posición oficial del Estado ante la religión mediante su artículo 54: «El Estado Socialista, que basa su actividad y educa al pueblo en la concepción materialista del universo, reconoce y garantiza la libertad de conciencia, el derecho de cada uno a profesar cualquier creencia religiosa y a practicar dentro del respeto a la ley, el culto de su preferencia. La ley regula las actividades de las instituciones religiosas. Es ilegal y punible oponer la fe o la creencia religiosa a la Revolución, a la educación o al cumplimiento de los deberes de trabajar, defender la Patria con las armas, reverenciar sus símbolos y los demás deberes establecidos por la Constitución». Lo de «defender la Patria con las armas» y «reverenciar sus símbolos» dejaba fuera de la ley a los Testigos de Jehová. Los tres documentos mencionados seguían en sus lineamientos generales las orientaciones de otros partidos y estados socialistas, si bien quedaban por debajo de las libertades otorgadas en Polonia y la República Democrática Alemana y no establecían, ni siquiera simbólicamente como en algunas otras constituciones socialistas, la prohibición de discriminar por motivos religiosos en los centros de trabajo[28].

HACIA LA DISTENSIÓN (1979-1992)

Varios autores ofrecen distintas fechas para determinar los inicios de una especie de distensión entre la Iglesia y el Estado. Es cierto que los momentos de mayor tensión ocurren en 1961. Otras confrontaciones ocurren en 1963 y 1965 y muchos aceptaron con cierto grado de realismo y resignación la difícil situación de la comunidad religiosa. Después de la salida de Monseñor Luis Centoz, los diplomáticos encargados de la Nunciatura Apostólica como Encargados de Negocios, Nuncios Apostólicos o Pro-Nuncios con rango de Embajador: Monseñores Cessare Zacchi, Mario Tagliaferri, Giuseppe Laigueglia, Giulio Einaudi y Bienamino Stella realizaron esfuerzos encaminados a una gradual normalización de las relaciones con el Estado. Por su parte los embajadores cubanos ante la Santa Sede durante las primeras décadas del proceso: Luis Amado Blanco y José Antonio Portuondo, católico el primero y marxista el segundo, no contribuyeron demasiado al proceso a no ser en aspectos formales. En 1974 la visita a Cuba de Monseñor Agostino Casaroli, entonces Secretario del Consejo para Asuntos Públicos de la Iglesia despertó algunas esperanzas de acercamiento, pero lo más importante, además de resaltar las buenas relaciones entre Cuba y el Vaticano, fue que sirvió para indicar de nuevo la vinculación estrecha entre Roma y el Episcopado cubano. No es menos cierto que al acercarse el fin de la década de 1970 e iniciarse la de 1980 las condiciones objetivas habían cambiado. En América Latina había tomado gran fuerza la teología de la liberación, favorable a cambios revolucionarios en el continente.

Esta escuela teológica, iniciada por el Padre Gustavo Gutiérrez en Perú no ha logrado arraigarse en la feligresía cubana, a no ser en clases de seminarios teológicos, cursillos y ponencias en actividades auspiciadas por católicos y protestantes partidarios del gobierno asi como por el Consejo de Iglesias y la Conferencia de Cristianos por la Paz (con sede en Praga), representada en Cuba por el Reverendo Raúl Fernández Ceballos y los doctores Sergio Arce y Raúl Gómez Treto, entre otros. Por otra parte, sacerdotes conocidos se habían asociado a movimientos guerrilleros o revolucionarios, como Camilo Torres en Colombia y Ernesto Cardenal en Nicaragua. Se habían creado movimientos de Cristianos por el Socialismo o Sacerdotes por el Socialismo. Además de estas actividades de connotados católicos, el creciente movimiento protestante de América Latina, aunque controlado numéricamente por elementos conservado-res o tradicionales, incluía ahora una izquierda intelectual apoyada precisamente por el ala izquierda del protestantismo internacional, con cuantiosos recursos. Las visitas de Castro a la protestante Jamaica (1977) y a la católica Chile (1971) habían servido para establecer puntos de contacto con comunidades de religiosos partidarios de su revolución[28].

Varias visitas de líderes religiosos extranjeros contribuyeron a crear un nuevo ambiente. Algunos pastores evangélicos y sacerdotes católicos cubanos visitaron Cuba durante las sesiones del diálogo entablado entre el gobierno y un sector del exilio en 1978. El pastor bautista exiliado José Reyes fungió como presidente del «Comité de los 75» durante el diálogo. A partir de esa época aumentó considerablemente el número de visitas al país de líderes religiosos exiliados y de extranjeros de todo tipo de confesiones.

En el año 1984 visitó Cuba el arzobispo de Lille, Francia, Monseñor Jean Vilnet, como parte de una comisión encargada de entregar contribuciones de la iglesia francesa a obras sociales del gobierno cubano. Ya para aquel entonces las críticas al embargo norteamericano eran frecuentes en círculos católicos y protestantes en Estados Unidos, Europa y América Latina. Ese mismo año de 1984 se produce la visita del Reverendo Jesse Jackson, ministro bautista y líder del movimiento de derechos civiles en Estados Unidos, así como precandidato a la Presidencia por el Partido Demócrata. La visita de Jackson adquirió proporciones gigantescas. Fidel Castro le acompañó a un acto ecuménico en el templo de la Iglesia Metodista Universitaria, situado en K y 25 en el Vedado. Al transmitirse el servicio religioso a todo el país con la presencia de Castro, algo inusitado y sorprendente para la población, acostumbrada a una política secularizante, se produjeron incidentes en varias poblaciones en los que creyentes locales buscaban reconocimiento a sus derechos como parte integral de la sociedad, entre otras razones porque Castro había participado en un culto religioso en el cual hasta hizo uso de la palabra desde el púlpito. El gran organizador del acto había sido el Reverendo Raúl Suárez Ramos, quien había fundado no sólo el Centro Martin Luther King sino la Coordinación Obrero Estudiantil Bautista de Cuba (COEBAC) que agrupaba a un sector considerado como progresista o revolucionario entre los bautistas cubanos[30].

Dos años después, en 1986, Castro permite la publicación y difusión de un libro, «Castro y la Religión», conteniendo las entrevistas que le hizo Frei Betto, un religioso católico brasileño partidario de la teología de la liberación. Ciertos conceptos favorables a la participación de cristianos en el proceso revolucionario hacen que se flexibilice la política hacia la religión en el país.

Los católicos llevan a cabo ese mismo año de 1986 su Encuentro Nacional Eclesial (ENEC) en La Habana. Entre las cuestiones que discutieron los centenares de delegados estaba el diálogo entre la Iglesia y el gobierno. Este evento recibió alguna atención limitada en los medios de difusión del país.

El 2 de abril de 1990 se celebra una reunión entre Fidel Castro, varios funcionarios (incluyendo a Carlos Aldana, del Departamento Ideologico del PCC y persona con vinculaciones familiares con el protestantismo) y el responsable de la oficina para la atención de los asuntos religiosos, José Felipe Carneado, y 75 líderes protestantes. Castro reconoció la existencia de problemas importantes con la comunidad religiosa, criticó «el ateísmo proveniente de manuales importados» y prometió rectificaciones. La larga sesión de cinco horas y media fue transmitida por televisión a todo el país, provocando comentarios por todas partes ante el cambio de política o estrategia. Hasta entonces, aparte la visita del Reverendo Jackson, no se había difundido en forma tan amplia una actividad en la que participaran religiosos junto a Fidel Castro.

La reunión tenía relación con el Consejo Ecuménico de Cuba (antiguo Concilio Cubano de Iglesias Evangélicas) integrado por varias denominaciones protestantes. Aunque mirado con sospecha por un amplio sector evangélico, este grupo había iniciado su diálogo con el gobierno hacía años. Un nuevo liderazgo, encabezado sobre todo por el Reverendo Raúl Suárez Ramos había introducido una política más agresiva, demandando cautelosamente nuevas concesiones al funcionamiento de las iglesias por parte del gobierno.

Varias organizaciones del Consejo Ecuménico han participado con los católicos considerados como revolucionarios en actividades de acercamiento a las estructuras de gobierno. Esto causa reacciones de todo tipo. Suárez, que encabeza desde Marianao el Centro Martin Luther King para promover relaciones con movimientos de derechos civiles y afroamericanos en Estados Unidos, tuvo que abandonar la Convención Bautista de Cuba Occidental, nada inclinada a esa actitud, e integra una nueva denominación de corte más liberal, la Fraternidad Bautista de Cuba. Muchos protestantes cubanos, no necesariamente partidarios del gobierno, deciden intentar acercamientos con el propósito de conseguir mejoras. Por ejemplo, se flexibiliza la distribución de la Biblia, la cual, junto con el libro de Betto «Fidel Castro y la Religión» se convierte en un «best seller» en el país y supera en venta cualquier otra publicación. También se otorgan más frecuentemente permisos para visitas al extranjero a los pastores protestantes y sacerdotes católicos residentes en Cuba.

El proceso del «glasnost» y la «perestroika» animó a muchos cubanos a esperar reformas, las cuales sólo llegaron a Cuba en forma muy limitada. A pesar de ello el contenido ideológico disminuyó considerablemente sobre todo a partir de los años 1989-1990 con la desaparición tanto del bloque socialista de Europa Oriental como de la URSS.

Con ese marco de referencia, se celebró en 1991 el IV Congreso del Partido Comunista de Cuba (10-14 de octubre). En la «Resolución sobre los estatutos» del partido se introdujo el siguiente punto: «Suprimir en la práctica de los procesos de crecimiento del partido cualquier interpretación de los actuales estatutos que entrañe negar a un revolucionario de vanguardia en razón de sus creencias religiosas, el derecho de ser admitido en el partido». El proceso continuó con cambios a la constitución cubana de 1975-1976 por parte de la Asamblea Nacional del Poder Popular; por ejemplo, el artículo 8 se lee de la siguiente manera: «El Estado reconoce, respeta y garantiza la libertad religiosa. En la República de Cuba las instituciones religiosas están separadas del Estado. las distintas creencias y religiones gozan de igual consideración». En los artículos 42 y 55 se proscribe la discriminación por motivos religiosos. También se anunció una nueva legislación para regular las relaciones del Estado con las instituciones religiosas. El Estado regresó a su condición oficial de «laico» (como en el período 1902-1959) y el «ateismo» dejó de ser oficial aunque la llamada «concepción científica» del materialismo contínua enseñándose en las escuelas y no se ha logrado todavía el pleno ejercicio de la libertad religiosa considerada ahora como legal, pero sin una aplicación total e incondicional.

HACIA LA VISITA DE JUAN PABLO II A CUBA (1992-1998)

El 8 de septiembre de 1993, la Conferencia de Obispos de Cuba publica un largo documento analizando la situación nacional, el diálogo con el exilio, el deterioro de la moral y otros asuntos, la cual se publica con el nombre de «El amor todo lo espera». Dicho texto convoca al diálogo entre cubanos, condena de nuevo el «Bloqueo» o embargo y se pronuncia a favor de una amnistía. Años antes se habían producido declaraciones de rango episcopal oponiéndose a la pena de muerte, específicamente en el caso del fusilamiento del general Arnaldo Ochoa y otros militares. Se inició una polémica intensa en la cual participaron diarios y escritores oficiales rechazando aspectos significativos del documento. El artículo más difundido fue «Los ilustrísimos once, el amor a Caifás y la restauración colonial» escrito por Félix Pita Astudillo. La Iglesia también dejó oir su voz en 1994 con motivo del éxodo de nuevos exiliados conocidos como «balseros», lamentando tanto la emigración como las circunstancias que la provocan y criticando el hundimiento del barco «13 de marzo» en el que intentaban salir de Cuba numerosos cubanos, muchos de los cuales perdieron la vida. También se emitió una crítica seria el 24 de febrero al ser derribadas dos avionetas del grupo «Hermanos al Rescate» por la fuerza aérea cubana.

Independientemente de los anteriores acontecimientos y de una visita a Miami de Jaime Ortega Alamino, Arzobispo de La Habana elevado al rango cardenalicio en noviembre de 1994, continuaron las gestiones para una visita del pontífice reinante Juan Pablo II. El gobierno cubano mejoró sus relaciones con Ortega Alamino después de que este hiciera declaraciones cautelosas en Miami, las cuales no fueron muy bien acogidas por un gran sector del exilio. Por otra parte, un sacerdote católico que había hecho declaraciones críticas acerca de la realidad cubana, el Padre José Conrado Rodríguez, de Palma Soriano, fue enviado por su obispo a cursar estudios en España. La posición antiembargo de la Iglesia Católica norteamericana, de un sector del protestantismo histórico, del episcopado católico cubano y del Consejo Ecuménico de Cuba contribuyeró a crear un clima favorable a la visita papal. De acuerdo con el escritor católico Raúl Gómez Treto: «Cuando el Papa Juan Pablo II visitó México en vísperas de la III Conferencia del CELAM en Puebla, 1979, a poco de iniciarse su sorpresivo pontificado, Fidel Castro, como Jefe del Estado cubano visitó al pronuncio Tagliaferri en la Nunciatura de La Habana para ofrecer personalmente la hospitalidad del pueblo y del Gobierno de Cuba a Su Santidad en caso que quisiera visitar, descansar o hacer escala técnica en nuestro país»[31]. Una visita del Pontífice a Miami en los años ochenta mejoró su imagen ante Castro ya que no pronunció palabras de apoyo a la emigración cubana y su causa.

El 19 de noviembre de 1996 Fidel Castro visitó la sede romana y se reunió con Juan Pablo II en la biblioteca privada del Vaticano. Esa entrevista de 35 minutos pudo haber sellado el arreglo para la visita papal. Un equipo de representantes de la Iglesia y el Partido Comunista trabajaría poco después en los detalles de los preparativos.

El 14 de diciembre de 1997 el gobierno cubano autorizó la celebración de las Navidades que regresaron así, temporalmente, a su carácter de día feriado. En 1998, después de la visita papal este feriado se convirtió en permanente, como lo habían pedido católicos, protestantes y religiosos sincréticos por muchos años.

El 21 de enero de 1998 llegó a La Habana Juan Pablo II y fue recibido en el Aeropuerto Internacional José Martí por Fidel Castro. El Pontífice, como Jefe de Estado, recibió todo tipo de honores oficiales. En su discurso de bienvenida, Castro criticó la colonización española y comparó aquella situación con el momento presente, dentro de su propia interpretación de la realidad cubana: «Hoy, Santidad, de nuevo se intenta el genocidio, pretendiendo rendir por hambre, enfermedad y asfixia económica total a un pueblo que se niega a someterse a los dictados y al imperio de la más poderosa potencia económica, política y militar de la historia, mucho más poderosa que la antigua Roma, que durante siglos hizo devorar por las fieras a los que se negaban a renegar de su fe.»

El Sumo Pontífice, considerado por los católicos romanos como Vicario de Cristo, y por los otros cristianos como Obispo de Roma y líder espiritual de la mayor de las iglesias, pronuncia su primer discurso en la patria del Padre Félix Varela Morales, pionero del ideal independentista y sacerdote católico. La frase más importante de su discurso pudo haber sido esta: «Que Cuba se abra con sus magníficas posibilidades al mundo y que el mundo se abra a Cuba para que este pueblo, que como todo hombre y nación busca la verdad, que trabaja por salir adelante, que anhela la concordia y la paz, pueda mirar al futuro con esperanza»[32].

Por espacio de cuatro días el pueblo cubano se volcó en gran número a recibir al Papa. El mismo Castro, en un discurso pronunciado horas antes del viaje, había pedido la asistencia masiva de la población y que se respetara su mensaje aun en puntos de desacuerdo; es más, identificó a Juan Pablo II como una especie de aliado coyuntural en algunos temas, como la lucha contra el neoliberalismo. En Santa Clara el Papa condenó los abortos y defendió los derechos básicos; en Camagüey condenó «el alcoholismo, la droga, los abusos sexuales y la prostitución»; en Santiago de Cuba coronó a la Virgen de la Caridad del Cobre. Los actos y los discursos eran transmitidos al país y al mundo por la televisión nacional e internacional.

No se produjeron incidentes desagradables, a no ser una dama que fue sacada, en forma aparentemente pacífica, de la concentración en La Habana. La asistencia fue estimada por lo menos en cientos de miles en La Habana y lo más probable es que en alguna ciudad del interior alcanzara al menos un centenar de miles. Los obispos dieron la bienvenida al Pontífice en discursos breves. El más dramático se produjo en Santiago de Cuba; el Arzobispo Primado Pedro Meurice Estiú dijo —ante una multitud que incluía a Raúl Castro, hermano de Fidel Castro y segundo hombre del país—: «Un numero creciente de cubanos ha confundido la patria con un partido, la nación con el proceso histórico que hemos vivido en las últimas décadas y la cultura con una ideología».

El 25 de enero de 1998, en la Plaza de la Revolución (antigua Plaza Cívica), el Pontífice habló ante una enorme multitud comparable a la de las grandes concentraciones de los primeros tiempos del proceso revolucionario. Entre los presentes estaba Fidel Castro acompañado por el Premio Nobel de Literatura colombiano Gabriel García Márquez y por altas figuras del gobierno y el partido. Un gigantesco mural del Sagrado Corazón de Jesús de veinte metros de altura presidía la reunión. El Papa no habló acerca del marxismo, pero sí criticó al «neoliberalismo capitalista». En la capital cubana fue recibido por Fidel Castro para una nueva entrevista. El Papa visitó también la Universidad de La Habana con un discurso en honor del Padre Félix Varela, forjador de la nacionalidad cubana. En la Nunciatura recibió a un grupo de líderes protestantes y judíos del país.

En relación con el viaje se logró la excarcelación de un número de presos políticos. Debe decirse que Cuba acogió en esos días a infinidad de obispos y a numerosos cardenales que acompañaron al Papa, sobre todo de América Latina. En medio de todo eso, un poeta anónimo escribió esta letrilla:

«Prendes la televisión
Y hay un sacerdote hablando
Y en la radio están cantando
Un canto de procesión
Ay mi Dios, ¡qué confusión!

Ay qué lío tan siniestro,
¡Ay San Martí, San Maestro,
santo Comité Central!
¿Canto el Himno Nacional
o murmuro un Padre Nuestro?»

LA RELIGIÓN EN CUBA AL LLEGAR EL 40 ANIVERSARIO

Las cuatro décadas del proceso revolucionario encabezado por Fidel Castro han dejado una profunda huella en el ambiente religioso. Cuba ha dejado de ser un país con una mayoría absoluta de creyentes católicos. Ninguno de los cálculos del número de feligreses, profesantes o activistas, pasaría la prueba de un riguroso análisis científico. Es posible que entre un 30 y un 40 por ciento de los cubanos se considere católico, como afirman algunos, pero ese porcentaje, que refleja más bien el número de bautizados, pudiera confundir puesto que recoge el remanente de las generaciones anteriores de cubanos que se bautizaban en su casi totalidad, pero que abandonaron toda profesión de fe. Habría que incluir como creyentes a antiguos católicos y protestantes que militan en las filas del PCC.

La religiosidad sincrética, sutilmente alentada por el régimen, puede prevalecer numéricamente y ya hemos utilizado cifras entre el 55 y el 60% de la población, pero esto indica una influencia y no siempre una militancia o afiliación definida. Cientos de miles de cubanos, por no decir millones, se consideran «santeros» y católicos, o cristianos, al mismo tiempo. En todo el país abundan las sociedades y asociaciones de los «abakuá», «yoruba», «regla Conga», «regla Ocha», «regla arará» o «regla arada», el «culto Yebbe», etc., pero la forma de identificarse utilizada por algunos grupos se presta a confusión. El espiritismo también ha sobrevivido en estos cuarenta años, pero sin el esplendor y el crecimiento de los cultos afrocubanos. En cuanto a los protestantes o evangélicos las iglesias ofrecen más bien cifras de miembros inscritos en congregaciones o parroquias. La comunidad total es mucho mayor ya que un gran sector asiste a sus templos, pendiente de ser aceptado a la plena «membresía» (anglicismo utilizado por esas iglesias), lo cual representa un largo proceso. Es bastante realista estimar la comunidad que asiste con alguna regularidad a los templos evangélicos, entre 300,000 y medio millón, menos del 5% de la población. Les caracteriza un grado más alto de práctica religiosa, con lo cual compensan su desventaja numérica con los católicos nominales o los santeros. En algunas poblaciones el número de evangélicos que asisten al templo el fin de semana, si se suman todas las confesiones, supera al de católicos; pero en La Habana y en otras ciudades importantes la situación es diferente. El catolicismo sigue siendo la religión tradicional, como lo demostró la visita del Papa, aunque la religiosidad cubana es numéricamente sincrética, católica y protestante, en ese orden. La Iglesia Católica cuenta ahora con nuevas diócesis como Guantánamo-Baracoa, Bayamo-Manzanillo, Santa Clara y Holguín que no existían en 1959. Hay 11 obispos, uno de ellos con rango de cardenal, el segundo en la historia del país, 147 sacerdotes diocesanos, de los cuales 108 son cubanos y 134 sacerdotes religiosos, de los cuales 37 son cubanos. El 51% del total de 281 sacerdotes son cubanos. Hay 52 órdenes femeninas y 21 masculinas. Prevalecen las órdenes femeninas, elogiadas hasta por Castro en los peores tiempos de la religión en Cuba por su benemérito e indiscutible servicio a los ancianos y los hospitales. Nuevos misioneros católicos extranjeros son admitidos gradualmente al país; no así en el caso de los protestantes y otras confesiones. Los católicos disponen de 811 templos: 688 «activos» y 123 ocupados por el Estado. En total funcionan 253 parroquias. Los Testigos de Jehová, alejados de las anteriores categorías tienen 80,000 adherentes, casi todos activos. El gobierno ha iniciado una política de relativa tolerancia permitiéndoles asistir a reuniones en los hogares después de décadas de ilegalidad. Curiosamente, se han ido formando grupos islámicos y budistas en el país, así como toda una variedad de partidarios de la «Nueva Era» y de grupos inclinados al esoterismo. Para muchos grupos es difícil sobrevivir por mucho tiempo sin autorización legal expresa, complicada por las exigencia del Registro de Asociaciones, prácticamente cerrado para algunos. Cuba es el único país de América sin mormones[33].

La Oficina de Atención de Asuntos Religiosos ha sido elevada de categoría dentro del Comite Central, al cual pertenece su directora actual la Licenciada Caridad Diego Bello. La actuación de esta alta funcionaria en la década de los noventa ha conducido a mayor eficiencia administrativa. Los asuntos de los diversos sectores de creencia religiosa han sido atendidos por funcionarios subalternos, pero los temas de mayor importancia son llevados a la licenciada Diego Bello, como antes a Carneado. Un sector ecuménico ha publicado hasta libros acerca de ese último funcionario, o dedicados a su memoria después de su fallecimiento, lo cual resulta curioso a muchos observadores ya que a Carneado le correspondió dirigir el departamento en épocas de mayor tensión y represión.

La situación de los locales de culto no sólo le presenta dificultades a los Testigos de Jehová, cuyos centros de culto fueron cerrados décadas atrás, sino también a la comunidad protestante, cuyos edificios atraen ahora muchos más feligreses que en 1959, forzándoles a alterar sus horarios de culto para poder acomodar feligreses. Los protestantes disponen de entre 850 y 1000 capillas y templos. Las 54 denominaciones cuentan con más de un millar de pastores ordenados y un número mucho mayor de obreros laicos de tiempo completo o parcial. Las confesiones más numerosas son los bautistas (divididos en cuatro jurisdicciones o grupos: Occidental, Oriental, Libre y «Fraternidad") seguidos de los pentecostales (cuyo mayor grupo es la Iglesia Evangélica Pentecostal o Asambleas de Dios), los adventistas del Séptimo Día, la Iglesia Metodista (que ha resurgido en forma fenomenal en la última década) y la Convención Evangélica «Los Pinos Nuevos» (autóctona). Con menos feligreses que los grupos anteriores, pero experimentando un crecimiento apreciable, está la Iglesia Presbiteriana Reformada. También han mejorado las cifras de la Iglesia Episcopal, aunque no en forma impresionante. Un buen crecimiento parecen experimentar denominaciones históricamente pequeñas en Cuba: Liga Evangélica, Iglesia Apostólica, Iglesias de Dios, Iglesias de Cristo, Iglesia del Nazareno, Iglesia Evangélica de confesión Luterana, etc. El Bando Evangélico Gedeón o «Soldados de la Cruz» ha resurgido después de las enormes restricciones de los años sesenta y setenta. Sus militantes de tiempo completo ya no visten siempre de blanco como antes y hasta han logrado mantener en funcionamiento un asilo de ancianos en Colón. Los protestantes han acudido a un nuevo sistema para enfrentar el crecimiento: se reunen regularmente en no menos de 3000 hogares, lo que ha sido llamado por el pueblo «casas culto», sobre todo en lugares donde no existen templos. Los católicos han acudido a sus propias «casas de misión» (560), es decir, hogares privados abiertos al culto.

Los datos de la Conferencia de Obispos Católicos de Cuba para 1996 son alentadores. En 1996 se bautizaron 75,005 personas, hubo 9,139 primeras comuniones, 4,674 confirmaciones y 1,513 matrimonios religiosos. Las cifras de los protestantes son comparables a las de los católicos. El número de bautismos protestantes es menor debido a su teología ya que muchas de las denominaciones más numerosas en Cuba no bautizan niños pequeños. En cuanto a los hebreos, unas 500 familias practican los ritos tradicionales de su religión. Aunque esas cifras no pueden compararse a las de católicos y protestantes se trata de un avance significativo.

La política oficial ha tenido altas y bajas. Con frecuencia se cierran «casas culto», como sucedió hace unos pocos años en Camagüey, pero los cubanos encuentran formas de reunirse en otro hogar donde las circunstancias y el vecindario son más propicios. En los últimos años las publicaciones católicas alcanzan el número de 14. La principal es «Vida Cristiana, de una sola hoja y tirada de 85,000 ejemplares distribuidos durante la misa. «Palabra nueva» del Obispado de La Habana edita 8,000 ejemplares. La revista «Vitral» de Pinar del Río ha ganado un premio internacional y es considerada más independiente que cualquier otra. Los protestantes tienen sus propias publicaciones que circulan entre la feligresía como «Heraldo Cristiano» de los presbiterianos y «La Voz Bautista». Sus teólogos han conseguido publicar gracias a una imprenta ecuménica en Matanzas y a las relaciones con editoriales protestantes. La literatura religiosa entra con alguna dificultad al país, y con evidentes limitaciones, pero es mucho más abundante que antes de 1992.

La Iglesia evidentemente busca un mayor espacio, sobre todo la Católica que dispone de los programas sociales de «Cáritas» y el auxilio de una Nunciatura Apostólica que le añade un ángulo diplomático del que carecen otras confesiones, pero estas últimas han podido hacer funcionar pequeños programas asistenciales y mantener, como los católicos, asilos de ancianos y programas o proyectos sociales en esta o aquella población. Las frecuentes visitas de clérigos al extranjero y los contactos con iglesias integradas por exiliados cubanos facilitan que llegue alguna ayuda a las congregaciones, además de la recibida por conductos eclesiásticos formales.

Cada cierto tiempo se le permite al Cardenal Arzobispo predicar brevemente por radio y televisión; el Consejo de Iglesias (antiguo Consejo Ecuménico) lo hace una vez al mes por la estación musical de La Habana CMBF. Pero el acceso a los medios de difusión es muy limitado, a no ser para expresar apoyo a alguna medida oficial, combatir el embargo, anunciar una visita de un alto funcionario a un acto religioso, describir alguna entrevista de los gobernantes o la Oficina de Atención de Asuntos Religiosos o dar la bienvenida a algún grupo solidario como los «Pastores por la Paz», movimiento ecuménico con base en EU y que pretende romper el embargo y llevar ayuda material y religiosa a Cuba.

La presencia de tres pastores protestantes y algunos laicos católicos como miembros de la Asamblea Nacional del Poder Popular no debe ser exagerada pues el llamado parlamento lo componen cerca de 600 diputados. Pero la realidad es que la única apertura que ha hecho el gobierno hasta ahora, a no ser en aspectos como la dolarización y las comunicaciones con el extranjero, ha sido en el campo de la religión, en el cual el gobierno ha encontrado nuevos y eficaces aliados internacionales después de la caída del socialismo en Europa.

Revistas como «Temas», publicada con aprobación oficial, difunden por el mundo artículos sobre estudios científicos relacionados con la religión en Cuba y es posible encontrar unos cuantos creyentes en los claustros universitarios y en el estudiantado. En 1983 se creó el Departamento de Estudios sociorreligiosos (DESR) que depende del Centro de Investigaciones Psicológicas y Sociológicas (CIPS) y este a su vez del Ministerio de Ciencias, Tecnología y Medio Ambiente.

Hasta hace algún tiempo algunas carreras como Filosofía, Historia, Ciencias Politicas, Periodismo, etc., estaban cerradas a los creyentes, a no ser con probada militancia revolucionaria y aún en ese caso con dificultades. Esta situación ha mejorado relativamente, pero no existe una satisfacción absoluta por parte de la comunidad religiosa. La Historia de las Religiones es enseñada en la Universidad de La Habana como asignatura, explicada por el periodista Enrique López Oliva, pero no se han creado escuelas de estudios teológicos en las numerosas universidades del país. Recientemente se abrió un Instituto Superior de Estudios Bíblicos y Teológicos en La Habana, pero se trata de un programa ecuménico para formar líderes y no recibe ayuda oficial.

Algunos entienden que la Iglesia ha sido beneficiada por su política contra el embargo. Otros estiman que son muchos los clérigos y laicos que muestran clara oposición o disidencia ante el gobierno. Por otra parte, siempre hay referencias a religiosos partidarios de la Revolución.

Cabría resumir la situación actual diciendo que a pesar de ciertas modificaciones y concesiones, los creyentes aún no disponen del espacio que anhelan y merecen tener. Como señala un autor cubano, el renacimiento religioso de los años 90 coexiste con el mantenimiento de una represión, que es ahora más bien sutil, pero que consiste en formas múltiples de control, tanto directas como indirectas[33]. No obstante, en forma gradual y con los inevitables altibajos impuestos por la historia reciente, la tendencia es hacia una mayor influencia de la religión en el archipiélago cubano[34].

NOTAS BIBLIOGRÁFICAS

[1] Roberto Fernández Miranda, *Mis relaciones con el Presidente Batista*, manuscrito para publicación, 1998. pag. 17.

[2] John M. Kirk, *Between God and the Party*, (University of South Florida Press, Tampa, 1989). pags.45-46. Sus datos son extraídos de la Encuesta Nacional sobre el sentimiento religioso del pueblo de Cuba realizada por la Agrupación Católica Universitaria en 1954.

[3] Marcos Antonio Ramos, *Panorama del Protestantismo en Cuba*, (Editorial Caribe, Miami-San José, 1986). pags. 635-640.

[4] *Ibid.*

[5] Juan Emilio Friguls, *La Iglesia Católica en la República*, «Diario de la Marina», La Habana, Septiembre 15, 1957.

[6] Clyde W. Taylor & Wade T. Coggins, editores, *Protestant Missions in Latin America: A Statistical Survey*, (Evangelical Foreign Mission Association, Washington, 1961), pags. 107-113.

[7] Marcos Antonio Ramos, *op. cit.*, pags. 487-507.

[8] *Ibid.*

[9] Manuel Fernández, *Religión y Revolución en Cuba*, (Saeta Ediciones, Miami-Caracas, 1984). pags. 41-42.

[10] Marcos Antonio Ramos, *op. cit.*, pags. 517-523.

[11] *Ibid.*

[12] *Ibid.*

[13] Raúl Gómez Treto, *La Iglesia católica durante la construcción del socialismo en Cuba*, (Departamento Ecuménico de Investigaciones, San José, 1987). pags. 27-30.

[14] Raúl Gómez Treto, *op. cit.*, pag. 46.

[15] En las obras citadas de Raúl Gómez Treto, Manuel Fernández, John M. Kirk y Marcos Antonio Ramos, entre otras, se ofrecen numerosos datos acerca de esta situación. También puede consultarse de Marcos Antonio Ramos, *Protestantism and Revolution in Cuba* (University of Miami, Coral Gables, 1989).

[16] Marcos Antonio Ramos, *op. cit.* en nota 3, pags. 526-572.

[17] John M. Kirk, *op. cit.* pags. 102-105.

[18] *Ibid.* pags. 110-112.

[19] Robert M. Levine, *Tropical Diaspora: The Jewish Experience in Cuba*, (University of Florida, Gainesville, 1993). pags. 251-255.

[20] Blas Roca, «La Lucha Ideologica contra las Sectas Religiosas» en *Cuba Socialista*, año III, No. 22, junio de 1963, pags. 28-41.

[21] Hiram Hilty, *Friends in Cuba*, Friends United Press, Richmond, 1977 *Capítulo XII.*

[22] *Marcos Antonio Ramos, op. cit. pags. 532-533.*

[23] La cifra se basa en estudios de Jacobo Guiribitey, Coordinador de CEHILA (Comisión de Historia de la Iglesia en Latinoamérica) y director de *Heraldo Cristiano*, La Habana, Cuba. Una explicación bastante detallada del estado actual de los cultos sincréticos se encuentra en el libro de Román Orozco y Natalia Bolívar, *CubaSanta*, (El País/Aguilar, Madrid, 1998).

[24] Aníbal Argüelles, *Los llamados cultos sincréticos*, (Editorial Academia, La Habana, 1991). pags. 184-192.

[25] Raúl Gómez Treto, *op. cit.* pags. 63-65.

[26] *Ibid.* pags. 74-75.

[27] *Ibid.* pags. 59-61.

[28] Manuel Fernández, *op.cit.* pags. 139-151.

[29] El período de distensión es discutido ampliamente, entre otras, en las obras de Manuel Fernández, Raúl Gómez Treto, John M. Kirk y Marcos Antonio Ramos y más recientemente en *CubaSanta* de Román Orozco y Natalia Bolívar, así como en *Y Dios entró en La Habana* de Manuel Vázquez Montalbán, (El País/Aguilar, Madrid, 1998).

[30] Marcos Antonio Ramos, *op. cit.* pag. 537. Consúltese también su obra *Protestantism and Revolution in Cuba*.

[31] Raúl Gómez Treto, *op. cit.* pags. 111-113.

[32] Detalles sobre la visita papal han sido publicados en varias obras, la más reciente la de Manuel Vázquez Montalbán *Y Dios entró en La Habana*.

[33] Juan Clark, *Religious Repression in Cuba* (Miami: Cuban Living Conditions Project, 1998) pags 88-90.

[34] Los acontecimientos de los últimos años en Cuba, además de haber sido descritos en varias obras mencionadas, han sido objeto de una serie de artículos y trabajos publicados entre otros por la doctora María Cristina Herrera, el periodista Pablo Alfonso, Monseñor Carlos Manuel de Céspedes, así como el autor de este trabajo. Por supuesto, que debe tenerse en cuenta la contribución de la prensa internacional sobre todo en asuntos como la visita papal a Cuba, la apertura religiosa y la represión. Las publicaciones religiosas cubanas mencionadas en este libro son de suma importancia, así como la nueva obra teológica *Camino*. Sobre el tema de los derechos humanos y la religión en Cuba es importante señalar la precitada obra del Dr. Juan Clark, en la cual se documenta minuciosamente la discriminación ideológica a la que han sido sometidos los creyentes religiosos y sobre todo los activistas de las diferentes iglesias. La obra de Monseñor Ismael Testé *Historia Eclesiástica de Cuba* (Imprenta el Monte Carmelo, Burgos, 1969-1975) publicada en varios volúmenes en España es indispensable para entender el desarrollo del catolicismo en Cuba.

40 AÑOS DE REVOLUCIÓN

XI

MEDICINA, HIGIENE Y SALUD

por

Virgilio F. Beato Núñez

LA SITUACIÓN ANTERIOR A 1959

Para hacer un juicio crítico sobre los llamados «logros» en Medicina y cuidado de la salud alcanzados por la revolución marxista-leninista encabezada por Fidel Castro, tenemos que partir de dos hechos fundamentales. El primero, es presentar —aunque en apretada síntesis— como punto de comparación, los avances obtenidos en esa categoría por la República de Cuba en sus 56 años de vida, anteriores a la revolución, es decir desde 1902 hasta 1958, en que fue destruida por el nuevo régimen totalitario. El segundo, es imaginarse, basado en el acelerado progreso médico logrado en la República, sobre todo en sus últimos 25 años, lo que pudiera haber sido Cuba en ese campo sin la desviación representada por un régimen comunista. Se hubiera registrado una evolución que deja muy atrás a todas las realizaciones del presente régimen.

Comencemos for recordar que la guerra de independencia contra España finalizó en 1898, con la intervención de los Estados Unidos de América, en lo que se ha llamado la Guerra Hispano-Cubana-Americana, la cual dejó al país devastado por la cruenta contienda. En el extenso campo cubano imperaban, la miseria y el hambre, la desnutrición y las enfermedades, y las condiciones higiénicas eran deplorables. La fiebre amarilla, la fiebre tifoidea y el paludismo hacían los mayores estragos. La desnutrición, las diarreas infecciosas, las enfermedades exantemáticas, la difteria y el tétano, elevaban lastimosamente el índice de mortalidad infantil. El analfabetismo y la limitada educación agravaban el desolado cuadro. Un apreciable impulso inicial fue realizado por el gobierno interventor del General Leonard Wood, en cuyos tiempos, la comisión americana, presidida por Walter Reed, confirmó la tesis que por años venía sosteniendo nuestro Carlos Finlay sobre la transmisión de la fiebre amarilla por la hembra del mosquito Culex Aedes aegypti. Gracias al trabajo de las brigadas sanitarias, organizadas por William Gorgas, el saneamiento de La Habana y muchas ciudades del interior de la isla, ésta alcanzó un impresionante progreso, al punto de decirse que La Habana era una de las ciudades más limpias del mundo. En 1909 se creó por vez primera en Latinoamérica una Secretaría de Sanidad y Beneficencia.

Dado el limitado espacio de que disponemos en este libro, señalemos algunos datos que le revelarán al lector, no conocedor de ellos, el notable desarrollo de la Medicina y el cuidado de la salud alcanzado durante la breve vida de la república, el que podía compararse favorablemente con el de muchos de los países desarrollados de esa época.

ATENCIÓN ESTATAL A LA SALUD

Sin contar los hospitales y establecimientos sanitarios que fueron creados durante el período colonial —que no fueron muchos— observemos que de 1903 a 1933, se fundaron diez nuevos hospitales que aumentaron las camas hospitalarias a 6,893. Entre 1933 y 1958 se construyeron 36 nuevos hospitales, (muchos de los cuales hoy en día se les enseñan a los visitantes comos «logros» de la Revolución), que añadieron 14,248 camas. Si a ello le agregamos las camas de las instituciones mutualistas y privadas, se llega a la cifra de 35,000 camas para una población total de la isla de 6,630,921 en el año 1958, o sea, una cama por cada 199 habitantes. Esta proporción era superior a una cama por cada 200 habitantes que existía en los países avanzados. El número de médicos activos alcanzaba la cifra de más de 6,000 lográndose una proporción de 1/1,000 que se aceptaba, en aquella época, como una relación muy satisfactoria, sólo encontrada en los países más adelantados. Posteriormente comentaremos estos hechos tal como existen hoy en día en la Cuba castrista.

La Escuela de Medicina de la Universidad de La Habana, única durante el período republicano, era un centro de enseñanza, de entrenamiento y de investigación que puso el nombre de Cuba bien alto en la Medicina mundial. La universidad era autónoma y recibía el 1% del presupuesto nacional. Fidel Castro, falsamente, y con el propósito de desmerecer los grandes logros de la república, afirmó varias veces, que sólo los ricos estudiaban en Cuba. Para desmentir tamaña falsedad, señalemos que casi la mitad de la matrícula universitaria en todas las carreras era gratuita y, en una de ellas, Agronomía, era totalmente gratuita. El costo de la matrícula para los que podían pagarla era de 45 pesos al año por curso de nueve meses, al que se agregaban 5 pesos por matrícula deportiva, y que se pagaban en tres plazos de 15 pesos cada uno. Además, por cada 20 alumnos se concedía un premio cuyo valor efectivo eran 15 pesos que podían aplicarse al pago de la misma. Todo estudiante pobre que quiso estudiar Medicina podía de esta manera ingresar en la Escuela de Medicina.

La asistencia médica y el cuidado de la salud en la Cuba democrática estaban caracterizados por el pluralismo, como se espera que suceda en todo país donde la libertad, los derechos humanos y el individuo cuenten en la vida nacional. El Estado, a través del Ministerio de Salubridad con todas sus dependencias, las provincias y los municipios con las redes de hospitales, dispensarios y Casas de Socorro, atendían gratuitamente o mediante un pago mínimo a todos los que acudían a recibir esos servicios. Las Casas de Socorro, estratégicamente situadas en los barrios de las ciudades, ofrecían esos servicios de urgencia continuos de 24 horas totalmente gratuitos a toda la comunidad. Muchas especialidades médicas tenían hospitales dedicados solamente a las mismas: Hospital de Ortopedia, Hospital del Cáncer, Hospital de Emergencia, Hospital de la Liga contra la Ceguera, Hospital de Maternidad, Hospital Infantil —con la excelente red de dispensarios infantiles de la ONDI (Organización Nacional de Dispensarios Infantiles)— y hospitales antituberculosos de adultos y niños, el Consejo Nacional de Tuberculosis, con los numerosos dispensarios antituberculosos diseminados por el país donde se practicaba la prevención y los tratamientos médicos y quirúrgicos de la enfermedad. Uno de esos grandes hospitales, el llamado Topes de Collantes por su localización, hoy lo han convertido en un hospital de turismo de salud, con el objeto de obtener de los extranjeros los dólares codiciados por un gobierno y un sistema en bancarrota. El cuidado y tratamiento de enfermedades como la lepra y la sífilis también tenían sus servicios especializados. El Hospital «Las Animas» se dedicaba a enfermedades infectocontagiosas.

Paralelamente a la gestión gubernamental del Estado, provincia y municipios, la iniciativa privada, amparada por un sistema de democracia y libertad, completaba las necesidades médicas del país. El sistema «mutualista» equivalente a lo que en Estados Unidos de América se conoce con el nombre de HMO (Health Maintenance Organization) le daba asistencia total a cientos de miles de asociados.

CENTROS REGIONALES, SOCIEDADES MUTUALISTAS Y ENTES AUTÓNOMOS

Este sistema mutualista, donde el asociado pagaba una modesta cuota mensual, (que en la mayoría de los casos promediaba alrededor de 3.50 pesos) se había iniciado a fines del Siglo XIX y se fue perfeccionando al grado de contar cualesquiera de ellos con decenas de miles de asociados y algunos —los mayores— más de 100,000 miembros, que recibían todo el cuidado de la salud, desde la cuna hasta el cementerio; con visitas ilimitadas a los centros, visitas médicas domiciliarias a los enfermos, y hospitalizaciones con el tratamiento médico y quirúrgico del más alto estándar de la época. Algunos de esos centros completaban sus servicios ofreciendo educación gratuita en planteles propios de enseñanza y hasta balnearios en las playas.

En 1937 se creó el PLECS (Patronato para la Profilaxis de la Lepra, Enfermedades Cutáneas, y Sífilis), iniciando una campaña contra la frambesia en Oriente, estableciéndose una sala especial en el Hospital de Baracoa —con laboratorio propio— en cuya sala se había detectado un foco de esta enfermedad. Respecto a la lepra, existía desde tiempos de la colonia, el leprosorio de San Lázaro, en El Rincón, con capacidad para 300 pacientes. En 1938, se inició la construcción de un nuevo leprosorio, que se inauguró pocos años después, con capacidad para otros 300 enfermos de lepra. Este nuevo hospital, plenamente equipado, con edificación propia para la vivienda de todo el personal asistencial y administrativo, se instaló en una meseta de la Sierra Maestra, en la Finca San Luis, barrio de Jagua en Altosongo. En 1944, se hizo un censo que permitió conocer el número de enfermos de lepra (se registraron 2, 100 casos). El PLECS era un organismo autónomo tanto en el aspecto técnico como en el administrativo. Su instituto central radicaba en la sala Luaces, de la cátedra de piel y sífilis en el Hospital Universitario General Calixto García de La Habana. Además de los dos leprosorios, la profilaxis y tratamiento de la lepra para los enfermos no contagiosos, se crearon dispensarios en el Hospital Nuestra Señora de las Mercedes, en Marianao, Santa Clara, Matanzas, Camagüey, Santiago de Cuba, Bayamo y Guantánamo, y servicio para el despistaje de la sífilis, lepra y otras enfermedades en la sala de maternidad del Calixto García, en el reclusorio femenino de Guanabacoa, en las dependencias del centro de orientación infantil de Aldecoa y Torréns, en la carcel y Vivac de La Habana, y en el Hogar de Necesitados.

Al igual que la lepra, todas las dependencias del PLECS atendían gratuitamente a la profilaxis, detención serológica y tratamiento de la sífilis. El instituto serológico Chediak tenía a su cargo toda la investigación serológica de la sífilis de todos los componentes del servicio militar de emergencia y de las fuerzas armadas de la República.

Conviene también recordar las labores del Patronato Nacional de Colonias Infantiles. Había cinco en la isla, que realizaron una encomiable labor por muchos años, dando la asistencia médica, dental, nutricional y pedagógica a decenas de niños desvalidos y desnutridos. También la Corporación Nacional de Asistencia Pública proveyó ayuda monetaria y financiera, a todo lo largo de la isla, a instituciones de beneficencia, creches, asilos, escuelas y hospitales, vigilando por la salud e higiene de los niños, asilados, desvalidos y enfermos.

Otro organismo autónomo de asistencia y administración de hospitales fue la creación de ONAHE (Organización Nacional de Administración de Hospitales del Estado) con el objecto de establecer métodos técnicos y prácticos en relación con el funcionamiento de los hospitales y demás centros de asistencia social a cargo del Estado, atender a la divulgación hospitalaria, construcción, fundación, organización y orientación de dichos centros, así como la adquisición de cuantos equipos fuesen necesarios para los hospitales ya existentes y los de nueva creación y cuya acción también se extendió a las instituciones privadas, cívicas y religiosas, organizadas para la lucha contra el cáncer, la ceguera y la rehabilitación de inválidos o lisiados. La atención a los enfermos de cáncer estaba en las manos de instituciones estatales, como el magnífico Hospital Curie, equipado con los recursos más adelantados de la época, el Hospital Domínguez Roldán, el Instituto del Radium «Juan Bruno Zayas», la Clínica Dolores Bonet en Santa Clara y un dispensario en Santiago de Cuba. Privadamente, y en forma gratuita, la benemérita Liga Contra el Cáncer daba asistencia a miles de pacientes.

Es bueno reiterar que todas estas instituciones hospitalarias, centros de salud, clínicas y policlínicas, hoy tienen nombres distintos y los muestran a los visitantes como «logros» de la Revolución.

En las clínicas y hospitales privados en los que los asociados representaban uno de cada diez habitantes del país, se ofrecían todos los servicios médicos, preventivos y hospitalarios, por la módica suma a que hemos hecho referencia que promediaba 3.50 pesos al mes.

En 1953, la Corporación Nacional de Asistencia Pública (CNAP) amplió sus servicios con el propósito de erradicar la mendicidad, llevar auxilio a los damnificados por calamidades públicas, y conceder becas de estudios. Es bueno destacar que en ninguno de los numerosos ciclones que azotaron a la República en todos estos años, nunca se recabó ni se necesitó ayuda humanitaria alguna del extranjero para socorrer a los numerosos damnificados y a los pueblos afectados. La República era lo suficientemente capaz en el orden económico para no necesitar ayuda foránea. Recuérdese que Cuba apenas tenía deuda externa y el peso cubano valía un centavo más que el dólar. La Corporación Nacional de Asistencia Pública mantenía íntegramente o subsidiaba un total de 110 instituciones: 35 créches, 13 hogares infantiles, 4 hogares de ancianos, 30 asilos, 14 colegios, 5 colonias infantiles, y otras 9 instituciones, 4 de las cuales eran hogares de veteranos (veteranos del Ejercito Libertador).

Los niños gozaban de una especial asistencia. En 1952, se constituyó la Organización Nacional de Dispensario Infantiles (ONDI) que atendía a los niños desde la cuna hasta el comienzo de la adolescencia, dándoles la atención médica y hospitalaria necesaria y llevándolas a las más apartadas regiones de la República. A ese fin, se inauguraron 28 dispensarios, distribuidos entre las seis provincias de entonces; 5 en Pinar del Rio, 4 en La Habana, 13 en Matanzas, 6 en Las Villas, 5 en Camagüey, y 5 en Oriente. Miles de niños fueron atendidos por médicos, enfermeras, dentistas y empleados. Cada dispensario estaba equipado con camas para casos de urgencia, laboratorios, rayos X, farmacia, y todos los servicios se daban en forma totalmente gratuita.

Para atender los casos que requerían hospitalizaciones se crearon 4 hospitales generales de la ONDI: uno en La Habana, otro en Pinar del Rio, otro en Las Villas y otro en Oriente. Para dar una idea de los valiosísimos servicios ofrecidos por los dispensarios de la ONDI debe señalarse que, de 1954 a 1958, se prestaron 4,750,000 servicios; de ellos 1,796,057 consultas médicas, de las cuales 445,956 fueron de urgencia; 401,276 análisis de laboratorio y transfusiones; 1,367,298 inyecciones; 181,991 servicios dentales; 49,791 radiografías y fluoroscopías; 21,782 ingresos hospitalarios y 2,189 intervenciones quirúrgicas.

ASISTENCIA SOCIAL

En 1952, se creó el Patronato de Asistencia de Niños, Ancianos, Desvalidos y Enfermos (PANADE). Sus fines eran, prestar asistencia social y auxilio económico a personas carentes de recursos, proporcionar ropas, alimentos, medicinas y otros auxilios en especie, ayudar económicamente a instituciones de asistencia social; acudir en auxilio de damnificados for epidemias, huracanes, inundaciones, o cualquier otra calamidad. Miles y miles de personas se vieron favorecidas con la ayuda prestada por el PANADE, cuyos fondos provenían de la Lotería Nacional.

Para la rehabilitación de inválidos se creó la Organización Nacional de Rehabilitación de Inválidos (ONRI). Esta organización inauguró en Marianao, en 1954, un hospital ortopédico provisional, en el que en menos de un año recibieron tratamiento más de 13,500 enfermos. Pocos años después se inauguró el espléndido hospital de la ONRI con 170 camas y equipado con los últimos adelantos de la tecnología. En sólo dos años, hasta septiembre de 1958, pasaron por el mismo 12,620 pacientes, con 13,176 operaciones mayores y más de 80,000 aplicaciones de fisioterapia. Simultáneamente, se empezaron a construir, en los terrenos del hospital, una serie de edificios destinados a dar albergue y servicios de hogar a nacidos con impedimentos físicos y mentales sin posibilidad de curación. Dichas instalaciones estaban abundantemente dotadas de recursos científicos y profesionales, se hallaban al cuidado de las Hijas de La Caridad de San Vicente de Paúl y tenían capacidad para 250 pacientes.

La alimentación adecuada, tan necesaria para la preservación de la salud, fue también motivo de atención en los años de la República. En 1954, se creó la Organización Nacional de Comedores Escolares y Populares (0NCEP). Se construyeron 140 comedores escolares, que funcionaban desde las 11AM hasta la 12PM, para dar asistencia a los alumnos de las sesiones matutinas, al terminarse, y los de la vespertina, al comenzar. Se confeccionaba un menú, científicamente escogido, para dar las dos terceras partes de la ración calórica estimada de cada día. El almuerzo era gratuito para el que no podía pagar y el costo, a los que podían hacerlo, era de 5 centavos. Los comedores populares para adultos eran once y se pagaba 25 centavos. En dos años se sirvieron 1,610,725 almuerzos.

MEDIDAS PREVENTIVAS

Como hemos dicho con anterioridad, Cuba fue uno de los primeros países del mundo en elevar a jerarquía ministerial el departamento encargado de vigilar y proteger la salud del pueblo. Los gobiernos republicanos, sobre todo desde 1933 hasta 1958, hicieron del bienestar social y de la salud pública, unas de sus principales prioridades. Una de las creaciones de esa época fue la constitución del Instituto Técnico de Salubridad Rural (ITSR) que puso en práctica el llamado «Trípode Sanitario de Mejoramiento Rural» que consistía en: piso impermeable de cemento para el bohío; pozo herméticamente cerrado con su bomba manual, y letrina sanitaria. Con estos requerimientos se construyeron y entregaron decenas de miles. La Comisión de la Malaria, con la cooperación de la Fundación Rockefeller, se constituyó en 1933 y mantuvo una lucha contra el mosquito transmisor hasta el punto de que en 1958 sólo aparecieron aislados y escasos enfermos en la provincia oriental. Un convenio internacional concertado con la Oficina Sanitaria Panamericana de Washington, en 1952, para combatir el mosquito Aedes aegypti —transmisor de la fiebre amarilla— permitió acabar con la amenaza de un retorno de esa enfermedad a la que Cuba estaba expuesta por la cercanía, a través de puertos y aeropuertos, de los extensos focos selváticos de Suramérica.

La lucha contra la poliomielitis permitió la creación de un centro de tratamiento y rehabilitación que más tarde se convirtió en Instituto de Cirugía Ortopédica. En 1955, hubo un brote de la enfermedad que produjo 265 casos. Con la aplicación de medidas sanitarias, la epidemia se redujo a solamente 56 casos, con sólo tres defunciones. La aplicación de la vacuna de Falk y más tarde la de Sabin eliminó la enfermedad en los años posteriores. En 1957, hubo una epidemia de influenza con 65,854 casos con sólo 12 defunciones y cientos de miles de personas fueron vacunadas.

La vacunación contra la viruela, el BCG, la vacuna contra la polio, el tétano, la difteria, la tosferina, eran de obligatorio cumplimiento para todos los niños de edad escolar. La vacuna antitífica —fabricada en Cuba— se distribuyó por toda la isla. La vacuna antirrábica, para uso humano y veterinario, también se fabricaba en el país y se exportaba a otros países.

En los años 40, se creó el Instituto Nacional de Higiene (INH), con laboratorio central de investigaciones y de fabricación de productos biológicos, curativos y preventivos, vigilancia de la pureza de los alimentos, bebidas y medicamentos, y elaboración de sueros y productos biológicos. En 1952, se expandieron sus funciones y capacidades con un departamento de bromatología y bioquímica con medidas encaminadas a garantizar la calidad y pureza de artículos de consumo humano, el control de los antibióticos, y el desarrollo de la acción insecticida. En ese laboratorio se elaboró la nueva vacuna antirrábica y antivariólica, que Cuba puso a disposición de los pueblos del continente. Anexo al instituto, se estableció un centro de virología —actividad pionera en aquel entonces— en donde el conocimiento de los virus en la patología humana estaba abriendo un vasto campo de investigación médica. Cuba contaba con 14 bancos de sangre y se había establecido en el Hospital Lida Hidalgo el primer banco de arterias de la América Latina. En aquel entonces sólo existía uno en la ciudad de Nueva York. En 1954, se creó el Banco de Material Humano, bajo la dirección de un consejo integrado por representantes del cuerpo médico, forense, el Instituto de Medicina Legal y especialistas en Cirugía y Ortopedia. De acuerdo con la ley dicho banco debía crear sucursales en hospitales públicos y privados.

La cercanía de Cuba a los Estados Unidos facilitaba la comunicación científica y técnica entre los dos países. La medicina cubana antes de 1959, marchaba a sólo dos o tres años de atraso técnico en relación con el impetuoso avance de la medicina norteamericana. Sólo transcurrían dos o tres años antes que nuestros cirujanos comenzaran a practicar, exitosamente, las más avanzadas técnicas quirúrgicas desarrolladas, con sus enormes recursos, por los Estados Unidos.

Prueba de ello eran los avances de la neurocirugía, la cirugía pulmonar, cirugía cardiovascular y de todas las otras ramas de la Medicina. La oleada de médicos cubanos que arribaron a los Estados Unidos en los años 60, huyendo del régimen comunista, rápidamente encontraron su lugar en universidades, hospitales y centros de salud, en el país más adelantado del mundo en la Ciencia Médica. Son numerosísimos los médicos cubanos que ocupan puestos de relevancia en universidades e instituciones médicas norteamericanas, reflejando el adelanto de aquella República que, con sus defectos, pudo crear en un marco de libertad y convivencia democráticas, un progreso médico que la llevó a ocupar un lugar destacado entre las repúblicas hermanas de América.

En 1958, el coeficiente de mortalidad general no excedía de 7.5 para 1,000 habitantes. El estado epidemiológico convirtió a la República en uno de los países más sanos del mundo. En todo el orbe sólo existían seis países exentos de medidas de cuarentena. Uno de ellos era Cuba.

PERFIL DEL MÉDICO CUBANO

Si ahora enfocamos nuestra atención al médico, como individuo, y a la clase médica, como grupo profesional, tenemos que concluir que la vieja idea de Montaigne —que el mundo estaba sostenido por cuatro columnas y que una de ellas era la ciencia de los médicos— se confirmaba en Cuba. El médico era quizás la figura más prestigiosa y apreciada en la sociedad cubana. El 3 de diciembre, aniversario del natalicio de Carlos J. Finlay, se consagró como el «Día del Médico Cubano». Es emocionante recordar los miles de testimonios y regalos que se le ofrecían a los médicos por sus pacientes que se consideraban deudores y amigos agradecidos. El médico era un miembro más de la familia que siempre encontraba en él el apoyo material y solidario, no tan sólo para los padecimientos físicos, sino también para los problemas espirituales y morales. Se le veía como consejero y como alguien a quien se podía confiar intimidades y problemas familiares. Recuérdese que médicos fueron presidentes de la república y otros muchos senadores y representantes, alcaldes y concejales. La clase médica marchaba a la cabeza de las otras clases profesionales de Cuba.

Tempranamente, en 1925, los médicos se organizaron constituyendo la Federación Médica de Cuba, que años después en 1944, se transformó por ley de la República en el Colegio Médico Nacional. La labor realizada por la clase médica cubana fue encomiable. Constituyó estímulo y guía para la formación, en otros países latinoamericanos, de instituciones similares, pudiéndose decir, sin sonrojos de inmodestia, que ella fue líder indiscutible de los movimientos clasistas médicos de la América Latina. El Colegio Médico Nacional, amparado por la ley, con autoridad autónoma y a través de sus tribunales disciplinarios, de sus distintos comités y secciones, eliminó el intrusismo profesional, llevó al más alto grado la ética médica y mantuvo un constante progreso de superación a través de su programa de educación médica continuada. El Colegio Médico estudió y creó los proyectos para la reorganización de las carreras sanitaria y hospitalaria, medicina forense, medicina escolar y medicina del deporte;

enviándose proyectos de leyes al congreso de la República a través de los comités médicos parlamentarios, que se habían constituido en ambas cámaras legislativas.

La creación del médico escolar e industrial fue otra contribución plausible. La seguridad social del médico se logró con la creación del Retiro Médico y la creación del Pabellón Borges, en los terrenos del Hospital Universitario Calixto García, donde el médico enfermo era atendido gratuitamente por sus compañeros. En 1955, se levantó con los fondos de la institución, el hermoso edificio que se llamó Palacio de la Medicina, en los terrenos situados en la Calle 23 y N en El Vedado, donde se alojaron el Colegio Médico Nacional, el Colegio Médico de la Habana, y el Retiro Médico, con amplio auditorio para convenciones y conferencias. Otra contribución del Colegio Médico Nacional fue el Consejo de Medicamentos, Alimentos y Cosméticos, para la supervisión y control de todos los productos elaborados en Cuba o importados del extranjero, al que se integraron la totalidad de los laboratorios nacionales y algunos de los laboratorios del exterior. Se constituyeron las comisiones (boards) de especialidades para otorgar títulos de especialistas a los que llenaran los requisitos exigidos, mediante exámenes similares a los practicados por los «boards» de especialidades norteamericanos.

Como puede apreciarse, el estado de la salud y la medicina que encontró el régimen comunista, era muy distinto del que interesadamente la propaganda castrista y sus corifeos internacionales han presentado al mundo; mienten deliberadamente y ocultan la verdad que Cuba, en el orden médico, estaba por encima de muchos de los países más ricos y desarrollados del planeta.

En 57 años de república, Cuba se levantó de ser un país atrasado y devastado por una cruenta lucha, que se inició en 1868 y terminó en 1898, azotado por los flagelos de la miseria, el analfabetismo, las epidemias y el abandono sanitario, a ocupar el tercer lugar de los países del continente americano en nivel de vida y atención de la salud. Sin embargo en su afán por denigrar la Cuba de antes, Castro disemina por todo el mundo informaciones falsas sobre el estado de la salud. Un ejemplo de ello se tiene en la indicación hecha por la Academia de Ciencias de la Unión Soviética en el sentido de que el 14 por ciento de la población rural de Cuba padecía de tuberculosis y el 30 por ciento de malaria (*Historia de Cuba*, Tomo III, 1981). Para el consumo doméstico, Castro afirmó en 1975 que antes de la revolución el estado sanitario del país se podía calificar de pésimo, no existía la medicina rural, tampoco se llevaban estadísticas de salud y para ingresar en un hospital hacía falta recomendación política (*Informe Central al Primer Congreso del PCC*, 1975). Era un infundio dirigido en especial a los jóvenes.

LOS LLAMADOS LOGROS DE LA REVOLUCIÓN

Veamos ahora los «logros» alcanzados en la Medicina y en el cuidado de la salud en los cuarenta años del gobierno totalitario marxistaleninista y stalinista que ha oprimido al pueblo de Cuba durante las cuatro últimas décadas.

Con el próposito de llegar a un juicio objetivo y equitativo sobre el tema, comencemos por definir los conceptos de «logros» y «salud». Logro no es sólo «acción y efecto de lograr». La palabra conlleva un componente cualitativo. La usamos sólo cuando se obtiene en exceso, es decir, más de lo naturalmente esperado. El concepto de «salud» también ha cambiado. En 1978, la Organización Mundial de la Salud (WHO) y el Fondo Infantil de las Naciones Unidas (UNICEF) organizaron una reunión a la que acudieron representantes de 134 países, con el objeto de programar la lucha dirigida a obtener salud para todos para el año 2,000. De esa Conferencia Internacional surgió la «Declaración de Alma-Ata», enunciando un nuevo concepto de salud y elevándola al mismo rango de la «Declaración de Independencia» y de la «Declaración Universal de los Derechos Humanos». Ella establecía que la «salud es un completo estado de bienestar físico, mental y social y no meramente la ausencia de enfermedad o achaque». («health is a state of complete physical, mental, and social well-being and not merely the absence of disease or infirmity»).

Establecidas esas premisas comencemos a analizar las realizaciones que la propaganda castrista ha elevado a la categoría de «logros». Uno de ellos concierne a la enseñanza médica, el número de escuelas de medicina y el número de médicos. Cuba contaba antes de la crisis de los 90 con 21 escuelas de medicina y alrededor de 65,000 médicos. Es, sin duda, el país que más médicos por habitante tiene en el planeta. Ahora, ¿es eso un «logro»? ¿Es eso aconsejable a los otros países? Aquí debemos diferenciar lo que es pura propaganda política, de lo que es necesidad, utilidad, eficiencia y excelencia. Es un fenómeno común a todos los países comunistas la superproducción de médicos, lo que obedece más a la propaganda que a los requerimientos reales del país, determinados solamente por la necesidad y la demanda. Ese mismo problema lo confrontó el Fondo Monetario Internacional y el Consejo Europeo cuando acudieron a ayudar a los países de la Europa Oriental, incluidos los estados bálticos.

En un estado totalitario, como la Cuba de Castro, todos los hospitales, clínicas, sanatorios y centros asistenciales, farmacias y medicamentos, son propiedad del Estado; él determina las características y las normas de conducta de todos los médicos. Hoy en día el egresado de una escuela de medicina cubana tiene que jurar el juramento hipocrático al que se le adiciona la renuncia a la práctica privada de la Medicina. Castro, desde un principio, estableció el criterio de la necesidad de médicos «revolucionarios» más que médicos científicos. La selección del estudiante se basa principalmente en el expediente acumulativo que desde la primera enseñanza se le sigue a todos los alumnos y en donde se contemplan todos los aspectos personales y familiares, ideológicos y religiosos, que puedan ser interpretados como favorables o no a la conciencia revolucionaria. El haber sido pionero con su pañoleta roja, su entusiasmo por los trabajos voluntarios, su filiación en la Juventud Comunista, su actividad internacionalista, su falta de creencia religiosa, su participación en los actos de masa, todo ello cuenta a la hora de la selección de los futuros médicos. Durante mucho tiempo, en los tres primeros años de la carrera de Medicina, fue asignatura obligada el estudio de la Filosofía Marxista.

Esta asignatura comprendía, por supuesto, la enseñanza del marxismo, del materialismo histórico y de la dialéctica, adoctrinando a los estudiantes con ideas obsoletas y la bobería marxista de que sólo gracias al marxismo la ciencia puede progresar, afirmación rotundamente negada por la realidad de los hechos cuando se compara el desarrollo científico de los ex-países comunistas con el de los países capitalistas. En cada año de la carrera todo estudiante tiene que tomar también educación militar. Es obvio que se trata de una enseñanza viciada por una ideología impuesta, que conduce a una doble deformación humana: al nacimiento de un fanático ideológico o a la creación de una vida insatisfecha por el conflicto entre un sincero rechazo interior y una hipócrita aceptación externa, a que lo obliga la necesidad de vivir.

En una entrevista dada por Fidel Castro al periodista Gianni Mina en 1987, en el libro «Habla Fidel», a la pregunta: «¿Cuántos médicos salieron del país después del triunfo de la Revolución; cómo afrontaron ustedes esta fuga de talentos y cómo cambiaron la situación en 27 años?» Castro dio la siguiente respuesta:

«Hoy contamos con 25,000 y tantos médicos. En los próximos tres meses se incorporarán alrededor de 3,1000. Tendremos 28,000 médicos. En una población de 10 millones y medio de habitantes. En el año 1988, se graduarán 3,600 y en 1990 estaremos graduando ya alrededor de

4,000 médicos por año. Están ingresando 5,000 estudiantes en la facultad de medicina, seleccionados por su expediente, su vocación en Medicina. Tenemos 21 facultades de medicina y en todas las provincias ya se forman los médicos. La capital tiene seis, e incluso tenemos un número de becas para estudiantes del Tercer Mundo que estudian medicina en Cuba. En perspectiva, calculamos que en el año 2,000 —que no está tan distante, faltan menos de 13 años— tendremos unos 65,000 médicos, de los cuales 30,000 estarán en la red de hospitales y 20,000 estarán en la comunidad como médicos de familia. Un programa muy novedoso que no han desarrollado otros países y que está dando unos resultados extraordinarios. El médico de la familia atiende una comunidad determinada, como factor fundamental en la medicina primaria. Tendremos 20,000 en eso. Tendremos unos 5,000 en fábricas, escuelas, bajo el criterio de que donde quiera que esté el ciudadano debe estar el médico: en el centro de trabajo; si es ama de casa, allí; si es de estudiante, en una escuela; si tiene que ser recluido, en un hospital. Ese es el concepto.

De esos 65,000 tendremos 10,000 trabajando en el exterior, según nuestros cálculos, porque hay una gran demanda de nuestros médicos, y ésto como colaboración con el Tercer Mundo. Después graduaremos otros 10,000 para darles un año sabático cada siete años a los médicos para su preparación. Sobre esto podría hablarte mucho. Nos llevaríamos todo el tiempo si hablara de los programas que estamos haciendo en la Medicina».

Como puede inferir el lector, lo anterior encierra sólo un concepto de «fábrica», donde la calidad se desconoce y sólo se atiende a la cantidad propagandística; donde la necesidad real de la población no es la que determina el programa estatal de creación y utilización de médicos, sino el objetivo político de propaganda internacional, y el de utilizar al médico como agente de infiltración y explotable mercancía de cambio, en los países del Tercer Mundo, que pagan al gobierno castrista en divisas y éste remunera en pesos cubanos devaluados a aquellos que envía al extranjero.

Para que se pueda apreciar el disparate social y económico que representa ese número exagerado e innecesario de «escuelas de medicina» y de médicos graduados, tómese como ejemplo comparativo a cualquier estado de los Estados Unidos de América o de cualquier otro país del mundo avanzado. La comparación servirá para poner de relieve que el programa de Castro, ha conducido a la explotación del médico, que hoy recibe sueldos miserables, que oscilan entre 20 y 30 dólares mensuales y que tienen que transportarse a pie, en autobuses o en bicicletas —salvo los poquísimos que pueden hacerlo en un automóvil. Si a eso recordamos que, durante el período de estudiantes y después de médicos, tienen que dedicar muchísimas horas a «trabajos voluntarios», «guardias de vigilancía», «adoctrinamiento político» y presencia en las concentraciones organizadas por el régimen, se comprenderá que la gratuidad de la enseñanza es otro de los tantos mitos creados por la propaganda del régimen. Recuérdese que antes de la revolución, casi la mitad de los estudiantes tenían matrículas gratuitas y sólo costaba 45 pesos el curso anual, a aquellos que podían pagarlo. El médico cubano actual ha perdido totalmente su libertad de opción. Se le determina el tipo de práctica que va a ejercer en el futuro: si médico de familia, si especialista y, dentro de estos últimos grupos, cuál especialidad.

Sólo los hijos de los funcionarios y pertenecientes a la nomenclatura (los hijos de papá) pueden ver realizados sus deseos y obtener las mayores ventajas. Como consecuencia de esta disparatada planificación, hoy observamos la enorme cifra de deserciones que se produce cada vez que se presenta una oportunidad de escapar de ese régimen. Miles y miles de médicos han huido de la isla: desertando de los contingentes enviados al extranjero, o por Camarioca, Mariel, Guántanamo, las balsas, los aviones, volcando sobre el mundo entero a los que, afrontando el peligro, decidieron liberarse. Sólo en la base naval de Guantánamo había más de 400 médicos los que hoy en día se encuentran en los Estados Unidos. Existe además, la deserción interior de los que prefieren trabajar en el área turística y en cualquier otra actividad que le dé cierto sentido de independencia; así, vemos gran cantidad de médicos como taxistas, guías turísticos, dependientes de restaurantes, o empleados de hotel. El médico de familia es otro candidato seguro a la frustración y al estancamiento, que lo convierten, en poco tiempo, en un enfermero más. Dedicado a resolver problemas insustanciales y elementales de su cerrada y pequeña comunidad, y desprovisto de recursos adecuados, pierde el deseo de superación al verse enclaustrado indefinidamente en un ambiente limitado y rutinario.

¿Qué logro médico representa fabricar una plétora profesional, donde un alto porcentaje es enviado al extranjero para que sean pagados por los países que lo reciben y de cuyo pago el gobierno se apodera de la mayor parte? ¿Qué logro médico representa la deserción de miles de médicos que huyen del régimen castrista cada vez que el gobierno afloja la vigilancia y la represión? ¿Qué logro médico representa el derecho a impedir los estudios, o a expulsar de ellos, a quienes no han dado muestra de total aceptación de los postulados de la

«Revolución»? ¿Qué logro médico representa el verse obligado a participar en actos de repudio, vigilancia nocturna, denuncias, trabajos voluntarios con fines políticos, so pena de ser considerados desafectos a la Revolución y ver truncados su porvenir y su destino? ¿Qué logro representa a la medicina cubana el encarcelar a un médico como el doctor Mendoza por señalar la existencia real de un brote de dengue en Santiago de Cuba?

En la Cuba del mañana, cuando la democracia vuelva a florecer, el Estado se repliegue a sus funciones propias y una economía de mercado guíe la actividad económica del país, estos 65,000 médicos, que no podrán ser mantenidos, al faltar el subsidio estatal, representarán un problema social que habrá que afrontar como lo afrontaron todos los países comunistas de la Europa oriental.

LOS HOSPITALES PARA EXTRANJEROS — EL «APARTHEID» MÉDICO

Muchos extranjeros que visitan a Cuba regresan impresionados con los hospitales cubanos que les enseñan, pero sin saber que la mayor parte existían antes de la Revolución. El gobierno castrista, impúdicamente, cambió los nombres de la inmensa mayoría de los hospitales de la República—nombres que tenían significación médica o patriótica— por otros cuyo solo mérito radicaba en haber pertenecido a las huestes del 26 de julio.

Así, al Hospital Nuestra Señora de las Mercedes se le cambió el nombre por el de Manuel Fajardo. Al Hospital Infantil de Rancho Boyeros le pusieron el nombre de William Soler. A la Clinica Miramar le cambiaron el nombre por el de Cira García. El Hospital Hermanos Ameijeiras es la transformación en hospital del edificio del Banco Nacional de Cuba. Al Pabellón Borges, construido por el Colegio Médico Nacional en los años 50, también se le cambió de nombre y se ha dedicado a los extranjeros con el anuncio que está consagrado al tratamiento de «third age patients and to expand life expectancy». Así, pudiéramos citar una larga lista de los mismos.

Sí, es verdad, que durante los cuarenta años que dura el régimen de Castro se han construido numerosos hospitales en La Habana y en provincias. La U.R.S.S. enviaba a Cuba un subsidio de $6,000,000,000 anuales cuyo monto total, durante los años recibidos, es muy superior a la ayuda que el plan Marshall le dio a toda Europa al final de la segunda guerra mundial. Mas cuando se estudia el sistema hospitalario de Cuba, salta a la vista una desigualdad vergonzosa que sólo puede describirse como un «apartheid médico». El grupo de hospitales, a los que se le da extensa y costosa propaganda en el exterior, para atraer pacientes que paguen en divisas, está equipado con todos los recursos técnicos necesarios, comprados en países extranjeros. Son hospitales lujosos que se anuncian en el exterior en satinados «brochures» con finas impresiones, como por ejemplo: «SERVIMED en Cuba: un destino ideal para su salud (the home of health tourism)»; «Cubanacán, S.A., Cuba. La salud más saludable». Con fotos de hospitales y una larga lista de servicios y facilidades. Otro anuncio: «RESERVE: más salud para su vida». «CUBATUR ha pensado en usted: programas de turismo de salud que abarcan prestigiosos centros asistenciales, balnearios de aguas minero-medicinales, y modernísimos centros de salud; especialidad en: chequeos médicos y odontológicos, tratamientos para solearse, vitiligo, alopecia, asma, hipertensión, obesidad y curas «anti-stress». Otro: «CIREN: mejore su calidad de vida, el único centro dedicado con integralidad básico-clínica al complejo ámbito de la neuro-restauración». En ninguna de esas publicaciones de propaganda se habla de escasez de recursos, ni de carencias de medicinas. A esas instituciones sólo tienen acceso los extranjeros, los diplomáticos, los miembros de la nomemclatu-ra, los funcionarios del régimen y sus familiares, y todo aquél que pague en dólares, pero están totalmente vedadas al sufrido pueblo de Cuba.

Contrastando con el lujo de esas instituciones, la inmensa mayoría de los otros hospitales habaneros y del resto de la isla, yacen en un estado deplorable en donde lo más básico falta, la higiene se caracteriza por su ausencia, los quirófanos contaminados que obligan a cancelar operaciones, el instrumental escaso y obligadamente reusable que favorece las infecciones, escasez intolerable de placas radiográficas, total ausencia de material médico y quirúrgico desechable, y en los que los pacientes tienen que llevar sus propias sábanas, almohadas, frazadas y hasta alimentos. En ellos, las farmacias están desprovistas de medicamentos, no sólo de los más modernos antibióticos sino, muchas veces, hasta de lo más elemental como la aspirina y, donde catéteres y sondas tienen que guardarse para volverse a usar después de desinfecciones en agua hirviendo que no logran la esterilización adecuada.

Todo este lamentable estado hospitalario corresponde al testimonio de familiares de enfermos que han tenido que estar ingresados en los mismos y de médicos que continuamente siguen llegando a estas playas.

SUPUESTOS AVANCES Y DESCUBRIMIENTOS

La propaganda castrista de la Medicina anuncia tratamientos «únicos en el mundo» y descubrimientos que no son substanciados por la realidad. A bombo y platillo han promovido la cura de la retinosis pigmentaria y, en su propaganda, han elevado el rango de esa impostura al de Programa Nacional de Retinosis Pigmentaria y Centro Internacional de Retinosis Pigmentaria «Camilo Cienfuegos» y hasta hablan de una Escuela Cubana de «Retinosis Pigmentaria». Yo he leído la monografía «Retinosis Pigmentaria: experiencia cubana» del doctor Porfilio Peláez Molina, creador del método y director del programa nacional. En la introducción de la monografía afirma «haber realizado un importante trabajo epidemiológico que, como resultado principal, tiene el control y seguimiento de 2,665 pacientes desde 1987. La monografía consta de 207 páginas. Salvo las dos páginas y media en las que se describe la técnica de revascularización, el resto, es puro relleno tomado de la literatura existente. Se llega a enumerar minuciosamente todos los tratamientos disparatados que se han hecho en distintas partes del mundo y, como casi siempre, a pesar de los «buenos resultados», los hechos ulteriores han ofrecido el total abandono de los mismos. Lo curioso es que, no obstante lo anticientífico de todos esos métodos, fueron también usados por la flamante «Escuela Cubana de Retinosis Pigmentaria». Uno de esos tratamientos realizado sin resultados satisfactorios consistió en el implante de algún tejido vascularizado para provocar la angiogénesis y mejorar la vascularización de los tejidos del ojo. A ese efecto se utilizaron —entre otros tejidos— el omento y la placenta. Pues bien, el «extraordinario» avance de esa Escuela Cubana, consistió en utilizar un tejido adiposo-vascular de la órbita en el espacio supracoroideo, con la presunción de que, a través de la angiogénesis, se contribuiría a mejorar la función de los fotoreceptores aún activos. A esta intervención quirúrgica se le añaden dos tratamientos, sin ninguna base científica comprobable, como la ozonoterapia y la estimulación eléctrica.

Yo he hablado con numerosos oftalmólogos, algunos del instituto de fama internacional, Bascon Palmer, de esta ciudad de Miami, y todos rechazan como inservible el tan elogiado tratamiento. Eso sí, el mismo le ha dado muchos dólares al gobierno cubano procedentes de los bolsillos de los infelices extranjeros que, atraídos por la propaganda, han sido engañados. Alguien, con justificada razón, se preguntará: ¿cómo es posible que un tratamiento que no resuelve pueda mantenerse por largo tiempo sin que la evidencia lo desacredite? Sépase que la retinosis pigmentaria es una enfermedad genética que conduce progresivamente a la pérdida de la visión, pero ésta se desarrolla muy lentamente y como lo que se ofrece es la detención de la enfermedad y, en algunos casos, cierta mejoría, siempre tiene que transcurrir mucho tiempo antes de que la ilusión se desvanezca. Eso ha occurrido frecuentemente en la historia de la Medicina. La extirpación del cuerpo carotideo para la curación del asma y el enfisema se practicó por años a cientos y cientos de pacientes hasta ser prohibida por la Asociación Americana de Medicina (AMA) por ser una farsa. Muchos años atrás se practicó la ligadura de la arteria mamaria interna como tratamiento de la angina de pecho. Muchos trabajos fueron publicados proclamándose resultados favorables y testimonios de enfermos que los respaldaban, hasta que por el control realizado mediante operaciones simuladas se demostró lo inservible del procedimiento quirúrgico y hoy en día está totalmente desechado. ¿Cuántos años pasaron antes de que las gentes se convencieran que el Letril no ayudaba a combatir el cáncer, a pesar de que no faltaban los «éxitos» y las «estadísticas» favorables de los promotores del «negocio».

Otro de los grandes «descubrimientos» de la medicina castrista es la supuesta curación del vitiligo, y sobre esto también abunda la propaganda hacia el extranjero. No quiero extender el análisis del tratamiento, que sólo mejora la pigmentación de la piel, utilizando una sustancia obtenida del tejido placentario. Sobre el mismo, son los propios médicos cubanos los que expresan su escepticismo y sus críticas.

LOS HOSPITALES PARA EL PUEBLO Y EL EMBARGO

Antes de analizar el estado de la higiene y la salud del pueblo de Cuba en estos últimos cuarenta años aclaremos otro de los tantos mitos de la «Revolución": que el deplorable estado de los hospitales del pueblo, la enorme carencia de medicinas, la miseria y el hambre, son productos del embargo norteamericano («bloqueo» le llama Castro) que la propaganda de la izquierda internacional y los intereses comerciales, por años, han propagado por todo el mundo. Desde el inicio de su gobierno en enero de 1959, Castro planeó —siguiendo la estrategia comunista oculta— sustituir todas las medicinas y laboratorios norteamericanos, así como las películas cinematográficas y otros productos, provenientes de los Estados Unidos, por los del campo socialista. Recuerdo a Raúl Castro en la televisión, citando los «muñequitos» hollywoodenses y personajes como Superman y los cowboys, que creaban una imagen de superioridad norteamericana. A fines de 1960 o principios de 1961 más o menos, fuí a ver, como médico, al representante de la compañía cinematográfica Paramount en Cuba. Era un culto judío americano que vivía en la quinta avenida de Miramar. Después de examinarlo y recetarle me quedé un rato conversando con él sobre la situación política de entonces. El hablaba un castellano fluido y me confió que el gobierno cubano no le estaba pagando a la Paramount por las películas importadas y que la casa matriz, en los Estados Unidos le había comunicado que le daba un plazo para que abonase parte de la deuda, para poder continuar enviando las películas. Pocas semanas después, Castro, por televisión, acusó a las compañías cinematográficas americanas de establecer un bloqueo de películas, justificando la expropiación de sus pertenencias y la necesidad de recibir los films del campo socialista, principalmente de Checoslovaquia y la U.R.S.S. De igual modo procedió Castro con las compañías farmacéuticas norteamericanas. El gerente general de la casa «Merck and Sharp-Dohme» así como «Lilly» también me contaron como se habían suspendido todos los pagos por los productos farmacéuticos, lo que le permitió a Castro denunciarlas y apropiarse de todos los recursos y mercancías que existían en depósitos, para dar entrada a los productos de muy inferior calidad de los países socialistas, como parte de su plan de total integración con la U.R.S.S. Durante todos los años en que la U.R.S.S. amparó a Cuba enviándole un subsidio de alrededor de $6,000,000,000 anuales, Fídel Castro, se mofaba del embargo.

En la entrevista concedida por Castro al periodista italiano Gianni Mina —anteriormente citado— recorría él con Castro, dependencias del Instituto de Biotecnología y, éste le mostraba a aquél, algunos de los aparatos del centro, entre ellos un microscopio electrónico. Pregunta el periodista: —«¿Cuánto cuesta este aparato? —Éste costó alrededor de $1,000,000. Ahora sería más caro. Éste se compró hace como dos años. —¿Y éste, dónde lo compraron? ¿se puede saber? —Es japonés. Le hago la propaganda gratis porque realmente es bueno. —¿Hay muchos artículos japoneses aquí en Cuba? —Sí, porque es uno de los mercados donde podemos comprar. No podemos comprar, por ejemplo, en los Estados Unidos; y posiblemente no lo hubiéramos comprado, aunque pudiéramos, porque allí todo está muy caro, y en algunos casos, se han quedado detrás de los japoneses».

Como fácilmente se deduce, hasta 1991, en que se derrumbó la U.R.S.S., dejando a Castro huérfano del enorme subsidio que recibió por tantos años como pago a su labor de subversión comunista en Latinoamérica y como punta de lanza contra Estados Unidos durante la Guerra Fría y Brazo Armado en África y Asia de la política exterior soviética, Castro pudo obtener, principalmente de Europa y Japón, cuanta medicina y equipos necesitaba para sus ambiciosos planes de convertir a Cuba en una «potencia médica» como solía reclamar. Nunca durante todos esos largos años se quejó del embargo, del que desdeñosamente se mofaba. Después de 1991, sin subsidio, sin créditos internacionales, con una enorme deuda exterior que no puede pagar, con una producción en crisis y con una demanda que aumenta a la par del crecimiento de la población, contemplamos el derrumbe de la economía cubana con su inexorable consecuencia sobre los servicios médicos, la higiene y la salud, que veremos más adelante. Cuando serena y objetivamente pensamos cómo hubiera sido el progreso de Cuba en todos los órdenes, incluido el médico, a tenor del enorme avance logrado en los últimos 25 años de la República, tenemos que colegir, que estos cuarenta años del régimen comunista representan un período de estancamiento y atraso que ha llevado a Cuba a descender en las estadísticas mundiales y aun entre los pueblos hermanos de América.

EL ESTADO DE LA HIGIENE. ABORTOS Y SUICIDIOS

Consideremos ahora los «logros» en higiene y salud: ¿Qué higiene puede haber donde falta la electricidad gran parte del día? Donde los alimentos se descomponen cuando faltan los refrigeradores o estos no funcionan. Cuando la basura se amontona en las calles; las casas se derrumban; la comida escasea al grado de reducirse, en muchas ocasiones, a una sola en el día. Donde las aguas están contaminadas, los mosquitos y roedores han aumentado su población. Donde no hay jabón, ni desodorante, y el agua escasea. Donde la contaminación fluvial se extiende al manto freático y donde la ecología ha sufrido un daño irreparable. Donde la juventud es enviada al campo, separada de sus hogares, con el consiguiente aumento del parasitismo intestinal y promiscuidad sexual; donde no existe material médico desechable que garantice la asepsia, etc., etc. Prueba al canto son las epidemias de dengue hemorrágico, transmitido por el mosquito, y las que nunca se vieron antes, al menos desde 1937, en que ingresé en la Escuela de Medicina, hasta agosto de 1961 en que abandoné la isla y en cuyos 17 últimos años trabajé diariamente en el Hospital Universitario Calixto Garcia, el principal de Cuba en aquella época. Juan Benemelis, en su libro «El Ultimo Comunista», señala que el dengue aquejó a más de un millón de personas en los últimos años, y sólo en 1981 afectó a 270,000 habitantes de los cuales fallecieron muchos, incluidos 81 menores. La espiroquetosis icterohemorrágica, transmitida por las deyecciones de las ratas, y reportadas ahora frecuentemente, era prácticamente desconocida en nuestro medio, salvo unos casos erróneamente diagnosticados, por gentes sin experiencia, en los años 50. Cuba nunca tuvo en su época republicana una severa epidemia de neuritis óptica y periférica por avitaminosis y desnutrición, cuya verdadera causa el gobierno trató de ocultar, por el descrédito que representaba ante el mundo, ese hecho, para una cacareada «potencia médica».

Cuba tiene hoy en día el privilegio de ser el país con más abortos en el mundo, y ocupa el primer lugar en número de suicidios en América Latina y uno de los más altos del mundo. La fundación Lawton, de derechos humanos en Cuba, ha denunciado que en 10 meses del pasado año 1997 se realizaron en el hospital materno-infantil del municipio «Diez de Octubre» dc Luyanó, La Habana (antigua «Hijas de Galicia»), 1,783 abortos mediante los 3 siguientes procedimientos: 1,549 por legrado; 36 por aplicaciones de Rivanol y 58 por regulaciones menstruales.

De las 36 mujeres embarazadas, a las que en ese año se le practicó el aborto por el método Rivanol, 12 estaban comprendidas entre las edades de 10 y 18 años, y de estos 12 casos, 8 se hallaban entre los 14 y 16 años. Otras 14 tenían entre 19 y 24 años; y del resto, 10 eran mayores de 25 años. La denuncia señala que 27 por ciento de esos 33 abortos por Rivanol mostró que las criaturas nacieron vivas y no se les proporcionó ayuda médica, dejándolas morir. El 80.6% de estos 33 niños, cuyas vidas se cegaron antes de la hora natural del alumbramiento, estaban sanos, sin ninguna malformación congénita. De esas 36 embarazadas, 17 estaban entre las 17 y 20 semanas de gestación; 16 se hallaban entre 21 y 24 semanas; y 3 entre 25 y 26 semanas de embarazo. A los niños que nacieron vivos —denunciaron sus madres— se les cortó el cordón umbilical para que se desangrasen y otros fueron envueltos vivos en un cartucho de papel hasta la asfixia. El médico que hizo la denuncia fue encarcelado.

En cuanto al suicidio, hay un estudio hecho por Mayda Donate y Zoila Macías titulado: «Suicide in Cuba and Miami» y publicado por el Consejo Nacional Cubanoamericano. La primera es una sicóloga, educada en Cuba, que desde 1993 abandonó la isla; y la otra una médico, que fue Directora de Estadísticas Nacionales en el Ministerio de Salud, entre 1991 y 1994. El estudio indica que la tasa de suicidios en la isla casi se triplicó entre 1969 y 1982, de 8 a 23 por cada 100,000 personas. Tan seria fue la crisis, que el gobierno, en 1979, clasificó las estadísticas de suicidio como secreto de Estado y comenzó a ocultarlas. Donate estima que la tasa actual de suicidio en Cuba es de más de 20/100,000, lo que pone a Cuba por delante del promedio en América Latina, donde las tasas de suicidios están entre 8/100,000 y 12/100,000. La mujer cubana de la isla comete suicidio más frecuentemente que las cubanas que viven en el extranjero. Aunque el promedio mundial es de una mujer por cada tres hombres, el porcentaje de la mujer cubana en la isla es casi igual al de los hombres. Eso significa que las mujeres cubanas tienen la tasa de suicidios más alta del mundo.

Ello refleja la frustración, el estrés, la desesperanza, la infelicidad y las duras condiciones de vida mantenidas por la represión y el terror, originados por el monumental fracaso del régimen totalitario del llamado «socialismo científico». Recuérdese la definición de la salud y la declaración de Alma-Ata que reproducimos en el inicio de este estudio: «salud es un completo estado de bienestar físico, mental y social y no meramente la ausencia de enfermedad o achaque».

BIOMEDICINA Y BIOTECNOLOGÍA

El último aspecto que vamos a analizar es el del progreso en la Biomedicina y Biotecnología. En 1982, el gobierno cubano emprendió un ambicioso proyecto, con el que esperaba convertirse en «potencia médica», más para propaganda externa que para resolver los urgentes e inmediatos problemas en las necesidades médicas y el cuidado de la salud del pueblo cubano. El proyecto, nacido del carácter megalomaniaco del dictador, con fines de propaganda externa que deslumbrase a los países del Tercer Mundo, ha desviado recursos necesarios para mejorar la cantidad y calidad de los medicamentos y servicios que con ansiedad reclama el pueblo de Cuba. Ese es otro ejemplo más de la improvisación y la falta de planificación racional y técnica, donde el deseo de propaganda predomina sobre el responsable análisis de las necesidades y de la consideración costo-beneficio. Es algo así como vestirse de frac en el empobrecido ambiente de un solar habanero. Esas instituciones, con nombres altisonantes, que levantan expectativas más allá de sus limitadas y escasas realizaciones, son las «joyas» a las que llevan a los invitados interesados en conocer sobre la medicina cubana. Así tenemos: «Centro de Investigaciones Biológicas (CIB)», Ingeniería genética, Inmunoensayo, Producción de animales de laboratorio, Inmunología molecular, Química farmacéutica, Producción de sueros y vacunas y el Instituto de Medicina Tropical. Cuando se consideran los «logros» obtenidos por estas instituciones a través de todos estos años, se ve una vez más, la falta de planificación racional, originada más por motivos propagandísticos que por aliviar las verdaderas necesidades médicas del pueblo, así como el balance negativo de la ecuación costo-beneficio.

Citemos algunos de los más relevantes: el interferón, que ya existía en muchos países de Europa y en los Estados Unidos, y cuya aplicación médica dio resultados que han estado muy lejos de las expectativas iniciales, y hoy en día sólo se usa en limitadas condiciones, como algunas formas de leucemia, hepatitis crónicas B y C y como coadyuvante en el tratamiento de algunas formas de cáncer. Este interferón cubano no llega, en todo caso, a los hospitales de la isla; la mayor parte se exporta al exterior donde tiene que competir con productos extranjeros de mucha más alta calidad. La vacuna contra la meningitis B, la única que hoy existe en el mundo, se usó para vacunar en Cuba a grupos con gran riesgo y hoy se exporta. Su eficiencia ha sido discutida y, recientemente, se hizo un convenio con una compañía belga para su perfeccionamiento. La producción de la vacuna contra la hepatitis B es otro ejemplo de repetición tardía de lo que ya estaba logrado en otros países. Más económico hubiese sido la adquisición de la vacuna en el extranjero y aplicar el ahorro a subsanar la carencia de medicamentos elementales que faltan en los hospitales y farmacias.

La genética médica también sólo ha repetido—escasamente— algunas de las cosas ya logradas en otros países. Sus aplicaciones más concretas han sido: el despistaje de la «sickle cell anemia» y las malformaciones del tubo neural durante la gestación, que como puede deducirse, este último no tiene otro propósito que el de recomendar o proceder al aborto, con el que se contribuye a disminuir las estadísticas de mortalidad infantil. Hoy en día, es más fácil y profiláctico, darle a toda embarazada una dosis de ácido fólico con lo que se evita la malformación. Otro producto, al que le hicieron gran propaganda, fue el PPG, para combatir el exceso de colesterol y mejorar la potencia sexual. Este medicamento es una mezcla de alcoholes derivados de la caña de azúcar y no puede competir en el mercado mundial con productos muy superiores y respaldados por el enorme prestigio y recursos de laboratorios como Merck, Bristol-Myers, y Pfizer. En cuanto a la estimulación de la potencia sexual, afirmada sin pruebas, el producto Viagra, de Pfizer, ha conquistado el mercado internacional.

El Instituto de Hematología sólo ha logrado, aunque bastante tardíamente, procedimientos de diagnóstico y tratamiento, desarrollados mucho antes por otros países. Por último, veamos el llamado «factor de crecimiento epidérmico» (E.G.17 en inglés) que estimula la multiplicación de las células epiteliales y que fue aislado por vez primera por Stanley Cohen en 1959, en los Estados Unidos, y años después, obtenido por ingeniería genética por el grupo Chiron en este país. En Cuba lo unieron a una pomada de uso común en quemaduras, a base de sulfadiazina de plata, y la patentaron con el nombre de Hebermen y la utilizaron, según ellos con algún éxito, en los quemados de Baskiria en la U.R.S.S. Hoy en día existen otros factores de crecimiento estudiados y obtenidos en los Estados Unidos que se están aplicando experimentalmente en este país a numerosos procesos. Uno de ellos es el llamado «Insulin-Like Growth Factor» (ILGF en inglés) que promete ser muy útil en enfermedades musculares, afecciones del corazón y de las arterias coronarias e infartos miocárdicos. Este factor puede ser llevado en la punta de un catéter, usado como vector, o, utilizando adenovirus no-antigénicos, para transportarlo en el cuerpo humano.

Hay un pequeño libro titulado «La Medicina Moderna en Cuba» por el Dr. Ernesto Mario Bravo, en el que se hace una presentación y un elogio de todas estas instituciones dedicadas a la Biomedicina y a la Biotecnología. Hay que aclarar que el Dr. Bravo es un médico argentino que emigró a Cuba, y fue durante 16 años profesor de una de las escuelas de medicina en la Isla. Obviamente, un marxista que fue a colaborar a otro paraíso comunista. En ese folleto Bravo describe opiniones de extranjeros sobre la Biomedicina cubana. Cita la expresión de algunos que, cortésmente, alaban el esfuerzo de Cuba por fundar y tratar de desarrollar instituciones de investigación en este campo y, de igual manera, en forma objetiva que debe apreciarse, cita algunas opiniones que resultan críticas de ese esfuerzo. A continuación voy a copiar textualmente algunas de ellas:

Jonathan Beckwith:
«... los estudios tienden a no ser cuidadosamente controlados Algunos norteamericanos que estuvieron allí se mostraron escépticos en relación con los resultados de los estudios clínicos».
«Mi impresión es que los cubanos ... están más interesados en resolver las cosas inmediatamente. Ellos saben la tecnología, están entrenados, pueden ser creativos hasta un cierto punto, pero tienen una formación teórica insuficiente. Ellos aún no están utilizando realmente ingeniería genética para abordar la enfermedades parasitarias».

Julie Fiensilver:
«Los científicos cubanos son buenos copiadores de técnicas desarrolladas afuera, pero si no realizan investigaciones básicas no van a ser capaces de crear verdaderos productos para obtener ganancias».
«Cuba no puede competir con las multinacionales y compartir ganancias del mercado mundial, principalmente porque no pueden vender a países que

reconocen patentes de los Estados Unidos, Europa, y Japón y porque Cuba copia los productos patentados sin licencia y los vende».

«Aunque Cuba ha realizado considerables avances, el país no tiene los recursos ni la experiencia para estar en la primera línea de la investigación biotecnológica».

Interpress Service:
«Los productos de la Biotecnología cubana, mayormente en el campo médico, no han podido ser comercializados exitosamente fuera del mercado socialista porque no se han producido con todos los procedimientos y métodos demandados por los países industrializados».

A GUISA DE CONCLUSIONES

Para completar este estudio de la medicina y el cuidado de la salud en los cuarenta años de revolución, veamos el estudio estadístico publicado por el «Bureau of Interamerican Affairs», en febrero 9 de 1998, titulado: «Zenith and Eclipse — A Comparative Look at Socioeconomic conditions in Pre-Castro and Present Day Cuba». Este estudio examina los niveles de desarrollo de Cuba, en una variedad de indicadores económicos y sociales, durante el período revolucionario (1959-presente), especialmente relativo a lo logrado por otros países durante el mismo período de tiempo. El informe se basa principalmente en datos de las Naciones Unidas, particularmente del «Statistical Yearbook» y «Demographic Yearbook».

Traduzco ahora directamente del sumario y la introducción aquellas partes que son atinentes a este capítulo:

«Un mito que perdura es que, en los años 50, Cuba era social y económicamente un país atrasado cuyo desarrollo comenzó abruptamente con el gobierno de Castro. En realidad, de acuerdo con datos históricos existentes, Cuba era un país relativamente avanzado en 1958, a juzgar por los estándares latinoamericanos, y en algunas áreas, por los estándares mundiales. Los datos demuestran que Cuba, hoy en día, sólo ha mantenido —en el mejor de los casos— lo que era un alto nivel de desarrollo de la salud y educación, pero a un costo extraordinario del bienestar total del pueblo cubano. Esto incluye el acceso a cosas tan básicas como un nivel adecuado de alimentos y electricidad, y también a objetos de consumo, la accesibilidad de los cuales ha aumentado significativamente en otros países latinoamericanos en décadas recientes».

«Cuba, antes de Castro, ocupaba el tercer lugar en América Latina en consumo de alimentos por persona. Hoy ocupa el último lugar. El consumo «per cápita» de cereales, tubérculos y carnes está por debajo de los niveles de los años cincuenta».

Con respecto al estado de la medicina y la salud traduzco a continuación la parte del informe relativa a estos últimos 40 años:

«El sistema del cuidado de la salud es a menudo celebrado por muchos analistas como uno de los grandes logros del gobierno castrista. Lo que estos analistas ignoran es que el gobierno revolucionario heredó un sector de salud ya avanzado cuando tomó el poder en 1959. El índice de mortalidad infantil en Cuba en 1957, era de 32/1,000 nacimientos vivos, representando el más bajo de la América Latina y el 13 más bajo en el mundo, de acuerdo con los datos de las Naciones Unidas. Cuba estaba por delante de Francia, Bélgica, Alemania Occidental, Israel, Japón, Austria, Italia, España y Portugal, todos los cuales han pasado a Cuba en este indicador durante las últimas décadas».

«Hoy Cuba permanece como el país más avanzado a este respecto en la región pero su posición mundial ha caído del 13 al 24 durante la era castrista. También en el análisis de la mortalidad infantil en Cuba, falta la consideración del horrendo índice de abortos - 0.71 abortos por nacidos vivos en 1991 (O.N.U.). La terminación selectiva de los «embarazos de alto riesgo» hace descender el índice de mortalidad infantil. El índice de abortos en Cuba es por lo menos dos veces el índice de los otros países cuyos datos son obtenibles y aparecen en la tabla».

«En términos de médicos y dentistas 'per cápita', Cuba en 1957, ocupaba el tercer lugar en la América Latina detrás sólo de Uruguay y Argentina, los cuales estaban más avanzados que los Estados Unidos en este aspecto. Los 128 médicos y dentistas por 100,000 personas en Cuba en 1957, era el mismo de Holanda y por encima del Reino Unido (122/100,000) y Finlandia».

Como puede colegirse de todo lo aquí expuesto, en los cuarenta años de tiranía castrista y de socialismo científico, no ha habido ningún logro «verdadero» (obtener al máximo) en Medicina. Cuba no es ninguna potencia médica. No pasa de ser un enano disfrazado de gigante. El régimen frenó el veloz y brillante desarrollo que Cuba había logrado en los últimos 20 años y, que de haber continuado a ese ritmo, la hubiera situado muy cerca de los primeros países del primer mundo. Considere el lector los siguientes datos y forme a conciencia su propio juicio:

◘ Más de 65,000 médicos. Logro antieconómico, absurdo y desatinado, que convierte a médicos en enfermeros y son usados para enviarlos al extranjero con el propósito de explotación y propaganda. Se les paga el sueldo usual en pesos y el gobierno cobra en dólares los servicios prestados en los países extranjeros. Se les envía a guerras extranjeras, ajenas del todo a los verdaderos intereses de la nación cubana, para agrandar la imagen de líder mundial que siempre ha obsesionado a Fidel Castro.

◘ Cuba es un ejemplo de «apartheid médico», donde sólo 4 ó 5 hospitales están equipados adecuadamente y a los que no les falta nada, pero a los que sólo tienen acceso los extranjeros, la nomenclatura, miembros del partido, funcionarios, y aquellos que cuentan con la influencia necesaria para lograrlo. El resto de los hospitales están peligrosamente desequipados, con carencia de las más elementales medicinas, donde faltan la limpieza y la higiene y en donde los buenos deseos de los médicos se frustran ante la imposibilidad de dar la atención necesaria.

◘ Aunque hoy son algo menos, haber establecido veintiuna «escuelas de medicina» para un país de 11 millones de habitantes es punto menos que una aberración. Ese «logro» sólo puede haberse concebido en el enfermo cerebro de un megalómano atormentado por la vanidad y el deseo de grandeza. Para que sirva de contraste, sépase que en el estado de la Florida, en los Estados Unidos, existen 15 millones de habitantes y sólo hay 3 escuelas de medicina. En todos los Estados Unidos, para una población de 270 millones de habitantes, sólo existen 100 de estas instituciones. Recientemente, la prensa anunció la conversión de una estación naval, en Cuba, en una escuela de medicina exclusivamente para becados extranjeros. Véase, una vez más, el objeto puramente propagandístico y político de la medida. Mientras hospitales de la Isla carecen de lo más elemental, parte de los recursos se utilizan para vender favores y simular grandeza.

◘ La fundación de centros de Biotecnología y Biomedicina figura ciertamente entre las mejores realizaciones logradas, en el campo científico, en estos últimos cuarenta años.

En el futuro, en una Cuba democrática, pudieran convertirse en una industria pujante, capaz de obtener numerosos frutos y contribuir a elevar el nivel científico y económico del país. Esta es la única rama industrial donde se han invertido grandes sumas de dinero en los últimos años y donde existe tecnología occidental y equipos de alta tecnología moderna. Sin embargo, a pesar de una inversión que se estima en más de $ 3,000,000 desde finales de los años 80, el éxito comercial alcanzado ha sido muy pobre. El monto de las exportaciones biotecnológicas representa el 2% del total de las exportaciones de Cuba.

Lo hasta aquí expuesto muestra que lo obtenido en el campo de la medicina y la salud por el gobierno castro-comunista, no justifica el calificativo de "logros", cuando se tiene en cuenta el haber y el enorme costo que ha gravitado sobre la población, a pesar del elevado subsidio recibido de la U.R.S.S. y el escandaloso endeudamiento en miles de millones de dólares que ha dejado a Cuba fuera del crédito internacional.

XII

40 AÑOS DE REVOLUCIÓN

EL SISTEMA EDUCACIONAL

por

Rogelio A. de la Torre

Casi desde el momento mismo en que arribó al poder, el régimen castrista comenzó a mostrar su predilección por ciertos temas como la pobreza, la prostitución, el analfabetismo, la mala atención de la salud, el abandono y la explotación del campesinado, la existencia de grandes latifundios, etc. Todos estos eran temas que preocupaban a la gran mayoría de la sociedad cubana, porque encerraban situaciones de injusticia que era necesario erradicar. Además, todos esos temas hacían referencia a problemas que aquejaban a la ciudadanía, cuya solución había sido reclamada miles de veces y prometida otras tantas por los políticos al uso, sin que nunca se hubiera hecho un intento serio por abordarlos y mucho menos resolverlos. Pero también se trataba de problemas cuyo planteamiento, con la consiguiente promesa de inmediata solución, resultaba sumamente atractivo y le ganaba simpatías al nuevo gobierno, tanto dentro como fuera de la Isla.

En particular, la cuestión del analfabetismo y las deficiencias de la educación pública tenían un interés continental, pues estos son males que han aquejado por siglos a toda la América Latina, y que aún en el presente se encuentran muy lejos de haber alcanzado una verdadera solución. La proporción de los analfabetos y de los que alcanzan sólo una muy limitada educación es todavía escandalosa en algunos de los países hispanoamericanos.

Después de cuarenta años en el poder, que equivalen a cuatro décadas haciendo la revolución socialista y utilizando a plenitud los más avanzados métodos educativos desarrollados por el comunismo internacional, es necesario examinar qué es lo que realmente se ha hecho, y ver cuáles han sido los resultados obtenidos. Y esta necesidad se hace más apremiante y evidente si se tiene en cuenta que, durante todo este tiempo, el castrismo ha estado presentándole al mundo, como prueba irrefutable de la excelencia de su sistema, los que considera como sus grandes «logros» en el campo educativo. Sin embargo, para poder determinar con la mayor exactitud el alcance y la verdadera significación de los cambios introducidos por el régimen comunista en el sistema educacional cubano, es preciso primero hacer un poco de historia, y ver cómo se organizó y cómo estaba estructurada la educación antes de que el castrismo llegara al poder.

LA EDUCACIÓN EN LA CUBA COLONIAL

La educación en Cuba comenzó siendo una tarea que se realizaba por el sector privado. Era natural que así fuera si se tiene en cuenta que las escuelas públicas a nivel de educación primaria todavía no existían en el siglo XVIII en los territorios españoles ni siquiera en la Península, a causa de lo cual se considera que todavía en 1803 el 94 por ciento de la población de España era analfabeta. El primer maestro de Cuba fue el sacerdote católico Padre Miguel Velázquez, mestizo de español e india, y sobrino de Diego Velázquez, que fue nombrado maestro en la Catedral de Santiago en 1544. A partir de entonces, la Iglesia Católica echó sobre sus hombros la responsabilidad de impartir la poca instrucción que se ofreció durante casi dos siglos a los niños de edad escolar que vivían en la Isla. Sin embargo, en la segunda mitad del siglo XVIII ya habían surgido otras «escuelas» dirigidas por laicos, en las cuales maestros privados, llamados «escueleros», y mujeres de humilde extracción, llamadas «amigas», ofrecían instrucción rudimentaria a niños cuyas familias podían pagar algún tipo de cuota, y aun a muchos que no podían pagar nada. Es interesante destacar que muchos de estos «escueleros» y «amigas» pertenecían a la clase de los «libertos», y que en las escuelas cubanas, desde sus comienzos, se admitían y se educaban juntos varones y hembras, blancos y «de color».

La educación comenzó a tomar algún impulso en la Isla a partir de la fundación de la Sociedad Económica de Amigos del País, que tuvo lugar en La Habana en 1793, cinco años después de que se había fundado la de Santiago de Cuba. También contribuyó a incrementar la educación la llegada a la Isla de algunas Órdenes Religiosas dedicadas a la enseñanza, la primera de las cuales fue la de las Ursulinas, cuyas monjas llegaron a La Habana en 1803. En 1826 había en la Isla un total de 140 escuelas, en las que se educaban cerca de 6,000 niños, entre «acomodados» y «pobres».

Comenzando en 1840, el Gobierno Colonial empezó a mostrar algún interés en la educación, por lo que se establecieron Escuelas Normales para formar maestros, y la enseñanza primaria se puso bajo la responsabilidad de los Municipios. A consecuencia de estas medidas, y del constante estímulo de las Sociedades Económicas, en 1862 había en la jurisdicción de La Habana un total de 158 escuelas, 65 públicas y 93 privadas. Después de esta fecha, el número de las escuelas públicas continuó creciendo y atrayendo un mayor número de estudiantes, mientras que, bajo la presión del Gobierno, disminuía el número de las escuelas privadas, y se reducía la cantidad de estudiantes que las mismas educaban. Ya en 1867 el 65 por ciento de los educandos asistía a escuelas públicas, mientras que las privadas atendían tan sólo al 35 por ciento.

De todas formas, los tres eventos de mayor significación para la enseñanza en Cuba durante el período colonial fueron: la Fundación de la Real y Pontificia Universidad de San Jerónimo (la Universidad de La Habana), en 1728; la Creación del Seminario de San Carlos y San Ambrosio, en 1769; y el establecimiento del Colegio El Salvador, por José de la Luz y Caballero, en 1848. La primera de estas instituciones impartía enseñanza en el más elevado nivel universitario, el Seminario era en realidad un Colegio-Seminario al que asistían tanto los Seminaristas que aspiraban al sacerdocio como jóvenes que buscaban una sólida preparación universitaria, y el colegio de José de la Luz solamente alcanzó los niveles primario y secundario. Sin embargo, el Colegio El Salvador fue el principal representante de una serie de colegios privados que existieron en La Habana y en toda la Isla, entre los cuales se debe incluir el San Anacleto de José Sixto Casado, y el San Pablo, de Rafael María de Mendive, a los cuales asistió y donde se formó la mentalidad patriótica de José Martí.

En el Seminario de San Carlos y San Ambrosio fue donde realizaron su gran labor educativa los Padres José Agustín Caballero y Félix Varela. El primero de ellos concibió la idea de llevar a cabo una reforma educativa de vastas proporciones, pero al Padre Varela es a quien le corresponde el mérito de haber transformado y modernizado la educación, no sólo en su cátedra de Filosofía del Seminario, sino en todos los niveles de la enseñanza en Cuba. Además, realizó una labor educativa extraordinaria, y formó a toda una generación de jóvenes, de donde salieron los más grandes líderes intelectuales del siglo XIX cubano. Con razón José de la Luz y Caballero llegó a decir de él que «mientras se piense en la isla de Cuba, se pensará en quien nos enseñó primero a pensar».

La escuela privada realizó una tarea muy importante durante todo el siglo XIX. En primer lugar, porque durante las primeras tres cuartas partes del mismo, cuando la escuela pública apenas si realizaba labores de importancia, la privada fue la que impartió la poca instrucción que existió en la Isla. Pero, además, porque durante toda esa centuria la escuela privada fue la que despertó en las generaciones cubanas el deseo de libertad y el de modificar el rígido sistema colonial.

Desde los mismos comienzos del siglo, el Seminario de San Carlos y San Ambrosio, bajo la inspiración del Obispo Espada, se convirtió en un foco de cuyo centro irradiaban las luces de la libertad. Cuando se creó en el Seminario la que se llamó la Cátedra de Constitución, después de que en 1820 se había restablecido el imperio de la Constitución Española, el Padre Varela fue su primer Profesor. El mismo comenzó su Discurso Inaugural afirmando que aquella era la «la cátedra de la libertad, de los derechos del hombre, de las garantías nacionales,...». Este mismo Profesor, cuando fue electo Diputado a las Cortes Constitucionales de España, en 1821, se convirtió en el gran defensor de la libertad en todos sus aspectos, llegando a proponer una Resolución que les daba completa autonomía a Cuba y las demás colonias españolas. Inclusive preparó un Proyecto que les concedía la libertad a los esclavos y abolía totalmente la esclavitud en la isla de Cuba. Con razón han afirmado los Obispos cubanos Eduardo Boza Masvidal y Agustín Román que el Seminario de San Carlos y San Ambrosio fue «el vivero más fecundo de la cultura cubana y, también, de sus ideales de libertad e independencia».

En los niveles menos elevados, la escuela privada contribuyó también a la formación de los ideales patrios. Con el ejemplo y la guía del Colegio El Salvador, de José de la Luz y Caballero, casi todos ellos contribuyeron a desarrollar y propagar la cultura típicamente cubana, así como a despertar el amor a la Patria, y a avivar el sentimiento de la cubanía. La escuela privada cubana del siglo XIX, al propugnar los valores de la libertad y la justicia, contribuyó a crear el ambiente apropiado para que se expandiera el ideal independentista que había nacido con el Padre Varela y su periódico *El Habanero*. Como ejemplo puede citarse el caso del propio Colegio El Salvador, que poco después de comenzar la Guerra de los Diez Años, en 1868, tuvo que cerrar sus puertas no sólo ante la disminución del número de alumnos, sino también porque muchos de sus profesores y ex-alumnos se decidieron por la acción armada, y se fueron al campo de la lucha uniéndose a los mambises.

LA ESCUELA PÚBLICA DURANTE LA REPÚBLICA.
EL NIVEL PRIMARIO.

La nación cubana salió de la dominación española en condiciones bastante precarias. Como consecuencia de la guerra de independencia, y sobre todo a causa de la reconcentración decretada por el Capitán General Vareliano Weyler, la población había disminuido considerablemente. Desde luego, el sistema escolar había sufrido grandes embates. Baste decir que de 775 escuelas que había en 1887, al terminar la Guerra de Independencia ese número se había reducido a solamente 541. Por otra parte, el analfabetismo, que siempre había sido bastante alto, aumentó hasta llegar al 64 por ciento de la población total.

Ante esta situación, era natural que tanto el Gobierno Interventor Norteamericano como los primeros Gobiernos de la República le dedicaran especial atención a las cuestiones educativas. En lo que se refiere a la enseñanza primaria, uno de los primeros problemas con que se tuvo que enfrentar el Gobierno Americano fue el de la carencia de maestros debidamente capacitados. Inicialmente se les dio autorización a las Juntas de Educación para que contrataran libremente como maestros a personas que ellas consideraran honorables y competentes. Desde luego, esta medida fue de corta duración, porque muy pronto se decidió convocar a exámenes para maestros, resultando aprobados más de mil aspirantes. Poco después se estableció un sistema por el cual los maestros ya aprobados y designados debían someterse a exámenes periódicos de capacitación, en los que se les certificaba para continuar ejerciendo la enseñanza por uno y tres años sucesivamente. A pesar de la ventaja que el sistema ofrecía de obligar a los maestros a mantenerse al día en las cuestiones de la enseñanza, en definitiva fue abandonado en 1909, para aliviar la constante preocupación que ocasionaba la posibilidad de no recibir una nueva certificación.

Durante los primeros años de la República, la enseñanza se realizó en forma un poco desordenada, porque se les daba a los maestros gran libertad para llevar a cabo su labor. Sin embargo, en el año 1905, la Junta de Superintendentes aprobó los primeros cursos de estudio. A pesar de la innegable existencia de cierta desorganización, los primeros maestros de la República tuvieron un éxito extraordinario, porque suplieron las deficiencias que tenían con un grado muy elevado de entusiasmo y de dedicación. Como consecuencia, el analfabetismo se redujo considerablemente, y la instrucción primaria se extendió a un por ciento de la población mucho más elevado.

Con el transcurso del tiempo se hizo evidente que el sistema de nombramientos por exámenes de competencia no era el más adecuado, y se llegó a la conclusión de que era necesario crear escuelas para la preparación de los maestros. Ya desde el año 1900, al hacerse la Reforma Universitaria, se había creado la Facultad de Pedagogía, la cual preparaba a estudiantes de nivel superior para enseñar en las escuelas de la República a todos los niveles. Sin embargo, no era posible esperar que esta Facultad preparara a la enorme cantidad de maestros que la República necesitaba. En lo que se refiere a la enseñanza a nivel de Kindergarten, en 1902 se fundó en La Habana una Escuela Normal de Kindergarten, con el objeto de preparar maestros para que impartieran este tipo de enseñanza. Más tarde, en el año 1915, se creó en La Habana una Escuela Normal de Maestros para varones y otra para señoritas. Posteriormente se crearon Escuelas de este tipo en las demás capitales de provincia. La primera Normal para Maestras del Hogar se creó en Cuba en 1918. Esta escuela comenzó a preparar Maestras de Trabajos Manuales y de Economía Doméstica en 1927.

La escuela pública, que tuvo tanto éxito en los primeros años de la República, comenzó a decaer con el transcurso del tiempo. Entre las razones de esta decadencia puede citarse el hecho de que las Juntas Municipales de Educación, que habían sido inicialmente designadas mediante elecciones, se convirtieron en organismos cuyos miembros eran nombrados directamente por el Ministro de Educación, aunque eligiendo de ternas de candidatos que se le sometían al efecto. Este cambio, en primer lugar, redujo el grado de conexión entre las escuelas y la comunidad, y por otra parte trajo como consecuencia la intromisión de la política en las cuestiones de la educación.

Otra de las razones por las cuales las escuelas públicas primarias continuaron decayendo fue la contaminación del sistema escolar con la corrupción y los malos manejos de la administración pública en general. Aunque a los maestros siempre se les exigía capacitación profesional, en la mayoría de los casos eran designados libremente por el Ministro de Educación. Las escuelas muchas veces carecían de suficientes libros y materiales escolares, y los funcionarios del Ministerio de Educación, que era el organismo que controlaba la enseñanza pública a nivel nacional, estaban más atentos a las cuestiones políticas del momento que a la necesidad de brindar una instrucción adecuada a la niñez de la República.

En 1958, según un informe de la UNESCO, Cuba era el primer país latinoamericano en cuanto al por ciento del presupuesto que se dedicaba a la educación. Sin embargo, es preciso señalar que, aunque los presupuestos nacionales asignaran fondos en proporciones bastantes elevados, dichos fondos no siempre se aplicaban a resolver los problemas de la enseñanza, ya que muchas veces eran objeto de despilfarro y de malversación. Así ocurrió especialmente en las décadas de los años 40 y 50, cuando algunos funcionarios se apropiaron de enormes cantidades de dinero, sustrayéndolas de los fondos asignados para la educación de la niñez.

Otro de los males de que adoleció la educación pública primaria en Cuba fue la concentración de las escuelas en las áreas urbanas, pues los maestros preferían trabajar y vivir en las ciudades. Como consecuencia de esto, siempre hubo grandes áreas del campesinado cubano donde los niños carecían de escuelas, aparte de que muchas veces los padres campesinos necesitaban que sus hijos trabajaran y recibieran algún ingreso, a fin de proveer a las necesidades de la familia.

Con el supuesto propósito de resolver el problema de la educación de los niños campesinos, pero también con el de asegurar el control sobre la población campesina, en 1936 se creó un tipo de escuela rural (las Escuelas Cívico-Militares) bajo la dependencia del Cuerpo de Cultura del Ejército, organismo éste que designaría como maestros a miembros de ese mismo cuerpo. La medida tuvo en Cuba grandes repercusiones, pues inclusive estuvo relacionada con la destitución de que fue víctima el Presidente Miguel Mariano

Gómez. Sin embargo, después de haber sufrido algunas modificaciones, toda esta organización cívico-militar fue sometida al control civil al entrar en vigor la Constitución de 1940.

Si se examina el cuadro completo que ofrece la educación pública a nivel primario durante la República, la conclusión inevitable es la de que la misma no funcionaba de manera eficiente. A consecuencia de esto, la escuela privada tomó un auge extraordinario en Cuba, y vino a subsanar muchas de las limitaciones que tenía la pública. Sin embargo, la escuela privada elemental, por las limitaciones de orden económico a que estaba sometida, no pudo enfrentarse y mucho menos resolver el enorme problema de la educación del campesinado cubano.

LA ESCUELA PÚBLICA DE NIVEL SECUNDARIO.

La Educación Secundaria en Cuba durante todo el período republicano estuvo principalmente a cargo de los Institutos de Segunda Enseñanza. Los mismos habían sido establecidos durante la Colonia, que creó cuatro en 1857 y que llegó a tener hasta seis en 1888. Al comenzar la República, funcionaba un Instituto en cada capital de provincia, Pinar del Río, La Habana, Matanzas, Santa Clara, Camagüey y Santiago de Cuba. Los Institutos de Segunda Enseñanza realizaron en Cuba una labor encomiable. Ellos fueron la base de la educación avanzada durante toda la etapa republicana. En realidad eran instituciones docentes básicamente pre-universitarias, pues aunque durante varios períodos tuvieron a su cargo también algún tipo de enseñanza técnica, su objetivo principal era preparar a los estudiantes para la realización de estudios universitarios.

El Gobierno Interventor Norteamericano le encomendó a Enrique José Varona la tarea de reorganizar la enseñanza en los niveles secundario y universitario en Cuba. Varona propuso para los Institutos, y se implantó de inmediato, un plan bastante novedoso, que ha dado mucho que hablar con el transcurso del tiempo. Este plan, que se denominó «Plan Varona», estuvo vigente para la Segunda Enseñanza en Cuba desde el año 1900 hasta 1939. El Plan Varona tenía sus virtudes y sus deficiencias. Estableció un programa de estudios bastante acelerado, que ponía mucho énfasis en el aprendizaje de las Ciencias, lo cual necesitaba la naciente República con urgencia. Sin embargo, este plan, que prescribía cuatro años de estudios, redujo considerablemente la atención a las Humanidades, a pesar de que Varona era, probablemente, el primer humanista con que contaba Cuba. Jorge Mañach, en cierto modo, defendió el Plan Varona de las acerbas críticas que se le dirigieron diciendo que su autor había aplicado una «terapia de urgencia», y que quizás fue bastante apropiado para el momento y las circunstancias en que Varona lo elaboró. En realidad, al preparar su plan de estudios para la Segunda Enseñanza, Varona se guió completamente por las ideas del positivismo, filosofía ésta que él había abrazado íntegramente, y de la cual fue uno de los primeros y más brillantes exponentes en América Latina.

En el año 1937 se crearon trece nuevos Institutos de Segunda Enseñanza en diversas ciudades de la República. Dos años más tarde, en 1939, se estableció un nuevo Plan de Estudios, el cual fue sustituido en 1941 por el llamado «Plan Remos», que se mantuvo en vigor hasta la llegada del régimen comunista. Este plan era muy superior al Plan Varona. Constaba de cinco años, y mantenía una división entre los primeros cuatro años de estudio, que formaban el Bachillerato Elemental, y el último año, que completaba el Bachillerato Pre-Universitario, ya fuera en el campo de la Ciencias o en el de las Letras. En este Plan, cuyo autor fue el Dr. Juan J. Remos, se le dio mucha más importancia a las Humanidades, añadiéndose el estudio de la Historia de Cuba, de la Sociología, de la Sicología, y hasta de los principios de la Filosofía. Algunos Institutos añadieron a su curriculum cursos de Música y de Coro, y hasta tuvieron Bandas de Música y Conjuntos Polifónicos.

Los Institutos de Segunda Enseñanza de Cuba llegaron a tener, en su casi totalidad, edificios especialmente construidos para impartir este tipo de enseñanza, y estuvieron dotados de eficientes Laboratorios de Física, Química y Estudios Naturales. Todos contaron con una Biblioteca bastante bien dotada, y algunos añadieron importantes museos.

LA ENSEÑANZA ESPECIAL

Paralelamente a los Institutos de Segunda Enseñanza existió en Cuba una notable variedad de Escuelas Especiales, que rindieron una labor muy efectiva y beneficiosa. En determinadas ocasiones, sobre todo en los comienzos de la República, algunas de estas escuelas mantuvieron cierta conexión con los Institutos de Segunda Enseñanza. En el año 1900, al producirse la reorganización educacional, se anexó al Instituto de Segunda Enseñanza de La Habana una Escuela de Náutica, y también se incorporaron a este plantel los estudios de Comercio y Taquigrafía de la Academia de Comercio. Igualmente, en aquella oportunidad se agregó una Escuela de Agrimensura a cada uno de los Institutos de Segunda Enseñanza de la República. A pesar de estas excepciones, sin embargo, la regla general fue que las Escuelas Especiales funcionaron en forma totalmente independiente. La más antigua de estas Escuelas fue la de dibujo y pintura de San Alejandro, que fue fundada por la Sociedad Económica de Amigos del País en 1818.

Entre las Escuelas Especiales que funcionaron en Cuba se destacaron las Escuelas Normales de Maestros, que prepararon el personal docente durante casi todo el período republicano. Como se dijo más arriba, las primeras dos escuelas oficiales de este tipo se crearon en la capital de la República en el año 1915, una para varones y otra para señoritas. Al año siguiente se establecieron Escuelas Normales de Maestros en Oriente y Las Villas, y en 1918 se fundaron las de Pinar del Río y Matanzas. La última se creó en Camagüey en 1923.

Con un grado mayor de especialización existieron en Cuba las Escuelas Normales de Kindergarten, cuya misión era la de preparar maestras para impartir educación a este específico nivel. Durante muchos años funcionó solamente la de La Habana, que había sido fundada en el año 1902. En 1935 se fundó otra Escuela Normal de Kindergarten en Santa Clara, y más tarde, en la década del 40, se oficializaron las de Camagüey y Oriente, que habían sido fundadas por iniciativa privada.

También las Escuelas del Hogar. Como ya se ha dicho, la primera de estas escuelas se fundó en 1918, y en los últimos años de la República su número había aumentado hasta llegar a 14. Aunque algunas muchachas asistían a estas escuelas con el sólo propósito de prepararse para el manejo de su propio hogar, el objetivo principal de las mismas era el de capacitar a las Maestras de Trabajos Manuales y de Economía Doméstica.

Otro tipo de escuelas de enseñanza especial que funcionaron en Cuba fueron las Escuelas Profesionales de Comercio. Las primeras se fundaron en La Habana, Santa Clara y Santiago de Cuba en 1927, pero con el transcurso de los años fueron añadiéndose otras hasta llegar al número de 11 Escuelas de Comercio oficiales en la República. Estas escuelas prestaron un servicio sumamente importante en la época republicana, ya que sus graduados contribuyeron de manera notable a facilitar el desarrollo económico y mercantil a lo largo de todo el territorio de la nación.

También fueron importantes las Escuelas de Artes y Oficios, que preparaban Constructores Civiles, Mecánicos Industriales, Químicos Industriales, y Electricistas Industriales. La primera de estas escuelas había sido fundada en La Habana en la época de la Colonia, y fue la única que existió en la isla hasta que se fundó la de Santiago de Cuba en 1928. En definitiva, en Cuba llegaron a existir 12 Escuelas de Artes y Oficios. Y además de la Academia de San

Alejandro, a partir de 1934 se crearon en Cuba otras seis Escuelas de Bellas Artes, las cuales no sólo educaban a los pintores y escultores enseñándoles las técnicas de su arte, sino que también capacitaban a los que habrían de ser Profesores de Artes Plásticas.

Existieron también durante la época de la República algunas Escuelas de Enseñanza Especial que funcionaron a base de alumnos internos. El propósito era, principalmente, el de darles oportunidad de estudiar en el nivel secundario a jóvenes de familias poco pudientes, a fin de capacitarlos con una adecuada preparación técnica para que pudieran trabajar a nivel profesional. Entre estas escuelas de internos puede señalarse la existencia de tres Escuelas Técnicas Industriales, una en La Habana, con el nombre de «General José B. Alemán», otra en Santa Clara, que se llamó «Escuela Técnica Industrial, Fundación Rosalía Abreu» y otra titulada «General Milanés», que se creó en Bayamo. Con este mismo carácter de funcionar a base de alumnos internos existieron en Cuba las Escuelas Politécnicas de grado medio o Escuelas Tecnológicas.

Las Escuelas Profesionales de Periodismo fueron también escuelas de enseñanza especial, y tuvieron una gran importancia en la preparación de los Periodistas cubanos. La Primera de estas escuelas se fundó en el año 1942, y llevó el nombre de «Manuel Márquez Sterling». Expedía el título de «Periodista Graduado» y el de «Técnico Gráfico Periodista». Antes de la llegada del comunismo a Cuba también se habían creado Escuelas de Periodismo en Matanzas, Santa Clara y Santiago de Cuba, de manera que la República llegó a contar con cuatro escuelas de este tipo.

Finalmente, es necesario mencionar al Instituto Nacional de Educación Física, que como único en su clase funcionó en La Habana a partir de 1948. Este Instituto perteneció a un nivel profesional superior, porque sus graduados estaban capacitados para ocupar cátedras de Educación Física en los centro de enseñanza de nivel secundario.

EL PROCESO DE SOMETIMIENTO DE LA EDUCACIÓN: LA OCUPACIÓN DE LA UNIVERSIDAD DE LA HABANA

Como se ha visto, a la llegada al poder del régimen comunista, el sistema educativo cubano estaba bastante desarrollado. Es verdad que todavía era preciso eliminar la corrupción de las altas esferas oficiales, había que mejorar la eficiencia de la escuela pública primaria y extender aún más la enseñanza secundaria, y era necesario intensificar la educación rural y reducir el analfabetismo. Pero a pesar de todo esto, la realidad era que el pueblo cubano tenía uno de los más elevados coeficientes educativos de toda la América Latina, y que su por ciento de analfabetos era uno de los más bajos del mundo hispánico. Sin embargo, desde el momento mismo en que el nuevo Gobierno Revolucionario controlado por Fidel Castro tomó en sus manos las riendas del poder, mostró bien a las claras que tenía un interés muy especial en obtener el control absoluto sobre el sistema educativo cubano.

A pesar de que la Universidad de La Habana gozaba en Cuba del mayor prestigio, tanto en el orden académico como en el campo de las actividades públicas, los ataques a la educación cubana comenzaron precisamente por esta bi-centenaria institución. Fidel Castro conocía la larga historia de luchas y rebeldías que la misma había escrito, siempre en defensa de la libertad, y siempre opuesta a todo tipo de opresión y tiranía. Sabía que, a pesar de sus problemas, especialmente durante la década de los 40, se había ido depurando con el tiempo, y había llegado a ser depositaria de grandes valores cívicos y patrióticos. Por su propia experiencia de luchas universitarias, estaba convencido de que mientras la Universidad de La Habana mantuviera su autonomía y su independencia, iba a ser imposible imponer sobre el pueblo el sistema comunista, y someterlo al régimen tiránico y despótico que el mismo conlleva. Para poder llevar a cabo sus designios perversos y traidores, era preciso comenzar por someter a la Universidad de La Habana.

Esta venerable institución fue fundada en el año 1728 con el nombre de Real y Pontificia Universidad de San Jerónimo. Por más de un siglo estuvo a cargo de la Orden de los Padres Dominicos, pero durante el siglo XIX, con las Leyes de Desamortización, dejó de pertenecer a esa Orden Religiosa y cambió su nombre por el de Universidad de La Habana. Esta Universidad desde el siglo XIX comenzó a dar señales de rebeldía y de amor a la libertad. Es famosa la Tesis de Grado que presentó en ella el Bayardo Ignacio Agramonte, defendiendo la libertad abiertamente. En octubre de 1871, habiendo comenzado ya la Guerra de los Diez Años, se quejaba el Gobernador Valmaseda de que los Profesores de la Universidad se habían ido al extranjero para realizar actividades contra el gobierno, y de que los estudiantes se estaban uniendo a la rebelión contra España. Ante esta situación, Valmaseda llegó a prohibir que se expidieran algunos títulos doctorales en la Universidad, y es posible que la actitud universitaria en general estuviera muy relacionada con el fusilamiento de los ocho estudiantes de medicina que tuvo lugar el 27 de noviembre de ese mismo año.

Durante el período republicano, la Universidad de La Habana dio sus primeras señales de rebeldía en el año 1923, cuando los estudiantes protestaron airadamente contra la corrupción imperante en el gobierno del momento. Más tarde, en 1927, la Universidad dio nuevas muestras de actividad en las cuestiones políticas, pues cuando el gobierno del General Machado reformó la Constitución para asegurarse la continuidad en el poder, en la Universidad de La Habana se creó el primer Directorio Estudiantil Universitario a fin de luchar contra la ilegal y arbitraria medida. Más tarde, el 30 de septiembre de 1930, los estudiantes organizaron una protesta pacífica, y al ser agredidos violentamente por la policía del tirano, resultó muerto Rafael Trejo, que era el Vice-Presidente de la Asociación de Estudiantes de Derecho.

La lucha universitaria contra la tiranía machadista continuó ocasionando víctimas entre los estudiantes, pero bajo la dirección del segundo Directorio Estudiantil, la rebeldía se mantuvo vigorosa hasta la caída del régimen de Machado. Los miembros de este segundo Directorio tuvieron una participación activa en las actividades políticas de los años siguientes, y los estudiantes se mantuvieron vigilantes, siempre en defensa de la libertad y de los intereses del pueblo, realizando esporádicas protestas y manifestaciones públicas por todo el resto del período republicano.

Durante el gobierno dictatorial de Fulgencio Batista, que se extendió desde 1952 hasta 1959, los estudiantes se mostraron particularmente activos, amparados en parte por la autonomía universitaria. Inclusive llegaron a tomar una participación muy directa en el ataque al Palacio Presidencia del día 13 de marzo de 1957, cuando perdió la vida el líder estudiantil José Antonio Echevarría.

Conociendo estos antecedentes, Fidel Castro y sus colegas comunistas comprendieron desde el primer momento que para llevar a cabo sus planes de subversión total del orden democrático y de supresión absoluta de las libertades públicas y de los derechos humanos, tenían que comenzar por someter a la Universidad de La Habana. Los ataques contra la misma comenzaron el propio año 1959. El primero de estos ataques se produjo tan temprano como febrero de ese año, cuando unos cuantos profesores y varios miembros de la Federación Estudiantil Universitaria (FEU), pretendieron ocupar por la fuerza la Universidad, alegando que era necesario «depurarla y reformarla». Además de su improcedencia absoluta desde todos los puntos de vista, la medida era innecesaria, puesto que ya las propias autoridades universitarias habían iniciado un serio proceso de depuración, y dentro del propio seno de la Universidad se habían propuesto reformas muy pertinentes al sistema universitario.

Habiendo fracasado este primer intento de apoderarse de la Universidad, elementos partidarios del gobierno iniciaron una campaña contra la autonomía universitaria, que había sido una de las grandes conquistas del estudiantado; y concentraron sus esfuerzos en obtener el control de la FEU. En las elecciones estudiantiles que se celebrarían en octubre de 1959, se presentaron dos candidatos a la presidencia de la FEU. Uno era el estudiante de Ingeniería Pedro Luis Boitel, que tenía el apoyo de los estudiantes anti-comunistas, y el otro, el Comandante del Ejército Revolucionario Rolando Cubelas, que era estudiante de medicina. Como las simpatías del estudiantado estaban a favor de Boitel, el gobierno utilizó toda clase de presiones, incluyendo una conminación pública a nombre de la unidad revolucionaria por parte del mismo Fidel Castro, para lograr que Boitel renunciara a sus aspiraciones, a fin de que el Comandante Cubelas pudiera ser el próximo Presidente de la FEU. Con el apoyo del gobierno, muchos de cuyos miembros expresaron públicamente sus simpatías por Cubelas, éste resultó electo Presidente de la FEU en unas elecciones muy desanimadas, con lo que el gobierno tuvo en sus manos el medio adecuado para obtener el control de la Universidad.

Los estudiantes Alberto Müller y Juan Manuel Salvat se convirtieron en los líderes de la lucha ideológica del estudiantado universitario contra el comunismo y en defensa de la democracia y de la libertad. Esta lucha se libraba principalmente en las páginas de los periódicos estudiantiles «Trinchera» y «Aldabonazos». Cuando en febrero de 1960 el Vice-Primer Ministro de la URSS visitó La Habana, colocó una corona de flores, con los emblemas de la hoz y el martillo, ante la estatua de José Martí en el Parque Central. Inmediatamente después, Müller, Salvat y un grupo numeroso de estudiantes realizaron un acto de desagravio ante la misma estatua, colocando allí un arreglo floral con una bandera cubana. Esto trajo como consecuencia un ataque físico de parte de la porra comunista, en el que hubo hasta disparos de armas de fuego, y una vez que los estudiantes fueron dispersados, se produjo la detención de Müller, Salvat y algunos otros estudiantes, bajo la acusación de contrarrevolucionarios. El propio Rolando Cubelas organizó una campaña para expulsar a Müller y a Salvat de la Universidad, pero la misma no tuvo éxito por falta de apoyo entre los estudiantes, que albergaban sentimientos profundamente anticomunistas. Como consecuencia, un grupo de porristas partidarios del comunismo, la mayoría de los cuales no eran estudiantes, expulsaron físicamente de las áreas universitarias a Müller, Salvat, Fernández Travieso y otros estudiantes.

El 20 de abril de 1960, las Federaciones Estudiantiles de las tres Universidades oficiales entonces existentes, las de La Habana, Las Villas y Oriente, les pidieron al Gobierno Revolucionario, a los Consejos Universitarios y al estudiantado cubano en general, la creación de un Consejo de Enseñanza

Superior para que organizara y coordinara la enseñanza universitaria en toda la nación. En definitiva, éste fue sólo un intento más de obtener el control de la Universidad, que fracasó por falta de apoyo.

Las autoridades universitarias, por su parte, no habían permanecido ociosas. Habían procedido a constituir un sistema de Tribunales mixtos de profesores y estudiantes en todas las escuelas para juzgar a los profesores, a los estudiantes y a los empleados que fueran formalmente acusados de haber cooperado con el régimen anterior. Cada uno de estos tribunales estuvo asesorado por un Profesor de la Facultad de Derecho o de la de Ciencias Sociales y Derecho Público. Los fallos emitidos por dichos Tribunales habían sido susceptibles de apelación ante un Tribunal Superior integrado por los trece Decanos y los respectivos Presidentes de las Asociaciones de Estudiantes. Contra las decisiones de este último Tribunal se había podido apelar ante los Tribunales de Justicia.

Mientras se realizaban estas actividades, se habían formado Comisiones Paritarias de Reforma en cada Escuela de la Universidad, integradas, en base a elecciones, por Delegados de los profesores y los estudiantes. Estas Comisiones habían estudiado la situación de cada Facultad y habían analizado todos los problemas y propuesto modificaciones en los planes de estudio de cada una de ellas. Se había creado también una Comisión Mixta Superior de Reformas para coordinar todas estas labores, y para revisar los Estatutos Universitarios, la cual estaba integrada, en forma también paritaria, por profesores y estudiantes. En octubre de 1959, esta Comisión editó un folleto donde se explicaba toda la labor realizada, el cual obtuvo la aprobación unánime de todos los profesores, estudiantes y graduados que opinaron sobre el mismo, incluyendo a los propios dirigentes de la FEU. Entre las reformas acordadas se incluía el establecimiento del co-gobierno universitario por profesores y estudiantes; y como todas estas medidas habían sido debidamente aprobadas por las autoridades universitarias, se esperaba tan sólo por la modificación de la Ley Docente por parte del Gobierno para que pudieran entrar en vigor. Como consecuencia, no era posible acusar ni a la Universidad ni a sus profesores de falta de cooperación con el espíritu de cambio y de progreso, ni de enquistamiento e intransigencia en la conservación de los viejos sistemas.

De nada valió, sin embargo, toda esta actividad, realizada con la mayor buena fe por las autoridades universitarias. El Gobierno Comunista continuaba sus planes para lograr el control completo de la Universidad. En el mes de mayo del año 1960, el Profesor de la Escuela de Derecho Aureliano Sánchez Arango asistió al Segundo Congreso Pro-Democracia y Libertad que se celebró en Caracas, Venezuela, y en su intervención señaló el peligro comunista que se cernía sobre la nación cubana. A su regreso a Cuba, el Dr. Sánchez Arango y sus acompañantes fueron atacados por porras comunistas en el aeropuerto. Sin embargo, los miembros de la FEU sostuvieron que los agresores habían sido los partidarios de Sánchez Arango, y pidieron que las autoridades universitarias lo separaran de su cátedra, advirtiendo que «si la autonomía de la universidad entorpece el camino de la revolución, la autonomía tiene que desaparecer». La Facultad de Derecho, de la cual era miembro el Profesor Sánchez Arango, y el Consejo Universitario, rechazaron la solicitud de la FEU, pero para tratar de resolver la situación, el Consejo le concedió una licencia al Profesor acusado.

Viendo que los ataques indirectos no producían el efecto deseado de someter a la Universidad, y que las autoridades universitarias defendían sus posiciones con el amparo de la justicia y de la dignidad, el régimen comunista decidió lanzar un ataque frontal definitivo. Utilizando, como siempre, a estudiantes exaltados que prestaban su apoyo incondicional a la maniobra, ese ataque comenzó con un pretexto baladí el 13 de junio de 1960 en la Escuela de Ingeniería Eléctrica. Uno de los profesores de esta escuela, que buscaba un aula para celebrar un examen ya que la suya estaba ocupada por otro profesor, rechazó el aula de dibujo, expresando que la misma no era apropiada para garantizar la pureza del acto. Inmediatamente, el estudiante Luis Blanca insistió airadamente en que se utilizara esa aula, manifestando que si ello no se hacía él suspendería el examen. Los estudiante Blanca y José Rebellón procedieron momentos después a insultar al profesor, y le exigieron que en el acto renunciara a su cátedra.

Como consecuencia de estos hechos, la Asociación de Estudiantes de Ingeniería decidió expulsar a los dos profesores que habían estado relacionados con el incidente, y convocó a un Concurso para cubrir las dos plazas «vacantes», el cual sería decidido por un tribunal compuesto exclusivamente por estudiantes. A pesar de que el Consejo Universitario declaró que esa Convocatoria era totalmente ilegal, los estudiantes continuaron adelante con su plan, y adjudicaron las dos plazas a las personas que ellos tuvieron por conveniente. Como el Consejo Universitario se negó a convalidar la actuación ilegítima y absurda de los estudiantes de Ingeniería, la FEU retiró su representación del mismo y de todos los demás órganos del gobierno de la Universidad, y el 1o. de julio publicó un Manifiesto contra los profesores universitarios en general, plagado de los más soeces insultos. A este Manifiesto contestaron los miembros del Consejo Universitario con otro mesurado y sereno, donde reivindicaban los valores tradicionales de la Universidad y aclaraban con todo detalle la situación que se había planteado. Los Claustros de la diversas Facultades respondieron también al Manifiesto de los estudiantes, y los de Ingeniería, Derecho, Medicina y Ciencias Comerciales lo hicieron con las palabras más enérgicas y claras. Los líderes de la FEU contestaron con un segundo manifiesto, todavía más insultante y ofensivo que el anterior, acusando al Consejo Universitario y a los profesores de adolecer de todos los defectos y limitaciones imaginables en una persona dedicada a la enseñanza. El 13 de julio de 1960, los Claustros de las Facultades volvieron a responder individualmente, y otra vez fueron los de las Facultades de Derecho, Ingeniería y Ciencias Comerciales los que mostraron una actitud más firme y más enérgica. Al siguiente día, el Consejo Universitario produjo una última declaración negándose a contestar en detalle el segundo Manifiesto de los estudiantes, por la forma ofensiva e insultante en que el mismo estaba redactado, y limitándose a ratificar ante el pueblo de Cuba lo que había expuesto en su respuesta anterior.

El mismo día 14 de julio de 1960 la Asociación de Estudiantes de Derecho ocupó violentamente los locales de esa Escuela, a la vez que acordaba la «destitución del cuerpo profesoral de la misma». El siguiente día 15 de julio, un reducido grupo de profesores que ya se habían plegado completamente, y una turba de personas armadas, la mayoría de las cuales no eran ni siquiera estudiantes, crearon un Junta Superior de Gobierno para sustituir al Consejo Universitario.

Esta Junta Superior de Gobierno así arbitrariamente designada, disolvió por sí y ante sí el Consejo Universitario, e inmediatamente formó para cada una de las Facultades una Junta de Gobierno, las cuales estaban compuestas solamente por dos personas, algunas totalmente ajenas a la Universidad, y todas incondicionalmente adictas al régimen. Los Profesores de la Escuela de Derecho tomaron el acuerdo de protestar contra la ocupación de su edificio y pedir que el mismo fuera devuelto al Claustro de sus Profesores, y el Claustro de Profesores de la Escuela de Ciencias Comerciales también tomó un acuerdo declarando que solamente reconocía a las autoridades universitarias legalmente constituidas. En respuesta a estas decisiones, la espúrea Junta Superior de Gobierno decidió suspender de empleo y sueldo, e iniciarles expedientes de separación a un gran número de profesores de las Facultades de Ingeniería y Ciencias Comerciales, así como a 19 de los de la Facultad de Derecho.

La táctica que siguió, generalmente, el Gobierno Comunista para llevar a cabo sus usurpaciones fue la de crear primero situaciones arbitrarias y violentas, para después convalidar los hechos consumados si estimaba llegado el momento. Esto fue precisamente lo que ocurrió en el caso de la Universidad de La Habana. Un grupo de estudiantes exaltados, actuando algunas veces bajo la dirección de altos personeros del régimen, y teniendo siempre el apoyo de grupos comunistas que con frecuencia amenazaban con la violencia, llevaron a cabo la ocupación y tomaron el control físico de la Universidad. Más tarde, el Gobierno legalizó esta situación y convalidó los actos ilegales, ejecutados arbitraria y violentamente.

En efecto, un mes y medio después de consumada la usurpación y de realizada la ocupación de la Universidad, el día 4 de agosto de 1960, el Gobierno Comunista dictó la Ley número 859, por la cual se legitimó la creación de la Junta Superior de Gobierno de la Universidad de La Habana, y se le entregó, oficialmente, el manejo de la Universidad de La Habana. En la mencionada Ley se reconoció a la Junta Superior de la Universidad de La Habana, constituida el 15 de julio de 1960 «para asumir provisionalmente la dirección y gobierno» de la Universidad, y se le confirió «valor legal y plena eficacia y efectos jurídicos a todos los acuerdos y disposiciones» que esa Junta había adoptado desde su constitución, así como también «a los que adopte y dicte en lo sucesivo». Unos meses más tarde, el gobierno se aseguró el control directo sobre las tres Universidades oficiales que entonces existían. El 31 de diciembre de 1960, se creó el Consejo Superior de Universidades para que, bajo la dirección del Ministro de Educación, gobernara las Universidades de La Habana, Las Villas y Oriente. Con la promulgación de estas medidas arbitrarias, el gobierno comunista suprimió la autonomía universitaria, abolió el nombramiento de los profesores por concurso-oposición y eliminó la libertad de cátedra, a la vez que le puso fin a una etapa gloriosa de la historia de la Universidad de La Habana. Una etapa en que esta Universidad se ganó el respeto y la admiración de todos los cubanos, tanto por la excelencia de sus actividades académicas como por sus contribuciones a la defensa de la libertad, la justicia y los derechos ciudadanos.

LA CAMPAÑA DE ALFABETIZACIÓN

Una vez que el gobierno se apoderó de la Universidad, le quedó expedito el camino para continuar el proyecto de someter a su control todas las instituciones docentes del país. Por consiguiente, el gobierno arreció su campaña para agigantar las deficiencias educacionales del pasado, y para convencer a todo el mundo de que los problemas educativos cubanos eran catastróficos, y necesitaban un urgente y radical tratamiento. Como era natural, se comenzó por poner un énfasis especial en evidenciar los desmanes cometidos en el área educacional por los personeros del anterior régimen, y en acentuar la magnitud del problema del analfabetismo.

Desde el momento en que los miembros del llamado Ejército Revolucionario habían llegado a La Habana y tomado posesión de las instituciones militares, había comenzado en las mismas una campaña que se llamó «Campaña de Alfabetización de las Nuevas Fuerzas Armadas», Sin embargo, pronto se hizo evidente, y comenzó a ser comentado entre la población, que el propósito de estas actividades era el de extender y afirmar entre los miembros de las fuerzas armadas las nuevas ideas de orientación marxista que inspiraban al régimen que había llegado al poder.

Todo parece indicar que en aquel momento el analfabetismo alcanzaba en Cuba entre un 15 y un 20 por ciento de la población. Un miembro del Gobierno Revolucionario, el Comandante Antonio Núñez Jiménez, que por sus ideas marxistas estaba interesado en dramatizar los problemas de Cuba, había dicho antes de la Revolución que el analfabetismo cubano alcanzaba al 22 por ciento. De todas formas, desde los primeros momentos, el Gobierno y su principal vocero, Fidel Castro, afirmaron que en Cuba había un 40 por ciento de analfabetos, y que como consecuencia de esto había que realizar una gran campaña de alfabetización.

Aunque la alfabetización en algunas zonas rurales había comenzado en el mismo año 1959, esto se hizo al principio con maestros y personal voluntario. Sin embargo, en 1961 se llevó a cabo una operación en gran escala, en la cual se concentraron todos los esfuerzos y se invirtieron, prácticamente, todos los recursos de la nación. Inmediatamente después de conjurado el peligro que representó para el gobierno comunista la Invasión de Bahía de Cochinos, en el propio mes de abril de 1961, se interrumpieron y se dieron por terminadas todas las clases en el territorio nacional, y la educación formal estuvo paralizada casi todo un año, puesto que las clases no se reiniciaron hasta el mes de enero de 1962. Este período de tiempo fue llamado «año de la educación», aunque en realidad lo único que se hizo fue implementar el programa alfabetizador ideado por el gobierno.

En este programa intervinieron cerca de 300.000 personas. Las brigadas que se llamaron «Conrado Benítez» estaban integradas por más de 100,000 jóvenes que se reclutaron en todas las escuelas del país, para que se unieran, en calidad de «voluntarios», al programa de alfabetización. Los «Alfabetizadores Populares», estaban formados por más de 120,000 adultos voluntarios. Los «Trabajadores Brigadistas Patria o Muerte», fueron unos 15,000 trabajadores que se enrolaron «voluntariamente» en el plan. Y, además, intervino también un grupo llamado «Maestros Brigadistas», que estaba integrado por alrededor de 35,000 maestros, los cuales fueron los únicos técnicos en materia educativa que tomaron parte en estas actividades. En diciembre de 1961, Fidel Castro declaró que Cuba era un «territorio libre de analfabetismo», y afirmó que en la campaña alfabetizadora se había enseñado a leer y a escribir a un millón de personas. Sin embargo, más tarde el propio gobierno reconoció que sólo habían quedado verdaderamente alfabetizados un poco más de 700 mil analfabetos, y que el resto, hasta completar el millón, había fracasado en los esfuerzos por adquirir algún nivel educativo. De todo esto se deduce que las mismas cifras del gobierno confirmaron que en Cuba, en realidad, había solamente alrededor de un 15 por ciento de analfabetos, ya que la campaña alcanzó sólo a un millón en una población que se estimaba entonces alrededor de los 7 millones de habitantes.

Uno de los beneficios que esta campaña de alfabetización tuvo para el régimen comunista fue la de que, al terminar la misma, el gobierno tenía el control más absoluto sobre la educación pública en Cuba. Como obtener ese control había sido uno de los primeros objetivos del gobierno, el mismo consideró que la campaña alfabetizadora había rendido magníficos frutos.

LA INCAUTACIÓN DE LAS ESCUELAS PRIVADAS.

En Cuba la instrucción primaria estaba inspirada, de acuerdo con las Constituciones de 1901 y 1940, en los principios de la gratuidad y la obligatoriedad. Para impartir esta instrucción el artículo 51 de la Constitución de 1940 garantizó la existencia de la educación privada conjuntamente con la pública. Las leyes cubanas, siguiendo las prescripciones de este artículo, regularon la educación privada, disponiendo que la misma estuviera organizada, dirigida técnicamente y supervisada por el Ministerio de Educación.

Al amparo de esta legislación, en 1959 existían en Cuba más de 1,300 escuelas privadas, incluyendo tanto las laicas como las de orientación religiosa. Aunque entre estas últimas había muy buenas escuelas protestantes, la gran mayoría de las escuelas religiosas eran obra de las casi sesenta congregaciones católicas que funcionaban en Cuba, y que con gran dedicación y amor habían contribuido grandemente a difundir y mejorar la educación en la Isla, y a inculcar en la población los más elevados principios morales. Las escuelas privadas se dedicaban principalmente a la educación primaria, pero muchas de ellas ofrecían también educación al nivel secundario, y aun llegaron a existir varias universidades de carácter privado. Estas universidades se crearon al amparo de la Constitución de 1940 y de la Ley de Universidades Privadas de 20 de diciembre de 1950. La primera de ellas fue la Universidad Católica de Santo Tomás de Villanueva, que fue fundada por los Padres Agustinos en 1946, y que llegó a tener una excelente biblioteca pública, y magníficos laboratorios y museos. También existieron, aunque no todas completamente desarrolladas, la Universidad José Martí, la de San Juan Bautista de La Salle, la Masónica, la de Candler y la de Belén.

Algunas de las escuelas privadas de Cuba estaban completamente dedicadas a brindarles enseñanza gratuita a los estudiantes pobres, y en casi todas las demás existía una apropiada cantidad de becas y medias becas para los alumnos cuya economía no les permitía pagar su matrícula en todo o en parte. En ninguna de ellas se discriminaba a ningún estudiante por razones de raza, color, posición social, religión u otro motivo.

Un gobierno de naturaleza totalitaria, inspirado en la filosofía marxista, como el que pretendía establecer, y en definitiva estableció, el nuevo régimen cubano, no podía permitir la existencia de una educación privada tan desarrollada. Por eso, mientras que con la campaña de alfabetización se aseguraba la toma de control sobre las escuelas públicas, el gobierno revolucionario ponía también sus ojos en la escuela privada.

Desde el mismo año 1959 se habían venido realizando actos de hostigamiento contra algunas escuelas privadas, casi siempre encaminados a tomar el control de las mismas. A mediados del citado año, por ejemplo, un grupo de profesores del colegio Baldor de La Habana plantearon un problema laboral, con el cual pretendieron, inclusive, apoderarse de la administración del plantel. Este problema, como algunos otros de similar intento, fue resuelto sin mayores consecuencias, pero sin embargo, fue un antecedente y una indicación bien clara de lo que habría de venir después.

Aunque los ataques verbales a las escuelas privadas, especialmente a las religiosas, por parte de algunos extremistas impacientes, y hasta de ciertos personeros del gobierno, eran bastante frecuentes, los mismos eran catalogados por el régimen y sus defensores, como iniciativas personales. Sin embargo, ya en los últimos meses de 1959 se dictó el Decreto 2099, que establecía controles a la enseñanza privada mucho más estrictos que los que se habían aplicado con anterioridad, y que, además, limitaba su pleno ejercicio, imponiéndole la obligación de desarrollar los mismos programas de formación socialista que se estaban comenzando a aplicar en las escuelas públicas.

De todas formas, esas acusaciones contra los colegios privados, que muchas veces eran hechas con el pretexto de ser denuncias contra el clero extranjero, y que se hacían provenir de fuentes privadas, se hicieron por fin acusaciones públicas. Por otra parte, los ataques que al principio se fingían como iniciados por grupos no oficiales que actuaban por su cuenta en defensa de la revolución, se convirtieron ahora en ataques directos por parte del gobierno. El día 4 de febrero de 1961, el entonces Presidente de la República, Osvaldo Dorticós Torrado, declaró que era inaceptable la «neutralidad política» entre los educadores, con lo cual estaba anunciando que muy pronto se tomarían medidas tendientes a unificar y controlar en su totalidad la educación privada.

Inmediatamente después de esas declaraciones, se procedió a realizar la intervención esporádica de algunas escuelas, y hubo maestros que fueron destituidos bajo presiones provenientes de diferentes sectores. Sin embargo, no fue sino hasta diez días después de la declaración de Dorticós, o sea el 14 de febrero de 1961, cuando el gobierno comenzó una intervención más metódica de los colegios católicos. El 2 de marzo de ese año el Ministro de Educación, Armando Hart Dávalos, que había sido educado por cierto en un colegio privado en Matanzas, acusó a los colegios católicos de fomentar la contrarrevolución, y el día 4 de ese mismo mes, el propio Fidel Castro, que había hecho toda su educación primaria y secundaria en escuelas privadas católicas, acusó a la Iglesia Católica de ser contrarrevolucionaria. A partir de este momento, la situación se fue haciendo insostenible para la mayoría de las escuelas privadas que no habían sido intervenidas. Muchos de los propietarios y de los directores de colegios privados, y especialmente los profesores extranjeros que habían estado enseñando en los mismos, comenzaron a tratar de abandonar la isla. Algunos lo hacían por decisión propia ante la imposibilidad de realizar libremente su misión, y otros por la presión que ejercían sobre ellos los grupos para-gubernamentales que los hostigaban constantemente.

La invasión que tuvo lugar por Bahía de Cochinos el 17 de abril de 1961 le ofreció al gobierno comunista la oportunidad de incrementar los ataques contra los colegios privados. Como es sabido, en esa oportunidad el gobierno llevó a cabo una redada de gigantescas proporciones, en la cual miles y miles de cubanos, a lo largo de toda la isla, fueron conducidos en masa por la fuerza a determinados lugares previamente designados, con el objeto de evitar que la población les brindara a los invasores ningún tipo de apoyo. Naturalmente, en esta redada se incluyeron los Directores y Maestros de la mayoría de las escuelas privadas de la República. La medida incluyó de manera especial a los educadores que pertenecían a instituciones u órdenes religiosas, como los Hermanos de La Salle, los Hermanos Maristas, los Padres que enseñaban en los colegios jesuitas, y las monjas de la gran variedad de institutos católicos que se dedicaban a la educación. Estos maestros así detenidos, y en algunos casos llevados a las cárceles de la República, fueron objeto de insultos y vejaciones. Sin embargo, como la orden final de incautación no se había dictado todavía desde la más alta esfera, cuando el peligro representado por la invasión fue conjurado, los Maestros fueron puestos en libertad y muchos de ellos retornaron a sus colegios o lugares de residencia.

Esta aparente restitución, sin embargo, duró muy poco tiempo. El 1o. de mayo de ese mismo año 1961, en un famoso discurso pronunciado en la Plaza de la República, Fidel Castro afirmó que era, había sido y continuaría por siempre siendo comunista, declarando que Cuba se convertiría en la primera nación socialista del nuevo mundo. En ese mismo discurso, el líder máximo de la revolución anunció que todas las escuelas privadas serían nacionalizadas, y que los sacerdotes extranjeros que fueran Maestros serían expulsados del país.

Amparados en estas palabras de un discurso, sin que se hubiera dictado ninguna disposición oficial al respecto por parte del gobierno, inmediatamente comenzaron las incautaciones ilegales de las escuelas privadas. Muchos Directores y Maestros fueron llevados a prisión, y todos ellos, sin excepción alguna, fueron obligados a abandonar los centros educacionales a los que pertenecían, en los cuales la mayoría tenía su residencia. En algunos colegios se levantaron actas para dejar constancia de las incautaciones, así como de los bienes de los que las autoridades tomaban posesión. En otros no se siguió formalidad alguna, y las incautaciones fueron llevadas a cabo simplemente como hechos consumados.

Los confiscadores comenzaron inmediatamente a actuar como si fueran dueños absolutos de todo lo que había caído en su poder. Las bibliotecas, que en la mayoría de los casos estaban muy bien organizadas y contenían grandes cantidades de libros, fueron trasladadas de uno a otro sitio, mezcladas las unas con las otras, y muchos libros y materiales de todo tipo fueron estropeados, desechados o destruidos intencionalmente. Puede decirse que entre el primero y el 5 de mayo de 1961 todos los colegios privados que había en Cuba fueron confiscados ilegalmente, y que en esos días terminó definitivamente la enseñanza privada en toda la nación, por medidas tomadas mediante la fuerza y sin apoyo legal alguno.

Las confiscaciones, sin embargo, no se formalizaron legalmente hasta que, un mes después de que las medidas habían sido tomadas, se promulgó la Ley de Nacionalización de la Enseñanza, de 6 de junio de 1961, que fue publicada el siguiente día 7 en la Gaceta Oficial de la República. En el primer artículo de la mencionada Ley se declaró que la función de la enseñanza correspondía sólo al

Estado, y en el artículo segundo se oficializaron las confiscaciones llevadas a cabo. En ese artículo se consigna que «se dispone la nacionalización y, por consiguiente, se adjudican a favor del Estado cubano, todos los centros de enseñanza que, a la promulgación de esta Ley, sean operados por personas naturales o jurídicas privadas, así como la totalidad de sus bienes, derechos y acciones que integran los patrimonios de los citados centros». Los redactores de la medida, sin duda alguna, no se dieron cuenta de que la Ley que se promulgaba era inaplicable por falta de objeto. A la promulgación de la Ley ya no existía en Cuba ningún centro de enseñanza que estuviera «operado por personas naturales o jurídicas privadas». Todos estaban ya en poder del gobierno, quien se había apoderado de ellos en forma completamente arbitraria e ilegal.

Al amparo y con el pretexto de estas medidas, las cuentas bancarias privadas de estos colegios, incluyendo muchas veces las cuentas particulares de sus propietarios, fueron congeladas y en definitiva confiscadas también por el gobierno. Los locales de muchos colegios fueron destinados a menesteres muy alejados de la educación. Como ejemplo se puede citar el del Colegio que tenían los Hermanos Maristas en La Habana, que pasó de ser un magnífico centro de educación de los jóvenes a sede de uno de los organismos represivos más temidos del régimen, donde las aulas en que antes se impartía educación y se enseñaba a amar a Dios, a la familia y a la Patria, se convirtieron en locales donde se hacinan los detenidos y donde muchas veces se les somete a bárbaras torturas físicas y sicológicas.

Muchas otras escuelas fueron convertidas en locales de los temidos Comités de Defensa de la Revolución, una de las organizaciones que, como se indica en el capítulo IX, utiliza el régimen para espiar y mantener bajo control a toda la población de la República. Los edificios que tenían los Hermanos de la Salle en Santa María del Rosario fueron destinados inicialmente a cuartel de artillería. La magnífica biblioteca de la Universidad de Villanueva, que contenía miles de volúmenes de gran valor, fue destruida casi en su totalidad. La Capilla del Colegio de la Salle del Vedado fue transformada en un dormitorio para niños becados. Y la Capilla del Colegio Protestante Candler fue transformada en un salón para reuniones de los Pioneros del Partido, y para enseñar danzas y cantos comunistas, en los cuales muchas veces se hacían burlas a Dios y a la religión.

El resultado final de todas estas medidas y actividades fue que en lo sucesivo el gobierno comunista tuvo bajo su completo control la totalidad de la enseñanza en Cuba. Esto le facilitó el camino a la implantación en la isla de los métodos y las técnicas de enseñanza que se habían desarrollado con anterioridad en la Unión Soviética y en los países comunistas de Europa del Este. Con estos métodos y estas técnicas el gobierno comunista emprendió la tarea de utilizar la educación para propagar e imponer las ideas socialistas, con el propósito de crear el ansiado «hombre nuevo», que siempre ha sido el sueño de los regímenes totalitarios marxistas.

LA EDUCACIÓN SOCIALISTA

El sistema totalitario comunista es un sistema contrario a la naturaleza humana. El hombre, por lo mismo que junto a su parte material posee un componente espiritual, tiene necesidades y apetencias que el materialismo marxista no puede satisfacer. Los regímenes totalitarios, por lo mismo que quieren controlar todos los aspectos de la vida, invaden la esfera y el campo que el ser humano necesita y busca para desarrollar su propia individualidad. Por otra parte, al producirse la hipertrofia del Estado, instituciones intermedias como la familia, que son esenciales para el desarrollo de la persona humana, se ven reducidas y relegadas a un segundo plano, al resultar ignoradas y hasta combatidas. La única forma de mantener la vigencia de un sistema organizado en esos términos, tan contrarios a los reclamos de la naturaleza, es la de mantener constante presión sobre cada uno de los miembros de la sociedad, y usar la violencia represiva cada vez que se produce algún brote de inconformidad o de rebeldía.

El comunismo atribuye a hábitos burgueses los que son exigencias de la naturaleza del hombre, por eso se afana por crear nuevos hábitos y producir un cambio en la mentalidad de los individuos, a fin de transformar sus deseos y sus aspiraciones. Esta es la razón por la cual todos los regímenes comunistas, el de Cuba, por supuesto, también incluido, tienen como objetivo principal la creación de lo que ellos llaman «el hombre nuevo».

Todo el interés que el gobierno comunista cubano ha mostrado en la educación, y todos los esfuerzos que ha realizado en ese campo, han estado inspirados por el deseo de cambiar la mentalidad de las personas y crear un «nuevo hombre socialista». Si ha organizado la educación de manera diferente, si ha creado nuevas escuelas y si ha tratado de extender la educación a todas las esferas sociales, lo ha hecho solamente como un medio para propagar sus ideas e imponérselas a todos los ciudadanos, presentándolas como la mejor y la única opción.

En realidad, al gobierno comunista cubano no le interesa la educación *per se*, y tener ciudadanos con un grado mayor o menor de instrucción no es algo que le preocupa de manera directa. El principal objetivo de toda operación educativa que realiza ese gobierno es el de implantar y mantener vigentes las ideas socialistas y comunistas. Los beneficios educativos y la mayor ilustración que pueda adquirir el pueblo son efectos secundarios que se producen de manera indirecta.

LA MOVILIZACIÓN.

Uno de los elementos que ha formado siempre parte de la educación socialista en Cuba ha sido el de la movilización. Desde la primera campaña educativa que organizó el gobierno de la revolución, que fue la de la alfabetización, la movilización ha estado siempre presente. En aquella ocasión se movilizaron a los maestros, a los estudiantes, y a los obreros que tenían alguna preparación, para llevarlos al campo masivamente a alfabetizar a los campesinos. La creación de campamentos para los jóvenes ha incluido igualmente, y de manera muy principal, el elemento de la movilización. Y este factor ha estado también presente en los sistemas de «la escuela al campo», «la escuela en el campo» y las becas socialistas que ha establecido el gobierno.

La razón principal para asociar siempre la educación con el elemento de la movilización es que los comunistas saben perfectamente que la persona que se saca del ambiente natural donde vive, y los niños y jóvenes que se separan de su familia y de sus amigos y compañeros, se hacen más débiles y más vulnerables ante la imposición de nuevas ideas. En el caso de los niños, hay que considerar, además, que cuando se les separa de la familia, pierden todo punto de apoyo, y quedan totalmente indefensos y a merced de las nuevas ideas que se les imponen. Y no hay que olvidar que las movilizaciones educativas que realiza el sistema comunista cubano, están siempre relacionadas con el trabajo y la producción, de manera que las mismas se aprovechan para obtener de los estudiantes un trabajo completamente gratuito, ya que por el mismo no se les entrega remuneración alguna.

ESCUELA Y TRABAJO

Según la filosofía marxista con la que se ha identificado el régimen comunista cubano, las relaciones de producción que se establecen en la sociedad son la base determinante de todas las demás relaciones y de todas las actividades sociales. De acuerdo con esta filosofía, la educación en los regímenes democráticos se falsea y se altera, porque se separa de la base productiva de la nación. Estas ideas, que son las que determinan los principios en los cuales se basa la educación socialista, han inspirado la mayoría de los cambios que el régimen comunista ha introducido en la educación cubana.

Desde el momento en que el gobierno comunista tuvo en sus manos el control sobre la educación cubana, comenzó a insistir en que la misma debería estar orientada hacia la tecnología. Como consecuencia de esto, todas las escuelas secundarias de la Isla fueron convertidas en escuelas técnicas, inclusive las escuelas especializadas como, por ejemplo, las Escuelas Normales donde se preparaban los maestros del futuro. A partir de entonces la formación de los maestros se realizó en unos cuantos centros que se encontraban en las provincias de La Habana, Las Villas y Oriente. Según el sistema entonces establecido, el primer año de estudios se llevaba a cabo en un campamento establecido en Minas de Frío, en la Sierra Maestra. A continuación, los estudiantes pasaban dos cursos en Topes de Collantes, después de los cuales estaban ya capacitados para enseñar en los grados primarios. Antes de poder enseñar en los grados superiores era necesario estudiar en el Instituto Pedagógico Makarenko, que estaba situado en Tarará, en la Provincia de La Habana.

El argumento para convertir las escuelas secundarias en escuelas técnicas fue el de que era necesario crear una fuerza de graduados técnicos capaces de dirigir la producción en las industrias, fábricas y otros centros productivos. Esta idea, que en teoría pudiera parecer atractiva, resultó inútil en la práctica, especialmente ante el fracaso económico del régimen. Las industrias y las fábricas, para las cuales el gobierno pretendía preparar a los estudiantes cubanos, nunca se crearon en cuantía suficiente, como se dice en el capítulo III. La única industria que ha prosperado en la Isla ha sido la industria turística, y la misma no es suficiente para dar ocupación sino a un por ciento muy reducido de cubanos, y además, está en manos de extranjeros, y completamente controlada por ellos. Cuba se ha convertido, fundamentalmente, en un país agrícola, y la mayor parte de la producción que controla el único productor que existe, que es el gobierno, es la producción agrícola. Es por eso que la educación cubana ha tenido que conectarse casi en su totalidad con las cuestiones del campo, y que casi todas las relaciones que el gobierno ha podido establecer entre la escuela y la producción han sido relaciones entre los estudiantes y las actividades campesinas.

LA ESCUELA AL CAMPO.

No puede perderse de vista, sin embargo, que todas las explicaciones ideológicas no han servido para otra cosa más que para justificar medidas en las cuales el gobierno ha estado siempre muy interesado. En los primeros meses de la revolución existió el gran temor de que el gobierno comunista dictara una disposición legal para quitarles a los padres la patria potestad sobre sus hijos, aunque este temor nunca llegó a convertirse en realidad. Sin embargo, cuando se examina con cuidado la cuestión, se comprueba que el gobierno ha logrado efectos similares por otros medios, especialmente a través del sistema educativo que ha implantado en Cuba.

Con el pretexto de vincular la educación a la producción, el régimen comunista estableció el sistema de «la educación al campo». Este sistema sirve varios propósitos. El primero, como se ha dicho más arriba, es el de separar a los hijos de sus padres, y sacarlos de la influencia orientadora que pudieran recibir en el hogar. Con el sistema de «la escuela al campo», los estudiantes de todos los niveles son llevados a las granjas y centros de producción agrícola durante determinados períodos de tiempo, especialmente en las épocas de las siembras o de las cosechas. Esto facilita otro de los propósitos del régimen, ya que, durante esos períodos, los estudiantes quedan completamente bajo la dirección y a merced de los instructores y maestros, los cuales aprovechan la oportunidad para tratar de infundirles las ideas socialistas a fin de crear «el hombre nuevo».

Sin embargo, el gobierno comunista cubano ha dado un paso más hacia la toma de control del estudiantado de la Isla. Aunque el sistema de «la escuela al campo» ha continuado funcionando durante todo el tiempo, se han creado también las llamadas «escuelas en el campo», a las cuales se les ha otorgado toda preferencia.

LA ESCUELA EN EL CAMPO.

Las «escuelas en el campo» comenzaron con los grados séptimo, octavo, noveno y décimo, que son los grados que, en el sistema comunista cubano integran el nivel llamado de Escuelas Secundarias Básicas. Más tarde se fue extendiendo el concepto de «la escuela en el campo» a las Escuelas Secundarias (o sea a las que antes constituían el Bachillerato), a las Universidades, y aun a las Escuelas Primarias.

Generalmente las «escuelas en el campo» constan de uno 500 estudiantes, 250 varones y 250 hembras. Dentro de cada escuela los estudiantes se dividen en dos grupos, también compuestos de varones y hembras. Uno de estos grupos realiza actividades escolares propiamente dichas durante la mañana, en que asiste a seis clases, mientras que el otro sale al campo a trabajar en las labores agrícolas. Por la tarde se invierten las funciones y el grupo que estudió por la mañana es el que va a trabajar al campo, mientras que el que trabajó primero asiste a sus seis períodos de clases durante la tarde. Para terminar el día, los estudiantes deben dedicar tres noches a la semana a realizar labores escolares, y se les conceden dos noches a la semana para recreación. En teoría, los estudiantes deben pasar el fin de semana en sus respectivas casas con sus padres, pero por razones de transporte y de distancias esto no es siempre posible. En consecuencia, si se tiene en cuenta que las «escuelas en el campo» funcionan durante todo el año, se llega a la conclusión de que algunos estudiantes se pasan todo el año en estas escuelas y van a visitar a sus padres en muy pocas ocasiones.

Cuando se examina la vinculación que ha establecido el gobierno comunista cubano entre la educación y el trabajo productivo, básicamente el trabajo agrícola, es fácil llegar a la conclusión de que en la Cuba socialista se les ha impuesto el trabajo obligatorio y gratuito como un deber a todos los estudiantes cubanos. O sea, que se ha terminado con la gratuidad de la enseñanza que existió en Cuba para la Primera Enseñanza bajo todas las Constituciones Republicanas. Según el nuevo orden establecido, los estudiantes cubanos tienen que pagar por su educación trabajando para el gobierno durante la mitad del tiempo. Este sistema se ha implantado, naturalmente, sin tener en cuenta el interés ni los derechos de los estudiantes. El único beneficiado de todo este aparato productivo es el gobierno, porque se aprovecha del trabajo de cientos de miles de estudiantes sin tener que pagarles retribución alguna.

Por otra parte, si cada estudiante debe trabajar media sesión durante cinco días a la semana en forma gratuita para el gobierno, eso significa que cada dos estudiantes están reemplazando a un obrero agrícola que trabajara tiempo completo. Con esto, evidentemente, resulta también perjudicada la clase trabajadora cubana, lo cual se hizo particularmente notable hace unos pocos años, cuando el gobierno dio por terminado el sistema de «empleo total» que había tratado de establecer. En efecto, a la terminación de este sistema quedaron cesantes y sin ingreso alguno cientos de miles de trabajadores, los cuales pasaron a engrosar la nómina de los desempleados, y aumentaron considerablemente la tasa del desempleo en la Isla. Estos trabajadores hubieran podido encontrar trabajo si el gobierno no hubiera sometido a todos los estudiantes cubanos a un sistema de evidente trabajo forzoso.

LAS BECAS.

Un medio de que se ha valido el gobierno comunista para someter y mantener bajo control a los estudiantes en Cuba ha sido el de la organización de un sistema nacional de becas. Todo estudiante que desee realizar estudios avanzados o que pretenda obtener alguna variación en el rígido sistema establecido por el gobierno, debe para ello obtener una beca. Muchas de estas becas van acompañadas de privilegios en lo que se refiere a la obtención de ropa, zapatos, comida y otros artículos necesarios para la vida, lo cual es sumamente importante dada la constante carestía en que vive el pueblo cubano. Además, las becas muchas veces han sido el medio de que se han valido muchos estudiantes para evitar el cumplimiento del servicio militar obligatorio, así como para evitarse el tener que servir en países y circunstancias no deseadas. Y también, las becas eran utilizadas por el gobierno para escoger a los estudiantes que iban a realizar estudios avanzados a los demás países socialistas. Naturalmente, en teoría todas estas becas han sido creadas para ser concedidas a los estudiantes que se destacan por sus logros académicos. Sin embargo, para obtener cualquiera de ellas es necesario demostrar una total adhesión a las ideas y métodos comunistas, y un entusiasmo especial a favor de los mismos.

Para poder juzgar acerca de la adhesión y el entusiasmo de los estudiantes, el gobierno mantiene lo que se llama el «expediente acumulativo del escolar». En este expediente, que es sometido constantemente a revisión a los efectos de mantenerlo actualizado, se toma nota de las actividades tanto académicas como extra-curriculares del estudiante durante todos sus años escolares. A los efectos de mantener estos expedientes al día, a cada estudiante se le somete periódicamente a un interrogatorio, al que los jóvenes cubanos llaman un «cuéntame tu vida», porque en el mismo se les preguntan los detalles más personales de su existencia. Además, los estudiantes son constantemente advertidos y amenazados de que tienen que mantener una conducta de total adhesión al gobierno, porque de lo contrario pudiera resultar que su expediente resultara «manchado» y ellos quedaran impedidos de la posibilidad de obtener becas.

El sistema de las «becas», con su apéndice del «expediente acumulativo», ha sido utilizado por el gobierno para llevar a cabo una flagrante discriminación religiosa a todos los niveles. En los «cuéntame tu vida» de los expedientes acumulativos, las primeras preguntas son sobre la creencia en Dios y sobre las prácticas religiosas del estudiante y de su familia. Una respuesta afirmativa a cualquiera de estas preguntas significa una «mancha» muy seria en el «expediente acumulativo», que se toma muy en cuenta a la hora de otorgar las becas para continuar realizando estudios. En la práctica, no importa cuán brillante pueda ser un estudiante y cuán excelente haya sido su desenvolvimiento académico. Si en algún momento ha mostrado tener cualquier tipo de creencia religiosa, sus posibilidades de obtener una beca han quedado casi totalmente anuladas, y como mejor solución, probablemente tendrá que aceptar un cambio de carrera, ya que hay ciertos estudios, como los sociales, que les están absolutamente vedados a los que no comparten la doctrina materialista y atea del gobierno.

OBJETIVOS PRINCIPALES.

Toda la organización educacional establecida por el régimen comunista cubano persigue en realidad dos objetivos principales. El primero de ellos es el de la propaganda. Sabiendo que la educación es un problema importante en todas las naciones del mundo, y que muy principalmente lo es en los países hispanoamericanos, el gobierno comunista de Cuba ha utilizado su sistema educativo para montar un gran aparato propagandístico. En primer lugar, durante mucho tiempo mantuvo que el analfabetismo había sido eliminado completamente del territorio cubano, aunque después ha tenido que aceptar que en Cuba todavía existen analfabetos. De todas formas el gobierno comunista cubano constantemente presenta su sistema educativo como un modelo que deben seguir los demás países de América Latina, para lograr ellos también eliminar el analfabetismo.

Desde luego, la propaganda comunista cubana se extiende también a los supuestos «logros» que se han alcanzado en Cuba al elevar el nivel general de la educación en todo el país. Sin embargo, aunque pudiera ser cierto que el nivel educacional de los cubanos ha subido como consecuencia del esfuerzo masivo realizado por los comunistas, los llamados «logros» han sido bastante limitados por la interferencia del trabajo obligatorio a que se somete al estudiantado, y por las limitaciones impuestas por este trabajo. A todo lo cual hay que añadir la cuota de dolor que la sustracción de los hijos del seno del hogar ha producido en la sociedad cubana, y el debilitamiento de los valores éticos y morales que el hacinamiento de jóvenes de ambos sexos, sin el freno moral de la religión, ha traído consigo.

Hay que tener en cuenta, además, que en multitud de ocasiones la educación adquirida resulta inútil, por falta de posibilidades para utilizarla en una sociedad cerrada, donde se le niegan oportunidades a toda iniciativa particular. A este efecto resulta interesante la opinión del escritor argentino Jacobo Timerman, según el cual «si es cierto como alega el gobierno que cada cubano sabe leer y escribir, también es cierto que cada cubano nada tiene que leer, y debe cuidarse muy bien de lo que escribe».

El otro gran objetivo de la educación dentro del sistema marxista-leninista cubano es el de la formación ideológica de las nuevas generaciones. En orden de importancia, en realidad este es el primero y fundamental objetivo persegui-do por el aparato educativo del régimen. Y este objetivo es perseguido con tanto denuedo que se puede llegar a afirmar que toda la educación cubana es, en realidad, un gigantesco pretexto para llevar a cabo el adoctrinamiento de la juventud.

Los propulsores del ideario marxista-leninista constatan a cada paso la resistencia que a sus ideas les oponen las aspiraciones y los deseos de propia realización que son inherentes a la naturaleza del ser humano. El apego a la familia, los valores de la amistad, los sentimientos religiosos y la apetencia de toda persona a poseer objetos materiales son enemigos contra los cuales el sistema comunista necesita luchar constantemente.

La lucha ideológica que se lleva a cabo a través de la educación comunista en Cuba la explican los gobernantes como una lucha por desarraigar los viejos métodos y hábitos mentales del sistema individualista. Asimismo, se trata de una lucha por crear sentimientos colectivos, por imponer devoción hacia los intereses del Estado, y por implantar los métodos de trabajo que se derivan de la ideología marxista-leninista. Para lograr estos propósitos, la lucha tiene que extenderse a la creación de un hombre ateo y materialista, desprovisto de toda preocupación de orden espiritual o trascendente, y desentendido completamente de toda idea de tipo religioso. En otras palabras, la lucha de la educación comunista cubana lo que pretende es crear un hombre eminentemente social, esto es un hombre que anteponga los valores colectivos a toda otra considera-ción, y sobre todo, que defienda incondicionalmente, hasta con la propia vida, el gobierno comunista establecido. O sea, que lo que la educación en la Cuba de hoy persigue en realidad es crear «el hombre nuevo».

Una parte importante de la lucha ideológica es la de lograr que los estudiantes aprendan a valorar los intereses colectivos por encima de los intereses particulares. Se trata de crear nuevas generaciones desprovistas de egoísmo, que desprecien el disfrute de las cosas materiales, y que no tengan el sentimiento de la propiedad individual. Nuevas generaciones que tengan un sentido colectivo del trabajo, que no valoren los incentivos materiales, sino que presten su colaboración y su esfuerzo en las labores de la producción a impulsos del sentido colectivo de la cooperación socialista. Nuevas generaciones que reconozcan la necesidad de compartir con la colectividad los productos del trabajo, y que acepten la necesidad de respetar y de respaldar a los líderes de la revolución.

En el orden internacional, la educación comunista pretende crear un hombre que se sienta solidario con las otras naciones, partidos políticos e individuos que compartan la ideología socialista. Naturalmente, aquí se incluye el desprecio y el aborrecimiento hacia el capitalismo y hacia las naciones donde el mismo existe, muy especialmente hacia los Estados Unidos de América, a quien se le considera como el gran enemigo de la felicidad de los pueblos, y el gran culpable de todos los males que aquejan al mundo.

La educación de los jóvenes, según el régimen comunista cubano, no está limitada solamente a la escuela. Todo el aparato social está organizado para moldear la mente de las nacientes generaciones. Esto incluye la televisión, el radio, la literatura, la música, las artes plásticas y todo tipo de recreación y de entretenimiento. En realidad, el régimen trata de envolver a los jóvenes, y en definitiva a toda la ciudadanía, en una atmósfera donde sólo se respire socialismo, y trata de cerrar las puertas a toda otra alternativa o posibilidad. Es que los líderes comunistas cubanos están bien conscientes de que para que el sistema marxista-leninista tenga posibilidades de permanecer, tienen que ganar la mentalidad de las nuevas generaciones. Por eso realizan todos los esfuerzos posibles para ganar la batalla ideológica, o sea para adoctrinar al pueblo en las ideas marxistas. Y por eso han hecho obligatoria en todos los niveles la enseñanza de las asignaturas de Dialéctica Materialista y Socialismo Científico, y los manuales oficiales de enseñanza expresan que el objetivo general de la educación es «fortalecer la concepción científica, materialista-leninista del mundo».

RESULTADOS Y PROYECCIÓN FUTURA.

Después de cuarenta años de educación comunista, puede afirmarse que los esfuerzos educativos del gobierno marxista-leninista cubano han culminado en un fracaso casi absoluto. La realidad es que «el hombre nuevo», tal como lo conciben los comunistas, no ha aparecido por ninguna parte. Todo lo que ha logrado el comunismo totalitario con su sistema educativo y sus separaciones entre padres e hijos ha sido producir el debilitamiento de los fuertes valores familiares que caracterizaron siempre a la sociedad cubana. La tasa de divorcios entre los matrimonios ha aumentado considerablemente, y es alarmante el número de abortos que se practican, especialmenbte entre las adolescentes solteras. El sistema también ha ocasionado una declinación en los principios éticos y las prácticas morales, hasta el punto de que el robo, el «jineterismo», el incumplimiento de los compromisos y el olvido de las obligaciones son muchas veces aceptados como parte de la nueva realidad. A todo esto se refería el Papa Juan Pablo II en su homilía de Santa Clara cuando criticó «la separación de los hijos y la sustitución del papel de los padres a causa de los estudios ... en situaciones que dan por triste resultado la proliferación de la promiscuidad, el empobrecimiento ético, la vulgaridad, las relaciones prematrimoniales a temprana edad y el recurso fácil al aborto».

En estos cuarenta años también se han debilitado muchos de los valores en que se afirmaba la concepción democrática y patriótica que antes imperaba. Los jóvenes cubanos de hoy desconocen en su mayor parte las glorias, los héroes y las grandezas del pasado histórico de su propia Patria. La idea que muchos tienen del Padre Félix Varela, que tanto defendió la libertad y los derechos del hombre, y que tanto se afanó porque los jóvenes cubanos adquirieran una formación cívica y patriótica afirmada en los más altos principios éticos y en las más avanzadas ideas democráticas, es la de que fue un precursor del socialismo. Y el concepto que a muchos se les ha infundido sobre José Martí, que quería una República de amor, comprensión y respeto para todos los cubanos, es el de que fue el inspirador intelectual del ataque al Cuartel Moncada. Son muchos los jóvenes nacidos en Cuba que dicen abiertamente que preferirían no ser cubanos.

Sin embargo, a pesar de esos sentimientos negativos o indiferentes hacia el pasado histórico de la Patria, la inmensa mayoría de los jóvenes cubanos ha rechazado el masivo adoctrinamiento comunista a que han estado sometidos durante todo este tiempo. Únicamente el uso del terror en su grado más elaborado, y la manipulación interesada de todos los recursos sociales por parte del gobierno totalitario que los detenta, le consiguen al régimen la adhesión, muchas veces fingida, de un sector cada vez más reducido de la juventud cubana. La actitud más generalizada entre los cubanos de todas las edades, después de cuatro décadas de adoctrinamiento en el marxismo-leninismo, es la de una cínica y fingida aceptación pública, y un absoluto desprecio en lo interior de las conciencias. Y todo unido a la esperanza de un cambio que le ponga fin definitivamente a este período de falsas consignas y de grandes sufrimientos.

Quizás la más evidente prueba del fracaso de la educación comunista en Cuba es lo que está ocurriendo con la fe religiosa del pueblo. Según fue señalado más arriba, uno de los principales propósitos de esa educación ha sido el de implantar el materialismo y borrar de la mente del pueblo la idea de la existencia de Dios. Sin embargo, es evidente que en todas las áreas del territorio nacional las prácticas religiosas están experimentando un crecimiento extraordinario, las iglesias y templos de todas las denominaciones se llenan cada día de más fieles, y la gente proclama cada vez con más desenfado su fe en Dios. El mismo gobierno ha tenido que reconocer este hecho y ha declarado que su sistema ya no es «ateo», sino que ahora es simplemente «laico», y ha tenido que aceptar, al menos en teoría, el ingreso de los creyentes como miembros del único Partido, que es el comunista.

El fracaso de la educación comunista con sus métodos de adoctrinamiento, y el propio resurgimiento de la fe religiosa después de cuarenta años de enseñanza materialista y atea, son indicaciones evidentes de que el pueblo cubano no será nunca marxista-leninista por su propia voluntad. El comunismo durará en Cuba únicamente mientras exista un gobierno que, teniendo en sus manos todos los recursos y todos los poderes, lo imponga mediante la violencia y el terror. Cabe, pues, esperar que la pesadilla comunista que están viviendo los cubanos terminará tan pronto dejen de operar las fuerzas totalitarias que los tienen sometidos, y que les han robado toda posibilidad de manifestarse libremente. Cuando eso ocurra, el pueblo de Cuba echará por la borda hasta el último vestigio del malhadado marxismo-leninismo, en cuya enseñanza lo han estado adoctrinando durante cuarenta años mediante el sistema educativo de la nación. Sin duda alguna, tan pronto les sea posible expresar su voluntad soberana bajo un régimen de justicia y libertad, los cubanos mostrarán de nuevo sus sentimientos democráticos, y retomarán su gloriosa trayectoria histórica, de la que han sido desviados sólo temporalmente.

40 AÑOS DE REVOLUCIÓN

XIII

LA ADMINISTRACIÓN DE JUSTICIA

por

Beatriz Bernal

INTRODUCCIÓN

Este capítulo ofrece un panorama de la administración de justicia en la Cuba castrista; se procura también compararla con el régimen vigente en el país durante el período republicano. Debo aclarar, sin embargo, que el núcleo de esta investigación se refiere a la administración de justicia penal—tanto «de iure» como «de facto»— durante los cuarenta años de régimen castrista, haciendo especial hincapie en los procedimientos que se siguieron contra los presos políticos, tanto en los inicios de la revolución como en el momento actual. Asimismo, debo decir que queda fuera de este estudio todo lo relativo al cruel sistema penitenciario que se instauró en Cuba desde los comienzos del castrismo.[1]

Baso mi trabajo en fuentes impresas y en bibliografía. Con respecto a las primeras he revisado la Constitución de la República de Cuba de 1901, las leyes constitucionales de 1934 y 1935, la Carta Magna de 1940, la Ley Constitucional de 1952, la Ley Fundamental de 1959[2] con sus múltiples reformas y, por último, la Constitución socialista de 1976, con sus modificaciones de 1992.[3]

En cuanto a la legislación derivada o secundaria, además de reseñar algunas de las leyes vigentes durante el largo período del castrismo, me he basado, fundamentalmente, en los siguientes textos: la Ley de Organización del Sistema Judicial de agosto de 1977 y sus respectivos reglamentos de los Tribunales Populares, la Fiscalía General de la República y los Bufetes Colectivos, todos de 1978;[4] la Ley de Procedimiento Penal de 1977 y sus posteriores reformas;[5] y el Código Penal de 1979 y sus modificaciones.[6]

Para la sección relativa al funcionamiento real de los tribunales de justicia en Cuba he llevado a cabo varias entrevistas con abogados, actualmente en el exilio, que tuvieron experiencia en los tribunales cubanos como miembros de los Bufetes Colectivos, en especial, Ana María Grille, Juan Escandell y Orlando Gómez González.[7] También utilicé testimonios escritos de ex presos políticos que sufrieron en carne propia los sistemas judicial y penitenciario cubanos,[8] y conté con el expediente completo del juicio de Dessy Mendoza, un médico condenado a prisión bajo la calificación delictiva de «propaganda enemiga», quien actualmente se encuentra exiliado em Madrid.[9]

CUBA INDEPENDIENTE Y REPUBLICANA[10]

Fue Leonardo Wood, Gobernador Militar de la isla de Cuba durante la ocupación norteamericana que se produjo después de la última guerra de independencia de Cuba contra España (1895-1898), quien dictó, en julio de 1900, la convocatoria para elegir a los comisionados cubanos que, integrados en Asamblea Constituyente, elaborarían la primera Constitución de la nueva República independiente. Ésta, de corte liberal al estilo de las de su época, se promulgó en febrero de 1901. Su Título X está dedicado al Poder Judicial. En él se establecen los requisitos para ser magistrado del Tribunal Supremo, así como sus funciones; entre ellas, conocer de los recursos de casación e inconstitucionalidad. También, disposiciones generales sobre la administración de justicia donde se regula la organización de los tribunales, se prohibe la creación de tribunales extraordinarios y se explicita la gratuidad de la justicia.

La Constitución de 1901 fue reformada en 1928, por el entonces Presidente de la República de Cuba, Gerardo Machado, con el único fin de mantenerse en el poder y, después de un período de levantamientos y asonadas que trajeron como consecuencia la caída de su dictadura, fue restablecida por un Decreto-Ley de 1933. A éste sucedieron unos Estatutos del mismo año—durante el breve gobierno de Ramón Grau San Martín— que derogó la Constitución de 1901 y una Ley Constitucional de febrero de 1934 que sustituyó a la vieja constitución liberal. Dicha Ley Constitucional reguló el Poder Judicial en los títulos XI y XII. El primero dedicado a la administración de justicia y al funcionamiento del Tribunal Supremo y demás órganos judiciales y el segundo dedicado al Ministerio Fiscal. Entre sus novedades estuvo el elevar a rango constitucional este último, así como sentar las bases de la carrera judicial.[11]

Muchas fueron las reformas que sufrió esta Ley Constitucional durante la presidencia provisional de Carlos Mendieta hasta su suspensión en marzo de 1935. Esto no es de extrañar, pues se trató de un período de gran inestabilidad política que dio lugar a frecuentes suspensiones de las garantías constituciona-les. La mayoría de estas reformas[12] tuvieron como objetivo dar poderes al Ejecutivo para suspender la inamovilidad de jueces y magistrados con el fin de reorganizar el Poder Judicial y el Ministerio Fiscal.

El año de 1935 comenzó con una Resolución Conjunta que dio lugar a la suspensión de la Ley Constitucional de 1934 para «salvar al país de la anarquía, armando a las autoridades de recursos extraordinarios para luchar con éxito contra el desorden, erigido en sistema».[13] Resultado de ello fue la promulgación de otra Ley Constitucional, la de 1935, que pretendió ajustarse a la vieja Constitución de 1901. Suspendidas las garantías constitucionales en el período de vigencia de esta ley, lo más importante de destacar en ella en materia judicial fue el deslinde de la jurisdicción ordinaria de la militar mientras durase la provisionalidad del gobierno.

Además, sufrió unas cuantas modificaciones, sobre todo en materia electoral, pues ya se preparaba una Convención Constituyente con el fin de promulgar otra Constitución, reclamo de las fuerzas políticas, obreras y del estudiantado desde la caída de la dictadura de Machado, y que culminaría con la mítica Constitución de 1940.[14]

Preámbulo de dicha nueva Carta Magna fue el Proyecto de Reforma de la Ley Constitucional de diciembre de 1936, en época del Presidente Miguel Mariano Gómez. Es importante destacar en este proyecto la declaración explícita de la independencia del Ministerio Fiscal y la propuesta de creación de un Tribunal de Garantías Constitucionales.

La Constitución de la República de Cuba de 1940 fue firmada en el histórico pueblo de Guáimaro el 1 de julio de dicho año y promulgada en la escalinata del Capitolio Nacional, en La Habana, cinco días después, y estuvo en vigor durante casi doce años. De cariz entre liberal y social-demócrata, adiciona al ámbito constitucional los derechos sociales, hasta entonces excluidos.[15] Reconoce, como todas las de su época, la división de poderes, otorgándole al Poder Judicial la facultad de nombrar jueces y magistrados de Audiencia, aunque los del Supremo sigan siendo nombrados por el Presidente de la República, previa ratificación del Senado. Además, instituye formalmente la carrera judicial (arts. 175 a 179), crea el Consejo Superior de Defensa Social (art.192) y los tribunales para menores (art.193) y, dentro del Tribunal Supremo, una sala especial llamada: Tribunal de Garantías Constitucionales y Sociales (art.182), que debía conocer de los recursos contra la infracción de leyes laborales, así como los de inconstitucionalidad; éstos podían ser ahora interpuestos, no sólo por la parte afectada, sino también por un grupo de ciudadanos que ejerciera una acción pública.[16] En resumen, la Carta Magna de 1940 no sólo fue un compromiso entre todas las fuerzas sociales del país (conservadores, liberales, nacionalistas, comunistas y otros), sino también un texto que pretendió adaptarse a los nuevos tiempos y a la doctrina constitucional de ámbito internacional.

El golpe de Estado del 10 de marzo de 1952 rompió el orden constitucional y llevó otra vez al poder a Fulgencio Batista.[17] Un mes después la Constitución fue sustituida por unos Estatutos Constitucionales que tuvieron casi dos años de vigencia y que reprodujeron en lo fundamental la Carta Magna anterior. Los únicos cambios se dieron en la parte orgánica de la misma, pero fundamentalmente en los poderes Ejecutivo y Legislativo, no en el Judicial. Tres años más tarde, se restablecía nominalmente la Constitución del 40. Es importante señalar que durante el «batistato» se violaron casi todos los derechos humanos a nivel policial, pero no a nivel judicial.

LOS INICIOS DEL RÉGIMEN CASTRISTA

El triunfo de la revolución castrista llevó a la presidencia de la República, el 3 de enero de 1959, al ex magistrado de la Audiencia de Oriente, Manuel Urrutia.[18] Dos días después de su toma de posesión en Santiago, Urrutia, desde La Habana, dictaba una proclama, en la que declaraba que era necesario «proveer al ejercicio de la potestad legislativa que corresponde al Congreso de la República, según la Constitución de 1940».[19] En ella se reconocía la intención de restaurar dicha Constitución, pero se hacía evidente que la misma tendría que ser adaptada a las nuevas circunstancias políticas. Y así sucedió. El Ejecutivo, al igual que durante el régimen dictatorial de Batista en 1952, asumió la función constituyente, y entre el 13 de enero y el 7 de febrero de ese mismo año la mítica Carta Magna fue modificada 5 veces hasta ser sustituida en esa última fecha por una Ley Fundamental de la República.

De estas cinco reformas, tres afectaron directamente a la administración de justicia. La segunda —del 13 de enero—, suspendió la inamovilidad de todos los funcionarios del Poder Judicial (incluyendo a los del Ministerio Fiscal), así como los de la administración del Estado, con el fin de depurar a las administraciones de justicia y pública de los colaboradores del régimen derrocado. La tercera, decretada un día después, dio legalidad a la pena de muerte, proscrita por la Constitución del 40. Aumentó, además, el número de delitos que se hacían acreedores a ella y estableció la confiscación de bienes como pena accesoria de múltiples delitos. La quinta (30 de enero) suspendió por noventa días el derecho de *habeas corpus* a los colaboradores del régimen de Batista y creó tribunales de excepción para conocer de los delitos de colaboración con la tiranía. Además, suspendió las acciones procesales en materia de inconstitucionalidad, con lo que se eliminó la posibilidad de discutir la legalidad de las reformas constitucionales decretadas por el Gobierno Revolucionario. Es importante destacar que estas medidas, algunas de ellas provisionales, acabaron convirtiéndose en permanentes.

La nueva Ley Constitucional reprodujo gran parte del articulado de la Constitución de 1940 pero, como observó en Ginebra la Comisión Internacional de Juristas, lo importante de esta carta constitucional «no es lo que mantiene del viejo texto constitucional, sino lo que cambia».[20] Tanto fue ese cambio que se le ha llamado la legislación del «no obstante» porque, en su parte normativa, modifica el contenido y el sentido de los derechos y libertades consagrados en la Constitución del 40.[21] En cuanto a la parte orgánica, la Ley Fundamental mantenía la división de poderes, pero convertía al Ejecutivo en un superpoder al otorgarle tanto las funciones legislativas corrientes como las constituyentes. En este orden de ideas, el Poder Judicial, a pesar de la declaración nominal de su independencia, quedaba supeditado al Ejecutivo.

La Ley Fundamental castrista fue modificada en multitud de ocasiones hasta la promulgación de la Constitución Socialista de 1976. Un buen número de dichas reformas iniciales afectaron al Poder Judicial y a la administración de justicia: desde la que extendió en el tiempo la suspensión del *habeas corpus*, manteniendo al país en un constante estado de suspensión de garantías constitucionales, hasta la que elevó a rango constitucional los tribunales revolucionarios y amplió el número de los delitos que conllevaban la pena de muerte. Cabe destacar, entre dichas reformas, la creación de los delitos calificados como «contrarrevolucionarios», entendiéndose como tales los que lesionaban la economía nacional y la hacienda pública, los cometidos por quienes habían abandonado el país para escapar de la justicia revolucionaria, los atribuidos a quienes desde el extranjero conspiraban para derrocar al nuevo régimen, así como los que determinara una ley posterior. Estos quedarían bajo la competencia de los tribunales del mismo nombre. Asimismo, estas reformas ampliaron la pena de «confiscación de bienes» —erradicada de la tradición constitucional cubana por la Carta Magna del 40, aunque establecida en una reforma anterior en los inicios del castrismo— considerando ahora suceptibles de ella a quienes cometieran los delitos contrarrevolucionarios antes mencionados; delitos que se definieron en la ley 425 como aquellos que se ejecutaban contra la integridad y estabilidad de la nación, contra la paz y contra los poderes del Estado,[22] y autorizaron al Ministerio de Hacienda, por la ley 923, a confiscar los bienes que considerasen necesario para contrarrestar los actos de sabotaje, terrorismo y cualesquiera otra actividad contra la revolución.[23]

Estas medidas estuvieron acordes con la creación casi inmediata del Ministerio de Recuperación de Bienes Malversados. Además, dichas reformas dejaron casi vacía la jurisdicción ordinaria. Ejemplo de ello fue la que se hizo en el mes de agosto del mismo año al artículo 3 de la Ley Constitucional castrista, dejando a cargo de una ley posterior «la jurisdicción de los tribunales ordinarios, así como la de los tribunales, comisiones u organismos para conocer hechos, juicios, causas, expedientes, cuestiones o negocios», con lo que quedó sin efecto el artículo 197 de la Constitución del 40 que prohibía la creación de tribunales, comisiones u organismos que conociesen de hechos, juicios, causas, expedientes o negocios atribuidos a los tribunales ordinarios.[24]

Más tarde, en enero de 1961, mediante la ley 923, se estableció la pena de muerte para la autoría, complicidad y encubrimiento de los delitos en conexión con el sabotaje en las ciudades y en los campos, y a finales del propio año se promulgó la ley 988 que abolió el arbitrio judicial en relación con cuatro figuras delictivas mientras «por parte del imperialismo norteamericano subsista la amenaza desde el exterior y la promoción de actividades subversivas en el territorio nacional». Todo ello en un momento histórico de una fuerte reacción popular —sabotajes, alzamiento de opositores en Las Villas e invasión de Playa Girón— contra el totalitarismo que se estaba implantando en la Isla. Además, otra de las reformas terminó con la distinción entre delitos políticos y delitos comunes establecida en el antiguo código republicano de Defensa Social, considerando los primeros como contrarrevolucionarios.

En resumen, se endureció extraordinariamente la legislación penal, no sólo en relación con la tradición legislativa cubana de la primera mitad del siglo, sino también en comparación con la de los países occidentales donde se encontraba enclavada la de Cuba, debido a que se triplicaron los mínimos y máximos establecidos para las sanciones por el delito de sedición, se decretaron iguales sanciones para los delitos consumados y en tentativa en caso de asesinato, se dispuso igual tratamiento para autores, cómplices y encubridores en los casos de terrorismo y tenencia de explosivos, se ordenó como sanción supletoria o accesoria la confiscación de todos los bienes del sancionado y se abrió el camino a la creación de nuevas figuras delictivas a través de la analogía.[25]

Otras reformas limitaron la competencia del Tribunal de Garantías Constitucionales y Sociales[26] y lo convirtieron en simple sala del Tribunal Supremo. En cuanto a este último, se dictaron una serie de normas que alteraron el nombramiento, ascensos y traslados de sus miembros, a partir de las cuales, dichas funciones quedaban en manos del Presidente de la República y el Consejo de Ministros. Asimismo, se suprimió el Gran Jurado que debía juzgarlos conforme a la Constitución de 1940, y se eliminaron las disposiciones que prohibían simultanear los cargos del Poder Ejecutivo (Consejo de Ministros) con los de la Judicatura, y la que prohibía que la administración de justicia fuese ejercida por personas que no pertenecieran al Poder Judicial: medidas todas estas tendientes a suprimir la independencia y autonomía del mismo. Como atinadamente expresa Leonel de la Cuesta en su obra *Constituciones Cubanas*, todas estas reformas iniciales tuvieron como objetivo establecer la «dictadura del proletariado (...) y una fuerte centralización de las actividades estatales en torno al Consejo de Ministros con funciones de convención soberana y con un Poder Judicial desprovisto, de hecho, de toda sombra de independencia».[27]

EL TERROR REVOLUCIONARIO[28]

Sometido el Poder Judicial e instaurados los tribunales revolucionarios y la pena de muerte, las condiciones estaban dadas para imponer el «terror revolucionario». Así, desde los primeros días del triunfo de la revolución castrista muchos militares y miembros de los cuerpos represivos de Batista que real o supuestamente habían cometido crímenes o habían torturado, fueron juzgados sumariamente y después fusilados. Y lo que es peor, como se apunta en el capítulo IX, decenas de personas, acusadas de dichos crímenes fueron ejecutadas en Santiago de Cuba y otros lugares de la provincia de Oriente en los primeros días del mes de enero, sin juicio alguno o con sólo un simulacro judicial.[29] Lo mismo aconteció en La Habana, en la fortaleza de La Cabaña. A esta situación —con la ayuda de elementos nuevos como los comités de vigilancia, los grupos de activistas en los centros de trabajo y una red de delatores y espías— siguió una cruenta represión que se llevó a cabo con una apariencia de legalidad brindada por los tribunales revolucionarios, y que llegó a su momento culminante, en 1961, inmediatamente después de la invasión de Playa Girón.

La jurisdicción de guerra del Ejército Revolucionario que dio lugar a los tribunales del mismo nombre fue creada en 1958, cuando los alzados estaban todavía en la Sierra Maestra y se elevó a rango constitucional, como hemos dicho en el apartado anterior, en enero de 1959.[30] Su objetivo fue juzgar a los criminales de la dictadura de Batista para evitar que los deudos de las víctimas del batistato se hicieran justicia por sí mismos. Eso dio lugar a un siniestro baño de sangre que despertó un gran repudio en el contexto internacional, lo que obligó al gobierno revolucionario a suspenderlos a mediados de 1959. Sin embargo, pasados unos meses —en octubre de 1959—, se restableció el funcionamiento de dichos tribunales de excepción en consideración a la existencia de nuevos signos reveladores de actividades contrarrevolucionarias, desarrollados dentro y fuera del territorio nacional.

Ahora bien, ¿cómo funcionaban los tribunales revolucionarios?, ¿a qué normas se atenían? La actuación de estos tribunales se regía por la Ley Procesal de Cuba en Armas, conjunto de normas establecidas durante la última de las guerras de independencia de Cuba contra España que confirió la administración de justicia en lo criminal a una jurisdicción especial o de guerra. Dada la fecha en que esta guerra se realizó (1895-1898) y las circunstancias bélicas en que se promulgó, era imposible que las mencionadas normas procesales se ajustaran en su totalidad al principio universal del «debido proceso».

En cuanto al funcionamiento de estos tribunales revolucionarios durante los tres primeros años del castrismo, Luis Fernández Caubí, quien ejerciera como abogado defensor de presos políticos en dicho período, nos deja un escalofriante testimonio en su libro, ya citado, *Cuba. Justicia y Terror*. Del análisis de este testimonio, que contiene un minucioso recuento de las interioridades y exterioridades de los juicios políticos que se celebraban en la época y que abarca desde la sustanciación de la causa hasta los recursos de revisión y apelación, pasando por la prueba de cargos en el juicio oral, he llegado a las siguientes conclusiones:

— Los registros se practicaban y las detenciones se producían sin la autorización legal debida.
— Casi nunca existían listas de presos.
— Como el *Habeas Corpus* siempre estaba suspendido, los detenidos no eran nunca puestos a la disposición de la autoridad competente y permanecían, indefinidamente, a disposición de los cuerpos represivos.
— No se presumía la inocencia del acusado.
— Los jueces instructores se basaban sólo en el informe de la policía política. Si la defensa interponía algún escrito personándose en las actuaciones y proponiendo pruebas, los jueces ni siquiera se molestaban en proveerlo.
— Al acusado nunca se le otorgaba la libertad bajo fianza.
— El acusado carecía de asistencia de letrado en los momentos iniciales de la investigación. Por consiguiente, tampoco se le concedía oportunidad para proponer pruebas, ni para impugnar el auto de procesamiento, ni para discutir la calificación del delito, ni le asistía el derecho de promover cuestiones de competencia, ni el de tener acceso a la causa hasta el día mismo de la celebración del juicio.[31]
— El abogado defensor no tenía conocimiento de la fecha del juicio oral hasta el mismo día en que este se celebraba, y sólo momentos antes de la iniciación del juicio se enteraba de las actuaciones que obraban en el sumario.
— Los juicios no se celebraban con público. Sólo los parientes más cercanos, milicianos y miembros del Ejército Rebelde —que dicho sea de paso, para lo que servían era para coaccionar e intimidar al reo, a su familia y a su defensor— asistían a él.
— Las pruebas de cargos eran la confesión —muchas veces hecha bajo tortura— y la testifical, esta última con testigos «infiltrados», personas que las autoridades represivas infiltraban en los grupos anticastristas y que

muchas veces eran más que infiltrados, provocadores y testigos «profesionales», que no habían presenciado los hechos que declaraban, y que decían conocerlos como «coordinadores» de una investigación que practicaban basándose en confidencias que les habían hecho los miembros de los comités de vigilancia. Los testigos presentados por la defensa casi nunca eran llamados por el tribunal.

Los recursos de revisión y de apelación constituían una farsa. Esto era debido a que las sentencias en que se imponían penas de privación de libertad, a las cuales correspondía el recurso de revisión, no se redactaban, ni se firmaban por quienes las dictaban, ni se unían a las actuaciones, ni se leían en audiencia pública, ni se notificaban al letrado de la defensa. El procesado se enteraba por el altavoz de la prisión; por consiguiente, resultaba prácticamente imposible establecer dicho recurso. En cuanto al recurso de apelación, este se admitía de oficio contra las sentencia que conllevaban la pena capital. Ahora bien, la vista pública, único momento que tenía el defensor para interponerlo, se celebraba en el mismo día del juicio oral, a lo sumo tres horas después de su terminación. Además, el tribunal que juzgaba en segunda instancia no era un tribunal superior, sino otro tribunal revolucionario del mismo rango, vulnerando con ello, no sólo los principios fundamentales del derecho en materia de justicia, sino también la propia Ley Procesal de Cuba en Armas, entonces vigente, que determinaba que «cuando el Consejo de Guerra ordinario tenga que conocer de una causa en segunda instancia, lo compondrán Jefes u Oficiales de superior jerarquía a los vocales del Consejo que falló en primera instancia».[32]

En resumen, no se cumplían los principios de igualdad, legalidad, publicidad y certidumbre, indispensables para una verdadera administración de justicia. Ni los tribunales revolucionarios tuvieron en cuenta jamás la presunción de inocencia.

EL JUICIO DE LOS AVIADORES

Entre los muchos juicios arbitrarios que se celebraron en los inicios de castrismo, elegimos como ejemplo típico de arbitrariedad judicial el famoso juicio de los aviadores, en el cual se violó el principio de la «santidad de la cosa juzgada». Sucedió de la siguiente manera. El 4 de enero de 1959, Fidel Castro, en su recorrido triunfal de Santiago de Cuba a La Habana, citó a los pilotos de la Fuerza Aérea Cubana en la provincia de Camagüey advirtiéndoles que no tendrían ningún problema con la «justicia revolucionaria»; es más, ofreciéndoles su integración en la compañía aérea Cubana de Aviación. A pesar de esta cita, a finales del siguiente mes, un total de 43 pilotos, artilleros y mecánicos fueron encausados de modo arbitrario y acusados de varios delitos entre los cuales se incluía el genocidio, razón por la cual se pidieron altas penas de privación de libertad para artilleros y mecánicos, y para los pilotos la pena de muerte.

Sin embargo, para sorpresa e indignación del «máximo líder», el tribunal revolucionario que los juzgó —presidido por el Comandante del Ejército Rebelde Félix Pena[33] en la ciudad de Santiago de Cuba— no encontró pruebas y los absolvió. Esta sentencia absolutoria hizo que Castro desestimase públicamente el veredicto y ordenase que volviesen a ser juzgados. Como resultado de ello, los encausados no fueron liberados y regresaron a la cárcel de Boniato donde, en la tarde del día del juicio estuvieron a punto de ser linchados por las turbas partidarias del régimen revolucionario. El segundo juicio se celebró de inmediato en la misma ciudad en un ambiente de «circo romano». Las turbas, dentro de la sala del tribunal, intimidaban a los abogados de la defensa ante la presencia impertérrita de los miembros del tribunal que ahora estaba integrado por incondicionales de Castro, entre ellos el Ministro de la Defensa, Augusto Martínez Sánchez, que actuaba como fiscal. La segunda sentencia fue condenatoria. Se les impuso a los acusados altas penas de prisión, incluyendo a los mecánicos quienes, en un principio, habían sido citados sólo como testigos. Como atinadamente observa Juan Clark en *Cuba. Mito y Realidad*:[34] «En la práctica, fue la palabra televisada de Fidel Castro la que determinó la sentencia a largos años de prisión (...) Castro dijo que no podía dejarse en libertad a enemigos potenciales de la Revolución».

Sólo me resta añadir con respecto al terror revolucionario que, a partir de 1960, se organizaron los Comités de Defensa de la Revolución (CDR); organización que, junto a otras, más que para lograr sus objetivos propios ha servido de correa de transmisión del régimen castrista para imponer su política totalitaria prestándole un doble servicio. Por un lado, transmitiendo las consignas gubernamentales, y por otro, colaborando con espías, delatores y con el Departamento de Seguridad del Estado (la policía política) en sus funciones represivas. Así intervienen, por vías perversas, en la administración de la justicia.

LA «INSTITUCIONALIZACIÓN» DE LA REVOLUCIÓN

En la década de los setenta, los líderes revolucionarios, con Fidel Castro a la cabeza, estimaron que había llegado el momento de organizar las estructuras políticas que les mantuvieran indefinidamente en el poder. El momento era propicio ya que, con una gran represión, habían sometido a la oposición urbana y rural (los campesinos alzados en la provincia de Las Villas), habían triunfado en Bahía de Cochinos y se habían estabilizado en el poder. Ahora bien, esa «institucionalización», que consistía en la creación de mecanismos de control social, había comenzado antes. Así, desde la década anterior, en distintas fechas, se fundaron las «organizaciones de masas», citadas en el capítulo IX, —los ya mencionados CDR; la Unión de Jóvenes Comunistas (UJC); La Asociación Nacional de Agricultores Pequeños (ANAP); la Federación de Mujeres Cubanas (FMC); La Confederación de Trabajadores Cubanos (CTC); la Organización de Pioneros José Martí (OPJM)—y, en 1965, el Partido Comunista Cubano (PCC).

Ese mismo año, el Comité Central del nuevo partido designó a Blas Roca, viejo líder del Partido Socialista Popular (nombre del antiguo partido de los comunistas) para presidir una Comisión de Estudios Constitucionales con el fin de elaborar una nueva Carta Magna. También para reformar los códigos civil y penal con el objetivo de unificar las diversas jurisdicciones —ordinaria, revolucionaria, popular y militar— en un llamado «sistema» judicial que actuaría como órgano de poder del Estado revolucionario. De ahí surgió, en 1973, la Ley de Organización del Sistema Judicial que instauró una nueva organización de los tribunales, compuestos entonces por la Suprema Corte, las Cortes Provinciales y las Cortes Básicas, todas del pueblo, que fue sustituida, en 1977, por otra de igual nombre, complementada por el Reglamento de los Tribunales Populares y por el Reglamento de la Fiscalía General de la República, ambos de 1978.[35]

La Constitución encargada a Blas Roca no se promulgó hasta febrero de 1976 y fue reformada en 1992.[36] Se trata de una constitución que, como todas las socialistas, no se ajusta a los principios tradicionales del Estado de Derecho. Ni cumple el requisito del imperio de la ley como expresión de la voluntad popular, ni el del control judicial de la legalidad de los actos de la administración y la constitucionalidad de las leyes, ni el de la división de poderes con su consecuente equilibrio y control entre ellos, ni el de la garantía jurídica de los derechos y libertades fundamentales.[37]

Así, con respecto al imperio de la ley, por encima de ésta, en la Cuba actual, se encuentran el poder político y el Partido Comunista por disposición del propio texto constitucional que lo establece en el Preámbulo y en el artículo 5. En cuanto al control de la constitucionalidad, que en la Carta Magna del 40 radicaba en el Tribunal de Garantías Constitucionales y Sociales, ahora, según el artículo 75 de la Constitución Socialista, corresponde a la Asamblea Nacional del Poder Popular (máximo nivel del legislativo) que tendrá a su cargo: «decidir acerca de la constitucionalidad de las leyes y revocar las normas que violen la Constitución, las leyes, los decretos-leyes y demás disposiciones dictadas por un órgano de superior jerarquía». También se le atribuye este control a la Fiscalía General de la República (art. 127 de la Constitución y 106 de la Ley de Organización del Sistema Judicial de 1977) al otorgarle como objetivos fundamentales, «el control y la preservación de la legalidad, sobre la base de la vigilancia del estricto cumplimiento de la Constitución, las leyes y demás disposiciones legales...», aunque se establezca en el artículo 128 de la ley fundamental que: «La Fiscalía General de la República constituye una unidad orgánica **subordinada** (...) a la Asamblea Nacional del Poder Popular y al Consejo de Estado»; organismo este último paralelo en el organigrama a la Asamblea y designados sus miembros por ella.

No hay duda pues del sometimiento y dependencia del Poder Judicial al legislativo. Por otra parte, no existen en Cuba —ni en la Constitución ni en la legislación secundaria— figuras e instituciones jurídicas que controlen la legalidad de los actos de la administración como pueden ser el Defensor de Pueblo (*Ombudsman*) o el recurso de amparo. Este control, según el artículo 68 de la Constitución, corresponde a las masas populares que «controlan la actividad de los órganos estatales, de los diputados, de los delegados y de los funcionarios». Queda pues en manos de los organismos de masas —ideologiza-dos, politizados y carentes de conocimientos jurídicos— el control de los actos de la administración.

ESTRUCTURA DEL SISTEMA JUDICIAL

En base a la Constitución, el sistema judicial cubano —regulado en el capítulo XIII bajo el rubro: «Tribunales y Fiscalía»—, está compuesto por el Tribunal Supremo Popular que consta de cinco salas: la penal, la civil y de lo contencioso-administrativo, la laboral, la de los delitos contra la seguridad del Estado y la militar. Separa pues los delitos políticos —que como ya se sabe, desde los inicios del castrismo se denominan «contrarrevolucionarios»— de la jurisdicción militar, aunque otorgándoles una entidad propia fuera de la jurisdicción penal común. Corresponden también al sistema judicial la Fiscalía General del Estado y los tribunales provinciales, municipales y militares, todos, al igual que el caso del Supremo, con el apellido de populares. Dichos tribunales, siempre colegiados, están integrados por jueces profesionales y jueces legos que son designados por la Asamblea Nacional del Poder Popular, esto es, por el legislativo, siempre a propuesta del ejecutivo.[38] Además, por norma constitucional, los tribunales rinden cuentan de su trabajo judicial a los organismos del Poder Popular; esto es, a las diversas asambleas municipales, provinciales o nacional, según el caso y, según la Ley de Organización del Sistema Judicial (art. 71), los jueces y magistrados pueden ser elegidos diputados a las asambleas del Poder Popular. Dicho lo anterior, resulta obvio destacar la ingerencia del ejecutivo y el legislativo en todos los ámbitos del judicial, lesionando los principios de autonomía e independencia de este último.

¿Cuál es el perfil de los jueces, tanto profesionales como legos? La Ley de Organización del Sistema Judicial (artículos 66 al 69) establece, entre otros, el requisito de «tener integración revolucionaria activa». Debido a ello, casi el total de los jueces en Cuba son miembros del Partido Comunista, lo que prácticamente imposibilita una sentencia imparcial, sobre todo en los casos de los delitos contra la seguridad del Estado. Por otra parte, aunque la Constitución (art. 122) dice que los jueces, en su función de impartir justicia son independientes y no deben obediencia más que a la ley, esto no corresponde a la verdad, ni siquiera a nivel textual. En efecto, dicha aseveración se contradice con el artículo inmediatamente anterior (art. 121) que expresa que «Los tribunales constituyen un sistema de órganos estatales, estructurados con independencia de cualquier otro y subordinado jerárquicamente a la Asamblea Nacional del Poder Popular y al Consejo de Estado». Y lo que es peor, una de las atribuciones del Tribunal Supremo Popular, según la Ley de Organización del Sistema Judicial (art. 24), es la de transmitir a los tribunales las instrucciones que recibe de la Asamblea Nacional y del Consejo de Estado. Y por si esto fuera poco, según la Ley antes mencionada (art. 108), el Fiscal General recibe instrucciones directas y «de obligatorio cumplimiento» del Consejo de Estado, organismo paralelo y designado por el legislativo. No hay duda pues, no sólo de la dependencia del poder judicial al legislativo y al ejecutivo, sino al propio Fidel Castro, quien en la actualidad ocupa los cargos de Presidente del Gobierno, del Consejo de Ministros, y del Consejo de Estado.

LOS «DERECHOS» Y «LIBERTADES» EN LA CONSTITUCIÓN Y EN SU LEGISLACIÓN DERIVADA

En cuanto a los derechos y libertades fundamentales, la Constitución de 1976 los regula en los capítulos V, VI y VII, bajo los rubros de: «Educación y Cultura», «Igualdad» y «Derechos, deberes y garantías fundamentales». Todos ellos, incluídos los sociales, se violan en la Cuba actual.[39] En efecto, a pesar de que el artículo 9 de la Constitución dice que ésta «garantiza la libertad y la dignidad plena del hombre, el disfrute de sus derechos, ejercicio y cumplimiento de sus deberes y el desarrollo integral de su personalidad», no hay duda de que esa libertad y esa dignidad se encuentran sometidas a la ideología imperante. Basta con leer el artículo 53 que dice reconocer las libertades de palabra y prensa siempre que estén «conforme a los fines de la sociedad socialista» y añade que «las condiciones para su ejercicio están dadas por el hecho de que la prensa, la radio, la televisión, el cine y otros medios de difusión masiva son propiedad estatal o social y no pueden ser objeto, en ningún caso de propiedad privada, lo que asegura su uso al servicio exclusivo del pueblo trabajador», o el 54 que limita los derechos de reunión, manifestación y asociación a las organizaciones de masas y sociales que, según el citado texto constitucional «disponen de todas las facilidades para el desenvolvimiento de sus actividades en las que sus miembros gozan de la más amplia libertad de palabra y opinión, basadas en el derecho irrestricto a la iniciativa y a la crítica» Además, tanto la Constitución como la legislación secundaria cubanas se caracterizan por contar con conceptos imprecisos como «orden público», «defensa de la revolución», «defensa del socialismo», «construcción del socialismo», «seguridad del Estado», «intereses populares» y otros, que resultan muy elásticos y que ofrecen los suficientes márgenes de vaguedad para que el Estado imponga límites a dichos derechos.

Toca ahora analizar los derechos fundamentales en Cuba, en relación con los instrumentos internacionales más importantes que los han suscrito como la Declaración Universal de los Derechos Humanos (San Francisco, 1948), el Pacto Internacional de los Derecho Civiles y Políticos (Washington, 1966), la Convención Americana sobre Derecho Humanos (San José, 1969) y otros. Para ello me he basado en la tesis de la abogada cubana Ana María Grille, *Cuba y Los Derechos Humanos.*[40]

Pues bien, la Carta Magna cubana no menciona el derecho a la vida; derecho reconocido como el primero y más importante en los instrumentos internacionales antes mencionados. Además, la pena de muerte está instituida por el Código Penal cubano nada más y nada menos que para 22 delitos, entre políticos y comunes, la mayoría de ellos correspondientes al Libro II, Título I: «Delitos contra la Seguridad del Estado». En cuanto a la integridad de la persona y el trato humano que ésta debe recibir, la Constitución, en su artículo 28 expone que: «La libertad e inviolabilidad de su persona están garantizadas a todos los que residen en el territorio nacional. Nadie puede ser detenido sino en los casos, en la forma y con las garantías que prescriben las leyes», con lo cual parece estar de acuerdo con los instrumentos internacionales antes señalados, así como con otros que se refieren específicamente al tratamiento de los presos y a la prohibición de la tortura.[41] Sin embargo, a pesar de que el Gobierno cubano ratificó en 1995 la Convención contra la tortura de las Naciones Unidas, el Código Penal no lo tipifica como delito, con lo cual, la autoridad policial que la use con el fin de obtener una confesión, queda impune. Además, es de todos conocido —hay suficientes testimonios sobre ello—, que en especial los presos políticos, antes y ahora, son sometidos a torturas físicas y psicológicas que van desde el aislamiento y la incomunicación hasta las más brutales golpizas, pasando por la desatención alimenticia y médica.[42]

EL PROBLEMA DEL *HABEAS CORPUS* Y LA LIBERTAD DE EXPRESIÓN

Con respecto a la libertad, la legislación cubana reconoce, en teoría, el *habeas corpus*. La Ley de Procedimiento Penal en su artículo 254 establece los términos de la detención y supuestamente obliga a la policía a dar cuenta al instructor quien, en 72 horas deberá ponerlo en libertad o a disposición del fiscal. Éste, por su parte, en otras 72 horas puede dejar sin efecto la detención o imponer una medida cautelar. Sin embargo, cuando se trata de delitos políticos esos preceptos en muchas ocasiones no se cumplen. Tal es el caso, por ejemplo, de los cuatro «disidentes» (Vladimiro Roca Antúnez, Marta Beatriz Roque Cabello, Félix Bonne Carcasés y René Gómez Manzano) quienes fueron detenidos en julio de 1997, acusados de sedición, por haber escrito y dado a la prensa extranjera acreditada en Cuba un manifiesto denominado «La Patria es de Todos», donde critican un documento propagandístico que el Partido Comunista Cubano elaboró con motivo de su V Congreso.

Los detenidos estuvieron casi dos años —el juicio se celebró a principios de marzo de 1999— sin ser presentados a las autoridades competentes y el Tribunal Supremo Popular rechazó los recursos de *habeas corpus* promovidos por sus abogados y familiares, en base a que el Tribunal Provincial Popular correspondiente no aceptó sus anteriores peticiones de modificación de las medidas cautelares;[43] medidas que, dicho sea de paso, según el artículo 258 de la Ley de Procedimiento Penal, consisten siempre en prisión provisional cuando se trata de delitos contra la seguridad del Estado; lo que impide que los encausados por estos delitos, que son muchos y la mayoría muy ambiguos —actos contra la independencia o la integridad territorial del Estado, promoción de acción armada contra Cuba, servicio armado contra el Estado, ayuda al enemigo, revelación de secretos concernientes a la seguridad del Estado, espionaje, rebelión, sedición, infracción de los deberes de resistencia, usurpación del mando político o militar, propaganda enemiga, sabotaje, terrorismo, actos hostiles contra un Estado extranjero, violación de la soberanía de un Estado extranjero, actos contra los jefes y representantes diplomáticos de Estados extranjeros, incitación a la guerra, difusión de noticias falsas, genocidio, piratería, mercenarismo, crimen del apartheid y otros—, puedan gozar de libertad bajo fianza,[44] aunque algunos de ellos los cometan por imprudencia.[45] Además, en la mayoría de los casos, los abogados que presentan el recurso de *habeas corpus* son presionados para que no insistan en su acción y son amenazados por los medios represivos al extremo de que muchos se ven obligados a salir del país.[46]

Ya se ha visto en párrafos anteriores como la Constitución de 1976 regula las libertades de palabra y prensa en el artículo 53, dejando a la ley la potestad de regular dichas libertades. Pues bien, el Código Penal cubano, siguiendo las pautas de la Constitución, no sólo restringe sino que castiga severamente (entre uno y ocho años de prisión) la libertad de expresión al tipificar en su artículo 103 el delito de «propaganda enemiga». Incurren en él quienes en forma oral o escrita —mediante la confección, distribución o simple posesión de propaganda— difunden noticias falsas o predicciones maliciosas que tienden a causar alarma, descontento o desorden público en la población. La pena se agrava hasta quince años de privación de libertad si se utilizan medios de comunicación masivos.

Tal fue el caso de Dessy Mendoza, médico de Santiago de Cuba, a quien acusaron del delito de «propaganda enemiga» y sancionaron a ocho años de privación de libertad en la cárcel de Boniato porque, en entrevistas que le hicieron en la radio y la prensa entranjeras, dijo, a mediados de 1997, que en su ciudad había una grave epidemia de «dengue» y que las autoridades sanitarias cubanas no habían tomado las medidas adecuadas. Situación que, dicho sea de paso, fue cierta y no falsa, uno de los requisitos para que se tipifique el delito.[47]

Ahora bien, las medidas represivas del Código Penal limitando la libertad de expresión van más allá. Así, el artículo 115 dispone que: «El que difunda noticias falsas con el propósito de perturbar la paz internacional o poner en peligro el prestigio y el crédito del Estado cubano o sus buenas relaciones con otro Estado», incurre en una sanción de hasta cuatro años de cárcel. Y el artículo 144, que tipifica el delito de «desacato», impone penas de hasta nueve meses de cárcel —agravadas hasta tres años en caso de que se trate del Presidente del Consejo de Estado, del Consejo de Ministros o de la Asamblea Nacional del Poder Popular (los dos primeros cargos ocupados por Fidel

Castro), los diputados de la Asamblea Nacional y los Miembros del Consejo de Ministros—, a quien «amenace, calumnie, insulte o injurie, o de cualquier modo ultraje u ofenda, de palabra o por escrito», a una autoridad o miembro del funcionariado cubano.

También se vulneran en Cuba las libertades de reunión, manifestación y asociación. Aunque estas, como ya se ha visto, se encuentran reguladas en el artículo 54 de la Constitución,[48] quedan limitadas al «pueblo trabajador» y a los «medios que les ofrece el Estado» que son, ni más ni menos, que las organizaciones de masas y, desde 1985, las «sociales» creadas por la Ley 54 de diciembre del mismo año. Se supone que en esta ley están comprendidas asociaciones científicas o técnicas, culturales, artísticas, deportivas, de amistad y de solidaridad y otras de interés social. Entre ellas cabrían, teóricamente, las de profesionales —de abogados, médicos, periodistas, etc.—, las sindicales y las de derechos humanos; asociaciones que han proliferado en los últimos años en Cuba. Sin embargo, para que sean legales necesitan, previa solicitud, de la aprobación del Gobierno —en este caso el Ministerio de Justicia— que no sólo les niega su autorización o simplemente no les contesta, sino que las reprime por considerarlas contrarrevolucionarias. En el caso ya mencionado de Dessy Mendoza, el tribunal que lo juzgó y condenó por «propaganda enemiga» tuvo muy en cuenta, para condenarlo, que el acusado fuera Presidente del Movimiento Pacifista Pro Derechos Humanos y del Colegio Médico Independiente.[49] Por su parte, el acusado expuso en una carta enviada al Consejo de Estado después de la sentencia, que ambas asociaciones habían solicitado autorización del Ministerio de Justicia sin haber recibido respuesta.[50] En cuanto al derecho de libre circulación y tránsito, éste no se encuentra regulado por la Constitución; es más, el Código Penal (art. 216) sanciona con pena de privación de libertad de uno a tres años a quien salga «ilegalmente» del país, delito que cometen frecuentemente los cubanos —no hay que olvidar las crisis de la Embajada del Perú(10,000 asilados) y el Mariel en 1980 (130,000 que huyeron), la crisis de los balseros en el verano de 1994 y el contínuo «gota a gota» que todavía persiste—, debido a que el Estado cubano, en contra de lo establecido por los tratados internacionales, impide la salida y entrada libre de sus ciudadanos en el territorio nacional.

¿ES POSIBLE EN CUBA UN JUICIO JUSTO?

Otro de los derechos fundamentales del individuo es el de contar con un justo y debido proceso. Esto implica —atendiendo a la tradición jurídica internacional— la presunción de inocencia y el derecho a ser oído por un tribunal competente, independiente e imparcial, así como una serie de garantías procesales que van desde la detención del acusado hasta la posibilidad de apelar la sentencia ante tribunales de mayor jerarquía. Implica también, en los casos penales, que el juicio sea público, que se tenga una asistencia letrada, que las penas no trasciendan al acusado, que se cuente con una indemnización en caso de error judicial, así como el cumplimiento del principio jurídico de «cosa juzgada».

La Constitución castrista establece algunas de dichas garantías procesales en el artículo 59 al regular que «Nadie puede ser encausado ni condenado sino por tribunal competente en virtud de leyes anteriores al delito y con las formalidades y garantías que éstas establecen» y que «todo acusado tiene derecho a la defensa». Sin embargo, es omisa en cuanto a la presunción de inocencia. Es más, según el testimonio de Juan Escandell, quien ejerció como abogado defensor de presos políticos en Cuba hasta noviembre de 1998, de hecho, cuando se trata de delitos contra la seguridad del Estado, lo que se presume es la culpabilidad. Por otra parte, la Ley de Procedimiento Penal, en el artículo 456, inciso 7), viola flagrantemente el principio de «cosa juzgada» al dar cabida al procedimiento de revisión de la sentencia cuando: «hechos o circunstancias desconocidos por el Tribunal en el momento de dictar sentencia o resolución hagan presumir (...) la culpabilidad del acusado absuelto». En cuanto a contar con un tribunal competente, imparcial e independiente y con asistencia letrada, esto resulta imposible en un país donde, como ya se ha demostrado, los jueces deben tener «integración revolucionaria activa» lo que atenta contra la imparcialidad, hay jueces legos, carentes de conocimientos jurídicos, no hay independencia del poder judicial y los abogados defensores que realmente defienden a los acusados son amenazados y en muchos casos detenidos por las fuerzas de seguridad del Estado, hasta verse forzados a abandonar el país. Además, el público que asiste al juicio oral, a excepción de los familiares más cercanos del acusado, está integrado por las llamadas «brigadas de respuesta rápida», grupos de choque organizados por el Gobierno cubano para amedrentar y reprimir a la oposición. Por último, la legislación no prevé indemnización alguna por error judicial —sólo el pago de los sueldos vencidos en caso de que se trate de un trabajador del Estado— y, en cuanto al principio de que las penas no trasciendan al acusado, este se ve violado por la sanción, muy usada, de confiscación de bienes.

LAS MÁS RECIENTES MEDIDAS REPRESIVAS

Resta añadir que la Asamblea Nacional del Poder Popular reunida en La Habana los días 15 y ¹6 de febrero de este año, aprobó la Ley de Protección de la Independencia Nacional y la Economía de Cuba—todavía pendiente de entrar en vigor por la vía de su publicación en la Gaceta Oficial—, que implicó otra ley modificativa del Código Penal. A través de ella —además de crear otros tipos delictivos como el tráfico de personas y el lavado de dinero proveniente del narcotráfico, así como aumentar las penas de los delitos de tráfico de drogas, corrupción de menores, proxenetismo y robo— se consideran conductas delictivas el «suministro, búsqueda y obtención de información», «la introducción en el país de materiales informativos subversivos, su reproducción y difusión», la «colaboración directa o mediante terceros con emisoras de radio o televisión, periódicos y revistas...» y «la promoción, organización, inducción o participación en reuniones o manifestaciones», si con estas actividades se colabora con la «constante guerra económica, política, diplomática, propagandística e ideológica contra la Patria». Dicha ley —aunque según su Preámbulo constituye una respuesta a la Ley Helms-Burton que reforzó el embargo de los Estados Unidos en relación a Cuba y que tiene como objetivo «derrotar el propósito anexionista del Gobierno de los Estados Unidos, salvaguardar la independencia nacional y proteger la economía de Cuba»— no es más que una forma de dar cobertura legal al endurecimiento de la represión que reciben los periodistas independientes en la Isla desde hace unos años. En efecto, mediante ella, no sólo se endurecen las penas hasta establecer la de 30 años de privación de libertad a quien comete alguna de dichas actividades, sino que contempla iguales penas para los autores que para los cómplices. Además, estas reformas al Código Penal introducen la pena de cadena perpetua, antes erradicada de la legislación cubana, en el caso de reincidencia en los delitos que tipifica. [51]

Como punto final, quiero dar contestación a la pregunta que encabeza el anterior apartado. ¿Es posible en Cuba un juicio justo? Si nos atenemos al juicio que le celebraron hace unos días a los ya mencionados disidentes Roca, Roque, Bonne Carcasés y Gómez Manzano por el delito de sedición, la respuesta es un rotundo NO. Primero porque, en Cuba la justicia se imparte por un órgano que no es independiente, ni tiene una integración profesional, ni se guía por criterios ecuánimes e imparciales. Segundo porque se desconocen los grandes principios del derecho penal que sirven de salvaguarda y protección al acusado. Tercero porque, con relación a los acusados, no se tipifica el delito de «sedición», ya que éste, según el artículo 100 del Código Penal en vigor, requiere que se cometa «empleando violencia», conducta que no realizaron los acusados, quienes se limitaron a abogar en su manifiesto «La Patria es de Todos» por una transición pacífica a la democracia. Y cuarto, porque, además de las múltiples violaciones a un debido proceso antes mencionadas, los acusados parecían estar ya condenados por los medios de difusión. En efecto, el periódico oficial *Granma* publicó, antes de la sentencia, un editorial donde los tilda de «mercenarios», «apátridas» y «traidores a la patria», preámbulo, sin duda, de la sentencia condenatoria, que en definitiva se dictó.[52]

NOTAS

[1]. Hay muchos testimonios sobre la crueldad del régimen carcelario cubano durante los cuarenta años de la revolución. Además de las obras que se citan en el capítulo IX (nota 29), cabe mencionar las siguiente: *El Presidio Político en Cuba Comunista. Testimonios*, ICOSOSC, Ediciones Caracas, 1982; MARTINO, John, *I was a Castro's prisioner*, The Devin-Adair Company Publishers, New York, 1963; *Presidio Político Histórico, 50 testimonios urgentes*, Ediciones Universal, Miami, 1987; VALLS, Jorge, «La Cabaña. Patio número 1», revista *Encuentro*, Madrid, invierno 1998/1999, así como la película documental de Jorge Ulla y Néstor Almendros: *Nadie escuchaba*. También los informes periódicos de la revista del Comité Cubano Pro Derechos Humanos y los de la Comisión Interamericana de Derechos Humanos, Amnistía Internacional, Americas Wacht Committe y los del relator especial de las Naciones Unidas para Cuba. Además, son esenciales las obras de CALZON, Frank, *Castro's Gulag. The Politics of Terror*, Washington D.C., 1979 y de CLARK, Juan, *Cuba. Mito y Realidad. Testimonios de un Pueblo*, *op.cit.*

[2]. Me he basado en las siguientes recopilaciones: LAZCANO Y MAZÓN, Andrés, *Las Constituciones de Cuba*, Ediciones Cultura Hispánica, Madrid, 1952; CUESTA, Leonel de la, *Las constituciones cubanas*, Ediciones Exilio, Madrid, 1976 y PICHARDO, Hortensia, *Documentos para la Historia de Cuba*, II, III y IV, Editorial de Ciencias Sociales, La Habana, 1980.

[3]. *Constitución de la República de Cuba*, Editora Política, La Habana, 1992. La constitución castrista fue promulgada en 1976 y reformada en 1992. El texto de la constitución que utilizo fue publicado en la *Gaceta Oficial* de la República de Cuba, edición extraordinaria, núm. 7, 1 de agosto de 1992.

[4]. Contenidos todos en una Publicación Oficial del Ministerio de Justicia, La Habana, 1979.

[5]. Editorial Pueblo y Educación, La Habana, s.f. Tomada de la edición de 1979 de la Editorial Orbe. La Ley de Procedimiento Penal fue reformada por el Decreto-Ley núm. 151 que apareció en la *Gaceta Oficial de la República de Cuba*, La Habana, 10 de junio de 1994.

[6]. El Código Penal de 1979 derogó el Código de Defensa Social de la época republicana. Fue sustituido después, con ligeras modificaciones, por la Ley 62 de 1987, versión con la que he trabajado en su segunda edición (Ministerio de Justicia, La Habana, 1989). Esta ley ha sufrido tres reformas posteriores. La primera mediante el Decreto-Ley núm. 150 (*Gaceta Oficial de la República de Cuba*, La Habana, 10 de junio de 1994); la segunda mediante el Decreto-Ley núm. 175, dado en la ciudad de La Habana, Palacio

de la Revolución, el 17 de junio de 1997 y la tercera en febrero de 1999, mediante la llamada «Ley de Protección de la Independencia Nacional y la Economía de Cuba», aprobada por la Asamblea Nacional del Poder Popular.

[7]. Para conocer el funcionamiento de los Bufetes Colectivos, ver el Decreto-Ley 81 de diciembre de 1984: *Reglamento sobre el Ejercicio de la Abogacía y la Organización Nacional de Bufetes Colectivos*, Gaceta Oficial de la República de Cuba, La Habana, 1984.

[8]. Citados en la nota 1.

[9]. El expediente me fue facilitado por el periodista y escritor cubano Carlos Alberto Montaner.

[10]. Para conocer la evolución del Poder Judicial en Cuba durante el período republicano ver la obra de Vicente VIÑUELA, *El Poder Judicial en Cuba*, Ediciones Universal, Miami, 1991.

[11]. Ver LAZCANO Y MAZÓN, A., *op. cit.*, págs. 653-660.

[12]. Son de 23 de febrero, 30 de mayo, 31 de julio, 15 de noviembre y 21 y 22 de diciembre de 1934. *Ibidem*, 668-704.

[13]. Preámbulo de la *Ley Constitucional de la República de Cuba (1935) y Disposiciones Constitucionales para el Régimen Constitucional de Cuba. Ibidem*, pág. 719.

[14]. *Ibidem*, págs. 719-776. En torno al calificativo de «mítica» que doy a la Constitución de 1940 quiero reproducir unas palabras del constitucionalista Leonel de la Cuesta. «La Constitución del 40 —dice—, es junto a la memoria de José Martí, la bandera, el escudo y el himno nacional, los únicos puntos de coincidencia emocional —y en cierto sentido documental— entre lo que podríamos llamar, usando la vieja terminología española finisecular, 'las dos Cubas'» Ver CUESTA, *op. cit.*, pág. 84.

[15]. En ello estuvo inspirada en la Constitución alemana de Weimar y en la de la Segunda República española y, quizás, en la Constitución mexicana de 1917.

[16]. Ver CUESTA, Leonel de la, *op. cit.* pág. 61.

[17]. Además de su intervención en los sucesos acaecidos en la década de los treinta, Batista había ocupado el poder constitucionalmente entre 1940 y 1944.

[18]. Urrutia llegó a la presidencia por haber emitido un voto particular en el juicio de Fidel Castro y demás acusados por asaltar el cuartel Moncada en 1953. En dicho juicio Urrutia sostuvo que éstos no cometían delito alguno, basándose en el derecho de resistencia a la opresión contenido en la Constitución del 40. A pesar de ello, Urrutia fue

depuesto poco después de su toma de posesión —julio de 1959—, en lo que se ha considerado como «el primer golpe de Estado realizado desde la televisión». En efecto, Castro lo destituyó a través de un discurso televisivo, acusándolo de frenar las leyes revolucionarias, atribuirse un sueldo excesivo y adquirir una casa cuyo precio iba más allá de sus posibilidades. La «renuncia» de Urrutia fue un claro ejemplo de como Castro actuaría después para destruir moralmente a sus adversarios.

[19]. Disposición de la *Gaceta Oficial de la República*, tomada de CUESTA, Leonel de la, *ob. cit.* pág. 67.

[20]. *El imperio de la ley en Cuba*, *op.cit.*, pág. 93. Tomada de CUESTA, Leonel de la, *ob. cit.*, pág. 69, notas 87 y 88.

[21]. Leonel de la CUESTA pone como ejemplo la irretroactividad de la ley penal. Dice que la Ley Fundamental, como la Constitución del 40, establece que las leyes penales no tendrán efecto retroactivo salvo cuando favorecen al reo, pero que, «no obstante», se autoriza a aplicarla en un número tan crecido de delitos que el gobierno revolucionario no queda limitado en su acción por la declaración restrictiva inicial. **Ibidem,** pág. 69.

[22]. Meses más tarde, el Consejo de Ministros, en función legislativa, aprobó la Ley 664 de 23 de noviembre de 1959, donde se impone la pena de confiscación de bienes, con carácter supletorio, a quienes resulten sancionados por delitos «contrarrevolucionarios».

[23]. CUESTA, Leonel de, *op. cit.*, pág. 76, nota 94.

[24]. CUESTA, Leonel de, *op. cit.*, págs. 78-79. Por otra parte, la prohibición de, en el área penal, someter a un ciudadano a tribunales o comisiones especiales creadas después de la comisión del delito, no sólo fue establecida por la Constitución cubana de 1901, sino que se remonta a la Constitución española de 1812.

[25]. Ver FERNÁNDEZ CAUBÍ, Luis, *Cuba. Justicia y Terror*, Ediciones Universal, Miami, 1994, pp 29-30.

[26]. Se volvió a modificar el artículo 22 de la Ley Fundamental. La nueva redacción suprimió el último párrafo de dicho artículo a tenor del cual el Tribunal de Garantías Constitucionales y Sociales tenía la última palabra en materia de retroactividad y en el que se establecía la obligación de indemnizar a los afectados por la aplicación retroactiva de la ley. También se modificó el artículo 23 que establecía la irretroactividad de la ley en materia de obligaciones civiles de contratos u otros actos u omisiones. Mediante esta modificación se dispuso que la ley podía determinar lo contrario por razones de utilidad social, orden público o utilidad nacional, lo que hizo que el susodicho artículo quedara vacío de contenido y constituyera otro ejemplo de la legislación del «no obstante». Ver CUESTA, Leonel de la, *op. cit.*, pág. 74.

[27]. *Ibidem*, pág. 79. Una tabla de reformas a la Ley Fundamental de la República castrista, hasta 1962, puede verse en la pág. 87.

[28]. Para este apartado son indispensables las obras ya citadas de Juan CLARK, *Cuba. Mito y Realidad. Testimonios de un Pueblo* y de Luis FERNÁNDEZ CAUBÍ, *Cuba. Justicia y Terror.*

[29]. Juan CLARK, *op. cit.* págs. 61-62, relata el caso de 71 personas que fueron ejecutadas en una noche en las afueras de Santiago de Cuba, de las cuales, sólo a cuatro se les celebró juicio. Se basa en un testimonio, francamente espeluznante, del padre Jorge Bez Chabeche, entonces sacerdote diocesano de dicha ciudad, a quien le correspondió la asistencia religiosa de los ejecutados. El sacerdote fue entrevistado por el autor el 8 de junio de 1989.

[30]. Fue creada para conocer de «los delitos cometidos por militares o civiles al servicio de la tiranía» mediante el Reglamento Número Uno del Régimen Penal, el 21 de febrero de 1958. Tuvo su consagración legal al promulgarse la ley 33, de 28 de enero de 1959 y la Ley Fundamental de 7 de febrero del mismo año. Ver FERNÁNDEZ CAUBÍ, Luis, *op. cit.*, pág. 23.

[31]. Fernández Caubí cuenta el caso de un dirigente de las juventudes anticastristas que fue trasladado a la prisión de La Cabaña el 18 de abril de 1961, instruido de cargos y notificado del auto de procesamiento esa misma noche. Al día siguiente le fue celebrado el juicio y en la madrugada del 20 de abril se le ejecutó. *Ibidem*, pág. 41.

[32]. *Ibidem*, pág. 31.

[33]. Poco después del juicio el Comandante Pena apareció muerto en su vehículo como resultado de un tiro al corazón. La versión oficial fue que se había suicidado por haberle fallado a la revolución. Sin embargo, existen testimonios que indican que Pena fue asesinado. Ver CLARK, Juan, *op. cit.*, pág. 60.

[34]. *Op. cit.*, pág. 69.

[35]. Ver nota 4 de este trabajo.

[36]. Para un análisis de la constitución de 1976 ver BERNAL, Beatriz, «Cuba ¿Estado de Derecho?», revista *Próximo*, Núm. 7, Madrid, verano, 1978.

[37]. *Ibidem*, pág. 4 y 9.

[38]. Lo cual no es de extrañar pues en Cuba, como ya se ha dicho, desde los inicios de la revolución desapareció la carrera judicial que establecía el acceso a la Judicatura a través de ejercicios de concurso-oposición.

[39]. Para un análisis sobre la regulación de los derechos sociales en la constitución socialista cubana, ver de BERNAL, Beatriz, «Cuba ¿Estado de Derecho?», *op. cit.*, pág. 8 y 9.

[40]. Tesina presentada por la autora en la Facultad de Derecho de la Universidad Complutense de Madrid para obtener el título de Especialista en Derechos Humanos. Madrid, 1996.

[41]. Estos son: La Convención contra la tortura y otros tratos o penas crueles, inhumanos o degradantes, adoptada por la Asamblea de las Naciones Unidas en 1984; la Convención Interamericana para prevenir y sancionar la tortura, aprobada por la Asamblea General de la OEA en 1985; la Declaración contra la tortura, aprobada por la Asamblea General de la ONU en 1975; así como las Reglas Mínimas para el tratamiento de los reclusos y las condiciones físicas de detención aprobadas por el Primer Congreso de las Naciones Unidas sobre la Prevención del Delito y el Tratamiento al Delincuente (Ginebra, 1955), adoptado por el Consejo Económico y Social de la ONU en 1957, y ampliado por una Resolución del 13 de mayo de 1977.

[42]. Ana María GRILLE da cuenta en su tesina de varios casos individuales, así como de informes de la Comisión Interamericana de Derechos Humanos, el Comité Cubano Pro Derechos Humanos y del Relator Especial de la ONU para Cuba, donde se denuncia la violación por Cuba de los tratados internacionales en la materia.

[43]. Las medidas cautelares están reguladas en los artículos del 245 al 260 de la Ley de Procedimiento Penal, bajo el rubro: «Del aseguramiento del acusado». Por otra parte, en cuanto al caso de los cuatro disidentes, la información se obtuvo mediante cable despachado desde La Habana por France Press y aparecido en el periódico *Miami Herald* el 25 de octubre de 1998. Ver de Manuel DÍAZ MARTÍNEZ, «La Patria es de Todos», revista *Encuentro*, Madrid, invierno 1998-1999.

[44]. El artículo dice: «Están excluidos del beneficio de gozar de libertad provisional bajo fianza: 1) los delitos contra la seguridad del Estado; 2) los delitos para los cuales la ley establece sanción de muerte o máxima de privación de libertad».

[45]. Tal es el caso del delito de revelación de secretos contra la seguridad del Estado. Según el art. 96 del Código Penal, incurre en él y recibe una sanción de uno a cuatro años de privación del libertad «El que por imprudencia de lugar a la revelación de algunos de los secretos a que se refiere el artículo anterior...» que son los secretos políticos, militares, económicos, científicos, técnicos o de cualquier naturaleza relativos a la seguridad del Estado.

[46]. Tal fue el caso de Juan Escandell, con quien me entrevisté en Madrid. Este abogado se hizo cargo de la defensa de Félix Bonne Carcasés. Por ello fue detenido varias veces por la Seguridad del Estado y prácticamente obligado a abandonar la Isla en junio de

1998.

[47]. El artículo 103.1 dice: «Incurre en sanción de privación de libertad (...): 2. El que difunda noticias falsas o predicciones maliciosas tendentes a causar alarma o descontento en la población (...)» Dessy Mendoza en su carta al Consejo de Estado, ya mencionada, aporta como argumentos a su favor varios artículos del periódico oficial *Granma* donde se comunica a la población la epimedia de «dengue hemorrágico» que azotó a Santiago de Cuba en las fechas en que fue procesado.

[48]. El artículo dice: «Los derechos de reunión, manifestación y asociación son ejercidos por los trabajadores, manuales e intelectuales, las mujeres, los estudiantes y demás sectores del pueblo trabajador, para lo cual disponen de los medios necesarios a tales fines...»

[49]. Sentencia núm. 5 del Tribunal Provincial Popular de Santiago de Cuba. Sala de los Delitos contra la Seguridad del Estado, dada en Santiago de Cuba, el 19 de noviembre de 1997. En el Primer Resultando dice: «Que el acusado Mendoza Rivero es una persona de una conducta política totalmente opuesta al régimen social imperante en Cuba, se autotitula Presidente de la organización ilegal contrarrevolucionaria autotitulada Movimiento Pacifista Pro-Derechos Humanos y es miembro de otra autotitulada Colegio Médico Independiente, de la cual dice ser su Presidente».

[50]. Consta en la carta que Mendoza le envió al Consejo de Estado el 27 de junio de 1997, después de haber sido condenado a 8 años de cárcel. En el expediente de Dessy Mendoza se adjunta también la solicitud, con acuse de recibo, hecha al Ministerio de Justicia el 23 de abril de 1996 con el fin de inscribir el Movimiento Pacifista Pro Derechos Humanos Santiago de Cuba.

[51]. Esta información la he obtenido a través de un cable de la agencia española EFE, del 15 de febrero de 1999.

[52]. Según artículo escrito por Mauricio Vicent, corresponsal del diario español *El País*, aparecido en dicho periódico el viernes 5 de marzo de 1999. Véase también *The Economist* (Londres), 20 de marzo de 1999, pag. 42.

40 AÑOS DE REVOLUCIÓN

XIV

SEMBLANZA DE FIDEL CASTRO

por

José Ignacio Rasco

EL BINOMIO CASTRO REVOLUCIÓN

Sin duda alguna, Fidel Castro es una figura que ha traspasado los linderos nacionales. Igual que su revolución. Entre ambos fenómenos se produce un paralelismo increíble. La revolución es un autorretrato del propio Castro. El ha sido el actor y el autor de toda esa gran tragicomedia que ha sido conocida y reconocida en las cuatro esquinas del mundo.

Uno de los errores más nefastos que cometió la dirigencia política, —y las no políticas—, en Cuba fue no reconocer la potencialidad del causante. La subestimación del personaje facilitó el camino revolucionario. Castro ha resultado el actor teatral más notable del siglo XX con un innegable carisma y talento para la intriga, el suspenso y el engaño más refinados. Si Luis XIV podía decir que «L'etat c'est moi», Castro podría reclamar que «*La Revolution c'est moi*».

Castro y la revolución son mellizos, por no decir que son siameses. Castro se anticipó al descubrimiento de la clonación al lograr tal semejanza entre él y su hechura revolucionaria. Su omnipotencia ha sido tal que no se ha movido hoja del proceso revolucionario que él no la haya soplado. Aquí ha estribado también su estabilidad y su fortaleza, que con la improvisación y el cálculo, la alevosía y la traición, produjeron no una reforma, sino una verdadera revolución de las estructuras que se suponían más sólidas en la sociedad cubana. No fue revolución de «curitas y mercurocromo» como él mismo señaló. Pocas veces en la historia se ha vuelto del revés un país, de modo tan absoluto, como en el caso cubano.

Intentemos penetrar un tanto la personalidad compleja del dictador cubano. El hecho de haber conocido y tratado de cerca a Castro desde el bachillerato hasta graduarnos en la misma promoción de 1945 en el Colegio de Belén. Y luego convivir en la etapa universitaria, y aún algo después de su triunfo, me permite tener una visión muy personal del sujeto. Aunque todo lo que digo es verdad no creo tener toda la verdad. Otros han conocido diversas facetas de la escurridísima figura. Con algunos de ellos he podido corroborar mis apreciaciones. Trato, pues, de presentar el caso de acuerdo con mi experiencia, la que he de exponer del modo más objetivo posible.

TESTIGO DE CARGO: EL CASTRO QUE YO CONOCÍ

LA ETAPA BELEMITA

Recuerdo a Fidel cuando llegó al Colegio de Belén con un aspecto un tanto «aguajirado», de muchacho de campo, de tierra adentro. Entonces era bien retraído, tímido, un poco cortado por su situación familiar y social. Como es sabido, Fidel era hijo ilegítimo de Ángel Castro y de Lina Ruz, quien llegó a la finca en calidad de sirvienta y terminó siendo la señora de la casa.[1] Don Ángel era un español rancio, que había desembarcado en Cuba como soldado español para pelear contra los independentistas cubanos. Luego de terminada la guerra regresó a España, pero más tarde volvió a Cuba para hacer fortuna —y la hizo— como terrateniente, al parecer, de poca ética en sus negocios. Se convirtió en un rico latifundista. Al decir de algunos era persona tosca, de modales rudos y duro con su hijo más rebelde, que era Fidel. Tal vez esta situación fue un factor en la decisión de enviarlo lejos, primero a Santiago de Cuba y luego a La Habana, a colegios privados de familias de clase media en su mayoría, pero que se caracterizan por su gran disciplina académica, su sólida formación moral y el amor a los deportes.

El recién llegado de Birán, provincia de Oriente, cargado ya de ambición y con tenacidad más gallega que cubana, (Fidel es el más gallego de todos los cubanos) llegó a brillar en los deportes. Sobresalió en campo y pista, en «basket ball» y en pelota. Resultó un «all star» del colegio.

Horas y días enteros de vacaciones los utilizaba para practicar los deportes. Si no encontraba catcher tiraba la pelota contra los muros del cabaret Tropicana que lindaba con los patios del colegio. Podía ganar las carreras largas de 400, 800 y 1000 metros a veces en una misma tarde. Era un «caballo» de carrera. El único deporte que nunca pudo practicar fue el de salto de garrocha, en el que yo fui campeón intercolegial (entonces era bien flaco). Yo lo mortificaba bromeando cuando le decía que no podía saltar garrocha porque «es el único deporte que las mujeres no practican», (ahora sí por cierto) lo que le enfurecía transitoriamente. Luego el mismo lo comentaba con otros, pero ya en buen tono, cosa, por lo demás, muy rara puesto que carece de sentido del humor. No sabe reírse de sí mismo.

La gravedad solemne suele ser su modo ordinario de conversar. Anda muy ajeno al choteo cubano, no obstante ser ameno en su conversación, en la que gusta más de la hipérbole y del suspenso.

No era buen estudiante, «un filomático», como decíamos en Cuba, que sólo sabía estudiar sin participar en otras actividades . Pero siempre sacaba sus notas con buenas calificaciones aunque sin pertenecer a los primeros de la clase. Estudiaba a última hora con vista a las pruebas. Entonces era capaz de dormir poco. Y se pasaba días y noches preparándose para los exámenes. Con su prodigiosa memoria era capaz de aprenderse, al pie de la letra, cualquier texto. Como alarde solía arrancar las páginas de un libro una vez que las archivaba en su memoria. Era un verdadero «computer». Luego podías preguntarle lo que decía el libro de sociología, por ejemplo, en la página 50, y te la repetía con punto y coma. Recuerdo que en el último año le quedaron varias asignaturas pendientes del primer semestre. La norma entonces era que si no pasabas las asignaturas en el examen del colegio no podías ir al del Instituto para obtener el título «oficial» que daba el Ministerio de Educación. Fidel retó al inspector del año, el P. Larrucea, para que lo dejara examinar todas las materias pendientes y que si sacaba 100 (el máximo) en las pruebas de Belén podía ir al examen del Instituto. Parecía imposible que lo hiciera en tan pocos días, pero lo logró. Si no recuerdo mal las asignaturas examinadas eran Francés, Lógica e Historia de América.

Algo similar hizo después en la Universidad, pues se atrasaba en los cursos por sus actividades políticas, pero luego se ponía al día, con noches de insomnio, y era capaz de sacar más de una docena de asignaturas, «por la libre», aprendiéndose los códigos de memoria.

Otra cosa que parecerá absurdo a muchos es la timidez inicial que padecía para la tribuna. En Belén había una Academia Literaria, «La Avellaneda», en la que el ilustre P. Rubinos daba clases de oratoria. Pero para ser miembro de la Academia había que pasar una prueba que consistía en hablar durante 10 minutos, sin papeles, sobre un tema que se le daba al aspirante una hora antes. Pues bien, Fidel falló tres veces la prueba antes de pasarla. El profesor decía, viéndole sufrir en el podium: «si le pones cascabeles en las rodillas nos da un concierto de música». Tanto era su nerviosismo. De más está decir que pronto venció con creces sus timideces oratorias iniciales.

En un debate oratorio público que tuvimos en el colegio sobre la Democracia, a Fidel le tocó justificar la necesidad del «dictador bueno». Pero, en otra ocasión similar, fue un defensor de la enseñanza privada, mientras que a mí me tocó convertirme en abogado de la enseñanza estatal, en un debate que fue moderado por el Dr. Ángel Fernández Varela, entonces profesor del colegio, y en el que participaron también Valentín Arenas, Ricardo Díaz Albertini, Jorge Sardiña, Francisco Rodríguez Couceiro y otros. Por cierto que en la crónica sobre el acto del periódico comunista «Hoy», el periodista se burló de Fidel a quien llamó despectivamente «el casto Fidel» al abogar por la educación privada y católica. ¡Ironías de la vida!

Entre las «locuras» de Fidel en el colegio, quiero recordar la apuesta que hizo con Luis Juncadella de que era capaz de tirarse de cabeza en bicicleta andante, a toda velocidad, contra una pared en las amplias galerías del colegio. Y lo hizo, al precio de romperse la cabeza y terminar inconsciente en la enfermería. Siempre he visto este absurdo episodio como una prefiguración de su ataque al Moncada en su afán de notoriedad. Sólo que en el Moncada embarcó a mucha gente, y, en el momento decisivo, él no chocó contra el cuartel.

Hijo de un padre rico Fidel siempre tenía dinero en el bolsillo, pero el dinero para él, no significaba nada, sólo era un medio para el poder. Lo único que le interesaba era el poder.[2]

Dos profesores de Belén, el P. Manuel Foyaca de la Concha y el P. Miguel Ángel Larrucea, tuvieron temprano conocimiento de la personalidad de Castro. La opinión de Foyaca tenía un gran valor pues era un sociólogo cubano bien avanzado, nada reaccionario, que incluso había sido acusado de izquierdista por algunos católicos derechistas. Foyaca detectó y denunció enseguida el cariz comunista del Ejército Rebelde y de la Reforma Agraria promulgada. Larrucea nunca simpatizó con el díscolo belemita al que ya en Quinto Año de Bachillerato tuvo que quitarle violentamente una pistola que escondía bajo su camisa.

Un profesor ilustre, famoso orador y conferencista internacional, el P. Alberto de Castro y Rojas, que nos enseñaba Historia de Cuba, llegó a tener una íntima amistad con el chico de Birán. Y durante la etapa de la Sierra, en un popular programa de televisión que trasmitía en Caracas, defendió mucho a su antiguo discípulo, pero tan pronto llegó a La Habana, a principios de 1959, se dio cuenta del sesgo que tomaban las cosas y se espantó de lo que venía sobre Cuba.

A petición mía Alberto de Castro ha escrito un Informe sobre sus relaciones con Castro desde los días de CONVIVIO, círculo de estudios que había fundado en el colegio en 1942. Del largo resumen que me envió de Castro (ningún parentesco con Fidel) transcribo literalmente lo que resulta más atinente para nuestro análisis. Dice así:

«Su finalidad (la de Convivio): agrupar muchachos inteligentes y varoniles, con madera de jefes, y comprometerlos a estudiar y defender a ultranza los valores básicos de la cultura española y ajustar sus ideales políticos a la tradición histórica-jurídica de los pueblos hispanos. La rigurosa selección se hizo entre los jóvenes más prometedores que estaban cursando ya los últimos años del bachillerato.

Desde su fundación Fidel Castro fue invitado para figurar como miembro activo del CONVIVIO. Aceptó con entusiasmo, pero no asistía con formalidad a las reuniones. Creía suplir este incumplimiento con sus frecuentes consultas privadas al Padre Alberto.

En 1945, cuando Fidel se graduó de bachiller, hizo expresamente un viaje de La Habana a Santiago de Cuba para pedirle al Padre Alberto que lo nombrara Presidente del CONVIVIO, pues deseaba figurar como líder para abrirse paso en la Universidad. Alberto le contestó: «Yo no nombró al Presidente, lo eligen ustedes mismos». Y los miembros de CONVIVIO eligieron por unanimidad a José Ignacio Rasco.

No obstante, Fidel siguió figurando como miembro de CONVIVIO y cuando años más tarde él se convirtió en uno de los líderes estudiantiles más influyentes de la Universidad, siguió tratando a sus compañeros de CONVIVIO con gran consideración.

A raíz del triunfo de la Revolución Cubana, apenas Fidel entró en La Habana, preguntó a los Jesuitas por el paradero del Padre Alberto. Enterado de que vivía en Caracas (donde se había convertido en una de las figuras más destacadas de la televisión venezolana), le envió pasaporte diplomático con el nombramiento de Comisionado Cultural at large en Europa y en América y le rogó que fuera a La Habana para consultarle. Al verlo llegar al Havana Hilton, interrumpió el mitin que estaba celebrando, lo abrazó estrechamente y le preguntó: ¿Y CONVIVIO? Alberto le contestó: en estos momentos el abanderado de CONVIVIO eres tú, confío en que cumplas su ideario.

Esta primera entrevista duró varias horas y durante ella Fidel recibía, en presencia del Padre Alberto, a todo el mundo y despachaba los asuntos urgentes. Alberto cayó en la cuenta de los equívocos ideológicos que ya se podían detectar en Fidel y tuvo muestras de su crueldad (por la manera en que resolvió el caso de los aviadores) y puso sobreaviso a los superiores de la Compañía de Jesús en Cuba.

El 23 de enero de 1959 Fidel se presentó en Caracas. El gobierno venezolano nombró al Padre Alberto para formar parte del comité de recepción. Fidel no perdió el tiempo y enseguida se encerró con Alberto en un cuarto muy privado y comenzó a darle cuenta de todos sus proyectos: quería luchar contra el imperialismo americano buscando el apoyo de Rusia ¿Para qué esa lucha —le objetó Alberto— si semejante actitud no entra para nada en el ideario de CONVIVIO? Y añadió: me temo que por ese camino te vas a convertir en prisionero de tu propia victoria. Porque eres joven e inexperto y los rusos zorros viejos, que no tardarán en pasarte la cuenta. ¿Acaso eres tú comunista? Fidel afirmó tajantemente. «Por mi honor que ni soy ni seré jamás comunista. Eso no lo olvide, para su buen gobierno, aunque las apariencias me hagan aparecer como tal. Sólo por conveniencias de momento. Pero quiero acabar con las clases privilegiadas y no decepcionar al pueblo cubano. Le juro que me inspiro en el Evangelio. Yo necesito su concurso.

«Confidencialmente a mí Cuba me resulta muy estrecha, por eso, aunque de hecho mando, como líder de la Revolución, todavía no he querido aceptar ninguna responsabilidad de gobierno. Mi aspiración suprema es poder sentarme a gobernar el mundo entero en una misma mesa con el americano, el ruso y el chino. Yo como representante del bloque de naciones iberoamericanas».

Pocos meses después Alberto (sin perder del todo la esperanza de hacer recapacitar a Fidel) celebró con él una última entrevista. Lo recibió en Cojímar y lo retuvo desde la diez de la mañana hasta la cuatro de la madrugada. A todo el que recibía (entre otras audiencias estaban la del Embajador americano Bonsal y el Ministro del Estado Agramonte) le decía que el Padre Alberto era la persona a quien más él debía en este mundo. Esto resultaba muy comprometido y, por desgracia, trascendió a Venezuela, donde la prensa comenzó a publicar que el Padre Alberto de Castro era la eminencia gris del gobierno. Pero recordemos sus palabras en la entrevista de despedida con Fidel:

«Fidel, te lo advierto con cariño: estás completamente desenfocado. Vuelve a la cordura. Cuba es uno de los países mejor conseguidos y de más alto nivel de vida de toda la América hispana. Además está situada en el área del dólar, con un cambio del peso a la par. Tú dices que es una colonia económica de los americanos. Eso no es más que una frase boba. Es demagógico y nada pragmático calificar eso de «imperialismo». Si te pones a coquetear con los rusos vas a dejar a Cuba en grave riesgo de convertirse en plaza fuerte paupérrima de Rusia. Dices que quieres convertirla en una Holanda o una Suiza. ¿Y cómo? No seas iluso. Tú me dices que tu «comunismo» no tiene nada que ver con el modelo ruso, porque es autóctono y está inspirado en la doctrina del Evangelio.

De mí no esperes ningún tipo de colaboración. Como sacerdote y amigo estaré siempre dispuesto a hacerte un favor personal. Pero ideológicamente nos separa un abismo. Creo que todavía estás a tiempo, el pueblo cree en ti y está dispuesto a ayudarte. No lo traiciones. Después de esta despedida, Fidel, que es muy empecinado, envió por lo menos un par de mensajes a Alberto, para que fuera a Cuba a colaborar. Pero Alberto ni le contestó. Se limitó a no hablar mal de Fidel en público, para no amargarlo, por si algún día lo necesitaba como sacerdote».

EN LA COLINA UNIVERSITARIA

El contacto con la Colina Universitaria cambió radicalmente la actitud de Castro. Sin los contrapesos morales y religiosos que moderaban su conducta colegial, se sintió libre de toda atadura o compromiso. Inicia una etapa anárquica en su vida en la que pierde la poca o mucha fe que había adquirido en los claustros belemitas. Le entra una fiebre de publicidad, de darse a conocer por sus extravagancias, rarezas y aventuras. Suelta toda timidez o sentido de la moderación; el narcisismo y la megalomanía se apoderan de su persona.

Su primer discurso. en plan de líder universitario, fue el 27 de noviembre de 1947, aniversario del fusilamiento de los estudiantes de medicina durante la colonia. Para preparar el discurso se pasó tres días en mi casa. Quería que lo ayudase a redactarlo. Así fue. Le di un contenido que, según Pardo Llada, resultaba demasiado martiano. Se aprendió el discurso de memoria y lo ensayó varias veces.

En esta etapa su afición por las pistolas se desató. Se afilió al grupo gangsteril de la UIR (Unión Insurreccional Revolucionaria), que dirigía Emilio Tro, rival de otro grupo pandillero, el MSR (Movimiento Socialista Revolucionario) que comandaba Rolando Masferrer. En verdad Castro procuraba evitar roces peligrosos entre ambos grupos contendientes, y a veces coqueteaba con ellos y sus líderes. Tan pronto era perseguidor como perseguido. Todos estos afanes peligrosos le daban cierta jerarquía machista entre algunos dirigentes estudiantiles. Se le consideró autor o cómplice del asesinato, o tentativa de asesinato, de algunos líderes universitarios, entre otros, de Manolo Castro, Justo Fuentes y Leonel Gómez, pero, en verdad, las pruebas no aparecieron nunca. El propio sospechoso con frecuencia dejaba correr el rumor y la intriga. Tuvo un fuerte altercado con Francisco Venero, policía universitario, cuando éste trató de desarmarlo. Según algunos, lo fusiló más tarde en la Sierra Maestra. También se le acusó del atentado a Óscar Fernández Cabral, sargento de la policía universitaria, el 6 de junio de 1948.

En cierta ocasión viajábamos en un auto con varios amigos y Fidel nos pidió que lo lleváramos. Y al cruzarnos con otro vehículo, el propio Fidel de pronto se agachó y dijo: «creía que esa gente me iba a matar pues son muy vengativos». A la sorpresa siguió el silencio y el agachado estudiante se bajó pocas cuadras después. Nunca pudimos lograr que nos explicara aquella actitud.

Cuando fundamos, en 1948, el Movimiento Pro-Dignidad Estudiantil, con Valentín Arenas, Pedro Romañach, Pedro Guerra y otros compañeros, en un afán de adecentamiento y reformas universitarias, Fidel mostró algún interés en él, aunque dijo estar comprometido con otros grupos. Me cuenta un amigo común que en cierta reunión de la FEU alguien sugirió liquidar a varios líderes para abortar el Movimiento, pero Fidel adujo que esos dirigentes amigos y condiscípulos de él éramos «intocables», no obstante andar en bandos opuestos. Sin embargo, las amenazas de muerte contra varios de nosotros, y de nuestros familiares, nunca cesaron.

Castro nunca pudo ganar la presidencia estudiantil de la Escuela de Derecho ni de la FEU (Federación Estudiantil Universitaria). Su amor por la urna apenas se probó en alguna delegatura de curso. Su actuación básica operaba más detrás de las bambalinas que en las candidaturas electorales. Siempre andaba muy vinculado a elementos marxistas. Sin duda la mayor influencia que pesó sobre él fue la de Alfredo Guevara, comunista de partido, con gran poder de persuasión. Otros que giraban en la órbita fidelista eran Baudilio Castellanos, Benito Besada, Walterio Carbonell, Álvarez Ríos, Mario García Incháustegui, Lionel Soto, Luis Más Martín, Núñez Jiménez, Leonel Alonso, Flavio Bravo y otros simpatizantes del comunismo.

Para cierto público, ajeno a la universidad, el nombre de Fidel Castro se iba dando a conocer como el de un joven intrépido que a ratos alborotaba la opinión pública, en comparecencias radiales, en un artículo de prensa, o en alguna de sus aventuras, como cuando logró traer la histórica campana de la Demajagua a la Universidad de La Habana. Pero para algunos estudiantes su fama se reducía al tríptico de botellero, gángster y comunista. Se decía que tenía una botella (empleo del gobierno que se cobraba, pero no se trabajaba) en el Ministerio de Educación, pero en realidad nunca se supo de prueba suficiente. Lo del amor por el gatillo era *vox populi* y lo de comunista ya era asunto polémico. Recuerdo que en 1958, se me invitó a una reunión de directores de bancos, para que explicara la personalidad de Fidel. Para gran escándalo de algunos señores (que vendían bonos del 26 de julio) desarrollé el tema tríptico:

comunista, gángster y botellero. Solamente tres o cuatro de ellos me dieron la razón. Los demás defendieron al sujeto en cuestión. Uno fue miembro luego del gobierno, pero todos murieron en el exilio totalmente desengañados.

Ruly Arango, otro amigo y condiscípulo del colegio y de la universidad, durante un tiempo fue «room mate» de Fidel en el Hotel Vedado cerca de la Universidad. Ruly trataba de catequizar al neoescéptico ex-alumno de los jesuitas, que antes se santiguaba en los juegos de baloncesto y hacía promesas y rezos en la capilla para ganar en toda competencia. Me acuerdo que una vez Ruly lo invitó a asistir a un retiro espiritual, de un día, en la Agrupación Católica Universitaria (ACU). Fidel se apareció muy tarde, pero pudo conversar al final con el grupo y también con el famoso P. Felipe Rey de Castro, el fundador y director de la ACU. Su comentario sobre el estudiante revoluciona-rio: «Muchacho de grandes cualidades de liderazgo, pero muy desorientado. En algo me recuerda a Manolo Castro, (otro dirigente estudiantil de muchos años y bien conocido en aquellos días), pero creo que es más ambicioso y temible que Manolo, el otro Castro» (sin relación familiar).

En la Plaza Cadenas, junto a la Facultad de Derecho, un buen día en 1948, me encontré con Fidel. Durante dos horas estuvimos conversando. Me contó de sus lecturas de Malaparte, Hegel, Lenin y Marx. En aquellos días pensaba en la necesidad de dar un golpe de estado. Y me asombró su conocimiento de la dialéctica hegeliana y de la estrategia leninista. Ya se sabía de memoria el ¿Qué hacer? de Lenin. Y me dio una clase sobre la plusvalía de Marx. Entonces me dijo que había tomado cursillos de esos temas en Carlos III (sede del Partido Comunista) y trató de convencerme, con celo apostólico, que yo debería asistir y comprar los libros «que allí se venden tan baratos».

Otras veces se jactaba de saberse el *Mein Kampf* de memoria. A través de sus lecturas aprendió el poder de la mentira repetida como arma esencial de la propaganda. También recitaba párrafos enteros de discursos de Primo de Rivera y de Mussolini, así como del libro ¿Qué hacer? ya mencionado, que lo aplicó en Cuba fielmente desde el propio año 59.

Otra anécdota histórica. En la antesala del examen oral de la asignatura de Propiedad y Derechos Reales, Castro pronunció una filípica contra la propiedad privada de una violencia increíble. Nunca lo había visto tan frenético y ante testigos, compañeros de clase, disparatar de ese modo, haciéndose eco de la interpretación de Marx sobre la plusvalía. Señaló que esa asignatura, y todo el Derecho Romano, debía eliminarse del curriculum, ya que «la propiedad es un robo» como decía Proudhon.

Luego continuó con un ataque despiadado al capitalismo, a la industria azucarera cubana «controlada» en su totalidad por los intereses norteamericanos (lo cual desde luego, no era cierto) por lo que era necesario una revolución radical para «expulsar al gringo» y controlar toda la estructura productiva por el Estado. Fidel apelaba a Walterio Carbonell para que corroborara lo que el decía. Y Walterio asentía más con la cabeza que con las palabras. Walterio era un comunista de partido, hombre bueno y sencillo, negro criollo, que se incorporó a la revolución y luego fue defenestrado como tantos otros por alguna diferencia con el partido.

Estábamos en tercer año de la carrera, cuando andábamos en los líos de una asamblea para hacer una constitución universitaria. Me tropecé con Fidel y acordamos una cita para analizar los problemas de la universidad. Por sugerencia suya nos debíamos reunir fuera de la universidad, en una casa del centro de La Habana (creo que estaba en la calle Lealtad). La entrevista se convirtió en una conversación sin mayor importancia. Pero lo que me llamó la atención fue la copiosa literatura marxista de libros, folletos y revistas almacenados. Y el lugar resultó el local «donde duerme» Alfredo Guevara. Algún material era publicado en Cuba, pero la mayor parte provenía del extranjero y se repartía para América Latina. Un grupo de Pro-Dignidad Estudiantil descubrió en los locales de la FEU parte de la literatura preparada para enviar a diversos países. Se produjo una reyerta y tuvo que intervenir la policía universitaria.

La participación de Castro en la Asamblea Constituyente Universitaria fue más de bambalinas que de actuación pública; allí estuvo aliado a elementos gangsteriles y socialistoides que nos combatían en todas las formas, incluso con amenazas de muerte para nosotros o nuestras familias. Terminamos la Universidad en 1950. A Castro todavía le quedaron algunas asignaturas pendientes, pero pronto terminó sin apelar para ello a las pistolas como se ha dicho erróneamente.

En el año 1952 el golpe de estado del 10 de marzo dio comienzo a la dictadura batistiana, que rompió el orden constitucional y desencadenó un trágico proceso de violencia y sangre.

Nuestras discrepancias con Fidel aumentaron. Él entendía que la única forma de lucha era la del alzamiento y el hostigamiento violento por medio del terror, de la bomba indiscriminada y de los atentados personales, lo que culminó con el desastroso e irresponsable ataque al Cuartel Moncada y al de Bayamo. Nosotros creíamos en la posibilidad de la vía electoral. Nos enrolamos en el Partido de Liberación Radical que formamos con Amalio Fiallo, Manuel Artime y algunos veteranos de los asaltos a los cuarteles de Santiago de Cuba y de Bayamo que, con muy buena fe, habían participado en esos afanes belicistas. Pero todos aquellos esfuerzos fracasaron por la intransigencia del gobierno y de la oposición. Las grandes mayorías se tornaron apáticas y desinteresadas de toda política; Castro aprovechó la oportunidad para lanzar el movimiento guerrillero y para desarrollar una increíble propaganda en favor del Ejército Rebelde y de su caudillo máximo. Fue, para Cuba, el pírrico triunfo de las armas sobre las urnas.

En verdad se impuso una técnica de guerrilla psicológica, con una publicidad bien orquestada que logró crear un clima de inseguridad y de desestabilización que el barbudo de la Sierra supo promover y capitalizar desde el principio. Grupos opositores de magnitudes superiores fueron ignorados y destruidos por la mítica leyenda heroica de la Sierra, del Robin Hood. Muchos elementos civiles fueron rindiéndose a los úcases y deseos del líder que boicoteaba toda negociación pues quería «todo el poder para los soviets», aunque todavía aseguraba a la prensa que él no era comunista, mientras ya el Ejército Rebelde recibía lecciones de adoctrinamiento marxista-leninista. Y el New York Times y Mr. Mathews le servían a Castro de sonora caja de resonancia.

EN EL NUEVO RÉGIMEN

En 1959, a partir de enero, la euforia y la confusión se enseñoreaban del panorama cubano. Los dueños del periódico *Información* estaban bien preocupados por la situación. Sabiendo de mi conocimiento del líder revolucionario me pidieron que fuera a Santiago de Cuba a otear el ambiente. Yo era entonces ejecutivo y columnista del periódico, así que me fui acompañado por Fernando Alloza, un gran reportero, republicano español, que había sido dirigente comunista en sus años mozos, por lo que era un magnífico detector de los síntomas que otros todavía no querían reconocer. Allí supimos de los primeros y horrorosos fusilamientos dirigidos por Raúl Castro. Hablamos con muchos amigos, con gran cautela, pues el embullo, aun entre la gente más anticomunista, era desconcertante. Uno de los pocos que analizaba muy preocupadamente la situación era el Dr. Fermín Peinado, profesor universitario, dirigente católico y que había sido comunista también en su juventud. Para él no había dudas de la fuerte tendencia marxista de muchos dirigentes del 26 de julio. Volvimos a La Habana, y dos de los dueños del periódico Información, José Ignacio Montaner y Pedro Basterrechea, nos pidieron que tratáramos de ir a Santa Clara para ver a Castro antes de que se presentara en La Habana. Y así lo hicimos.

El 6 de enero —dos días antes de que el «Máximo Líder» llegara a la capital— nos entrevistamos con él en un rincón del Gobierno Provincial de Santa Clara. Allí conversamos a solas con Castro, Alloza y yo. De vez en cuando interfería Celia Sánchez que cortaba la entrevista pues Fidel tenía que salir para Cienfuegos a un mitin público.

Luego de preguntarme por Estela, y de amenazar con ir a casa a comerse un arroz con pollo, me comenzó a criticar a Belén, a la oratoria de Rubinos y a «toda las boberías que nos enseñaban allá». Añadió que no tenía la menor intención de visitar el colegio, que los curas le habían negado el permiso a algunos empleados para ir al Moncada. Por cierto, varios de los que fueron murieron en el asalto. Fidel oscilaba entre un afecto jacarandoso y momentos iracundos. Nos hizo una apología del papel que habían jugado los comunistas en la lucha contra Batista y echó pestes contra los Estados Unidos. Se burló con ironía y sarcasmo de figuras políticas muy vinculadas a la revolución, muchas de las cuales integrarían el Gabinete con Urrutia. Trató de refutar nuestras observaciones críticas y, en algún momento, perdió la ecuanimidad. No obstante se quiso retratar con nosotros y enviar un saludo al pueblo de La Habana, de su puño y letra, a través de Rasco y Alloza. Nos dijo que fuéramos a oírlo a Cienfuegos. Cosa que hicimos. Allí dio un mitin público, de madrugada, con un tiempo friolento, y desbarró incoherentemente contra los Estados Unidos, el embajador norteamericano y otros elementos «contrarrevolucionarios». Volvió a hablar de los imaginarios 20,000 muertos de Batista. Hablaba inconexamente, balanceándose como si estuviera algo borracho.

Pero al salir de la entrevista de Santa Clara, antes de ir para Cienfuegos, pudimos ver a muchos compañeros comunistas de la universidad. Allí nos encontramos también con otros amigos no comunistas, algunos de los cuales, bajaban de la Sierra. Entre ellos, Manolo Artime y Pardo Llada, que estaban aterrados de la penetración comunista y de la fría crueldad de los jefes implacables.

Regresamos a La Habana. Allí hablamos con obispos, embajadores, políticos y amigos. Pero entonces tampoco «nadie escuchaba». En el campamento de Columbia, donde ocurrió el fenómeno calculado de la paloma, salimos preocupados con el discurso de nuestro antiguo compañero de aulas.

El discurso del 8 de enero de 1959 en Columbia no era el clásico discurso criollo del triunfo, de fiesta y alegría. Nada de reconciliación ni de apaciguamiento, en un momento en que todo el mundo quería convivir en paz y unión.

Fue una típica pieza dialéctica de guerra, de amenaza y divisionismo, a pesar de aquello de ¿armas para qué? Sólo para desarmar a cualquier competidor. Un ataque violento al Directorio Revolucionario, contra Rolando Cubelas y Faure Chomon.

Un querido profesor de Belén, embobado con la revolución, al día siguiente del discursito de la paloma me dijo, al ver mis observaciones de aguafiesta: «Tienes el diablo metido en el cuerpo, le tienes envidia a tu compañero de curso... tú le ganarías en el colegio... pero ahora él es quien va a triunfar...»

Aquel profesor, deslumbrado muchos años con la revolución, al fin murió en el exilio. Así andaban los ánimos pasionales por aquellos días. Aun los más doctos sucumbían ante el hechizo carismático de Fidel y de la paloma que cayó sobre sus hombros, que algunos blasfemos decían que era el Espíritu Santo.

El 22 de enero frente al Palacio Presidencial, Fidel convocó a una gran concentración donde la gente masivamente pedía «¡paredón! ¡paredón!» para los batistianos, «asesinos de 20,000 cubanos». Erizaba ver aquella multitud fanatizada y engañada por una demagogia bien calculada y, alrededor del líder, algunos «burgueses» ya en el gobierno o aspirando a entrar, con caras hoscas: engreídos, pretendiendo ser más jacobinos que nadie; confundidos con el triunfo que pronto los defraudaría.

A la salida de Palacio Castro se encontró conmigo y de sopetón me dijo: «Tú vienes también a Venezuela, ¿verdad?» «No pensaba», le contesté, «y además, no he sido invitado como periodista». Y dio órdenes entonces a algún ayudante para que me pusieran en la lista. Así fue.

La organización y la salida de aquel viaje fue todo con gran desorden y atraso. Al llegar a Maiquetía, la escalerilla del avión se desbarató por el peso de la aglomeración de visitantes y visitados y caímos todos al suelo. Una de las azafatas se fracturó alguna costilla y tuvimos que llevarla, junto con otros al hospital más cercano en La Guaira. Así que salimos de allí en ambulancia. En este viaje un miliciano murió víctima de las hélices de un avión.

El entusiasmo popular fue desbordante. Se veía a Castro como un nuevo Bolívar, lo que aumentaba su megalomanía afirmando públicamente que la nueva Sierra Maestra debería ser Los Andes.

En la Embajada de Cuba, en Caracas, nos reunimos con él, el P. Alberto de Castro y Celia Sánchez, a ratos, en un cuarto de baño, pues era el único espacio libre de gente que quedaba en la Embajada. Allí Castro me juró que no era comunista, sino «humanista» y como «prueba» me mostraba las medallitas que llevaba en una cadena al cuello, todo lo cual «se la habían regalado varias mujeres y hasta una monjita» en su cabalgata de Oriente a La Habana. Y echó pestes de algunos comunistas. Pero cantinfleó bastante al tratar de justificar algunas medidas revolucionarias adoptadas de corte totalitario y comunistoide. Nos pidió que lo ayudáramos en sus luchas, sin más precisión.

En Venezuela pudo engañar a casi todo el mundo menos al sagaz Rómulo Betancourt, ex-comunista, que detectó, y nos confesó, la peligrosidad de Castro.

Pocos días después me llamó Castro para que le preparara un proyecto de ley sobre la prensa, a fin de acabar con los subsidios y botellas que recibían muchos periódicos en Cuba a costa del erario público. Yo me reuní con algunos periodistas amigos, miembros del Bloque de Prensa, y elaboramos un modesto esquema, totalmente democrático y liberal, que le entregué personalmente a Castro y que debió ir al cesto de basura rápidamente. Pero lo más interesante del caso fue que me pidió que se lo entregara en el Hotel Hilton donde tenía uno de los lujosos asientos de su poder. Lo esperaba en el «lobby» del Hotel, repleto de gentes importantes, del viejo y nuevo régimen, que querían ver a Fidel para interceder por los presos y por otros amenazados con el paredón. Pero Castro entró al salón sin saludar a ninguno de los personajes que allí estaban. Y se dirigió a un guajirito infeliz, su compañero en la Sierra. Lo abrazó, lo agasajó y gritó para que todos oyeran que «con éstos son con los que hay que gobernar, no con la partida de arribistas que están aquí». Y le dijo a Celia que le diera todos sus teléfonos y que él podía visitarlo aún cuando estuviera en una reunión en Palacio.

Luego de tantas zalemas y desprecio me pidió a mí y a otros, que lo acompañáramos a su despacho. Cuál no sería mi asombro cuando tan pronto entramos en el ascensor le ordenó a su ayudante que prendiera a ese guajirito —creo que su apellido era Rodríguez— que antes había saludado con tanta emoción.

Pero, eso sí, ordenó «que fuera el Che quien lo hiciera». El Che, consternado, cumplió y lo encerró en La Cabaña sin dar explicaciones. Pero para muchos revolucionarios aquella decisión fue absurda e incomprensible. Se trataba de un capitán de la Sierra. Las protestas no se hicieron esperar.

Poco días después tuve que ir a Palacio con un grupo de profesores y alumnos de la Universidad de Villanueva, para protestar contra aquella absurda Ley 11 que era un ataque directo a la Universidad de Villanueva y a otras universidades privadas. La ley desconocía y anulaba los títulos y exámenes habidos durante la insurrección contra Batista. Llegué una hora antes de la cita para imponerle a Castro de la injusta situación que, desde luego, no quiso resolver, no obstante sus palabras al grupo que vino a reclamarle.

Mientras llegaban los visitantes, presididos por Mons. Boza Masvidal, a la sazón nuestro rector de la Universidad de Villanueva, Fidel se burlaba de su Ministro de Hacienda (Rufo López Fresquet) por sus impuestos a la crónica social. Luego llegó el Che Quevara quejándose de lo absurdo de prender al capitancito guajiro de la Sierra «ya que no era batistiano, ni latifundista, sino que había sido compañero diario en la lucha, que nos hacía café...»

De pronto Castro se abalanza sobre el Che, lo agarra por la solapa y le dice «pero Che no seas comemierda, ¿no te acuerdas de quién era ese en la loma...? Era el anticomunista más definido que teníamos allá...» El Che, pausadamente, le advirtió «Fidel, las cosas no se pueden hacer así, hay que ir poco a poco...» A lo que Castro respondió: «Mira Che, haz lo que quieras, lo dejas que se pudra en La Cabaña, lo fusilas o lo largas para el exilio... pero no quiero verlo más...»

Este diálogo que pude escuchar indica también la gran capacidad de Fidel para la mentira y la hipocresía, así como su cinismo frío y cruel. El sentido de compañerismo o de amistad no habita en él. Al mismo tiempo indica la capacidad de sumisión del Che ante Castro.

Menos implacable que su jefe, Guevara montó al desgraciado compañero de armas en un avión, unos días más tarde, hacia New York. Al llegar al aeropuerto «La Guardia» el infeliz capitancito sacó su revólver y se pegó un tiro. Dejó una carta que alguien le escribió, puesto que era analfabeto, en la que confesaba su decepción por aquel proceso al que tanto tiempo y esfuerzo había dedicado.

Este hecho, todo él de un surrealismo subido, refleja la inmensa capacidad histriónica del señor Castro y su revolución y su doble cara, una para el mundo ajeno y externo y otra para su círculo interno y secreto.

DE VIAJE POR LAS AMÉRICAS (1959)

Otra vez me tocó representar al periódico *Información* en el viaje de Castro a los Estados Unidos, invitado por la Asociación de Editores de Periódicos. El periplo se extendió a Canadá y Sur América. Así que después de visitar Washington, New York, Princeton, Harvard y Boston, pasamos a Toronto, y luego de una imprevista parada en Houston, seguimos hacia el Cono Sur: Buenos Aires, Montevideo, Brasilia.

Aquello fue una experiencia única. Sería imposible contar todas las vicisitudes de aquel alocado periplo. Nunca olvidaré a quien fue un magnífico amigo y compañero de viaje, Nicolás Bravo, siempre agudísimo en sus comentarios, veterano de la CMQ, que estaba también convencido del carácter comunista de la revolución, y pensaba que había que observarla con mucho cuidado.

No faltaron nuevas discusiones nuestras con Castro, que se hacían cada vez más abiertas para asombro de algunos colegas. En la misma escalinata del Capitolio de Washington, luego de su entrevista con Nixon, discutimos sobre el problema de las elecciones, de la reforma agraria y de otros temas. Castro perdió los estribos aquella noche ante nuestros puntos de vista contrarios.

En el vuelo hacia Brasil Fidel se sentó en el avión al lado mío por un rato. Me reiteró que él era un «humanista», «un socialista no comunista». Que el problema con la Iglesia se iba a arreglar, como el del Colegio Baldor... Me pidió que le explicara quién era Maritain y lo que sostenía la corriente demócrata-cristiana. Entonces me dijo que su revolución también era cristiana... Me dio tres razones por lo cual me decía que no era comunista, en su inútil empeño para alejar mis objeciones.

La primera —me dijo— porque el comunismo es la dictadura de una sola clase y «yo siempre he estado contra toda dictadura».

La segunda, porque el comunismo es el odio y la lucha de clases y que él «era alérgico a toda lucha que implicara odio» y la tercera porque «choca con Dios y con la Iglesia».

Le contesté, ya molesto de su hipocresía, y le dije «facta non verba», Fidel, hechos, no palabras. Si eso es así ¿por qué has convertido la pantalla de televisión en una irritación contra el que tiene dos pesetas y contra las señoronas que juegan canasta?» Al final me dejó por imposible y me dijo «chico tú tienes razón... voy a cambiar». Se levantó de mal humor y se fue sin más comentarios.

Durante el viaje había una serie de cubanos comunistas que no iban oficialmente en la rara expedición, pero que se entrevistaban a diario con él, preferentemente de noche. Formaban parte de lo que algunos llamaban «el gobierno paralelo», es decir, los que de verdad decidían las cuestiones fundamentales. Este gobierno secreto ya existió desde la insurrección. Realmente desde el principio el poder revolucionario estaba en manos de Castro y sus amigos, en su mayoría gente joven de la nueva ola comunista, aunque Carlos Rafael Rodríguez, comunista de la vieja guardia, participó también. Rodríguez se convirtió por un tiempo, en el puente hacia la vieja guardia del PSP (Partido Socialista Popular), bastante desprestigiado por sus buenas relaciones con Batista. También Carlos Rafael resultó elemento de enlace clave con los soviético. Núñez Jiménez, Alfredo Guevara y otros solían reunirse con el Che Guevara y Castro en Tarará, donde el guerrillero argentino se reponía de sus achaques. Luego fueron frecuentes algunas reuniones en Cojímar en las que elaboraban planes para llevárselos a Fidel.

Durante el vuelo, pude ver a Alfredo Guevara y otros comunistas hablar a escondidas con Fidel, como miembros del llamado «gobierno paralelo», que bajo el mando absoluto de Castro, dirigían todos los primeros balbuceos de sus intenciones pro-comunistas. Las discrepancias siempre las decidía Castro. Esta fue la razón de la imprevista visita a Houston para entrevistarse con Raúl Castro sobre temas muy candentes como las invasiones a Panamá y a otros lugares, así como lo que se haría el lro. de mayo que se aproximaba. Castro pensó que todo aquello era inoportuno durante su viaje exhibicionista.

En Washington Castro le jugó una mala pasada a su equipo económico que mantenía muy buenas relaciones con financieros del gobierno norteamericano y de los organismos internacionales. Estuve en una reunión en la Embajada cubana, donde Castro anuló todas las gestiones y compromisos que se habían hecho para recibir ayuda económica, dejando en una mala posición a Rufo López Fresquet, a Felipe Pazos y demás gestores. Castro vociferó allí que él no era un mendigo internacional y que él no había venido invitado por la Asociación de Editores de Periódicos de los Estados Unidos para firmar acuerdos con el gobierno norteamericano.

Aquella invasión de milicianos uniformados, con trajes de fatiga, que acompañaban a Castro, desesperaba al Embajador Ernesto Dihigo, profesor de la Universidad, hombre de gran cultura, que no podía soportar el primitivismo de aquella gente que ponía las botas sobre las mesas, quemaban alfombras con las colillas de los cigarros y cometían todo tipo de tropelías. Además, el señor Embajador estaba molestísimo por la falta de seriedad y puntualidad del visitante que tan pronto suspendía las citas como las demoraba sin previo aviso. Dihigo ya estaba preocupado seriamente por la penetración comunista en la revolución con la complicidad castrista.

En Brasil, el Embajador argentino en La Habana Amoedo, buen amigo mío y crítico solapado de la revolución, siempre nos hacía comentarios bien irónicos de aquel loco viaje y del viajero principal. En el almuerzo, en Brasilia, Castro, ante la oficialidad brasileña, pretendía saber más que ellos de cuestiones militares, mostrándose como un tipo descompuesto y paranoide.

Por cierto, ante las críticas que algunos periodistas le hicieron en Brasil, Castro, en el avión, nos dio un largo «show» de iracundia contra todo los que le hacían la menor objeción. Y más de una vez para asustar a los viajeros, con la cabina abierta, trataba de manejar el timón del Britania Turbo-jet que nos llevaba, con gran preocupación del Capitán Cook y de toda la tripulación. A ratos se paseaba por los pasillos con furias de gato encerrado.

Otro gran espectáculo lo dio Castro en Buenos Aires en la «Reunión de los 21», orquestada por la OEA, donde proclamó la obligación del gobierno norteamericano de aportar 30,000 millones de dólares para América Latina[3]. El que había dicho unos días antes en Washington que no quería un solo centavo de las arcas norteamericanas, ahora, sorpresivamente, proclamaba la obligación que tenía la América rubia de atender el desarrollo latinoamericano, incluyendo a Cuba con una masiva ayuda en dólares. Sus alegatos entusiasmaban a muchos y revelaban la medida de su odio contra los norteamericanos.

Regresamos a La Habana el 7 de mayo de 1959 en un largo, disparatado y costoso viaje de 21 días, cuyo principal objetivo era repetir por toda la América una caravana similar a la que había realizado Castro en su lenta marcha de Santiago a La Habana y exhibiéndose en su afán narcisista y megalomaniaco por la televisión y demás medios de prensa.

El desorden, la irresponsabilidad y la desfachatez con que se atrevía a inmiscuirse en problemas ajenos de otros países, no tenía paralelo. Castro pontificaba de todo y sobre todo, con la audacia y la agresividad alocada que lo caracteriza. Todo aquello no era más que una representación de la figura de la propia revolución tal como la retrataba, la clonaba, su propio «líder máximo». La incertidumbre, el temor, la zozobra, los palos de ciego, las contradicciones verbales, son tan típicas de Castro como de la revolución. Este viaje de tres semanas me daba la medida exacta de lo que era y sería aquel movimiento que se inició bajo la etiqueta del 26 de julio y que tanto desorientaba a los que buscaban una revolución honesta y democrática dentro de un definido estado de derecho.

Nuestra experiencia personal, como condiscípulo de Castro y el acceso que me dio mi condición de periodista y abogado, me llevó, con otros amigos, a la consideración de vertebrar un ideario y una organización democrática de inspiración cristiana, de acuerdo con la corriente mundial que en Europa y América había hecho frente al comunismo y establecido democracias con alto sentido ético y de justicia social.

Al fundarse el Movimiento Demócrata Cristiano (MDC), Fidel habló bien, en algunos sitios y en entrevistas de radio y televisión, del grupo inicial y de mi persona. Decía que había que acabar con la vieja politiquería, con partidos nuevos, con gente joven y de principios.

Pero pronto me envió un recado para que lo fuera a ver al INRA (Instituto de Reforma Agraria). Y allí fuí. Después de una larga perorata sobre la situación, me advirtió que el MDC y yo podrían subsistir siempre y cuando no criticáramos a la revolución. Al contestarle que no seguíamos a hombres y a etiquetas sino a ideas y proyectos concretos, que alabaríamos lo bueno y criticaríamos lo malo que viéramos, montó en cólera, se puso de pie y me dijo que me atuviera a las consecuencias. Nosotros fuimos arreciando en nuestras críticas y una comparecencia en televisión, por la CMQ desató la persecución contra el MDC y nos forzó a escaparnos por la vía del exilio, a través de la Embajada del Ecuador, dignamente representada entonces por don Virgilio Chiriboga.

CAUDILLISMO SUI-GÉNERIS

Castro tiene todas las características del caudillo, del «duce», del «führer». Es una simbiosis del clásico caudillo hispanoamericano, pero con una proyección ideológica que escapa a la simple concepción caciquezca. Es un tirano con bandera, es decir, un abanderado de una ideología que ha tratado de imponer en su propio pueblo y con un espíritu propagador, de proselitismo internacional. Siempre quiso convertir la Sierra Maestra en los Andes y los Andes en toda la geografía africana y asiática, en todo el orbe tercermundista. Cuba ha sido escuela, arsenal, acorazado y aeropuerto para un intento falaz de crear hombres y países nuevos, que respondan a ciertos credos políticos y a estrategias antiimperialistas.

El caudillismo de Castro, no obstante brotar de un mundo isleño, ha querido saltar sobre mares, aires y tierras, sin detenerse en consideraciones éticas o jurídicas. Sus ambiciones imperialistas lo han hecho señor de horca y cuchillo, tratando inútilmente de emular a aquel imperio donde jamás se ponía el sol.

Su peculiaridad caudillística ha sido la resultante de aquellos héroes admirados en su etapa juvenil. De Maquiavelo aprendió a justificarlo todo. De Adolfo Hitler y de Mussolini sus resabios impositivos e invasores. De Mao Tse Tung tomó el gran poder de simulación. De Franco —gallego como él— la tenacidad en la perpetuación del poder. De Lenin y Stalin sus rejuegos estratégicos y sus crueldades. De Marx el trasfondo ideológico de ideas matrices sobre el odio, la lucha de clases, la propiedad privada, la revolución mundial y otros títulos de mucha plusvalía revolucionaria. Si todos estos capitanes de la historia se batieran en una cotelera, el trago amargo resultante sería Fidel Castro. Sé que todos estos personajes fueron objeto de sus lecturas largas, meditadas y memorizadas. No hay que pensar que Castro es un analfabeto político. Incluso hay que reconocer que sus lecturas martianas han sido abundantes desde muy joven. Y aunque sustancialmente es el antípoda martiano que tergiversa la doctrina fundamental montecristina, algo de lo que hay de utopía en José Martí caló, zurdamente, en el decir castrista.

Castro es, pues, un caleidoscopio de infinitos matices y colores. La contradicción es la espina dorsal de su pensamiento. De ahí la dificultad de conocer todas las aristas de su trasfondo doctrinal y humano.

LA REVOLUCIÓN AMBIDIESTRA: TRAICIONADA Y TRAIDORA

La revolución que surgió de la Sierra Maestra logró aunar a casi toda la gama política y social del pueblo cubano. La propaganda psicológica logró el milagro de unificar todos los grandes sectores y estamentos sociales en la lucha contra el dictador Batista repudiado por las grandes mayorías.

La trampa fidelista —con su genial sentido publicitario— ganó la guerra más que con las pocas batallas guerrilleras con la atmósfera psicológica que logró crear en la Sierra y en el Llano, en la clandestinidad y en el exilio. La derecha cubana apoyó al «Robin Hood» de las cercanías del Turquino casi con el mismo entusiasmo que la misma clase obrera y el campesinado. La gran prensa norteamericana convirtió lo que era un juego de escondite en las montañas en una fuerza hercúlea dirigida por un Paul Bunyan cubano.

En realidad, toda la tónica propagandística giraba en torno a un proyecto bien burgués y conservador: Restauración de la Constitución del 40, elecciones generales en un plazo relativamente corto, honradez administrativa y restablecimiento de todas las libertades democráticas. El viraje social y radical surgió después que el castrismo se impuso.

En ese sentido el pueblo vio que su revolución fue traicionada porque sus verdaderas inquietudes se anclaban en el mundo político de la democracia representativa. Así cabe hablar de una revolución **traicionada**. Pero claro que cuando hay traición es porque hay un **traidor**, que hoy todos reconocen en el personaje central. No hay que ser muy zahorí cuando se estudia el proceso que se inició con el desembarco del Granma para ver cómo el cálculo y la previsión socialista dirigían el pensamiento y la acción de los principales aliados del caudillo. En honor de la verdad, las iniciativas de la Sierra eran totalmente independientes de lo que otros grupos de acción hacían en el Escambray, en Miami, Washington, New York o Caracas.

Los clamores de unidad y de fusión eran siempre rechazados con insistencia por el caudillo de la Sierra. Por ello Gastón Baquero ha señalado que muchos se quisieron engañar o no pudieron contrarrestar los úcases monopolizadores que venían de las lomas. Así, pues, la violencia, la guerra y la venganza ya se habían establecido desde antes de bajar de las alturas y los fusilamientos, desde entonces, eran parte de «la justicia revolucionaria».

La revolución, desde sus inicios, utilizaba ambas manos para indicar sus caminos. La derecha predominaba en la gran propaganda que se lanzaba por Radio Rebelde para Cuba y para la opinión mundial. La izquierda se usaba más sutilmente para firmar compromisos con los camaradas que subían, bajaban o permanecían en las guaridas selváticas.

La mano zurda era la que menos ruido hacía pero apretaba el puño con todo su simbolismo. Ahí estaba **la revolución traidora**. La del cálculo, la de la estrategia, la agazapada, controlada por ese autócrata manipulador.

INGENUIDAD POPULAR Y COMPLICIDAD DE LAS DIRIGENCIAS

El pueblo cubano es generoso y noble, pero de un espíritu emotivo y sentimental, que lo hace poco amigo del examen crítico, objetivo o veraz. Somos por ello de reacciones muy pendulares e inestables. Lo que indica una lamentable inmadurez política. Vivimos del «wishfull thinking», del «ojalá suceda». «Ojalateros», decía Pastor González, aquel gran cubano que luego de mucho ajetreo público cambió la tribuna política por el púlpito sagrado.

En verdad, creo, que todos los países tienen siempre una masa crédula e ignorante que suele pesar más de lo recomendable en cualquier balanza política. Un pueblo tan culto y filosófico como el alemán fue víctima de los cantos de sirena de Adolfo Hitler. Y los italianos y los argentinos —perdónese si puede haber redundancia— se emborracharon con los piropos de Mussolini, de Perón y de Evita.

De todos modos, nuestra idiosincrasia optimista, románticona y jacarandosa, nos cantaba siempre que en Cuba «no hay problema» y la «toalla» era una pieza de uso político para secar muchas lágrimas. En el «totí» recaían siempre todas las culpabilidades. Y en todo caso la geografía, «las noventa millas», «los gringos», no permitirían que en Cuba ocurrieran ciertas cosas...

Pero la responsabilidad de las clases «vivas» y de todas las dirigencias, desde la política hasta la religiosa, dejaba bastante que desear.

Castro, con su dialéctica morbosa, ha sabido condenar cualquier tipo de intervencionismo sobre Cuba mientras él, sin el menor recato, ha mendigado al mundo entero, especialmente a la ex-Unión Soviética, todo tipo de ayuda al tiempo que sus propias tropas y sus infiltraciones invasoras, violan todas las soberanías posibles a su alcance. Un caso bien ejemplar de su maquiavélico proceder ocurre con el problema del embargo norteamericano. Independientemente de la razón o sin razón del mismo, él es quien tiene impuesto sobre Cuba un embargo interno, negándole a los propios ciudadanos lo que les da a los turistas, y a la «la nueva clase». Y, al mismo tiempo, subestima al peso cubano y beneficia a los pudientes que consiguen dólares. Todo lo cual, además de la ineficiencia del sistema, tiene una intención política de hacer al pueblo dependiente de las arbitrariedades del gobierno.

El internacionalismo castrista ha originado, paradójicamente, un aislacionismo mayor de la Isla. Y su geopolítica intervencionista ha provocado una peligrosa penetración cubana en casi todas las latitudes tercermundistas con resultados nefastos para esos pobres países y violando, sin escrúpulo, la soberanía de esas naciones.

LA ESTRATEGIA CASTRO-COMUNISTA, ¿ES CASTRO COMUNISTA?

Esta es una eterna discusión entre los adictos al tema de la Revolución castrista. No es fácil dar una respuesta de sí o no. Los que por privilegio —o infortunio de las circunstancias— pudimos penetrar un tanto en el laberíntico proceso mental del «líder máximo», y de algunos de sus acólitos, podemos concluir nuestra tesis. Respeto, pues, las opiniones contrarias, pero para mí ya no cabe la menor duda de que Castro es, fue y será, marxista-leninista como él mismo terminó por decir —y desde entonces nunca se desdijo—. Ahora mismo, cuando se ha quedado prácticamente solo, con un país en ascuas, el testarudo gerifalte del único gobierno comunista en América, sigue izando la bandera roja. Hubiera sido muy fácil, por justificaciones económicas, haber dado el viraje, lo que le habría ganado la simpatía y la ayuda de los Estados Unidos y de casi todos lo países de Europa y de América Latina. Incluso de la desvencijada Unión Soviética a la que hubiera podido servir hasta de modelo. Acaso así Castro podría recuperar parte de su carisma hoy tan arrugado por sus fracasos e impotencias.

Si por los frutos los conoceréis ahí tenemos a Castro dueño y señor de la revolución marxista, quizás más ortodoxa de todas las que se conocen. Creo que nadie —ni siquiera los rusos— alcanzaron la velocidad y aceleración de los primeros tiempos de la revolución totalitaria en que resultó el trágico ensayo cubano. Las drásticas reformas en Cuba, en 1959, 60 y 61 no tienen que envidiar nada de lo que se hizo en Checoslovaquia, Hungría, Polonia o en la misma Unión Soviética en los primeros años de imposición marxista. La comunización de Cuba dejó pequeños otros procesos similares. Si Castro siempre decidía todo y la revolución resultó marxista, fue justamente porque el máximo líder lo quería. De lo contrario la revolución hubiera seguido el curso democrático que el pueblo buscaba.

Desde el principio, siguiendo el patrón comunista, se concentró en montar su sistema de propaganda y su aparato represivo de inteligencia y terrorismo. La efectividad mayor de este régimen ha recaído en su capacidad publicitaria —Castro tiene mucho de Goebbel— y en su poderoso instrumento policiaco-militar de seguridad. —Castro tiene mucho de Stalin—. Esos han sido sus dos grandes éxitos: la propaganda y la represión y siempre en íntima dependencia del culto a la personalidad del «líder máximo».

FIDELO-COMUNISTA

El argumento esgrimido por algunos de que Fidel es fidelista antes que todo, olvida que Stalin fue stalinista primero que comunista como Kruschev fue kruchevista, Lenin leninista, o Ramiz Alia, ramizista. El comunismo ha sido un medio más que un fin para buscar el poder absoluto de sus líderes y mantenerse en él, ha sido un ropaje para vestir la dictadura del proletariado lo mismo en Cuba que en otros países. Y en ningún caso se ha seguido al pie de la letra el recetario marxista-leninista para alcanzar el poder o mantenerlo. El individualismo de los jefes ha primado sobre el colectivismo socialista, es decir el capitalismo de estado.

FIDELO-OPORTUNISTA

Tampoco el hecho de que Castro sea un oportunista —que lo es— es razón suficiente para conceder que no es comunista. No conozco un solo capitoste del comunismo internacional que no sea oportunista. El terrible Honecker también lo fue como todos sus sucesores, como Jaruzelski o Gomulka en Polonia, como Zhivkovo en Bulgaria. Que Castro pudo haber sido nazista tampoco lo exime de su totalitarismo marxista. Cualquiera —o al menos algunos— de los líderes marxistas pudieron haber cambiado la hoz y el martillo por la misma swástica si el nazismo estuviera de moda o se hubiera impuesto. Después de todo el nacional-socialismo y el socialismo marxista son primos hermanos bien llevados. Por ello supieron firmar pactos de no agresión cuando las conveniencias así lo aconsejaron. Que Castro tiene mucho de nazista es cierto. Lo cual sólo refuerza su condición de comunista manipulador y si hubiera habido vientos favorables a su ascensión por la escalera nazi-fascista lo hubiera hecho. Pero su sentido estratégico le dijo que no era el momento para ser nazista ni siquiera para ser un dictador tropical. Por eso no quiso ser tampoco un mero autócrata al estilo de Batista, Somoza, Strossner, Pérez Jiménez o cualquier otro al uso. Le provocaba más la figura de un Tito —que fue también profundamente titoista— o el chino Mao que jugó todo tipo de cartas para mantenerse en el poder. En su oportunismo la carta marxista-leninista fue la escogida. La motivación se aprovechó de la oportunidad.

Creo que si no hubiera habido toda una concepción ideológico-estratégica definida, Castro no se hubiera lanzado en busca de un socialismo marxista, a 90 millas del Tío Sam, que en un principio estuvo feliz y presto para encauzar a Cuba por la vía democrática y capitalista como correspondía a sus mejores intereses. Pero Castro aspiraba a ser algo más que un dictador títere de los Estados Unidos. Y prefirió escoger su carta marxista, en una etapa de guerra fría, a pesar de que su triunfo se debió, en gran parte, a la actitud final de los Estados Unidos contra Batista, al cual abandonaron y le decretaron un embargo de armas que sirvió de jaque mate para acorralar al entreguista ejército batistiano. Así se dio luego la paradoja de que los dos grandes poderes del mundo, a partir de Kennedy y Kruschev, se convirtieron en los mejores guardaespaldas de la tiranía castrista o castro-comunista.

DE LA NEGACIÓN A LA AFIRMACIÓN

Que Castro negara reiteradamente su condición de comunista en una Cuba, donde la simpatía hacia esa ideología era realmente muy pobre, es explicable. Castro, que, de tonto no tiene un pelo, lo sabía perfectamente y, por eso, reiteradamente, en público y en privado, negaba su posición y su mentalidad comunista. El uso de la mentira, así como cualquier medio que sirva en un momento dado a la revolución, es un principio muy leninista, tal vez aprendido de Maquiavelo.

La dialéctica marxista, por otra parte, hace de las contradicciones toda una teoría para su desarrollo. Sólo cuando las condiciones objetivas y subjetivas son propicias para la definición se reconoce el hecho. Mao-Tse-Tung, en la China, al principio se presentaba como un mero reformador agrario.

El Partido Comunista de Cuba, dominado por la vieja guardia, no quiso apostar inicialmente por este joven revolucionario que surgía. Castro pretendía dominar y por eso prefirió no pertenecer a sus huestes, como sí lo hizo Raúl en 1953. Prefirió prepararse para manipular el viejo esquema cuando lo creyera oportuno. Para ello, desde la Universidad, ya empezó, como hemos visto, a codearse con todos los elementos filo-comunistas y comunistas, buscando aliados para acaparar el control. Lo mismo trató de hacer en el Partido Ortodoxo que, paradójicamente, tenía como dirigente a Chibás, bien anticomunista, pero la organización estaba minada por comunistas más o menos confesos en aquella época. Hay que recordar que aunque el comunismo cubano no tenía fuerza electoral de primera potencia sí poseía disciplina, organización y afanes de infiltración y de conquista del poder, desde que Fabio Grobart comenzó su diligente labor de zapa. Antes de salir el Granma de Méjico, el caldo comunista ya hervía. El Che no se incorporó de ingenuo en la partida. Pero la CIA dormía mientras la KGB actuaba. Las guerrillas calientes entibiaban la guerra fría.

CONTRADICCIONES DIALÉCTICAS

En el Moncada combatieron sólo dos comunistas reconocidos. Según Melba Hernández, entre los moncadistas estaba prohibido mencionar las tesis marxistas. Pero tampoco hubo críticas al comunismo por parte de Fidel en su etapa insurreccional. Sin embargo, la propia Melba Hernández sostuvo que Abel Santamaría —muerto en el Moncada— siempre insistió en la necesidad de que Fidel se hiciera comunista. En el famoso discurso «La Historia me Absolverá» —que tiene un buen tramo de plagio a Hitler— entre líneas, en interpretación de Gastón Baquero, se podía sospechar un espíritu marxista larvado.

Debray ha insistido, que en la técnica cubana, Castro sustituyó el Partido por el Ejército. Acaso por eso el Che decía que el ejército de las sierras ya podía contar con un programa mínimo de acción, puesto que en sus tropas el adoctrinamiento no era escaso. Nunca se olvide que para Castro todos los métodos y medios son buenos siempre y cuando sean útiles para sus planes, independientemente de que resulten ortodoxos o heterodoxos desde el punto de vista marxista-leninista.

PASO A PASO...

Carlos Rafael Rodríguez jugó un papel clave en el proceso de afirmación marxista de Castro y en el casamiento de lo que fue en un principio un mero amancebamiento del Comandante en Jefe con los viejos y nuevos comunistas. Así primero se armó aquella ORI (Organizaciones Revolucionarias Integradas) que amparaba a las siglas más involucradas en el proceso. Luego se llamó el

PURS (Partido Unido de la Revolución Socialista) y finalmente, sin máscaras, el PCC (Partido Comunista Cubano) en 1965.

Castro, desde luego, no es un aliado seguro de nadie. Sus relaciones con la Unión Soviética y la China comunista han sido siempre variables y temperamentales, como todo lo suyo, y van desde la sumisión abyecta hasta la hepática rebeldía. Sus conversaciones con los rusos —de modo abierto— comienzan en Cuba desde el propio año 59, casi siempre se celebraban en el INRA (Instituto de Reforma Agraria). Su director —Núñez Jiménez— jugó un importante papel en el interregno paralelo. Según Fabio Grobart, la fusión incipiente de todos los elementos de la vieja y la nueva guardia comenzó en 1959. Pero los asistentes a aquellas reuniones eran tamizados siempre por el filtro de Fidel. Los más asiduos al conciliábulo: el Che, Camilo, Raúl, Blas Roca, Ramiro Valdés y Alfredo Guevara. Alguien dijo: «Mierda, ahora que somos gobiernos tenemos que seguir reuniéndonos ilegalmente».

PERO ACELERACIÓN HISTÓRICA

La velocidad de la comunización ya en el propio año de la victoria es increíble. Castro había dicho que si en el Turquino hubiera proclamado su socialismo no hubiera podido bajar de la loma. Pero ahora impulsaba—aunque sin aparecer directamente— medidas de indoctrinación y de propaganda marxista. El lro. de enero ya salió la primera edición del periódico oficial del PSP, «Hoy», que había sido clausurado durante mucho tiempo. Enseguida surgieron las EIR (Escuelas de Instrucción Revolucionaria). Otro gran centro de adoctrinamiento se instauró en la Primera Avenida de la Playa en el que colaboraron, entre otros, Leonel Soto, Valdés Vivó, Lázaro Peña, y Blas Roca.

Un «Manual de Preparación Cívica» cargado de doctrina marxista se hizo pronto texto para escolares. La entrega a los comunistas de la CTC (véase el capítulo VI) fue una de las «bravas» más indecentes que se han dado para usurpar el control a los no comunistas. Cuando Castro se declara socialista ya se habían tomado muchas avenidas. Raúl en pocos meses desbarató el aparato militar y formó un nuevo ejército policíaco-militar y de seguridad, al estilo de los países comunistas. El fin siempre fue el mismo, los medios variaban.

Amigos de Fidel suelen comentarme con frecuencia el impacto que recibió ya estudiante cuando leyó —y se aprendió— el Manifiesto Comunista de 1848. Cuando lo de Bogotá (1948) Fidel dijo que «ya era casi comunista». En aquel evento Castro se mezcló con los peores elementos de izquierda y con gente de armas tomar. Sus arengas allá, en país extranjero, fueron bien extremistas.

Como se sabe aquello fue un brote de terrorismo que se destapó con motivo del asesinato de Gaitán, el popular líder colombiano, durante la Conferencia de Cancilleres que dio origen a la nueva OEA. Castro fue salvado gracias a las gestiones del Embajador Guillermo Belt que lo llevó para Cuba en avión especial.

Hubo un tiempo en que Raúl Castro se jactaba de haber sido quien inició a su hermano en la secta comunista. Sin embargo, Alfredo Guevara, más discretamente, decía que él era «el culpable, pero los jesuitas le habían hecho mucho daño».

LA TOCATA EN FUGA

Pronto empezaron las renuncias de personajes del gobierno donde la denuncia de infiltración comunista era la razón fundamental del abandono de los cargos. Notorio fue el caso de Pedro Luis Díaz Lanz, jefe de la aviación revolucionaria, testigo de las conversaciones pro-comunistas que le escuchó al propio Fidel. El presidente Manuel Urrutia también alegó la penetración comunista en su salida. Y Manolo Artime. Y Hubert Matos y Rogelio Cisneros. Pero el traidor seguía diciendo que su revolución «no era roja sino verde como las palmas». Sólo los muy cegatos no veían la creciente infiltración comunista en casi todos los sectores nacionales y en las llamadas «leyes revolucionarias».

La lluvia de renuncias de reconocidos dirigentes era impresionante por la jerarquía que tenían en el nuevo régimen: Humberto Sorí Marín (luego fusilado), Elena Mederos, Justo Carrillo, Rufo López Fresquet, Manuel Ray, Roberto Agramonte, Felipe Pazos, José Miró Cardona. Hubert Matos fue condenado a 20 años de prisión. Viene después la fuga en masa. Recuérdese simplemente lo de Camarioca y el Mariel, lo de los balseros... más de un millón escapados de un país donde la gente casi nunca emigraba. Si Cuba no fuera una isla hoy sería un desierto.

PREDICCIONES CONFIRMADAS

Las pruebas del proceso de comunización eran cada vez más evidentes. Algunos políticos y sacerdotes que habían vivido etapas semejantes en China y en Europa veían claramente la tipicidad del fenómeno. Pero nadie parecía creerlo. En todo caso querían salvar la buena fe de Castro al que tanto habían endiosado. No querían confesar su gran equivocación de haber colaborado tanto para establecer el nuevo régimen. Entre los pocos políticos que profetizaron el desastre hay que mencionar a Juan Antonio Rubio Padilla, gran figura de la generación de 1930, que no se cansó de denunciar, con mucha anticipación, la maniobra comunista. Por otra parte, los batistianos acusaban de comunista a Castro y su revolución, pero la falta de moral de aquel gobierno espúreo restaba credibilidad a sus denuncias. El temor a ser fusilado —física o moralmente— inhibía a muchos de manifestarse con claridad. Se impuso un terrorismo verbal que constituyó una verdadera pesadilla. Una ola de calumnias arrollaba a los disidentes y opositores. La censura y las «coletillas» en los periódicos frenaban conductas. Pronto se confiscó toda la prensa independiente.

UNA PESADILLA INCONCLUSA

A los pocos meses aquello parecía una pesadilla. Deserciones, traiciones, falsas acusaciones, censuras, irrespeto a la persona, a las instituciones revolucionarias, periodísticas, económicas, religiosas y de todo tipo. Jóvenes y viejos, hombres y mujeres que mostraban su anticomunismo eran perseguidos, presos o fusilados; aquello no parecía real. Los hijos denunciaban a sus padres. Los casados a su pareja, los hermanos a sus hermanos. El paredón aumentaba. La cárcel y el exilio eran las únicas salidas para sobrevivir.

A MODO DE CONCLUSIÓN

El hecho de que Castro sea un bribón sagaz, con todas las buenas y malas capacidades que posee, es un índice de que hizo lo que quería, es decir establecer un país comunista. Lo que hizo en Cuba fue, pues, lo que más ambicionó. Pudiera haber sido un gran reformador constructivo si hubiera querido. Si en esto de la comunización los siguieron tantos —unos por tontos, otros por vivos— es porque sucumbieron ante el hechizante brujo de tribu que fue este gran actor y autor de teatro que se propuso llevar a Cuba hacia el escenario comunista internacional.

Los viejos socialistas, marxistas, o comunistas cubanos, como quiera llamárseles, jugaron con Castro y Castro con ellos. En definitiva eran dos mitades de la misma cosa. Ambos hicieron bien su papel en busca de un poder absoluto, totalitario. Castro más hábil y carismático, se impuso con recursos nacionales e internacionales. Se aprovechó de la guerra fría para dar rienda suelta a su ancestral odio al «imperialismo yanqui», no obstante la ayuda que los vecinos del Norte le prestaron cuando decidieron alejarse del corrupto régimen de Fulgencio Batista. Y los tontos útiles, o inútiles, se plegaron a la manipulación castrista que tan pronto se presentaba como humanista, tercermundista, antiimperialista o en otros términos. El hijo de Birán manipulaba esos conceptos políticos y los enrojecía a su capricho. Esto es esencial para entender el complejo y difícil crucigrama cubano.

Muchos biógrafos y autores al escribir sobre Castro tratan de esconder todavía su manipulación traidora y su credo marxista encandilados por la indiscutible personalidad de quien rompió con los signos que marcaban la geopolítica y la historia de Cuba. No parece que la historia lo absolverá como adujo en su discurso famoso en el juicio por el ataque al Moncada. Acaso ningún hombre en toda la historia cubana pudo haber hecho tanto por su país, ya que contaba con un pueblo totalmente fascinado con su personalidad y estaba consciente de las reformas democráticas que se anhelaban. Lejos de eso Castro torció el rumbo hacia la izquierda socialistoide de un modo alocado y deletéreo fusionando la revolución con su propio absurdo modo de ser.

LOS RASGOS CARACTERÍSTICOS DEL PERSONAJE

¿Cuál es la personalidad psicológica de nuestro personaje? ¿Cuál es su patrón de conducta más permanente?

Para describir el carácter y el temperamento de esta figura singular acudiremos al testimonio de algunos buenos conocedores del personaje y de la psicología humana.

Al principio de la Revolución, en el año 1960, el Dr. Rubén Darío Rumbaut —brillante médico psiquiatra— trazó la silueta sociopática de Castro con «muchos fuertes rasgos paranoides» lo que lo lleva siempre a necesitar enemigos, «que cuando no los tiene los crea».

«Parece cumplir —dice Rumbaut— lo que en psicología se llama «profecía autorrealizada»: anuncia sin más pruebas que determinado sector es su enemigo e inmediatamente empieza a funcionar sobre esa suposición, atacando y ofendiendo a su pretenso rival... anuncia triunfalmente al mundo que su «profecía» había estado correcta, que aquel había sido siempre su enemigo, sin percatarse de que él mismo es quien se ha convertido en tal».

«El lenguaje de Castro —añade— gira alrededor de esos conceptos y de esa actitud ante la sociedad. Sus palabras favoritas son: **enemigo, conjura, campaña, ataque, agresión, lucha, muerte, maniobra, traición**».

Y para corroborar su aserto, Rumbaut brinda una lista de nombres de los agredidos (ya en 1960): el Directorio Revolucionario, su invitado de honor José

Figueres, el Presidente Urrutia, el Embajador de España Lojendio, la Iglesia Católica, la Masonería, los norteamericanos.....[4]

Otro estudio acucioso sobre la psicopatología de Castro se lo debemos al eminente psiquiatra, Dr. Humberto Nágera, quien en su «Anatomía de un tirano» acusa también a Castro de «desorden paranoico» y lo retrata de este modo:

«Altamente dotado, en verdad extraordinariamente dotado, personalidad de gran desorden narcisista y megalomaniático con rasgos psicopáticos. Debe enfatizarse que su narcisimo y megalomanía son de proporciones gigantescas... un ser humano extraordinariamente inteligente, con una notable habilidad política así como para manipular grandes masas de gente. Lo que recuerda a Hitler y Mussolini».

Y continúa el Dr. Nágera:

«... Posee serios desajustes en la formación de su super ego lo que implica que es altamente corruptible, es decir, sus creencias éticas no son estables y frecuentemente cambian para acomodarse a sus deseos... lo que lo convierte en un individuo extraordinariamente peligroso».[5]

Y el ilustre psiquiatra comprueba su diagnóstico con la osadía de Castro al llevar al mundo a una confrontación nuclear cuando la crisis de los cohetes. Y recuerda cómo ha podido agraviar y supervivir a nueve presidentes norteamericanos: Eisenhower, Kennedy, Johnson, Nixon, Ford, Carter, Reagan. Busch, Clinton.

Nágera, Rumbaut y otros autores, han destacado las actitudes violentas de Castro hacia su padre y la doble reacción que proyecta ante la fuerza paterna y la humildad materna que provoca anárquicamente irregulares patrones de conducta en un hogar de difíciles relaciones. Su fría indiferencia ante la muerte de su padre Don Ángel Castro y aun de su propia madre doña Lina Ruz. Su modo extraño de tratar a todas las mujeres y su hipocresía para con sus propios compañeros de lucha.

El narcisismo de Fidel lo lleva a no interesarse por nada ajeno. Sólo le importa y ama lo que concierne a su persona. Esto explica el porqué casi todo el grupo original revolucionario de los primeros tiempos desapareció misteriosamente (tal es el caso de Camilo) o fue preso, fusilado, o escapó al exilio. «Alejandro» fue el seudónimo con que el mismo se bautizara en su época clandestina, seudónimo que anuncia sus afanes de guerrero y conquistador y posee un alto nivel de autoestima.

Por otra parte la megalomanía de Castro lo hizo pensar que la Isla de Cuba le quedaba pequeña para sus ambiciones políticas mundiales. De ahí su conocido afán de exportar la revolución a cualquier esquina del planeta y para ello formar un ejército descomunal para el tamaño del país y su población entonces (1959) de poco más de seis millones. Con lo cual, superó con creces el militarismo batistiano, asunto puntual de la oposición.

Según el psiquiatra Nágera el caudillo criollo sintió una gran identificación con Primo de Rivera, Franco, Hitler y Mussolini, pero también, paradójicamente, con José Martí y Antonio Guiteras, a los cuales ha tratado de imitar parcial y maliciosamente.

En la obra del Dr. Julio Garcerán de Vall, titulado «Perfil Psiquiátrico de Fidel Castro Ruz» su autor reitera los rasgos patológicos en la psicología del líder cubano, acentuando la nota paranoica que se revela en toda su actuación. En un serio recorrido por sus aristas personales, Garcerán señala explícitamente los rasgos más notables del carácter y del temperamento castrista: desconfianza, megalomanía, egoísmo, poca afectividad, antisocial, desajuste social, intelectualidad, egocentrismo, emotividad, ingratitud, hostilidad, irritabilidad teatral, posición defensiva ante el mundo, complejo de superioridad, subestimación y negación de otros, inseguridad, intimidación, astucia, suspicacia, orgullo, proyección de su conducta en otros, racionalización, agresividad, causticidad, mitomanía.[6]

Aunque larga la lista del Dr. Garcerán tampoco es exhaustiva. Y lo interesante es que el propio autor enriquece su enumeración con hechos reales y anécdotas bien conocidas que avalan su juicio, imposibles de relatar dada la brevedad de este trabajo.

El Dr. José Ignacio Lasaga, afamado psicólogo, me señaló en cierta ocasión, que además de la tendencia paranoide, tan visible en el perfil castrista, existían también rasgos esquizoides que lo alejaban de las realidades más visibles y que los agrandaba con su tropical imaginación. Recuérdese el caso, bastante reciente, en que propuso a un grupo de sus expertos ganaderos la necesidad de «inventar» una vaca doméstica, concebida en un laboratorio genético, que resolviera, a nivel familiar, las aspiraciones nutricias de la leche, el queso y la carne, ante la escasez que se produjo en el país como consecuencia de su absurdo sistema económico. Alguien de su equipo, con espíritu de sorna, comentó, clandestinamente, al final de la insólita disertación del Comandante: «Esto es increíble, Fidel no se ha dado cuenta que ya eso está inventado y es la chiva...»

En los días iniciales de la revolución, la megalomanía y el narcisismo se alentaban por el propio Comandante en Jefe, al que todo el mundo, tirios y troyanos, le reconocían un gran carisma, pero también lo consideraban un tanto chiflado. La sabiduría popular sintetizaba de este modo su confusa personalidad: «es un loco que en sus momentos lúcidos es comunista».

Sin embargo, todos los especialistas coinciden que no es realmente lo que se dice un orate. De haber sido un verdadero esquizofrénico- paranoide habría que exonerarlo de toda responsabilidad ética en sus desafueros. Sus rasgos neuróticos y psicopáticos no constituyen un índice de verdadera demencia, sino una deformación de su personalidad que contribuye a la hipérbole patológica de su pensar, decir y actuar en un odioso juego de espejos, cóncavos y conexos, que desfiguran toda realidad.

NOTAS

[1] Aunque su padre se casaría después (tras enviudar de su primera esposa), esto fue siempre una sombra que afectó toda su vida.

[2] Marcia Friedman, *Cuba; the Special Period*. Samuel Book Publishers, Madison Wisconsin, pág. 92.

[3] Si bien la cifra cambiaba según las circunstancias, tan pronto se reducía a $5,000 millones como ascendía a las más elevadas sumas.

[4] Rubén Darío Rumbaut, «Silueta psicológica de Fidel Castro», en CUBA NUEVA. Vol. II. No. 4. Noviembre 1, 1962.

[5] Humberto Nágera, *Anatomía de un tirano* (Conferencia dictada en el Colegio Médico Nacional en el Exilio, 1981).

[6] Julio Garcerán de Vall, *Perfil psiquiátrico de Fidel Castro*. 2ª edición (New York; Editorial Arenas, 1992).

40 AÑOS DE REVOLUCIÓN

XV

LA REVOLUCIÓN CUBANA Y SUS ÚLTIMOS ALABARDEROS

por

Carlos Alberto Montaner

INTRODUCCIÓN[*]

No quedan muchos intelectuales occidentales en las filas de Fidel Castro, Y los que quedan no permanecen junto al viejo dictador por las mismas razones. Alguno, como Günter Grass, que no tiene militancia comunista, parece dejarse arrastrar por una visión esquemática y simplista, que le permite encontrar explicaciones o justificaciones para la tiranía cubana en el hecho de que, aparentemente, se trata de una pobre isla acosada y amenazada por Washington. Otros, como Mario Benedetti o Eduardo Galeano, lo hacen desde un ángulo tercermundista clásico, en el que se trenzan el análisis marxista, el odio a los Estados Unidos, y una minuciosa incomprensión de los verdaderos fenómenos económicos y sociales que afectan a América Latina, y dan origen a la pobreza, la desigualdad y los atropellos que sufre una buena parte de ese atribulado universo.

Por último, hay una pequeña categoría de castristas que, a estas alturas, no son apologistas del régimen, pero mantienen intacta su lealtad por el Máximo Líder. El abanderado de esa extraña militancia antropológica acaso sea Gabriel García Márquez, conocedor a fondo de los males que aquejan al pueblo cubano y de las aberraciones de la burocracia comunista, pero defensor a ultranza de su *amigo*, el patriarca Fidel Castro, a quien no le parece elegante abandonarlo en la hora postrera de su otoño inexorable.

En el bando contrario, en cambio, la nómina de los intelectuales críticos se ha ido abultando hasta adquirir un peso abrumador. En España, con la excepción de Rafael Alberti, no hay, prácticamente, ningún escritor de prestigio que alce su voz para respaldar al gobierno de La Habana. En Estados Unidos las voces indignadas de escritores como Susan Sontag, Irving L. Horowítz o Allen Ginsberg, han hecho inaudibles los aplausos cada vez más desalentados de escritores de la línea de Chomsky. En Francia sólo parecía quedar Regis Debray, pero desde el fusilamiento de su amigo, el coronel Tony de la Guardia, en el verano de 1989, aunque con otros argumentos, pasó a engrosar las filas anticastristas enérgicamente capitaneadas por Fernando Arrabal, B. Henry Levi, Jorge Semprún, J. F. Revel, Ionesco, E. Manet y un larguísimo etcétera en el que no han faltado figuras extraordinariamente populares y queridas, como fue el inolvidable Ives Montand.

---

[*] Una versión en inglés de este capítulo fue publicado en el libro de Irving L. Horowitz, ed., *Cuban Communism.*

Y si en Francia o España el repudio al castrismo es unánime —al extremo de que un escritor como Xavier Domingo no vacila en acudir personalmente a Cuba a auxiliar a los disidentes—, en América Latina es posible afirmar que es *casi* unánime. Mexicanos de diferente signo ideológico, como son Enrique Krauze y Héctor Aguilar Camim, coinciden, sin embargo, en la condena a Fidel Castro. Lo mismo puede decirse de argentinos como Sábato, Juan José Sebreli o Jacobo Timmerman. A hombres tan disímiles como Jorge Amado, Germán Arciniegas y Jorge Edwards les ocurre algo similar. Afortunadamente, ya pasaron los tiempos en que intelectuales como Vargas Llosa, Octavio Paz, Carlos Rangel, Juan Goytisolo o Plinio Apuleyo Mendoza tenían que enfrentarse a la ira de la *izquierda divina* por denunciar el arresto, maltrato y humillación del poeta Heberto Padilla. Y ya nadie, desde Bogotá o Lima, responde airado a un demoledor artículo anticastrista publicado en Madrid por Jiménez Losantos, en Barcelona por Alberto Míguez, o en Roma por Valerio Riva, quien es (junto a Laura Gonsalez, esa incansable luchadora por los derechos humanos) el mayor de los expertos italianos en el tema cubano, y quizás por eso uno de los más lúcidos críticos del «Comandante en Jefe» en el Viejo Continente.

IA REVOLUCIÓN CUBANA COMO DILEMA

En todo caso, a ningún lector puede sorprenderle este fenómeno. Castro lleva cuarenta años al frente de su gobierno y su discurso político está totalmente agotado. Tras la caída del muro de Berlín y el desplome de los gobiernos comunistas de Europa, es imposible continuar gritando impunemente en el Caribe «marxismo-leninismo o muerte». Especialmente en un país devastado por el hambre y empobrecido por la ineficiencia de su burocracia administrativa hasta unos niveles increíbles. Lo asombroso, pues, no es que el castrismo esté totalmente desacreditado en los medios intelectuales, sino que aún queden vivos algunos oficiantes de la secta, dispuestos a seguir coreando las consignas de La Habana.

Sin embargo, al margen de ese fatigado debate —Castro, sí/Castro, no— en el que enseguida entraremos, hay un aspecto previo a esta cuestión que merece ser examinado con cuidado para poder llegar a conclusiones válidas: ¿por qué se ha producido este debate? ¿Por qué la revolución cubana se convirtió en el centro de una apasionada polémica que ha dividido a los intelectuales durante unas cuatro décadas? ¿Por qué hay que tomar partido junto a Castro o frente a Castro?

Por una razón de singular importancia: porque «el caso Cuba» dejó de ser un fenómeno político particular, acaecido en una isla remota del Caribe, y pasó a convertirse en un dilema moral con ribetes universales. Algo parecido a lo que sucedió con España entre 1936 y 1939. En aquellos años la Guerra Civil de la Península dividió en dos bandos a los intelectuales del mundo entero: los que estaban con la República —la inmensa mayoría— y los que respaldaban a los insurgentes.

En Cuba, Castro, desde el inicio de la revolución, provocó deliberadamente una situación de esta índole, invitando a la Isla a personalidades como Sartre y Simone de Beauvoir, iniciando desde entonces una suerte de *turismo revolucionario*, pero no con el objeto de plantear un serio debate sobre las bondades de su sistema, sino para forjar una base de apoyo internacional a cuanto acontecía en el país.

Esto es conveniente destacarlo, porque los intelectuales que apoyan a las dictaduras suelen descansar en la dulce superstición de que ese acto no es más que una manifestación sin consecuencias de cierta manera de pensar, pero eso no es cierto. El comunismo, el fascismo, y todas las tiranías que sistemáticamente han buscado el apoyo de creadores e intelectuales respetados, no lo han hecho por amor al arte o por devoción a los artistas, sino en procura de un elemento de propaganda que les permitiera ahogar las denuncias de las victimas, oscurecer las censuras de los críticos y ocultar los ribetes dictatoriales de esos gobiernos.

Cuando el argentino Oswaldo Soriano, el italiano Gianni Miná—persona del mundo del espectáculo, no de la literatura— o el brasilero Fray Betto apoyan públicamente a la revolución cubana, ese apoyo pasa a formar parte de la supuesta carga de legitimidad política con que cuenta Castro para continuar ejerciendo su despotismo. Ese apoyo, junto a las manifestaciones multitudinarias convocadas en las plazas y parques del país, es el sucedáneo con que las tiranías totalitarias reemplazan la democracia, el multipartidismo, el imperio de la ley y los procesos electorales libres. Ese apoyo de intelectuales extranjeros prestigiosos, y esas movilizaciones masivas domesticadas, son los símbolos con los que se silencian las protestas, se descalifica a la oposición y se justifica toda la revolución. Y esa palabra —*toda*— no sólo incluye los hospitales y las escuelas (que no necesitan defensores porque son, obviamente, benéficos), sino también las cárceles, los paredones, los ametrallamientos de balseros, la censura del pensamiento, los juicios arbitrarios, la persecución de los disidentes, y el demencial clima policíaco de delaciones, temores y torturas que se vive en el país.

Obviamente, si esos gobiernos tuvieran, efectivamente, legitimidad democrática, e hicieran bien sus tareas, y se pudiera constatar sin coacciones la verdadera voluntad popular, no sería necesaria buscar el respaldo de los intelectuales extranjeros mediante costosas operaciones de *public relations* revolucionarias, o tratar de demostrar el fervor popular en mítines al aire libre y en consignas repetidas mil veces a través de todos los medios de comunicación.

¿QUÉ REVOLUCIÓN?

Eso nos precipita a enfrentarnos con un problema que pertenece tanto a la fenomenología como a la política: cuando los defensores de Castro hablan de la revolución cubana ¿a qué se están refiriendo? ¿En qué piensa el arcangélico Fray Beto cuando piensa en la revolución? ¿Piensa en una escuelita rural y unos niños aseados y estudiosos que aprenden el alfabeto cogidos de la mano, o piensa en una familia desesperada que se echa al mar atada a unas tablas para tratar de escapar del horror? ¿Es capaz Mario Benedetti, cuando piensa en Cuba, de pensar en otro Mario, en Mario Chanes, compañero de Fidel Castro en el asalto al Moncada y compañero de Fidel Castro en el desembarco del Granma, lo que no impidió que cumpliera 30 años de cárcel por un delito político que nunca le pudieron probar porque nunca lo cometió? ¿Es capaz Saverio Tutino —uno de los últimos alabarderos de Castro en Italia— de sortear la fascinación que le produce Fidel Castro, entrar en la casa miserable de una familia cubana hambrienta, sin electricidad dieciséis horas al día, sin agua corriente la mitad de la semana, sin esperanzas nunca, y tras ese espantoso recorrido reexaminar entonces la figura de su ídolo a la luz de las pacíficas escenas de la vida cotidiana cubana?

Lo grave, lo terriblemente grave de los intelectuales que aplauden a Castro, es ese esquematismo moral, simplón, desinformado, carente de matices, con el que intentan construir una Cuba que en nada se parece a la espeluznante realidad por la que tienen que pasar los cubanos.

Cuba no es una pequeña y pobre isla del Caribe a merced de las agresiones de Estados Unidos. Es un país del tamaño de Austria y Suiza juntas, que no debiera estar pasando hambre, porque el 80% de su suelo es extraordinariamente fértil, el régimen de lluvias suele ser generoso, y su población apenas pasa de los once millones de habitantes.

No es el de Castro un gobierno tranquilo y laborioso que intenta construir en paz un modelo político distinto al de sus vecinos, sino se trata de una dictadura deliberadamente calcada del viejo modelo soviético, que llegó a poseer el noveno ejército del mundo, cuyos soldados fueron empleados como gurkhas de las más largas guerras de conquista (quince años en Angola y Etiopía) en las que jamás ha participado un país del continente americano.

Esa pobre Cuba de las oraciones de Fray Betto tiene un ejército regular de 325.000 hombres, una implacable policía secreta de más de 75.000 temidos agentes, más milicias de distinto tipo que exceden el millón de conscriptos, mientras los miembros del Partido Comunista forman parte de turbas de asalto, las temibles Brigadas de Respuesta Rápida, que golpean, humillan y acosan constantemente a los disidentes o a quienes se atreven a mostrar su inconformidad con el sistema. Y es verdad que ese gobierno ha sido el blanco de los ataques de la CIA y de sus adversarios políticos, pero sería un acto de cinismo no decir, al mismo tiempo, que durante 32 años, mientras duró el apoyo de la URSS, Cuba fue un nido de terroristas y secuestradores, posada y fonda para guerrilleros del mundo entero, y centro de entrenamiento de todos los movimientos revolucionados que durante tres décadas pusieron en jaque a numerosos gobiernos legítimos de Occidente, primero, coordinados por la tristemente célebre *Tricontinental*, y luego por el general Piñeiro, «Barbarroja», desde el Departamento de América del Comité Central del Partido Comunista.

Porque los benedetti y los galeano que denuncian las «constantes agresiones de Estados Unidos contra Cuba», jamás han dicho una palabra de las agresiones de Cuba contra la Venezuela de Rómulo Betancourt, que luchaba penosamente por consolidar la democracia tras la dictadura de Pérez Jiménez. Los tutino y los alberti invariablemente quieren presentar la batalla de Cuba como una guerra sin cuartel de Washington contra La Habana, olvidando que el gran esfuerzo subversivo de Cuba, su gran enemigo, fue la democracia latinoamericana: el Perú de Prado, el Uruguay de Pacheco, la Colombia de Barco, la Argentina de Illía y así hasta llegar a la absurda canallada de entrenar costarricenses y jamaicanos castristas para derrocar «dictaduras» que ¡ni siquiera tenían ejércitos!

¿Puede ignorar cualquier persona medianamente informada los vínculos entre la DGI cubana y los movimientos terroristas guerrilleros tales como los tupamaros uruguayos, los montoneros argentinos, el Ejército de Liberación Nacional de Colombia, los «macheteros» puertorriqueños, los «cinchoneros» hondureños, la ETA española y hasta las Brigadas Rojas italianas? ¿Dudan. estos defensores de la pobrecita Cuba de las relaciones entre la revolución cubana, el narcotráfico, Robert Vesco, y cuanto tahur se ha acercado a La Habana a proponer un sucio negocio lucrativo para «combatir el imperialismo»?

Cuando Gianni Miná escribió su lamentable libro sobre/con y para Castro ¿se le ocurrió pensar que su admirado entrevistado fue quien transformó en terrorista a un hombre como Feltrinelli, y que fue en La Habana donde aquel confundido editor de ideas marxistas decidió utilizar bombas para cambiar el destino democrático de los italianos e instalar en su país el glorioso modelo político de Cuba, Bulgaria y Albania? ¿No es el cuerpo destrozado de Feltrinelli una metáfora final y definitiva de lo que realmente significa la revolución cubana: muertes absurdas e inútiles, comportamientos irracionales, utopías sangrientas? ¿Tiene más peso, más entidad, para juzgar a la revolución cubana la imagen de los *logros* —escuelas y hospitales— que la de los *destrozos*: presos, fusilados, exiliados, miseria, opresión? Examinemos rápidamente unos y otros para llegar a conclusiones.

LA REVOLUCIÓN COMO UTOPÍA

Hay varios puntos de partida en la militancia castrista, pero el más frecuentado es el que tiene que ver con los *logros de la revolución*. Y lo que nos proponen estos devotos del Comandante puede concretarse de la siguiente manera: «En Cuba, es cierto, hay problemas, pero la revolución ha hecho un descomunal esfuerzo por educar a los cubanos, poniendo punto final al analfabetismo, enviando decenas de miles de estudiantes a las universidades y creando una de las poblaciones más cultas y preparadas de América Latina».

Luego el argumento se extiende al terreno de la salud: «tampoco puede negarse que los índices sanitarios y las expectativas de vida de los cubanos están entre los más altos del mundo». Y enseguida despliegan las estadísticas sobre niños vivos, número de médicos por millar de habitantes y los datos *oficiales de la Organización Mundial de la Salud* como prueba irrefutable de que la revolución es, fundamentalmente, buena.

Un tercer *logro* también suele enunciarse como apoyo y justificación de la opción positiva que ellos —los defensores del sistema— han elegido: los triunfos deportivos. Las medallas ganadas en las Olimpíadas y en los Juegos Panamericanos. La lista de boxeadores y corredores triunfantes. «¿No es una proeza —se preguntan retóricamente— que la pobre Cuba, en medio de las amenazas yanquis, sea una potencia deportiva, de la misma manera que es una potencia médica o una potencia académica?»

Como corolario de esos axiomas revolucionarios —que, como todos los axiomas, no necesitan demostración—, el razonamiento se remata con comparaciones selectivas en las que se contrasta el fulgurante panorama cubano con la tétrica realidad de América Latina: «¿Es mejor el gobierno de Castro, con todos sus defectos, pero con jóvenes sanos, educados y atléticos, o el de Brasil, con niños hambrientos ametrallados por la policía por el sólo delito de dormir en las calles?» «¿Es mejor el gobierno de Castro o el de Haití, en el que la esperanza, de vida de los niños, cuando nacen, es veinte veces menor que en Cuba?» Y así siguen, hasta el infinito, las comparaciones con las que los últimos intelectuales procastristas brindan su conciencia ética.

Veamos. Lo primero que se nos propone viene a ser una fórmula moral para enjuiciar a los regímenes políticos que puede enunciarse de la siguiente manera: «a los gobiernos se les debe juzgar por sus resultados en el campo de la educación, la salud y los deportes. Eso es lo que importa. Todo lo demás es secundario».

Bien: de acuerdo con esa regla los intelectuales castristas deberían comenzar una campaña de santificación en favor de Pinochet y una peregrinación anual al Santuario de Taiwán, porque el salto cualitativo dado en Chile y en la antigua Formosa, precisamente en los campos de la salud y de la educación, son notablemente más importantes que los ocurridos en Cuba, entre otras cosas, porque el punto de partida era más bajo. Al mismo tiempo, deberían plantear una campaña de emulación del modelo de gobierno kenyata o etíope, dado que los mejores corredores de fondo del mundo parece que es en África oriental donde consiguen desarrollar sus habilidades con más destreza. Y, ya instalados en ese continente, y guiados por los mismos mecanismos lógicos, los intelectuales castristas muy bien podrían componer odas de salutación al anterior gobierno sudafricano, porque, al fin y al cabo, la esperanza de vida de los niños negros nacidos en Sudáfrica es dos veces más alta que las de sus vecinos angoleños y mozambiqueños.

Probablemente el señor Benedetti, el señor Miná o el señor Galeano no lo hayan advertido, pero cuando reivindican ciertos *logros* de la revolución para justificar toda la revolución, lo que están haciendo es reiterar un viejo discurso totalitario al que han recurrido todas las dictaduras en este siglo. Franco y Salazar también exigían el respeto universal a cuenta de escuelas, hospitales y represas inaugurados. Mussolini encontraba en la puntualidad de los trenes y en el fin de las huelgas la perfecta coartada del fascismo italiano. Hitler pudo exhibir como prueba de las bondades del nazismo, una impecable red de carreteras, el fin de la inflación y una drástica disminución del desempleo. Lo que equivale a decir que juzgar un modo de gobierno por aspectos selectivamente aislados, es un acto de negligencia intelectual o de debilidad moral en el que no debe incurrir ninguna persona que pretenda vivir bajo la autoridad de la verdad.

Pero si absurdo es el primer axioma de los intelectuales castrista, el segundo es todavía más vergonzoso. ¿Por qué las atrocidades cometidas en Río de Janeiro o en Sao Paulo contra los niños sirven pan justificar el modelo político de Cuba ¿Es que el estalinismo es la única manera de evitar que unos policías asesinos cometan crímenes absurdos? Ni en Montevideo, ni en Buenos Aires, ni en Santiago de Chile, ni en Quito, ni en otras cincuenta capitales es necesario instaurar una tiranía ineficaz y espantosamente represiva para evitar que unos sujetos envilecidos maten niños en las calles. Ese razonamiento es tan absurdo que serviría para pedir la conversión de la Alemania actual al modelo comunista que tenía la desaparecida República Democrática Alemana, con el objeto de impedir que varios miles de «skin heads», estúpidos y agresivos, continúen atentando contra inocentes inmigrantes de origen turco.

¿Por qué estos intelectuales al servicio de Castro empobrecen el debate hasta el extremo de plantear que la única opción frente a la miseria y la brutalidad de ciertas sociedades es la otra miseria y la otra brutalidad que ofrece el socialismo? ¿Es tan difícil mirar, por ejemplo, el caso costarricense, y descubrir una sociedad democrática, regulada por leyes, sin paredones ni exiliados, con índices de sanidad y de escolaridad semejantes a los de Cuba, y en la que no hay «escuadrones de la muerte», ni miseria extrema? ¿No se dan cuenta estos nostálgicos del comunismo, aferrados a Cuba como náufragos de un cataclismo ideológico que los barrió de nuestra época, no se dan cuenta —repito— que los treinta países más prósperos, más desarrollados, más educados son, precisamente, treinta democracias de corte liberal? ¿No han descubierto estos intelectuales, después de tantos años de lecturas y observación de la realidad, que la libertad es el componente básico para la creación de riqueza y para el perfeccionamiento de la sociedad en que vivimos y no un obstáculo pan alcanzar estos objetivos?

Buscar la justificación de Castro en el porcentaje de desempleados en Bolivia o de asesinatos entre los indígenas de Guatemala, es una falsificación de la verdad que debiera escandalizar a toda persona inteligente. En Cuba era perfectamente posible haber logrado avances envidiables en todos los terrenos sin necesidad de recurrir a un régimen de terror y sin enfrentarse en una batalla absurda a los Estados Unidos y al resto de las democracias latinoamericanas.

LA CUBA PRE-REVOLUCIONARIA

AL fin y al cabo, ni siquiera resültaba difícil haber mejorado la salud, la educación y los deportes en la Isla, dado que el punto de partida era altísimo para la época en que Castro tomó el poder. Y no es ocioso aportar ciertos detalles, porque otro de los argumentos recurrentes para apoyar al castrismo consiste en remitirse a la Cuba pre-revolucionaría y mostrarla como una abyecta combinación entre la pobreza de Haití, la barbarie gansteril del Chicago de los años treinta y la corrupción prostibularia de Shangai. Y eso, sencillamente, no es cierto, y basta remitirse a las publicaciones académicas de la época para probarlo.

Según el profesor H. T. Oshima de la Universidad de Standford, en un estudio de 1953, «el ingreso per cápita del pueblo cubano era del mismo orden de magnitud de los ingresos per cápita del pueblo para Italia y la Unión Soviética por Gilbert y Koravis en su *Comparación internacional de productos nacionales y capacidad de compra de las monedas*, y por Bernstein en *Comparación de las economías de los Estados Unidos y la Unión Soviética*. En la década de los cincuenta, mientras Cuba tenía 520 dólares per cápita, Yugoslavia y Bulgaria no alcanzaban los 300, mientras China apenas excedía de los 50.

En ese período, Cuba tenía un automóvil por cada 40 personas, y en América Latina sólo la aventajaban ligeramente Venezuela y Puerto Rico, Contaba con un teléfono por cada 38, mientras en México el porcentaje era de uno por 72 y en Brasil uno por 68. En ese entonces ningún país latinoamericano alcanzaba —como Cuba— la cifra de un televisor por cada 25 personas, y ninguno —con la excepción de Cuba— contaba con emisiones a color.

En 1959, cuando Castro toma el poder, el 24% de la fuerza laboral se dedicaba a la industria, mientras que el promedio latinoamericano apenas llegaba al 17. En esa década, en la Isla había una extraordinaria densidad comercial de un establecimiento por cada mil personas, lo que tal vez explicaba que la Isla fuera entonces el primer consumidor de energía eléctrica per cápita en América Latina y el número 24 en todo el mundo.

¿Cómo estaba distribuida esa riqueza? Según el economista (marxista) mexicano Noyola: «los contrastes entre miseria y riqueza son mucho menos marcados aquí. De hecho, yo diría que Cuba es uno de los países, con excepción tal vez de Costa Rica y Uruguay, donde menos mal está distribuido el ingreso en América Latina».

Era cierto. El ecuatoriano A. Díaz, en un estudio publicado en *Política* (Caracas, 1961), calculaba la clase media cubana en un 33 por ciento de la población, mientras Goldemberg, citando a los profesores Mac Gaffey y Barnett (1962), afirma que «es indudablemente cierto que ese grupo de ingresos en Cuba era el mayor de Latinoamérica. Esto podría confirmarlo cualquiera que caminase con los ojos abiertos a través de las mejores secciones y viese los nuevos suburbios de la clase media, que estaban brotando como hongos».

En materia educativa y de sanidad, la República precastrista podía exhibir *logros* tan impresionantes como los que luego reivindicara la Revolución. De acuerdo con el Atlas de Ginsburg, publicado en aquellos tiempos, el nivel de alfabetización de la Isla era del 80%, semejante al de Chile y Costa Rica, y superior al de España. Para una población total de 6.000.000 de personas, en el sector público había 30.000 aulas primarias y 34.000 maestros titulados que le daban clases a 1.300.000 niños, mientras más de 1.000 escuelas privadas educaban otros 200.000 estudiantes. Y según el *Anuario Estadístico de las Naciones Unidas* (1959) Cuba, Argentina, Uruguay y México ocupaban los primeros lugares en toda Latinoamérica en materia de educación universitaria.

De acuerdo con el citado Ginsburg, entre 122 países analizados: —prácticamente todo el «mundo», en aquel entonces— Cuba ocupaba el rango 22 en materia sanitaria, con 128,6 médicos y dentistas por 100,000 habitantes, *por delante* de países como Holanda, Francia, Reino Unido y Finlandia. Y acaso por esto la tasa de mortalidad de Cuba era de las más reducidas del mundo (5'8 anuales por 1.000 habitantes; Estados Unidos 9'5), dato que se compadecía con uno de los más bajos índices de enfermedades venéreas, lo que objetivamente desmiente que la Isla fuera un «prostíbulo de los americanos» o de nadie.

LA PRUEBA DE LAS MIGRACIONES

La verdad es otra. En los años cincuenta Cuba era una nación de desarrollo económico medio, desdichadamente sometida a una condenable dictadura militar latinoamericana clásica, con una pujante clase empresarial, situada en el pelotón de avanzada de América Latina, junto a Argentina, Uruguay, Chile y Venezuela. No era Haití ni Bangladesh. Y la más elocuente demostración de este aserto era la situación migratoria del país. En la década de los cincuenta Cuba recibía miles de inmigrantes, mientras muy pocos nacionales abandonaban la Isla por razones económicas. Al extremo de que Fernando Bernal, diplomático de la revolución, cuenta que en 1959, cuando se hizo cargo de las oficinas consulares en Roma, le esperaban 12. 000 solicitudes de italianos que querían emigrar a Cuba en busca de un mejor destino. Ese mismo panorama se podía observar en Galicia y Asturias, regiones de España que a lo largo del siglo XX remitieron a la Isla centenares de miles de emigrantes que marchaban en procura de una situación mejor que la que dejaban a sus espaldas.

Este dato —la dirección del movimiento migratorio— casi nunca tenido en cuenta por los científicos sociales— para juzgar la calidad de una sociedad, suele ser totalmente revelador, porque refleja las complejas decisiones, racionales y voluntarias, de muchísimas personas que tienen que evaluar concienzudamente lo que abandonan y lo que deseaban hasta arribar a la conclusión de que deben cambiar el sitio en el que viven por otro mejor.

Obviamente, no se conocen movimientos migratorios voluntarios en los que la población se desplaza hacia sitios más pobres y menos prometedores. Si a principios de siglo los italianos navegaban hacia Argentina, era porque la nación austral resultaba mucho más próspera, hospitalaria y auspiciosa que la vieja patria europea Pero si a fines de siglo los argentinos vuelan a Italia, es porque Italia tiene hoy un nivel de desarrollo y unas condiciones de vida mucho mejores que los que ofrece Argentina. Cuba, por supuesto, no escapa a esta secreta prueba migratoria. Desde el inicio de la República, en 1902, y hasta la llegada al poder de Castro, Cuba fue una tierra receptora de trabajadores del mundo entero —especialmente de España— pero a partir de la mítica revolución el fenómeno se ha invertido: más de un millón y medio de cubanos ha escapado de ese país por cualquier medio disponible, mientras prácticamente nadie —ni siquiera los más fervientes nostálgicos del comunismo avecindados en Europa Oriental, y Rusia— se anima a instalarse en la Isla. ¿No es ese detalle un valiosísimo elemento para juzgar a la Cuba que ha creado Castro? ¿No es un hecho evidente para cualquiera que quiera juzgar la naturaleza del castrismo y decidir si se trata o no de un «experimento» valioso?

¿HAY REALMENTE UN BLOQUEO AMERICANO?

Pero, al margen de esa valiosa *prueba de la emigración*, una de las consecuencias más notorias del éxodo masivo de los cubanos hacía Estados Unidos, ha sido la creación en ese país de una poderosa minoría que excede los dos millones de personas de este origen —un millón y medio que se duplicó a lo largo del exilio—, y que hoy cuenta con una pujante fuerza dentro de la estructura de poder americana. Es importante acercarse a este fenómeno para luego poder entender qué es el embargo americano —caballo de batalla de los defensores del castrismo— y por qué se mantiene pese a las incesantes presiones internacionales encaminadas a que sea levantado.

En efecto, esos emigrantes, que llegaron, como casi todos, pobres y desamparados, en el curso de una generación han alcanzado los niveles de desarrollo económico de la clase media americana, y constituyen el grupo étnico hispano más poderoso del país, aunque su número sea inferior al de los mexicoamericanos o al de los americanos de origen puertorriqueño.

Los *Cuban-Americans* tienen tres representantes en el Congreso americano, y una considerable fuerza en la política del Estado de la Florida, especialmente en el Condado de Miami-Dade, megalópolis que incluye a la ciudad de Miami. Tener en cuenta estos datos es vital para comprender la siguiente afirmación: no existe un bloqueo americano contra Cuba. Lo que existe es un embargo contra el gobierno de Castro, que tuvo su inicio en los sesenta, cuando la revolución nacionalizó sin compensación las propiedades norteamericanas, pero ese embargo hoy sólo se sostiene por la presión que ejerce la población cubana radicada en los Estados Unidos sobre el gobierno de Washington.

Me explico: el mal llamado *bloqueo americano*, esgrimido con ira por los intelectuales castristas en su afán de justificar los fracasos de la dictadura —ignorando que todo el bloque comunista era un total desastre aun cuando esos países no sufrieran embargo alguno— consiste, en esencia, en una prohibición de comerciar con Cuba que afecta a las empresas americanas. No hay barcos «bloqueando» nada, y cualquier país o empresa que desee comprarle o venderle a Cuba, darle crédito o realizar inversiones en la Isla, puede hacerlo sin otra limitación que la que le dicte su instinto comercial o su sentido común. Eso explica que Cuba deba a Occidente más de ocho mil quinientos millones de dólares, y a lo que fue el bloque del Este más de veinticinco mil, cifra que convierte a la Isla en el país más endeudado per cápita de América Latina. ¿Cómo pueden los Fray Beto de este mundo decir que el Bloqueo americano le cierra a Cuba el camino del progreso o del financiamiento internacional? ¿No será que nadie le presta a Cuba porque desde 1986 —tres años antes de la caída del Muro de Berlín y cinco antes de que terminara el subsidio soviético— Castro había ordenado que no se pagara la deuda externa?

Al mismo tiempo, un recorrido por los hoteles de Cuba, por las tiendas para diplomáticos y por los hogares de los miembros de la *nomenklatura*, muestra que no hay producto americano inaccesible al gobierno de La Habana cuando decide adquirirlo a través de Canadá, Panamá, Venezuela, República Dominicana o Colombia, «shopping-centers» favoritos de los agentes de Castro en el exterior. Desde Coca-Colas hasta IBM se logran ver con facilidad en cualquier

457

zona de «área dólar» reservada para turistas extranjeros o cubanos privilegiados. ¿Se puede, en serio, hablar de un «bloqueo americano?» Por otra parte, ¿hay algún producto que Cuba necesite que no pueda encontrar en Japón, Europa o América Latina?

No obstante, conviene aclarar que, de la misma manera que es impropio hablar de «bloqueo», también debe desecharse la creencia de que se trata de un castigo americano contra Castro por las confiscaciones ilegales de los años sesenta. Eso pudo ser cierto hasta la década de los setenta, porque hasta entonces la minoría cubana no había cobrado peso dentro de la maquinaria política de Estados Unidos, pero a partir de entonces los cubanos exiliados fueron adquiriendo relevancia y se les fue tomando en cuenta, lo que en Estados Unidos quiere decir que fueron asumiendo una cuota de poder y hoy si hay un *castigo*, no es de los americanos. Es de los propios cubanos avecindados es Estados Unidos.

¿Cómo han ganado los republicanos las últimas tres elecciones presidenciales en la Florida? Elemental: volcando el 80 % del voto cubano en su favor. ¿Cómo consiguió elevar ligeramente el apoyo cubano el presidente Clinton en los últimos comicios? Mostrándose enérgico contra Castro y apoyando la «Ley Torricelli», una legislación que *endurece* el embargo, ¿Qué hicieron ambos partidos en las elecciones de 1996? También sencillo: mantuvieron una política dura contra Castro que satisfacía los intereses de los votantes cubanos no sólo en Florida, sino también en New Jersey y en California.

Es obvio: el embargo contra el gobierno de Castro quienes hoy lo mantienen son los cubanos. La clase política norteamericana, pragmática y sabedora de que esas medidas, en la práctica, dada la ruina total del gobierno de Castro, no consiguen gran cosa, salvo servirle a Castro de coartada, seguramente lo hubiera levantado, pero no lo va a hacer porque —como ocurre er el caso de Israel— las razones electorales prevalecen.

Por otra parte, es totalmente comprensible que la mayoría de los exiliados cubanos defiendan la línea dura contra su archienemigo. En el exilio, literalmente, hay decenas de miles de personas que han padecido cárcel o que han tenido que huir en balsas. Muchas de ellas perdieron sus propiedades y todas tuvieron que marchar al destierro sin un centavo en los bolsillos. Abundan las familias en las que hay fusilados, desaparecidos en alta mar o muertos en las absurdas guerras africanas: ¿cómo extrañarse de que esas personas pidan medidas hostiles contra quien les ha hecho tanto daño? ¿No es eso mismo —un embargo comercial— lo que Mandela solicitaba contra el gobierno opresor de Sudáfrica? ¿No era eso lo que demandaba su partido de manera casi unánime, contra el criterio de quienes decían que el embargo perjudicaba al pueblo negro sudafricano? Hay que entender la lógica de las víctimas para poder entender la posición de los cubanos exíliados con relación al embargo. Es probable que el levantamiento del embargo hubiera debilitado la posición política de Castro al privarlo de su excusa favorita, mas para la conciencia de una persona brutalmente herida por los atropellos de una dictadura, esa sutileza suele tener un peso más bien escaso.

LO QUE QUEDA DE CUBA

No habrá, pues, levantamiento del embargo americano hasta que en Cuba se establezca un régimen democrático, situación que provoca la más curiosa de las paradojas: el único hombre que puede levantar el embargo es Fidel Castro. Clinton no puede, porque lo derrotarían en el Congreso, y no quiere, porque carece de sentido político malquistarse con el electorado cubanoamericano por un problema —a estas alturas— escasamente importante de la política exterior americana. Para Washington, Cuba es ya —y lo será por varias décadas— un asunto doméstico americano y no una cuestión de relaciones con el extranjero.

Pero, ¿qué puede ocurrir si en esa Isla, tan cerca y tan lejos de Estados Unidos, no se inicia cuanto antes el tránsito hacia la democracia y hacia otro tipo de organización del estado? Va a ocurrir lo peor: el país se irá empobreciendo cada día más, paralizándose progresivamente, hasta provocar la muerte de una buena parte del censo como consecuencia de la desnutrición y las enfermedades.

La cuenta es muy simple: al desaparecer el subsidio soviético, el cacareado «modelo cubano» se ha hecho totalmente inviable. Los supuestos logros eran una ilusión. Formaban parte de un espejismo creado por las cuantiosas donaciones soviéticas y no por la escasa producción de los cubanos. El régimen castrista, minuciosamente ineficiente, sólo podía subsistir gracias a los generosos sobreprecios pagados por el azúcar, el níquel y los cítricos que los soviéticos le asignaban, mientras le vendían el petróleo a costos preferenciales, y le regalaban hasta más de tres millones de toneladas al año. Ese increíble subsidio —al que Castro se empeña, tozudamente, en llamar «precios justos de intercambio»— alcanzaba la cifra de cinco mil millones de dólares todos los años, y la suma acumulada excede los cien mil millones de dólares. Es decir, una cantidad varias veces superior al monto del legendario Plan Marshall con que Europa despegó tras la Segunda Guerra mundial.

Para sobrevivir con el mismo sistema ineficiente que Castro se niega a cambiar, Cuba necesita aumentar sus exportaciones del actual nivel de 1.700 millones anuales —incluidos los ingresos por turismo— a los 8.200 que tenía en 1991. Pero como ese brusco descenso en sus disponibilidades de divisas le impide importar materias primas y petróleo en cantidades suficientes para seguir funcionando, el país cada vez produce menos, reduce día a día su capacidad exportadora, y limita progresivamente sus posibilidades de comprar en el exterior los 700 productos básicos que necesita, y —entre ellos— más del 50 % de los alimentos que debe consumir y que no genera localmente por la torpeza casi asombrosa del sistema.

Las consecuencias de esta catástrofe económica ya se detectan. En 1990 la desnutrición de los cubanos provocó una deficiencia de vitamina A y una epidemia de enfermedades oftálmicas. En 1992 y 1993, cuando se redujo el suministro de huevos, y el agua con azúcar se convirtió en la fuente principal de energía, le tocó el turno a la carencia de vitamina B y a la aparición del Beri-Beri, con sus secuelas de neuritis óptica y periférica que ya ha afectado a más de 60.000 cubanos, dejando a muchos de ellos parcialmente ciegos o inválidos, mientras Castro continúa en la Plaza de la revolución repitiendo su cruel consigna de *socialismo o muerte.*

Y tiene razón: sobrevendrá la muerte de miles de cúbanos si Castro no abandona el socialismo, o si la sociedad no consigue sacudirse a este empecinado dictador. El 80% de la población cubana es urbana y las ciudades modernas no pueden subsistir sin electricidad. Cuba hoy es un infierno de incomodidades, hambre, insalubridad, tensiones sociales y desesperación. El sueño de todos los jóvenes es escapar a bordo de cualquier cosa que flote o vuele. El de los viejos es morirse de una vez para no sufrir más, o para no tener que ver el final probablemente sangriento de esta absurda tragedia. «Que terrible dolor —le confesó uno de los jerarcas comunistas a su hija exiliada— haber luchado toda mí vida por una Cuba mejor, por un paraíso socialista, y comprobar, al cabo de la vejez, que he contribuido, a crear el peor de los infiernos». Eso es Cuba. Eso es lo que queda de Cuba. Eso es lo que insensiblemente defienden los últimos alabarderos del castrismo.

LISTA DE ABREVIATURAS

AGAC	Acuerdo General sobre Aranceles y Comercio.
ANAP	Asociación Nacional de Agricultores Pequeños.
ANIR	Asociación Nacional de Innovadores y Racionalizadores.
ANPP	Asamblea Nacional del Poder Popular.
BANCEC	Banco Cubano del Comercio Exterior.
BANFAIC	Banco de Fomento Agrícola e Industrial de Cuba.
BPD	Brigadas de Producción y Defensa.
BRR	Brigadas de Respuesta Rápida.
BTJ	Brigadas Técnicas Juveniles.
CAI	Combinado Agro-Industrial.
CAME	Consejo de Ayuda Mutua Económica
CDR	Comités de Defensa de la Revolución.
CEPAL	Comisión Económica para la América Latina.
CETSS	Comité Estatal de Trabajo y Seguridad Social.
CIMEQ	Centro de Investigaciones Médico Quirúrgicas.
CIOSL	Confederación Internacional de Organizaciones Sindicales Libres.
CLAT	Central Latinoamericana de Trabajadores.
CPA	Cooperativas de Producción Agropecuarias.
CTC	Central de Trabajadores de Cuba.
CUTC	Congreso Unitario de Trabajadores Cubanos.
DER	Directorio Estudiantil Revolucionario.
DGI	Dirección General de Inteligencia
DSE	Departamento de Seguridad del Estado.
EJT	Ejército Juvenil del Trabajo.
EU	Estados Unidos.
FAPI	Fuerzas de Acción Pioneril.
FAR	Fuerzas Armadas Revolucionarias.
FEEM	Federación de Estudiantes de Enseñanza Media.
FEU	Federación Estudiantil Universitaria.
FMC	Federación de Mujeres Cubanas.
FSM	Federación Sindical Mundial.
FSPE	Federación Sindical de Plantas Eléctricas, Gas y Agua.

ICAP	Instituto Cubano de Amistad con los Pueblos.
INIT	Instituto Nacional de la Industria Turística
INPUD	Industria Nacional Productora de Utensilios Domésticos.
INRA	Instituto Nacional de Reforma Agraria.
ITT	International Telephone and Telegraph
MDC	Movimiento Demócrata Cristiano.
MINAZ	Ministerio de la Industria Azucarera.
MINFAR	Ministerio de las Fuerzas Armadas Revolucionarias.
MININT	Ministerio del Interior.
MINJUS	Ministerio de Justicia.
MINTRAB	Ministerio del Trabajo.
MSR	Movimiento Socialista Revolucionario.
MTT	Milicias de Tropas Territoriales.
M-26-J	Movimiento 26 de Julio.
NEP	Nueva Política Económica.
OCED	Organización para la Cooperación Económica y el Desarrollo.
OEA	Organización de Estados de América.
OIT	Organización Internacional del Trabajo.
OLAS	Organización Latinoamericana de Solidaridad.
OMS	Organización Mundial de la Salud.
ORI	Organizaciones Revolucionarias Integradas.
PCC	Partido Comunista de Cuba.
PIB	Producto Interno Bruto.
PNB	Producto Nacional Bruto.
PNR	Policía Nacional Revolucionaria.
PSP	Partido Socialista Popular.
PURS	Partido Unido de la Revolución Socialista.
SDPE	Sistema de Dirección y Planificación de la Economía.
SMG	Servicio Militar General.
SMO	Servicio Militar Obligatorio.
STC	Solidaridad de Trabajadores Cubanos.

TSP	Tribunal Supremo Popular.
UBPC	Unidades Básicas de Producción Cooperativa.
UIR	Unión Insurreccional Revolucionaria.
UJC	Unión de Jóvenes Comunistas.
UMAP	Unidades Militares de Ayuda a la Producción.
UNEAC	Unión Nacional de Escritores y Artistas de Cuba.
UPC	Unión de Pioneros de Cuba.
UPEC	Unión de Periodistas de Cuba.
URSS	Unión de Repúblicas Socialistas Soviéticas.
USTC	Unión Sindical de Trabajadores de Cuba.

NOTAS SOBRE LOS AUTORES

Virgilio Beato. Nació en Matanzas. Doctor en Medicina y Cirugía (Universidad de La Habana). Ex profesor de la Escuela de Medicina de la Universidad de La Habana, de la Universidad de Texas (San Antonio Health Center) y de la Escuela de Medicina de la Universidad de Miami, FL. Miembro (Fellow) del American College of Physicians y del American Board of Internal Medicine.

Beatriz Bernal. Nació en La Habana. Doctora en Derecho (Premio Nacional Ricardo Dolz) por la Universidad de La Habana y por la Universidad Complutense de Madrid. Ex catedrática de Derecho Romano de la Universidad Nacional Autónoma de México. Profesora de la Facultad de Derecho de la Universidad Complutense de Madrid. Autora de múltiples ensayos, artículos y libros sobre temática histórico-jurídica. Académica Honoraria de la Real Academia de Jurisprudencia y Legislación de España.

Manuel Cereijo. Nació en Santa Clara. Ingeniero por la Georgia Institute of Technology. Profesor de la Facultad de Ingeniería de la Universidad Internacional de la Florida. Consultor técnico nacional e internacional. Es autor de más de 500 artículos técnicos y ha contribuido con capítulos en varios libros sobre temas cubanos. Seleccionado para integrar el Salón de la Fama por la Asociación Nacional de Ingenieros Hispanos de los E.U. Ha sido honrado con numerosos premios por su labor académica y profesional.

Juan Clark. Nació en La Habana. Doctorado en sociología, Universidad de la Florida. Profesor de Sociología del Miami-Dade Community College donde recibió la distinción de ocupar un Endowed Teaching Chair. Ha publicado numerosos artículos y monografías así como varios libros, incluyendo *Los derechos humanos en Cuba, una perspectiva vivencial* y *Cuba: mito y realidad* que tiene más de 800 páginas y está actualmente siendo traducido al inglés.

Efrén Córdova. Nació en La Habana. Doctor en Derecho (Premio Nacional González Lanuza, Universidad de La Habana). Maestría y Doctorado en Relaciones Industriales y Laborales (Cornell University). Ha sido profesor en las Universidades de La Habana, Puerto Rico y Florida International University. Ex Jefe de la División de Derecho Laboral y Relaciones Obrero Patronales de la Organización Internacional del Trabajo. Autor de nueve libros y numerosos artículos. Ha recibido la Orden del Mérito del Trabajo de los Gobiernos de Brasil y Venezuela.

José R. González. Nació en La Habana. Ingeniero agrónomo, Especialista en Sanidad Vegetal, Grado de Investigador Científico, Academia de Ciencias de Cuba. Estudios de post-grado en las Academias de Ciencias de Alemania y Checoslovaquia. Ex Jefe del Laboratorio de Técnicas Nucleares del Ministerio de Agricultura y del Programa de Control Biológico del Ministerio del Azúcar. Consultor del Banco Interamericano de Desarrollo. Autor de varios artículos y ensayos de índole técnica.

Carlos Alberto Montaner. Nació en La Habana. Graduado de la Universidad de Miami fue profesor de literatura en la Universidad Interamericana de Puerto Rico. Ensayista, narrador y periodista. Ha publicado dos novelas *Trauma* (1989) y *Perromundo* (1972), así como varios tomos de ensayos incluyendo *La agonía de América* (1984), *Cuba, claves para una conciencia en crisis* (1983), *Fidel Castro y la revolución cubana* (1990), *Cuba hoy* (1996). Coautor del *Manual del perfecto idiota latinoamericano y español*. Vicepresidente de la Internacional Liberal.

Jorge Pérez López. Nació en Santa Clara. Licenciado en Economía (Universidad del Estado de New York en Buffalo). Maestría y Doctorado en Economía (Universidad del Estado de New York en Albany). Autor de numerosos libros y artículos sobre cuestiones económicas, incluyendo *The Economics of Cuban Sugar* (1991), *Cuba at a Crossroads* (1994), *Cuba's Second Economy: From Behind the Scenes to Center Stage* (1995) y *Perspectives on Cuban Economic Reforms* (1998) del que es coeditor y coautor.

Arturo Pino. Nació en Santiago de Cuba. Ingeniero Agrónomo y Perito Químico Azucarero (Universidad de La Habana). Jefe del Departamento de Diversificación Agrícola y Gerente de la División Agrícola del Banco de Fomento Agrícola e Industrial de Cuba. Sub-Secretario Técnico del Ministerio de Agricultura de Cuba. Alto funcionario del Banco Interamericano de Desarrollo. Asesor del Banco Centroamericano de Integración Económica. Coautor de dos libros sobre el *Desarrollo Agrícola en Cuba*.

Marcos Antonio Ramos. Nació en Colón, Matanzas. Th.D. y Ph.D. Profesor de Historia Eclesiástica y Religiones Comparadas en South Florida Center for

Theological Studies. Ex profesor de Historia y Estudios Generales en el New Orleans Baptist Theological Seminary. Autor de *Panorama del Protestantismo en Cuba* (Editorial Caribe, 1986) y *Protestantism and Revolution in Cuba* (Universidad de Miami, 1989) así como de numerosos artículos y capítulos en libros sobre temas cubanos.

José Ignacio Rasco. Nació en La Habana. Doctor en Derecho y en Filosofía y Letras (Universidad de La Habana). Ha sido profesor de la Universidad de Villanueva en Cuba y del Miami-Dade Community College y la Universidad Internacional de la Florida. Ex funcionario del Banco Interamericano de Desarrollo en Washington. Periodista, ensayista y autor de una docena de obras sobre Cuba y América Latina. Ha recibido la Orden de Isabel la Católica y varios premios periodísticos.

Jorge Sanguinetti. Nació en La Habana. Jefe del Departamento Global de Inversiones de la Junta Central de Planificación de Cuba en los años 60. Asesor económico del Ministerio de la Industria Azucarera en La Habana. Doctorado en Economía (City University of New York). Ha enseñado Economía en las Universidades de Yale, Católica de Río de Janeiro y American University en Washington D.C. Es Presidente de la firma de asesoría Devtech Systems.

Rogelio de la Torre. Nació en Morón, Camagüey. Doctor en Derecho, Premio Nacional Ricardo Dolz (Universidad de La Habana). Doctor en Literaturas Hispánicas (Indiana University). Profesor de la Facultad de Derecho de la Universidad de La Habana. Ex profesor de Indiana University-South Bend. Decano adjunto del Colegio de Artes y Ciencias Liberales, Indiana University. Profesor Emérito de esa Universidad. Es autor del libro *La obra poética de Emilio Ballagas* y dos de poesía.

COLECCIÓN *CUBA Y SUS JUECES*
(libros de historia y política publicados por
EDICIONES UNIVERSAL):

Otros libros publicados por Ediciones Universal en la
COLECCIÓN FÉLIX VARELA (Obras de pensamiento cristiano y cubano)

COLECCIÓN FORMACION MARTÍANA:

COLECCIÓN CLÁSICOS CUBANOS: